Hinos homéricos

FUNDAÇÃO EDITORA DA UNESP

Presidente do Conselho Curador
Mário Sérgio Vasconcelos

Diretor-Presidente
Jézio Hernani Bomfim Gutierre

Superintendente Administrativo e Financeiro
William de Souza Agostinho

Conselho Editorial Acadêmico
Danilo Rothberg
Luis Fernando Ayerbe
Marcelo Takeshi Yamashita
Maria Cristina Pereira Lima
Milton Terumitsu Sogabe
Newton La Scala Júnior
Pedro Angelo Pagni
Renata Junqueira de Souza
Sandra Aparecida Ferreira
Valéria dos Santos Guimarães

Editores-Adjuntos
Anderson Nobara
Leandro Rodrigues

Hinos homéricos

Tradução, notas e estudo

Edvanda Bonavina da Rosa
Fernando Brandão dos Santos
Flávia Regina Marquetti
Maria Celeste Consolin Dezotti
Maria Lúcia Gili Massi
Sílvia Maria Schmuziger de Carvalho
Wilson Alves Ribeiro Jr.

EDIÇÃO E ORGANIZAÇÃO
Wilson Alves Ribeiro Jr.

© 2010 Editora UNESP

Direitos de publicação reservados à:
Fundação Editora da UNESP (FEU)
Praça da Sé, 108
01001-900 – São Paulo – SP
Tel.: (0xx11) 3242-7171
Fax: (0xx11) 3242-7172
www.editoraunesp.com.br
www.livrariaunesp.com.br
atendimento.editora@unesp.br

CIP – Brasil. Catalogação na fonte
Sindicato Nacional dos Editores de Livros, RJ

H555

    Hinos homéricos: tradução, notas e estudo/Edvanda Bonavina da Rosa... [et al.]; edição e organização Wilson Alves Ribeiro Jr. – São Paulo: Editora UNESP, 2010.

    576p. : il. – (Clássicos)

    Edição bilíngue, português e grego
    ISBN 978-85-393-0058-7

    1. Hinos homéricos. 2. Hinos religiosos gregos clássicos. 3. Deuses gregos – Poesia. 4. Mitologia grega – Poesia. I. Rosa, Edvanda Bonavina da. II. Ribeiro Junior, Wilson A. (Wilson Alves). III. Série.

10-3212.   CDD: 883.1
                                                                      CDU: 821.14'02-3

Editora afiliada:

Asociación de Editoriales Universitarias
de América Latina y el Caribe

Associação Brasileira de
Editoras Universitárias

Ἴλατε Μοῦσαι, ἐνισπήσομεν γὰρ προτέρων ἔπη

Sede propícias, ó Musas, pois falaremos de antigos versos.

[imitação de Apolônio de Rodes, 4.984-5]

SUMÁRIO

Lista de imagens ... 11
Lista de abreviaturas, siglas e símbolos ... 15
Cronologia ... 23
Alfabeto grego ... 24
Mapas da Grécia Antiga ... 26

Prefácio ... 29
Notas sobre este livro ... 33

    1 Os hinos homéricos ... 39
          Introdução ... 40
          Excurso: *Testemunhos antigos* ... 81

    2 Afrodite, deusa do amor ... 95
        h.Hom. 5 (= *h.Ven.*) ... 96
        h.Hom. 6 ... 120
        h.Hom. 10 ... 122
        Ensaio: *Afrodite* ... 124

    3 Apolo, deus da música e da profecia ... 131
        h.Hom. 3 (= *h.Ap.*) ... 132
        h.Hom. 21 ... 176
        Ensaio: *Apolo* ... 178

    4 Ares, deus da guerra ... 183
        h.Hom. 8 (= *h.Mart.*) ... 184
        Ensaio: *Ares* ... 186

    5 Ártemis, deusa da caça e da vida selvagem ... 199
        h.Hom. 27 ... 200

h.Hom. 9	202
Ensaio: *Ártemis*	204

6 Asclépio, herói-deus da cura — 211
    h.Hom. 16 — 212
    Ensaio: *Asclépio* — 214

7 Atena, deusa da astúcia e da pólis — 219
    h.Hom. 28 — 220
    h.Hom. 11 — 222
    Ensaio: *Atena* — 224

8 Deméter, deusa do cereal e da agricultura — 227
    h.Hom. 2 (= h.Cer.) — 228
    h.Hom. 13 — 268
    Ensaio: *Deméter e os mistérios eleusinos* — 270

9 Dioniso, deus do vinho e do êxtase místico — 327
    h.Hom. 1 — 328
    h.Hom. 7 (= h.Bacch.) — 334
    h.Hom. 26 — 340
    Ensaio: *Dioniso* — 342

10 Dióscuros, protetores dos necessitados — 349
    h.Hom. 33 — 350
    h.Hom. 17 — 352
    Ensaio: *Dióscuros* — 354

11 Gaia, mãe de todos — 357
    h.Hom. 30 — 358
    Ensaio: *Gaia* — 360

12 Hefesto, deus do fogo — 363
    h.Hom. 20 — 364
    Ensaio: *Hefesto* — 366

13	Hélio, deus-sol	369
	h.Hom. 31	370
	Ensaio: *Hélio*	372
14	Hera, deusa das mulheres	383
	h.Hom. 12	384
	Ensaio: *Hera*	386
15	Héracles, matador de monstros	389
	h.Hom. 15	390
	Ensaio: *Héracles*	392
16	Hermes, *trickster* e mensageiro dos deuses	405
	h.Hom. 4 (= *h.Merc.*)	406
	h.Hom. 18	454
	Ensaio: *Hermes*	456
17	Héstia, deusa do lar	477
	h.Hom. 29	478
	h.Hom. 24	480
	Ensaio: *Héstia*	482
18	Mãe dos deuses (Reia-Cibele)	485
	h.Hom. 14	486
	Ensaio: *Terra-mãe*	488
19	Musas, as protetoras das artes	491
	h.Hom. 25	492
	Ensaio: *Musas*	494
20	Pã, deus dos pastores e rebanhos	497
	h.Hom. 19 (= *h.Pan.*)	498
	Ensaio: *Pã*	504
21	Posídon, deus dos mares	507
	h.Hom. 22	508

	Ensaio: *Posídon*	510
22	Selene, deusa-lua	513
	h.Hom. 32	514
	Ensaio: *Selene*	516
23	Zeus, pai dos deuses e dos homens	525
	h.Hom. 23	526
	Ensaio: *Zeus*	528
24	Hino desconhecido	
	Fragmento	535

Glossário — 537

Referências bibliográficas — 559

Os autores — 573

LISTA DE IMAGENS

Mapa 1	*O Mediterrâneo Oriental*. Desenho original de Wilson A. Ribeiro Jr.	26
Mapa 2	*A Grécia Antiga e o mundo egeu*. Desenho original de Wilson A. Ribeiro Jr.	27
Fig. 1	*Busto de "Homero"*. Cópia romana do original grego, encontrada nas paredes do Palazzo Caetani, Roma. Data: século II d.C. (original: séc. II a.C.).	38
Fig. 2.1	*Afrodite cavalgando um cisne*. Detalhe de cálice ático de figuras vermelhas do "Pistoxenos Painter". Tumba F43, Kameiros (Rodes). Data: c. 460 a.C.	94
Fig. 2.2	*Afrodite e Anquises*. Gravura de François Boucher, c. 1730-1740.	126
Fig. 3	*Apolo com lira*, fazendo uma libação*. Detalhe de cálice ático de figuras vermelhas atribuído ao "Pistoenos Painter", ao "Berlin Painter" ou a Onésimo. Delfos*, c. 460 a.C.	130
Fig. 4.1	*"Ares" – Jovem guerreiro armado*. Cópia romana de original grego, encontrada no *Canopo* da Villa Adriana, Tivoli. Período Imperial.	182
Fig. 4.2	*Herói com armadura de hoplita*. Desenho de Dário J. A. Ribeiro, 2002, inspirado na cerâmica grega.	194
Fig. 5	*Apolo e Ártemis*. Detalhe da taça ática de figuras vermelhas do "Briseis Painter". Ceramista: Brigos. Data: c. 470 a.C.	198
Fig. 6	*Asclépio*. Estátua livre de mármore pentélico, tipo d'Este, encontrada no santuário de Asclépio em Epidauro*. Cópia romana de original grego do século IV a.C. Data: c. 160 a.C.	210

Fig. 7	*Atena e Encelado*. Detalhe de prato ático de figuras vermelhas, atribuído a Oltos. Data: c. 525 a.C.	218
Fig. 8.1	*Metanira e Deméter*. Detalhe de hídria apuliana de figuras vermelhas, dita "Hídria Eleusiniana". Data: c. 340 a.C.	226
Fig. 8.2	*Tocador de címbalos*. Estatueta de bronze da Fenícia, provavelmente do I milênio a.C. Desenho de P. Sellier.	281
Fig. 8.3	Dinâmica dos mistérios eleusinos. Desenho original de Sílvia M. S. de Carvalho, 1970.	315
Fig. 8.4	*Deméter, Triptólemo e Perséfone**. As inscrições ao lado dizem, respectivamente ΔΕΜΕΤΡΕ, ΤΡΙΠΠΤΟΛΕΜΟΣ e ΦΕΡΟΦΑΤΤΑ. São as formas arcaicas do nome dos personagens, no antigo dialeto ático. Skýphos ático de figuras vermelhas de Macron, encontrado em Cápua. Desenho de P. Sellier. Data: c. 480-470 a.C.	321
Fig. 9.1	*Dioniso e os piratas-golfinhos*. Interior de cálice ático de figuras negras de Exéquias, encontrado em Vulci. Data: c. 530 a.C.	326
Fig. 9.2	*Dioniso e os piratas*. Xilogravura de Bolognino Zaltieri, 1971.	345
Fig. 10	*Os Dióscuros*. Reverso de tetradracma de prata do rei Eucrátides, da Bactriana. A inscrição ΒΑΣΙΛΕΟΣ ΜΕΓΑΛΟΥ ΕΥΚΡΑΤΙΔΟΥ, em um alfabeto grego arcaico, significa "do grande rei Eucrátides". Data: 171-145 a.C.	348
Fig. 11	*Alcioneu, Atena, Gaia e Nice**. Detalhe do friso da *gigantomaquia*, leste, Grande Altar de Zeus em Pérgamo. Data: 190-150 a.C.	356
Fig. 12	*A forja de Vulcano* (nome romano de Hefesto). Óleo sobre tela de Diego Velásquez. Data: 1630.	362
Fig. 13.1	*A carruagem de Hélio*. Detalhe de vaso de figuras vermelhas. Data provável: 400-350 a.C.	368
Fig. 13.2	*Héracles na taça de Hélio*. Interior da taça de figuras vermelhas ao estilo de Douris, de Vulci. Data: 500-460 a.C. Desenho de P. Sellier.	375

Fig. 14.	*Hera.* Detalhe de cálice ático de fundo branco e figuras vermelhas atribuído ao "Sabouroff Painter", de Vulci. Data: c. 470 a.C.	382
Fig. 15.1.	*Héracles e as amazonas.* Detalhe de cálice ático de figuras negras do Grupo de Leagros, Vulci. Data: c. 470 a.C.	388
Fig. 15.2	*Héracles amamentado por Hera.* Cena gravada no verso de um espelho etrusco de bronze. Data: século VI a.C. (?) Desenho de P. Sellier.	395
Fig. 16.1	*Hermes.* Detalhe de lécito ático de figuras vermelhas atribuído ao "Tithonos Painter". Data: 480-470 a.C.	404
Fig. 16.2	*Hermes itifálico.* Cena de taça ática de figuras vermelhas de Epicteto. Inscrição: "Ἱππαρχός καλός", "Hiparco é belo". Data: 520-490 a.C. Desenho de P. Sellier.	465
Fig 16.3	*O pequeno Hermes, Apolo, Maia* e Zeus.* À esquerda, o *corpus delicti.* Cena de hídria de figuras negras de Caere. Data: 520 a.C.	470
Fig. 17	*Ganimedes* e Héstia.* Detalhe de cálice ático de figuras vermelhas de Oltos. Data: c. 510 a.C.	476
Fig. 18	*Reia-Cibele.* Ao lado, divindade com uma tocha. Alto-relevo ático de mármore pentélico possivelmente encontrado no Pireu, o porto de Atenas*. Data: 380-370 a.C.	484
Fig. 19	*Três musas.* Baixo-relevo de mármore do pedestal de um grupo de estátuas, procedente de Mantineia (Arcádia*), atribuído a um dos discípulos de Praxíteles. Data: c. 350 a.C.	490
Fig. 20.1	*Pã e Dáfnis.* Cópia romana de mármore, restaurada, de uma escultura grega do Período Helenístico atribuída a Heliodoro de Rodes. Data: século II a.C. (?)	496
Fig. 20.2	*Pã sentado.* Reverso de tetradracma de prata de Messene. Data: 420-413 a.C. Desenho de P. Sellier.	505
Fig. 21.1	*Posídon entronizado.* Detalhe de cálice-cratera ático de figuras vermelhas do "Syriskos Painter", de Agrigento. Data: 500-450 a.C.	506

Fig. 21.2	*Figuras com cabeça de burro.* Afresco do "Centro de culto" de Micenas. Data: 1500-1400 a.C.	510
Fig. 22.1	*Selene descendo de sua carruagem.* Detalhe de sarcófago romano de mármore. Data: c. 210.	512
Fig. 22.2	*O sol e a lua.* Anel de ouro de Micenas. Data: século XV--XIV a.C. Desenho de P. Sellier.	516
Fig. 23	*Zeus e Ganimedes*.* Detalhe de cálice-cratera ático de figuras vermelhas do "Eucharides Painter". Data: 490--480 a.C.	524
Fig. 24	*O centauro Quíron.* Cena de ânfora ática de figuras negras, "Dot-band Class", de Vulci. Data: 550-500 a.C. Desenho de P. Sellier.	540
Fig. 25	*Cítara.* Data: Período Clássico (?).	541
Fig. 26	*Atena e Encelado.* Ânfora ática de figuras negras de Vulci. Data: 525-475 a.C. Desenho de P. Sellier.	543
Fig. 27	*Lira arcaica.* Desenho de M. Tischbein, 1971.	550

LISTA DE ABREVIATURAS, SIGLAS E SÍMBOLOS

Obras da Antiguidade

Ael.Dion.	Aelius Dionysius Grammaticus	Élio Dioniso
Aesch.	Aeschylus Tragicus	Ésquilo
Ag.	*Agamemnon*	*Agamêmnon*
Cho.	*Choephoroe*	*As Coéforas*
Eum.	*Eumenides*	*As Eumênides*
Pers.	*Persae*	*Os Persas*
PV.	*Prometheus Vinctus*	*Prometeu Acorrentado*
Sept.	*Septem contra Thebas*	*Sete contra Tebas*
Supp.	*Supplices*	*As Suplicantes*
Antig.	Antigonus Carystius Paradoxographus	Antígono de Caristo
App. Rom.	*Appendix Romana*	*Apêndice à Vita Romana de Homero*
Apollod.	Apollodorus Mythographus	Pseudo-Apolodoro
Ap. Rhod.	Apollonius Rhodius Epicus	Apolônio de Rodes
Ar.	Aristophanes Comicus	Aristófanes
Av.	*Aves*	*As Aves*
Pax	*Pax*	*A Paz*
Ran.	*Ranae*	*As Rãs*
Thesm.	*Thesmophoriazusae*	*As Tesmoforiantes*

Vesp.	*Vespae*	*As Vespas*
Archil.	Archilochus Lyricus	Arquíloco de Paros*
Arist.	Aristoteles Philosophus	Aristóteles
Mu.	*De Mundo*	*Sobre o Cosmo*
Ath.	Athenaeus Grammaticus	Ateneu
Caes.	Caesar	Caio Júlio César
B.Gall	*Bellum Gallicum*	*Da Guerra nas Gálias*
Callim.	Callimachus Epicus	Calímaco
Cer.	*Hymnus in Cererem*	*Hino a Deméter*
Dian.	*Hymnus in Dianam*	*Hino a Ártemis*
Pallad.	*Lavacrum Palladis*	*O banho de Palas Atena*
Certamen	Certamen Homeri et Hesiodi	Certame entre Homero e Hesíodo
Clem. Al.	Clemens Alexandrinus	Clemente de Alexandria
Protr.	*Protrepticus*	*Exortações*
Dem.Bith.	Demosthenes Bithynus Epicus	Demóstenes da Bitínia
Diod. Sic.	Diodorus Siculus Historicus	Diodoro Sículo
Emp.	Empedocles Poeta Philosophus	Empédocles de Acragás
Etym. Mag.	Etymologicum Magnum	Grande Léxico Etimológico[1]
Eur.	Euripides Tragicus	Eurípides
Bacch.	*Bacchae*	*As Bacantes*
Cyc.	*Cyclops*	*O Ciclope*
Hel.	*Helena*	*Helena*
IT	*Iphigenia Taurica*	*Ifigênia em Táuris*
Ph.	*Phoenissae*	*As Fenícias*
h.Ap.	hymnus ad Apollinem	hino a Apolo (= h.Hom. 3)

---

1. Enciclopédia gramatical, editada em Constantinopla no século IX. Iniciada por um erudito anônimo, foi posteriormente retomada por Fócio, patriarca de Constantinopla (Fócio I, c. 810-893).

h.Bacch.	hymnus ad Bacchum	hino *a Dioniso* (= h.Hom. 7)
h.Cer.	hymnus ad Cererem	hino *a Deméter* (= h.Hom. 2)
h.Hom.	hymni Homerici	hino homérico[2]
h.Mart.	hymnus ad Martem	hino *a Ares* (= h.Hom. 8)
h.Merc.	hymnus ad Mercurium	hino *a Hermes* (= h.Hom. 4)
h.Pan.	hymnus ad Panem	hino *a Pã* (= h.Hom. 19)
h.Ven.	hymnus ad Venerem	hino *a Afrodite* (= h.Hom. 5)
Hdt.	Herodotus Historicus	Heródoto
Hes.	Hesiodus Epicus	Hesíodo
Op.	*Opera et dies*	*Os Trabalhos e os Dias*
Th.	*Theogonia*	*Teogonia*
Sc.	*Scutum Herculis*	*O Escudo de Héracles*
Hp.	Hippocrates Medicus	[Hipócrates]
Aër.	*De aëre aquis et locis*	*De ares, águas e lugares*
Virg.	*De uirginum morbis*	*Das doenças das virgens*
IG	*Inscriptiones graecae*	Inscrições gregas
Il.	Ilias	Ilíada, [de Homero]
KN		tabuinhas em linear B* de Cnossos*
Lamprocl.	Lamprocles Lyricus	Lamprocles
Luc.	Lucianus Sophista	Luciano
Nec.	*Necyomantia*	*Necromancia*
Lucr.	Lucretius	Lucrécio
Mimn.	Mimnermus Lyricus	Mimnermo
Nic.	Nicander Epicus	Nicandro
Alex.	*Alexipharmaca*	*Antídotos*
Od.	Odyssea	Odisseia, [de Homero]
Orph.	Orphica	Poemas órficos
H.	*Hymnus*	*Hinos*

---

2. Ver numeração dos hinos na p.44 (*h.Hom.* 31, por exemplo, é o *hino a Hélio*).

Ov.	Ouidius	Públio Ovídio Naso
Met.	*Metamorphoses*	*As Metamorfoses*
P.	Papyrus	Papiro
Berol.	*Berolinensis Papyri*	*Papiros de Berlim*
Genav.	*Genevensis Papyri*	*Papiros de Genebra*
Oxy.	*Oxyrhynchus Papyri*	*Papiros de Oxyrrhincus, Egito*
Paus.	Pausanias Periegeta	Pausânias
Phld.	Philodemus Philosophus	Filodemo
Piet.	*De Pietate*	*Da Piedade*
Pind.	Pindarus Lyricus	Píndaro
Isthm.	*Isthmia*	*Odes Ístmicas*
Nem.	*Nemea*	*Odes Nemeias*
Ol.	*Olympia*	*Odes Olímpicas*
Pyth.	*Pythia*	*Odes Píticas*
Pl.	Plato Philosophus	Platão
Leg.	*Leges*	*As Leis*
Phd.	*Phaedo*	*Fédon*
Plut.	Plutarchus Biographus et Philosophus	Plutarco
Aet.	*Aetia Romana et Graeca*	*Etiologias greco-romanas*
Lyc.	*Lycurgus*	*Vidas paralelas: Licurgo*
Num.	*Numa*	*Vidas paralelas: Numa*
Pel.	*Pelopidas*	*Vidas paralelas: Pelópidas*
Porph.	Porphyrius Tyrius Philosophus	Porfírio
VP	*Vita Pythagorae*	*Vida de Pitágoras*
PY		tabuinhas em linear B* de Pilos*
Sapph.	Sappho Lyrica	Safo
Soph.	Sophocles Tragicus	Sófocles

Aj.	Ajax	Ájax
Ant.	Antigone	Antígona
Phil.	Philoctetes	Filoctetes
OC	Oedipus Coloneus	Édipo em Colono
OT	Oedipus Tyrannus	Édipo Rei
Str.	Strabo Geographus	Estrabon
Suid.	Suidas Lexicographus	Suda[3]
TH		tabuinhas em linear B* de Tebas*
Theoc.	Theocritus Poeta Bucolicus	Teócrito
Id.	Idyllia	Idílios
Theophr.	Theophrastus Philosophus	Teofrasto
Hist. Pl.	Historia Plantarum	Investigações sobre as plantas
Thuc.	Thucydides Historicus	Tucídides
Verg.	Vergilius	Virgílio
Aen.	Aeneis	Eneida
Xen.	Xenophon Historicus	Xenofonte
Lac.	Respublica Lacedaemoniorum	A República dos Lacedemônios

Obras Modernas

Allen-Sikes	ALLEN, T. W.; SIKES, E. E. *The Homeric Hymns*. Londres: Macmillan, 1904.
Allen-Sikes[2]	ALLEN, T. W.; HALLIDAY, W. R.; SYKES, E. E. *The Homeric Hymns*. 2.ed. Oxford: Clarendon Press, 1936.

---

3. Espécie de dicionário gramatical e enciclopédia, com cerca de 30 mil entradas, escrita pelos eruditos bizantinos no século X, aproximadamente.

Annales E.S.C.	*Annales: Économies, sociétés, civilisations.* Paris: Armand Colin, 1946-1993.
Athanassakis	ATHANASSAKIS, A. N. *The Homeric Hymns.* Baltimore: Johns Hopkins University Press, 1976.
Càssola	CÀSSOLA, F. *Inni omerici.* Milão: Mondadori, 1975.
Daremberg	DAREMBERG, M. M.-Ch.; SAGLIO, E. D. M. *Dictionaire des antiquités grecques et romaines.* Paris: Hachette, 1877-1919.
Evelyn-White	EVELYN-WHITE, H. G. *Hesiod, Homeric Hymns, Epic Cicle, Homerica.* 2.ed. Cambridge e Londres: Harvard University Press, 1936.
Frazer	FRAZER, J. G. *Apollodorus. The Library,* 2v. Cambridge e Londres: Harvard University Press, 1921.
Graves	GRAVES, R. *The Greek Myths.* 3.ed. Edimburgo: Penguin, 1957.
Humbert	HUMBERT, J. *Hymnes Homériques.* Paris: Les Belles Lettres, 1936.
Jeanmaire	JEANMAIRE, H. *Dionysos. Histoire du Culte de Bacchus.* Paris: Payot, 1970.
Kannicht	KANNICHT, R. *Tragicorum Graecorum Fragmenta. Euripides.* Göttingen: Vandenhoeck & Ruprecht, v.5.1 e v.5.2, 2004.
LIMC	*Lexicon Iconographicum Mythologiae Classicae.* Zurique e Munique: Artemis Verlag, 1981-...
Lobel-Page	LOBEL, E.; PAGE, D. L. *Poetarum Lesbiorum fragmenta.* ed.corr. Oxford: Clarendon Press, 1968.
LSJ	LIDDELL-SCOTT-JONES. *A Greek-English Lexicon.* 9.ed. Oxford: Clarendon Press, 1940. (suppl. ed. P. G. W. Glare, 1996).
Magnien	MAGNIEN, V. *Les Mystères d'Éleusis.* 3.ed. Paris: Payot, 1950.
Page	PAGE, Denys L. *Poetae Melici Graeci.* Oxford: Clarendon Press, 1962.
Radt	RADT, Stefan. *Tragicorum Graecorum Fragmenta.* Göttingen: Vandnhoeck & Ruprecht, v.4, 1999.

SIG	DITTENBERGER, W. *Sylloge inscriptionum Graecarum*, v.1-4. 3.ed. Leipzig, 1915-1924.
Snell	SNELL, B. *Pindaris Carmina cum Fragmentis*. Leipzig: Teubner, 1964.
West	WEST, Martin L. *Homeric Hymns, Homerica Apocrypha, Lives of Homer*. Cambridge e Londres: Harvard University Press, 2003.

Varia

[ ]	a) em papiros ou manuscritos, marcam trechos reconstituídos conjecturalmente b) em volta de nomes, v.g. [Homero], sinaliza que a(s) obra(s) atribuídas ao autor no passado são anônimas ou de autoria muito controvertida c) nas traduções, envolve notas intratextuais e palavras portuguesas que não estão presentes no texto grego, mas são importantes para o sentido da tradução
⟨ ⟩	delimitam trechos conjecturais do texto grego.
*	a) antes de uma palavra ou radical, sinaliza forma prevista pelas teorias linguísticas, mas não encontrada em textos conhecidos b) após uma palavra, indica entrada do *Glossário*
ABNT	Associação Brasileira de Normas Técnicas
a.C.	*ante Christum* (*natum*) = antes de Cristo
ad loc.	*ad locum* = nesse local (em geral, refere-se ao comentário de um verso)
apud	segundo, de acordo com (em citações indiretas)
c.	*circa* = aproximadamente
cf.	*confer* = compare
d.C.	depois de Cristo
ed.	editor, editado por
FCL-Ar	Faculdade de Ciências e Letras de Araraquara
FBS	Fernando Brandão dos Santos

FFLCH	Faculdade de Filosofia, Letras e Ciências Humanas, São Paulo
Fr.	*Fragmentum/fragmenta* = fragmento(s)
FRM	Flávia Regina Marquetti
gr.	em grego
i.e.	*id est* = isto é
infra	abaixo
lat.	em latim
lit.	literalmente
loc. cit.	*loco citato* = no mesmo lugar (livro)
n.	número, nota
op. cit.	*opere citato* = na obra citada
p.	página, páginas
p.C.	*post Christum* (*natum*) = depois de Cristo
rev.	revisão de, revisado por
saec.	*saeculum* = século
sc.	*silicet* = evidentemente, naturalmente
schol.	*scholium* = escólio ("comentário" antigo) e escoliasta
sg.	singular
SMSC	Sílvia Maria Schmuziger de Carvalho
ss.	e seguintes
supra	acima
s.v.	*sub voce* = no verbete
Test.	*Testimonium/testimonia* = testemunho(s)
SBEC	Sociedade Brasileira de Estudos Clássicos
UFRJ	Universidade Federal do Rio de Janeiro
ULBRA	Universidade Luterana do Brasil, Canoas
UNESP	Universidade Estadual Paulista "Júlio de Mesquita Filho"
UNICAMP	Universidade Estadual de Campinas
USP	Universidade de São Paulo
v.	volume/verso
v.g.	*verbi gratia* = por exemplo
vv.	versos
WARJ	Wilson Alves Ribeiro Jr.

CRONOLOGIA

Há, ao longo deste livro, numerosas referências às etapas do desenvolvimento cultural da Grécia Antiga. Muitas datas são aproximadas, outras ainda um pouco controvertidas; adotamos, por isso, os seguintes limites cronológicos:

Paleolítico	até 7000 a.C.
Neolítico	7000 a 3000 a.C.
Bronze Antigo	3000 a 2000 a.C.
Bronze Médio	2000 a 1550 a.C.
Bronze Recente	1550 a 1100 a.C.
Período Micênico	1550 a 1100 a.C.
Idade das Trevas	1100 a 750 a.C
Período Arcaico	750 a 480 a.C.
Período Clássico	480 a 323 a.C.
Período Helenístico	323 a 30 a.C.
Período Romano	31 a.C. a 476 d.C.
Idade Média[1]	476 a 1453
Período Bizantino[2]	395 a 1453

---

1. Designação tradicional para a história da área antes ocupada pelo Império Romano do Ocidente (atual Europa Central, Ocidental e Setentrional), entre 410-476 e 1453-1517. A expressão foi cunhada pelo historiador renascentista Flavio Biondo (1392-1463).
2. Designação tradicional da história da área antes ocupada pelo Império Romano do Oriente (Europa Oriental). A expressão se deve ao antigo nome (Bizâncio) da capital do Império Bizantino, Constantinopla. O Império Bizantino chamava a si mesmo de "Império dos Romanos", pois preservou grande parte da cultura romana após a queda do Império Romano do Ocidente, embora a língua oficial fosse o grego; por isso, os europeus ocidentais chamavam-no de "Império dos Gregos". A expressão "bizantino" foi usada pela primeira vez em 1557, pelo historiador alemão Hieronymus Wolf (1516-1580), mas só se tornaria de uso corrente no século XIX.

ALFABETO GREGO

Letras	transliteração	pronúncia convencional[1]
Α α	A a	
Β β	B b	
Γ γ	G g	= **g**ato, g**u**erra ou = â**n**gulo (antes de γ, κ, χ)
Δ δ	D d	
Ε ε	E e	= p**e**lo (som: "ê")
Ζ ζ	Z z	= des**d**ém (som: "zd")
Η η	Ē ē	= p**e**dra (som: "éé")
Θ θ	Th th	= "th" inglês, como em **th**eater
Ι ι	I i	
Κ κ	K k	
Λ λ	L l	
Μ μ	M m	
Ν ν	N n	
Ξ ξ	X x	= fi**x**o (som: "cs")
Ο ο	O o	= v**o**gal (som "ô")
Π π	P p	
Ρ ρ	R r	= **r**ato ou = e**r**emita
Σ σ,ς	S s	= **s**apo (som "ss")
Τ τ	T t	
Υ υ	Y y	= "u" francês, como em l**u**ne
Φ φ	Ph ph	= **f**umaça
Χ χ	Kh kh	= **c**arro
Ψ ψ	Ps ps	= **ps**icodélico
Ω ω	Ō ō	= c**o**po (som: "óó")

1. As linham em branco assinalam letras com pronúncia semelhante às do alfabeto latino moderno. Os gregos antigos, naturalmente, pronunciavam alguns sons de forma ligeiramente diferente da pronúncia que utilizamos nas universidades portuguesas e brasileiras.

Sinais de pontuação e sinais das vogais[2]

; ?
. :

ἁ	espírito áspero	= r de **r**ato (como no inglês **h**ard)[3]
ἀ	espírito doce	= **a**cervo (o som é o da vogal normal)
ᾳ	iota subscrito	= "i" bem curto (como em ca**i**xa)

---

2. Foram listados apenas os sinais mais comuns, diferentes dos sinais do português.
3. A consoante ρ é a única que pode receber o espírito áspero, e somente no início de palavras.

MAPAS

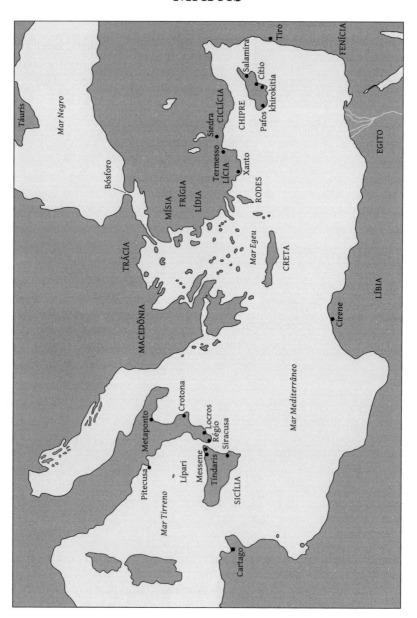

Mapa 1. O Mediterrâneo Oriental.

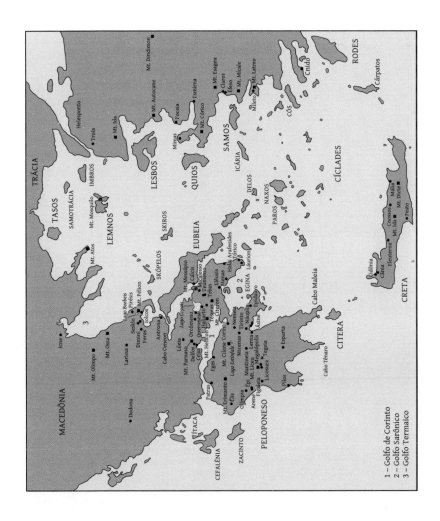

Mapa 2. A Grécia Antiga e o mundo egeu.

PREFÁCIO

Esta edição bilíngue dos *hinos homéricos*, a mais completa de que temos notícia em língua portuguesa, destina-se a todos aqueles que se interessam pela Mitologia, pela Religião, pela Língua, pela Literatura e pela Antropologia da Grécia Antiga. Todos os esforços foram envidados para que tanto a tradução dos *hinos* quanto os estudos sobre as divindades gregas homenageadas ficassem ao alcance do leitor culto, de amplos interesses humanísticos, que já sabe (ou pelo menos desconfia) que a mitologia grega é muito mais do que uma simples coleção de antigas lendas sobre deuses e heróis da Grécia Antiga.

O leitor logo notará que os *hinos* não contam apenas boas histórias: contam histórias sagradas, relatam costumes antigos e expõem mitos de diversas origens, quase sempre evoluções e desenvolvimentos de temas fundamentais da natureza humana, arraigados no inconsciente coletivo. Às vezes podemos seguir esses temas até sua mais remota origem, mas por vezes descobrimos apenas meros vislumbres, fugidias sombras e tênues ecos das ideias e costumes de nossos antepassados da Europa mediterrânea e do Oriente Médio.

Além da riqueza histórica, mítica e religiosa de seu conteúdo, os *hinos* são obras de grande beleza poética e enorme interesse literário. Tendo em vista que a *Ilíada* e a *Odisseia*, assim como outras obras atribuídas a [Homero], vieram de antigas tradições orais, foram criadas para declamação em ocasiões específicas e transmitidas sempre, geração após geração, oralmente, estima-se que também os *hinos* tenham sido escritos somente muito tempo depois de sua composição. Infelizmente, eles não entusiasmaram os eruditos da Antiguidade, mas a partir do Renascimento europeu têm interessado cada vez mais poetas e literatos em geral, assim como historiadores e estudiosos da Literatura,

PREFÁCIO

da Mitologia e da Religião. É notável, porém, que até o momento poucos estudos foram realizados no sentido de comparar mitos e costumes religiosos da antiga civilização grega (e de outras civilizações contemporâneas) com as tradições de comunidades paleolíticas e neolíticas não letradas, representadas em nossos dias pelos povos indígenas que sobreviveram aos avanços predatórios das culturas "modernas". Assim como os antigos gregos, nos primórdios de sua cultura, os indígenas vêm transmitindo oralmente seus mitos e seus rituais religiosos geração a geração, desde a sua origem.

Pode-se dizer que a presente obra, que compreende traduções dos *hinos homéricos* efetuadas diretamente do grego por vários especialistas e ensaios de fundo antropológico sobre as divindades gregas, teve uma longa maturação, iniciada por volta de 1970, na UNESP Araraquara. A Profa. Sílvia M. S. de Carvalho, especialista em antropologia e etnologia indígena, e a Profa. Daisi Malhadas, professora de Língua e Literatura Grega, publicaram uma tradução do *hino a Deméter*, acompanhada de um longo estudo antropológico. No final da década de 1980, a Profa. Sílvia M.C. de Carvalho decidiu seguir essa linha de pesquisa e iniciou o estudo do *hino a Hermes*; a Profa. Maria Celeste C. Dezotti preparou uma tradução desse hino, apresentada na forma de conferência durante a VII Semana de Estudos Clássicos de Araraquara, em 1992. Alguns anos depois, Flávia R. Marquetti, especializada em estudos literários e com formação em grego antigo, traduziu e estudou os *hinos a Afrodite* em seu doutoramento, terminado em 2001. Mais ou menos nessa época, decidiu-se traduzir e estudar todos *os hinos homéricos*; dada a amplitude da tarefa, outros estudiosos foram progressivamente incorporados ao projeto: Fernando B. dos Santos e Edvanda B. da Rosa, professores de Língua e Literatura Grega da UNESP; e Wilson A. Ribeiro Jr., ex-aluno da UNESP e pós-graduando de Letras Clássicas da USP.

Maria Lúcia Gili Massi, que estudou extensivamente os hinos homéricos em seu doutorado, completado em 2006, cedeu-nos suas traduções dos *hinos a Apolo* e *a Deméter*, e ainda preparou algumas notas.

PREFÁCIO

SMSC agradece à Fondation Hardt a oportunidade de pesquisar grande parte da bibliografia utilizada em sua bem provida Biblioteca de Vandoeuvres, Suíça. WARJ agradece ao Prof. Wilson A. Ribeiro, seu pai, pelas sugestões e pela criteriosa correção vernacular dos ensaios escritos por ele, Jr. Agradecemos também as diversas observações, questões e sugestões recebidas de colegas e alunos durante a exposição de partes deste trabalho, na Sessão de Comunicações Coordenadas *Reflexos do Paleolítico e Neolítico nos Hinos Homéricos,* do IV Congresso Nacional de Estudos Clássicos (Ouro Preto, MG, agosto de 2001), e no minicurso *Os hinos homéricos,* da XVIII Semana de Estudos Clássicos – II Encontro de Iniciação Científica (Araraquara, SP, maio de 2002), apresentadas por FRM, SMSC e WARJ (Ouro Preto) e SMSC, FRM e FBS (Araraquara).

Agradecemos, ainda, à equipe editorial da Editora UNESP, que muito nos ajudou na revisão do manuscrito original e se empenhou de forma exemplar na preparação do texto, bilíngue e pleno de referências a obras da Antiguidade, incomum em publicações não especializadas de estudos clássicos.

Temos, finalmente, a imensa satisfação de fazer, nesta oportunidade, um agradecimento especial a um dos mais admiráveis helenistas de nosso tempo, o falecido Prof. Pierre Lévêque, da Universidade de Franche-Comté (Besançon, França), historiador, arqueólogo e classicista notável, sempre generoso com os estudiosos do assim chamado *Terceiro Mundo.* SMSC, em especial, trabalhou em estreito contato com ele e recebeu estímulo, sugestões de pesquisa e entusiasmado apoio quando começou a trabalhar com a análise antropológica dos hinos homéricos.

A Pierre Lévêque, cujo falecimento deixou muitos de nós órfãos espirituais, expressamos aqui, com saudade, nosso profundo respeito e nossa eterna gratidão.

Araraquara, junho de 2008.

Sílvia Maria Schmuziger de Carvalho
Wilson Alves Ribeiro Jr.

NOTAS SOBRE ESTE LIVRO

Texto grego e tradução

O texto adotado para a tradução dos hinos foi, de início, o da edição de Humbert, um tanto diferente do texto padrão de Allen-Sikes. A única exceção é o texto fragmentário do *h.Hom.* 1, *a Dioniso*, em que nos baseamos na edição de West,[1] a única que traz os fragmentos recentemente descobertos.

Os textos gregos conservados têm, via de regra, numerosas variantes, decorrentes da comparação entre os manuscritos e das diversas conjecturas registradas pelos editores dos últimos cinco séculos.[2] Cada tradutor teve, naturalmente, ampla liberdade de adotar essa variante textual ou aquela conjectura que, de acordo com seu melhor julgamento, representa a opção mais adequada para o restabelecimento do sentido original do texto grego. Ademais, nenhum dos tradutores seguiu com fidelidade a pontuação de Humbert. O resultado final foi um texto grego próprio, diferente de todas as edições disponíveis, isto é, preparado pela equipe de tradutores especificamente para este livro.

Dispusemos o texto grego, sem o aparato crítico, lado a lado com a tradução em versos livres.[3] É muito difícil, quiçá impossível, reproduzir poeticamente, em português, as obras versificadas em grego antigo, pois seus autores dispunham as sílabas de acordo com a quantidade das vogais, emprestando ao poema uma musi-

---

1. Ver referências sobre essas edições na *Lista de abreviaturas, siglas e símbolos*, p.15, item Obras Modernas.
2. A finalidade desse processo é corrigir falhas e erros cometidos pelos antigos escribas, além de especular sobre o conteúdo de lacunas e trechos danificados dos originais.
3. Recomendamos, aos especialistas interessados, o aparato crítico da edição de Càssola.

calidade própria, um efeito sonoro característico que só aparece na declamação ou na leitura em voz alta do texto grego. A poesia antiga não tem as rimas às quais a maioria dos leitores de poemas modernos está habituada (ver p.547-8). Procuramos seguir, da melhor forma possível, a disposição versificada do texto original, sem qualquer pretensão poética, unicamente para dar ao leitor uma ideia da disposição original dos versos.

Nome dos personagens míticos

Alguns nomes gregos (v.g. Platão, Hermes, Homero, Zeus) têm formas padronizadas há décadas e são de uso corrente; outros, infelizmente, são transpostos para o português de diferentes maneiras, ao sabor do entendimento de cada tradutor, o que às vezes gera alguma confusão. Exemplo típico é o nome do deus Posídon (gr. Ποσειδῶν), que pode ser encontrado em vários livros nas formas Posídon, Possídon, Poseidon, Poseidôn e Posidão, entre outras. Impõe-se, portanto, em trabalhos desta natureza, uma referência única e a consequente padronização da forma portuguesa dos nomes gregos.

Adotamos, portanto, para os nomes gregos mitológicos, históricos e geográficos não consagrados pelo uso, as formas utilizadas por Victor Jabouille em sua tradução do *Dictionnaire de la Mythologie Grecque et Romaine*, de Pierre Grimal,[4] um dos textos padrão de mitologia grega em língua portuguesa, de fácil acesso.

Capítulos e ilustrações

Com exceção da obra de Humbert, praticamente todas as publicações referentes aos *hinos homéricos* apresentam os hinos um a um, na sequência adotada por Allen-Sikes (ver *Introdução*,

---
4. No Brasil: *Dicionário da Mitologia Grega e Romana*, Lisboa e Rio de Janeiro: DIFEL e Bertrand Brasil, 1993.

p.44). Uma vez que nosso estudo está centrado não apenas no texto do hino, mas também na divindade homenageada, optamos por dividir os capítulos de acordo com o deus estudado, como fez Humbert.

Os capítulos são, portanto, identificados pelo nome da divindade e contêm a lista dos *hinos* a ela dedicados (abreviatura tradicional e número de versos), uma ilustração com uma das numerosas representações do deus ou deusa na Antiguidade, texto grego com a tradução face a face e, finalmente, um pequeno ensaio que aborda primordialmente os aspectos míticos e antropológicos envolvidos.

Todas as ilustrações não originais foram obtidas no antigo Dictionnaire de Daremberg[5] e junto a repositórios da Internet que disponibilizam arquivos de imagens para uso livre, desde que citada a fonte (Creative Commons Attribution).[6] A grande maioria das imagens veio da Wikimedia Commons;[7] duas, apenas, vieram do Flickr;[8] e a figura 6 foi gentilmente desenhada pelo arquiteto Dário José A. Ribeiro especialmente para esta edição. Todas as fotos e todas as gravuras foram editadas para reprodução em "escala de cinza" e fizemos o possível para atribuir corretamente a autoria de cada foto e de cada desenho, porém muitos fotógrafos e gravadores identificam-se por apelidos.

Os mapas foram confeccionados por WARJ, exclusivamente para esta edição, com base nos atlas geográficos de praxe, no dicionário de William Hazlitt (1851), no *Barrington Atlas of the Greek and Roman World* (Talbert, 2000) e nos mapas da obra de André Bernard (1985).

---

5. Ver o item Obras Modernas da *Lista de abreviaturas, siglas e símbolos*.
6. Disponível em http://creativecommons.org/licenses/by/2.5/.
7. Disponível em http://commons.wikimedia.org.
8. Disponível em http://www.flickr.com.

Citações e referências

As citações foram traduzidas para o português pelos autores dos ensaios ou das notas, conforme o caso.

As referências a obras da Antiguidade e as abreviaturas seguem a padronização estabelecida pelo Guia de Estilo da *Classica*, órgão oficial da SBEC.[9] Consultar a *Lista de abreviaturas, siglas e símbolos*, p.15.

Referências a obras modernas, identificadas nos textos pelo nome do autor em maiúsculas, seguem a forma preconizada pela ABNT e foram reunidas no final do livro, p.559. Algumas poucas referências, usadas apenas uma vez, foram colocadas em notas de rodapé.

As citações, sempre que possível, foram traduzidas para o português pelos autores dos ensaios. Para localizar geograficamente as principais regiões gregas, as póleis e as localidades mais importantes, citadas nas traduções e nos ensaios, consultar os mapas das p.26-7.

Notas e glossário

Os autores optaram, no presente trabalho, por reduzir ao mínimo as notas textuais referentes a variantes do texto grego e a detalhes de morfologia e sintaxe, uma vez que esse tipo de nota interessa mais de perto aos especialistas que têm acesso aos textos originais e a obras especializadas. Privilegiamos, por outro lado, as notas de mitologia, religião, geografia, arqueologia e história, úteis para leitores pouco familiarizados com a antiga cultura grega.

No rodapé, colocamos apenas as notas que marcam ocorrências isoladas. As demais referências, identificadas por um

---

9. Ver *Classica*, Belo Horizonte, v.19, n.2, 2006, p.306-15; o texto completo está disponível para consulta e/ou *download* na *home page* da revista, http://revista.classica.org.br.

NOTAS SOBRE ESTE LIVRO

asterisco (*), podem ser encontradas no *Glossário*, p.537. Apenas o nome de deuses e heróis a quem os hinos foram dedicados não estão acompanhados do asterisco.

As notas de morfologia, sintaxe e outros detalhes textuais foram preparados pelos tradutores, creditados em cada um dos capítulos; as notas mitológicas, por FRM e por WARJ; as notas geográficas, históricas e arqueológicas, por WARJ.

Cronologia e alfabeto grego

Nas p.23 e p.24-5 há uma tabela cronológica e também informações básicas sobre o alfabeto grego, a transliteração de palavras em grego antigo e sua pronúncia convencional. Para a transliteração, seguimos as *Normas para a transliteração de termos e textos em grego antigo* preconizadas pela SBEC (ver Prado, 2006).

A fonte utilizada na digitação do texto grego foi a New Athena Unicode, disponibilizada como *freeware* pela *American Philological Association*.[10]

Wilson A. Ribeiro Jr.

---

10. Disponível em http://socrates.berkeley.edu/~pinax/greekkeys/NAUdownload.html.

Fig. 1 *Busto de "Homero"*. Cópia romana de original grego, encontrada nas paredes do Palazzo Caetani, Roma. Data: século II d.C. (original: séc. II a.C.).

1.
Os hinos homéricos

Wilson A. Ribeiro Jr.

ΟΜΗΡΟΥ ΥΜΝΟΙ
Hymni Homerici

Introdução;
Testemunhos doxográficos.

INTRODUÇÃO

> Os gregos e romanos acreditavam que Homero fora o maior dos antigos poetas, e o fato de que os hinos eram também atribuídos a ele é um tributo à alta qualidade dos hinos.
>
> Nicholas Richardson[1]

Hinos homéricos (gr. Ὁμήρου Ὕμνοι) é o título tradicional de uma antiga coleção de 33 poemas dedicados a 22 divindades gregas – Afrodite, Apolo, Ares, Ártemis, Asclépio, Atena, Deméter, Dioniso, Dióscuros, Gaia, Hefesto, Hélio, Hera, Héracles, Hermes, Héstia, Musas, Pã, Posídon, Reia*, Selene e Zeus –, com invocações, relatos míticos, atributos, preces e raras menções a festivais religiosos. No total, a coleção tem 2.227 versos, o que equivale, aproximadamente, a dois livros da *Ilíada* ou da *Odisseia*, obras que foram também atribuídas a Homero na Antiguidade.

De acordo com as evidências atualmente disponíveis, esses poemas anônimos eram parte dos festivais públicos promovidos regularmente pelas póleis gregas e eram declamados pelos rapsodos – declamadores/cantores profissionais – e não cantados, como o termo "hino" sugere à primeira vista.[2]

Festas para os deuses

Os numerosos festivais dedicados aos deuses e celebrados praticamente por todas as póleis eram uma das mais importantes instituições da Grécia Antiga. Misto de cerimônia religiosa,

---

1. Ver Cashford e Richardson, 2003, p.viii.
2. Originalmente, a palavra grega ὕμνος, "hino", referia-se a um simples canto ou poema, sem a conotação religiosa que recebeu em nossos dias (ver Furley, 1995). A mais antiga ocorrência dessa palavra em textos gregos está na *Odisseia* (8.429).

INTRODUÇÃO

de festa, de quermesse, de disputa esportiva e, naturalmente, de feriado cívico ou religioso, o festival (gr. ἑορτή) marcava uma ocasião especial para toda a comunidade; ao celebrar uma divindade comum, os cidadãos reforçavam sua identidade coletiva e promoviam, a um só tempo, a quebra e o reordenamento de seu cotidiano (Burkert, 1993, p.437) e de sua cultura tradicional.

A exuberância maior ou menor da celebração refletia a importância e o prestígio da comunidade perante o mundo grego, mais do que sua piedade;[3] o poder econômico exibido pela pólis que financiava a festa reafirmava, de certa forma, sua posição política e cultural em relação às demais. O festival podia ter alcance puramente local, isto é, podia ser assistido por um simples grupo de cidadãos, um demo, uma tribo[4] ou, então, por todos os cidadãos (v.g. as *heracleias* de Atenas*, Ática, dedicadas ao herói-deus Héracles), e, em certos casos, podia ser prestigiado por todas as comunidades gregas (v.g. os *jogos olímpicos* de Olímpia, Élida*, dedicados a Zeus).

A maior parte dos festivais se repetia anualmente, em épocas determinadas (v.g. *heracleias*, no fim de julho ou início de agosto); outros ocorriam em intervalos maiores, por exemplo a cada quatro anos, como os *jogos olímpicos*, ou até de nove em

---

3. Subst. εὐσέβεια, adj. ὅσιος, α, ον. Para os antigos gregos, a religiosidade era definida em termos de "piedade", isto é, do respeito e das homenagens devidas às divindades. No início do século IV a.C., o filósofo Platão, no diálogo *Eutífron*, fez o personagem de mesmo nome afirmar (14b): ἐὰν μὲν κεχαρισμένα τις ἐπίστηται τοῖς θεοῖς λέγειν τε καὶ πράττειν εὐχόμενός τε καὶ θύων, ταῦτ' ἔστι τὰ ὅσια, καὶ σῴζει τὰ τοιαῦτα τούς τε ἰδίους οἴκους καὶ τὰ κοινὰ τῶν πόλεων, "se alguém sabe dizer e fazer o que é agradável aos deuses, preces e sacrifícios, são essas as *atitudes piedosas* que salvam as famílias e os bens comuns da pólis".
4. O *demo* (gr. δῆμος) era uma espécie de distrito administrativo da antiga pólis grega, que compreendia tanto o território como seus habitantes; desse nome originou-se, mais tarde, a palavra "democracia". A *tribo* (gr. φυλή) era um grupo social mais antigo, anterior à formação da pólis, caracterizado por ligações familiares e religiosas que remontavam a um ancestral remoto e mítico. Em Atenas, por exemplo, havia inicialmente apenas quatro tribos (*Geleonta, Egiocora, Argadeia e Hopleta*), nomeadas a partir dos filhos de Íon, um dos míticos reis atenienses (Hdt. 5.66).

INTRODUÇÃO

nove anos, como as *dafnefórias* de Tebas* (Beócia), dedicadas a Apolo *Ismênio*. Uma forte evidência da seriedade e importância desses festivais para os gregos era a imposição da *trégua sagrada*, proclamada por ocasião das festividades de alcance regional, quando até mesmo as guerras entre as póleis cessavam, para que todos pudessem comparecer e, assim, prestigiar a divindade. Eis um pequeno exemplo, conservado por Tucídides (8.10): em 412 a.C., Corinto e Atenas* estavam em guerra,[5] mas os atenienses foram convidados a participar dos *jogos ístmicos*, promovidos por Corinto em homenagem a Posídon, como nos anos anteriores ao conflito.

As atividades variavam bastante de festival para festival. Todos tinham, porém, pelo menos uma procissão solene (gr. πομπή), que se dirigia ao altar ou ao templo do deus, e um sacrifício. Dentre as demais atividades, destacavam-se os rituais, notadamente os de purificação, as refeições coletivas e competições (gr. sg. ἀγών), como as provas esportivas (corrida de carruagens, lutas, atletismo), os concursos de poesia declamada e/ou cantada (individual e coral), as danças[6] e, em Atenas*, os concursos teatrais (tragédias, comédias e ditirambos).[7]

Os hinos, na Grécia Antiga. eram parte integrante de muitos rituais e festividades dedicadas aos deuses (Pulleyn, 1997; Rutherford, 2001). Na *Ilíada*, 1.446-74, por exemplo, durante um sacrifício, além de invocar diretamente o deus Apolo, entoou-se um peã, hino dedicado especialmente a este deus.[8] Em última

---

5. A segunda Guerra do Peloponeso*, que envolveu Atenas, Esparta e várias póleis gregas entre 431 e 404 a.C. e terminou com a derrota dos atenienses.
6. A palavra grega χορός, da qual derivam as palavras portuguesas "coro" e "coral", refere-se originalmente às danças efetuadas por um conjunto de pessoas, acompanhadas de música e/ou de cantos. Em nossos dias, essa palavra é usada apenas em relação aos cantos coletivos. Se um grego antigo assistisse, por exemplo, a um moderno espetáculo de *ballet*, certamente o chamaria de χορός.
7. O ditirambo era um antigo canto coral dedicado a Dioniso. No Período Arcaico, pelo menos, era apresentado por um coro, liderado por um ἔξαρχον (Archil. *Fr.* 120).
8. Ver também *h.Ap*. 272, 500 e 517.

análise, portanto, os hinos entoados em homenagem a uma divindade são poemas intrinsecamente religiosos, pois chamam e colocam o deus na presença dos participantes do ritual (García, 2002). O declamador ou cantor, ao relembrar o deus e seus feitos diante da comunidade, venerava e cultuava a divindade em questão (Rayor, 2004, p.3).

É razoável afirmar, portanto, que os *hinos homéricos* tinham uma importante função nos festivais, embora não se possa descartar totalmente a possibilidade de sua apresentação também em reuniões e sacrifícios privados.[9] De acordo com o testemunho de Tucídides (3.104.2-6), o longo *hino homérico a Apolo* era claramente um prelúdio, um *proêmio* (gr. προοίμιον) que antecedia o coro apresentado durante um dos antigos festivais dedicados a Apolo, em Delos*.

Não há dúvida de que as informações de Tucídides podem ser estendidas aos demais *hinos homéricos*, como será discutido adiante, a partir de outros testemunhos antigos. O caráter de prelúdio dos *hinos homéricos* tem sido invariavelmente reconhecido pelos eruditos desde os importantes estudos de Wolf e Baumeister (ver também Lang, 1899, p.4; Aloni, 1980),[10] bem amparados por um punhado de testemunhos antigos (ver *Testimonia*, p.81).

Trinta e três homenagens aos deuses

Eis a lista completa dos 33 *hinos homéricos* que chegaram até nós, de acordo com a ordem preconizada por Allen-Sikes em 1904 e adotada por quase todos os editores subsequentes:

---

9. Na *Odisseia* (8.266-367), por exemplo, Demódoco canta os amores de Ares e Afrodite em uma reunião na casa do rei dos feácios; Pausânias menciona os hinos apresentados durante as celebrações particulares da família *Lycomidae* (*infra*, p.47). Ver, sobretudo, Clay, 1989, p.11.
10. O estudo de Wolf data de 1784 e o de Baumeister, de 1860. Allen-Sikes[2] (p.xciv), no entanto, questionam se os hinos mais longos são apenas prelúdios ou composições épicas "completas". Ver, também, Càssola (p.xii-xvii).

INTRODUÇÃO

1.	a Dioniso	12.	a Hera	23.	a Zeus
2.	a Deméter	13.	a Deméter	24.	a Héstia
3.	a Apolo	14.	à Mãe dos Deuses	25.	às Musas
4.	a Hermes	15.	a Héracles	26.	a Dioniso
5.	a Afrodite	16.	a Asclépio	27.	a Ártemis
6.	a Afrodite	17.	aos Dióscuros	28.	a Atena
7.	a Dioniso	18.	a Hermes	29.	a Héstia
8.	a Ares	19.	a Pã	30.	a Gaia
9.	a Ártemis	20.	a Hefesto	31.	a Hélio
10.	a Afrodite	21.	a Apolo	32.	a Selene
11.	a Atena	22.	a Posídon	33.	aos Dióscuros

Há quatro poemas longos, um poema longo em fragmentos, 28 poemas curtos e um pequeno fragmento de um verso, não incluído na coleção tradicional. Os poemas longos são dedicados a Hermes (n.4 = h.Merc., 580 versos), a Apolo (n.3 = h.Ap., 546 versos), a Deméter (n.2 = h.Cer., 495 versos) e a Afrodite (n.5 = h.Ven., 293 versos). Um dos hinos a Dioniso, incompleto (h.Hom. 1), foi enriquecido recentemente por alguns papiros e, agora, tem 63 versos (ver West, 2001); acredita-se que ele tinha, originalmente, mais de 200 versos (Humbert, p.171). Dos hinos curtos, um outro hino a Dioniso (n.7 = h.Bacch.) tem 59 versos e o hino a Pã (n.19 = h.Pan.), 49 versos; todos os demais têm de dez a vinte versos, aproximadamente, ou ainda menos. O menor de todos é o h.Hom. 13, dedicado a Deméter, com apenas três versos.

Os *hinos homéricos*, assim como outras obras da Antiguidade, são habitualmente mencionados através da forma abreviada, *h. Hom.*, acompanhada do número de ordem. O *hino a Hefesto*, por exemplo, é *h.Hom.* 20, e o segundo hino a Dioniso, *h.Hom.* 7. Os hinos longos (n.2, 3, 4, 5 e 7) e o hino *a Pã* (n.19) têm abreviaturas particulares.[11]

---

11. Consulte a *Lista de abreviaturas, siglas e símbolos*, p.15.

INTRODUÇÃO

Aos deuses, o máximo: proêmios em versos épicos

Na Antiguidade havia, basicamente, três gêneros poéticos: o poema *rapsódico*, declamado sem acompanhamento musical específico (v.g. *Ilíada, Odisseia* [Homero] e *Teogonia*, de Hesíodo); o poema *citaródico*, recitado com uma certa entonação musical, muitas vezes acompanhado por uma cítara* (v.g. certos poemas de Íbico e de Estesícoro); e o poema *lírico*, cantado juntamente com a música da lira* (v.g., Sapph. *Fr.* 1 Lobel-Page).[12] Todos eles eram compostos com a finalidade de serem ouvidos por uma audiência, durante uma apresentação, nunca para serem simplesmente lidos (ver Pavese, 1998, p.63-4).[13]

Do ponto de vista da linguagem, do metro e da estrutura poética, os *hinos homéricos* são, indubitavelmente, poemas do tipo *rapsódico*, aparentados com a *Ilíada*, a *Odisseia*, os poemas de Hesíodo e os poemas do ciclo épico.[14] Esses poemas e os *hinos* compartilham uma série de características inerentes às composições orais, como por exemplo o uso de fórmulas (v.g. ἑκατηβόλ' Ἄπολλον, "Apolo que flecha longe",[15] *h.Ap.* vv. 140, 215, 222, 229, 239, 277 e *h.Merc.* 234), de longas narrativas em estilo direto (Guerra, 2003), de discursos atribuídos a personagens, também em estilo direto (v.g. a Hera, *h.Ap.* 311-30; a Hermes, *h.Merc.* 90-4; a Hélio, *h.Cer.* 75-87; e a Anquises, *h.Ven.* 185-90), repetição de palavras (v.g. καταθνητός, "mortal", em *h.Ven.* 50-2) e de versos inteiros (v.g. *h.Ap.* 229, 239 e 277; *h.Hom.* 6.21 e 10.6), digressões (v.g. *h.Ven.* 200-38), símiles (v.g. *h.Cer.* 174-8) e muitas outras. O metro

---

12. Esse é o célebre *hino a Afrodite*, de Safo.
13. Para os hinos gregos em geral, ver Furley (1995) e, especialmente, Furley e Bremer (2001).
14. A *Ilíada* data de 750-725 a.C. e a *Odisseia*, de 743-713 a.C. (ver Janko, 1982, p.228-31). A *Teogonia* e *Trabalhos e Dias*, de Hesíodo, mais ou menos de 700 a.C. Os poemas "cíclicos" e outros poemas épicos antigos, v.g. *Margites, Batracomiomaquia, Catálogo das Mulheres, Tebaida, Saque de Ílion, Retornos* e muitos outros, foram compostos séculos depois da *Ilíada* e da *Odisseia*, e apenas os dois primeiros chegaram integralmente até nós.
15. Ou, simplificadamente, "arqueiro Apolo" (ver tradução de Maria Lúcia G. Massi, cap.2).

INTRODUÇÃO

básico dos *hinos* é, tal como das célebres obras épicas, o hexâmetro* dactílico, e a linguagem é igualmente arcaica e relativamente artificial, tanto do ponto de vista da morfologia como do da sintaxe (v.g. sinais da presença do *digamma*, praticamente extinto no Período Clássico, e os genitivos em -αω, -εω e em -άων). Muitos eruditos, no entanto, consideram a linguagem e o estilo dos *hinos homéricos* derivativos e "sub-épicos" (Kirk, 1985, p.110).

Assim como os poemas orais da mesma tradição têm influências mútuas, nota-se que alguns *hinos* foram nitidamente influenciados pelos poemas homéricos, pela *Odisseia*, pela *Teogonia* hesiódica e até mesmo por outros hinos da coleção (West, p.5). Por exemplo, o *h.Hom.* 6 *a Afrodite* é um desenvolvimento da *Odisseia* 8.362-6. Há vários paralelos entre o *h.Hom.* 2 *a Deméter* e o *h.Hom.* 5 *a Afrodite* (Humbert, p.145-6; Richardson, 1974, p.42-3). O *h.Hom.* 27 *a Ártemis* é uma imitação do *h.Hom.* 3 *a Apolo* (Humbert, p.187) e o *h.Hom.* 23 *às Musas* é um excerto dos primeiros 115 versos da *Teogonia*, de Hesíodo. Alguns hinos curtos são, igualmente, excertos de *hinos homéricos* mais longos, dedicados à mesma divindade (v.g. *h.Hom.* 13 *a Deméter*, *h.Hom.* 17 *aos Dióscuros* e *h.Hom.* 18 *a Hermes*).

Como toda composição oral, os *hinos* devem ter sido criados, recitados e transmitidos oralmente, de rapsodo para rapsodo, durante muitas gerações (Stehle, 1997, p.170). Não sabemos quando e onde essas composições foram registradas por escrito, uma vez que o *P. Berol.* 13044, que contém os mais antigos trechos da coleção,[16] data de meados do século I a.C., o que nos deixa com um intervalo de quase seis séculos entre a composição dos hinos mais antigos e o papiro de Berlim.

---

16. O papiro contém fragmentos do longo hino a Deméter (*h.Cer.*): vv. 8-18, 33-6, 54b-56, 248-9, 256-62, 268a, 418, 420-23.

INTRODUÇÃO

HOMÉRICOS, MAS NÃO DE HOMERO

Tucídides, nossa testemunha mais antiga e talvez a mais confiável, não hesitou em atribuir o *h.Hom 3 a Apolo* ao mítico poeta Homero (Thuc. 3.104.4). E essa atribuição, que se estende aos demais hinos, como veremos adiante, se deve naturalmente ao fato de não se saber quem é, efetivamente, o autor. Muitos poemas épicos anônimos eram sistematicamente atribuídos a [Homero], na Antiguidade, sem qualquer outra razão (Kirk, 1985, p.110). Os *hinos homéricos* são parte, portanto, da "questão homérica", discutida e rediscutida desde o século XVIII e, até hoje, sem resultado consensual.[17]

Havia, segundo a tradição, outros poetas além de [Homero], historicamente tão elusivos quanto ele, que compuseram "hinos épicos" dedicados aos deuses: Olen, Pânfos, Museu e Orfeu*. Embora nenhum dado das biografias desses poetas seja histórico, as menções de Heródoto (4.35) e Pausânias (1.18.5, 2.13.3, 5.7.8, 7.21.9, 8.21.3, 8.37.9, 9.27.2, 10.5.7) comprovam, ao menos, a antiguidade dos proêmios em hexâmetros*. Consta que Olen, um lídio, foi o primeiro poeta a criar hinos desse tipo para homenagear Hera e sua filha Ilítia*, e que ele e Pânfos, um poeta mais jovem que criou um *hino a Deméter*, eram ainda mais antigos que [Homero]. Os hinos de Olen eram apresentados nos festivais de Delos*, e os de Pânfos nas celebrações particulares da família *Lycomidae*, de Atenas* e Elêusis*, que fornecia os principais sacerdotes do culto de Orfeu*. Pausânias menciona, ainda, que um *hino a Deméter*, criado para os *Lycomidae* e atribuído ao mítico poeta Museu, na verdade teria sido criado por Onomácrito, um poeta do final do século V a.C. ligado aos cultos órficos*.[18]

A estrutura da *Teogonia* de Hesíodo comprova a existência de uma antiga tradição de *proêmios*. Os primeiros 115 versos consti-

---

17. Para um panorama dos principais itens envolvidos na discussão, ver Rutherford (1996).
18. Chegaram até nós 87 hinos em versos hexâmetros*, atribuídos a Orfeu*, todos datáveis, no entanto, dos primeiros séculos da Era Cristã.

INTRODUÇÃO

tuem um *hino às Musas* – talvez até mesmo dois hinos justapostos (v.1-34 e v.36-115), separados pelo estranhíssimo verso 35 – que antecede a apresentação da primeira genealogia divina e é praticamente independente do resto do poema.[19] *Trabalhos e Dias*, do mesmo poeta, começa com uma espécie de hino a Zeus, em dez versos, com uma fórmula introdutória ao resto do poema no décimo verso. Se os dois hinos da *Teogonia* e o hino de *Trabalhos e Dias* tivessem sido conservados separadamente desses poemas, teriam sido considerados, talvez, mais três *hinos homéricos*. A mais antiga referência histórica à apresentação de um hino em uma cerimônia religiosa é o relato de Hesíodo sobre sua vitória nos jogos fúnebres de Anfidamas, em Cálcis (Hes. *Op.* v.654-9).

Vestrheim (2004) acredita que um fragmento do poeta lírico Álcman (*Fr.* 26 Page) contém um proêmio em hexâmetros*, apresentado provavelmente antes de uma composição coral para cítara*. Vesthreim encontrou diversas similaridades entre os hexâmetros* do fragmento e os v.166-76 do *h.Hom.* 3 *a Apolo*, em que o poeta se dirige ao coro de moças. Álcman viveu décadas depois de Hesíodo, em Esparta, na segunda metade do século VII a.C.

No final do século V a.C., o poeta Eurípides compôs um proêmio em tetrâmetros trocaicos, para introduzir uma ode coral na tragédia *Ifigênia em Táuris* (Furley, 1995, p.37-8). Na altura do verso 1222, Orestes e Pílades são conduzidos ao templo de Ártemis, onde seriam sacrificados à deusa; nos v.1230-3,[20] a sacerdotisa (Ifigênia) declama um prelúdio dedicado a Ártemis:

Ó virgem, Senhora, filha de Zeus e Leto*, se eu purificar o crime
desses homens e oferecer um sacrifício onde é conveniente,
[habitarás um templo puro

---

19. A questão parece ter sido apresentada pela primeira vez por Friedländer em *Das Proomium von Hesiods Theogonie* (1914). Para mais referências, ver West (1988) e *ad Th.* v.1-115.
20. Eur. *IT*: ὦ Διὸς Λητοῦς τ' ἄνασσα παρθέν', ἢν νίψω φόνον   1230
τῶνδε καὶ θύσωμεν οὗ χρή, καθαρὸν οἰκήσεις δόμον,
εὐτυχεῖς δ' ἡμεῖς ἐσόμεθα. τἆλλα δ' οὐ λέγουσ' ὅμως
τοῖς τὰ πλείον' εἰδόσιν θεοῖς σοί τε σημαίνω, θεά.

INTRODUÇÃO

e seremos afortunados. Outras coisas não falarei. Todavia,
aos que sabem mais, aos deuses e a ti, eu indicarei, ó deusa!

Esse pequeno prelúdio tem invocação, parte intermediária atributiva e uma prece final, como a maioria dos *hinos homéricos* (*infra*, p.52). Imediatamente depois da prece, o coro canta um hino em homenagem ao irmão gêmeo de Ártemis, Apolo (vv.1234-82), que rememora o mito de seu nascimento, a morte da serpente Píton e a instalação do deus no oráculo de Delfos*. Essa passagem, juntamente com o *Test.* 4, de Platão, ilustra como os *proêmios*, durante o Período Clássico, haviam já evoluído para um gênero literário consolidado e relativamente autônomo.[21]

Temos, além dos já mencionados testemunhos de Heródoto, Tucídides e Pausânias, um punhado de referências mais ou menos diretas aos *hinos homéricos*, datáveis do início do Período Arcaico até o apogeu do Período Bizantino.[22] A pequena quantidade indica que a popularidade dos *hinos*, durante a Antiguidade, nem se aproxima do favor que a *Ilíada*, a *Odisseia* e as obras de historiadores, filósofos, poetas líricos, trágicos e cômicos desfrutaram junto aos eruditos e demais cidadãos letrados. Em linhas gerais, sua análise sugere as seguintes conclusões:

1. Havia, desde os primeiros tempos da poesia oral grega, um gênero literário específico, aqui chamado de *proêmio*, caracterizado por poemas compostos, habitualmente, em versos hexâmetros* (*Od.* v.499-500, Pind. *Nem.* 2.1-3, Pl. *Phd.* 60c-d, Plut. 1132d.9-10);

2. Muitos desses poemas foram atribuídos a Homero, ou aos *homéridas*[23] (Pind. *Nem.* 2.1-3, Thuc. 3.104-2-6, Dem. Bith. *Fr.*

---

21. Para referência bibliográfica suplementar sobre prelúdios e hinos na tragédia grega, ver Furley, 1995, n.44.
22. Ver *Excurso*, *infra*, p.81-93.
23. Associação de rapsodos da ilha de Quios, que clamava descender de [Homero] e ter conservado seus poemas. A primeira referência a eles é a da II *Nemeia* de Píndaro (ver *Excursus*), datada de 485 a.C.

INTRODUÇÃO

1, Phld. *Piet.* p.42, Diod. Sic. 4.2.3-4, Paus. 4.30.4, *Certamen* 18, Ath. 1.40.9-10, Sch. Nic. *Alex.* 130c, Sch. Pind. *Pyth.* 3.14, Sch. Pind. *Nem.* 2.1.c);

3. Um dos hinos a Apolo, provavelmente o *h.Hom. 3 a Apolo*, pode ter sido criado por um rapsodo chamado Cineto de Quios (Sch. Pind. *Nem.* 2.1.c);

4. Os proêmios eram apresentados na ocasião de festivais religiosos, públicos ou não (Thuc. 3.104-2-6, *Certamen* 18, Sch. Pind. *Nem.* 2.1.c);

5. Os proêmios precediam a apresentação de outros poemas (Thuc. 3.104-2-6, *Certamen* 18, Plut. 1132d.9-10); há até mesmo uma tênue evidência de que algumas apresentações da *Ilíada* foram, eventualmente, precedidas por um desses proêmios (*App. Rom. Fr.* 3B);

6. Os hinos que os antigos conheciam, com certeza, eram o *h.Hom. 3 a Apolo* (Thuc. 3.104-2-6, Dem. Bith. *Fr.* 3.1, Paus. 10.37.5, *Certamen* 18, Sch. Pind. *Nem.* 2.1.c); o *h.Hom. 2 a Deméter* (Paus. 4.30.4, Sch. Nic. *Alex.* 130c); o *h.Hom. 16 a Asclépio* (Sch. Pind. *Pyth.* 3.14); e o *h.Hom. 4 a Hermes* (Antig. 7.2, Diod. Sic. 4.2.3-4);

7. Havia uma coleção de *hinos homéricos*: Phld. *Piet.* p.42, Diod. Sic. 4.2.3-4, Sch. Nic. *Alex.* v.130c, Sch. Pind. *Pyth.* 3.14;

8. Em termos de crítica literária, pelo menos do ponto de vista de Pausânias, os *hinos homéricos* eram superiores aos *hinos órficos** (Paus. 9.30.12).

Evidências "internas", i.e., presentes nos próprios *hinos*, apoiam algumas dessas afirmações. Pelo menos quatro hinos (*h.Hom. 6 a Afrodite*, *h.Hom. 10 a Afrodite*, *h.Hom. 31 a Hélio* e *h.Hom. 32 a Selene*) são, evidentemente, prelúdios de narrativas mais longas (Evelyn-White, p.xxxiv; Cashford & Richardson, 2003,

INTRODUÇÃO

p.viii). O último verso (ou penúltimo, em um caso) de alguns *hinos* faz referência direta a poemas apresentados logo depois:

αὐτὰρ ἐγὼ καὶ σεῖο καὶ ἄλλης μνήσομ' ἀοιδῆς.
mas eu me lembrarei de ti e de outra ode.
h.Cer. 495; *h.Ap.* 546; *h.Merc.* 580; *h.Hom.* 10.6; *h.Pan.* 49; *h.Hom.* 28.18; *h.Hom.* 30.19

αὐτὰρ ἐγὼν ὑμέων ‹τε› καὶ ἄλλης μνήσομ' ἀοιδῆς.
mas eu me lembrarei de vós e de outra ode.
h.Hom. 25.7; *h.Hom.* 27.22; *h.Hom.* 29.14; *h.Hom.* 33.19

σέο δ' ἐγὼ ἀρξάμενος μεταβήσομαι ἄλλον ἐς ὕμνον.
e tendo começado por ti, passarei para outro hino.
h.Hom. 5.293; *h.Hom.* 9.9; *h.Hom.* 18.11

Dois deles especificam, ademais, que o próximo poema "cantará os semideuses" (*h.Hom.* 31 *a Hélio* e *h.Hom.* 32 *a Selene*) e pelo menos três foram, certamente, apresentados em um festival (*h.Hom.* 19 *a Pã*, *h.Hom.* 26 *a Dioniso* e *h.Hom.* 29 *a Héstia*). O festival mencionado no *h.Hom* 26 era anual (v.11-3); o *h.Hom.* 2 *a Deméter* tem nítidos vínculos com a celebração dos mistérios em Elêusis* e o *h.Hom.* 3 *a Apolo*, com um festival de Delos*; um dos hinos a Afrodite (*h.Hom.* 6) foi apresentado pelo rapsodo em uma competição promovida, com certeza, durante algum festival.

Divindades apreciam poemas bem estruturados

"Dos quatro antigos gêneros de poesia grega em hexâmetros* – hino, narrativa épica, catálogo e poema didático – o hino é o único que se distingue por uma estrutura formal" (Janko, 1981, p.23).[24]

---

24. Foi seguida, nesta seção, a nomenclatura preconizada por Ausfeld (1903) e por Janko (op. cit.).

INTRODUÇÃO

A estrutura básica dos hinos homéricos é tripartite (Ausfeld, 1903; Danielewicz, 1974; Bremer, 1981; Janko, 1981; Massi, 2006, p.71) e sequencial. Primeiro, há uma introdução (*inuocatio*); depois, um argumento que, apenas no caso dos *hinos homéricos*, pode ser chamado de *pars epica* (Bremer, 1981, p.196) e, finalmente, uma despedida com um pedido (*precatio*). Há, naturalmente, algumas exceções, dada a relativa heterogeneidade da coleção: por exemplo, o *h.Hom.* 1 *a Dioniso* perdeu a *inuocatio*; o *h.Hom.* 13 *a Deméter* não tem *pars epica*; e o *h.Hom.* 12 *a Hera* não tem *precatio*.

Na *inuocatio*, o rapsodo evocava a divindade homenageada diretamente (v.g. *h.Hom.* 15 *a Héracles*) ou por meio de uma divindade mediadora, em geral uma das Musas (v.g. *h.Hom.* 4 *a Hermes*, *h.Hom.* 5 *a Afrodite*, *h.Hom.* 19 *a Pã*); a finalidade era estabelecer contato entre o rapsodo e a divindade invocada, para que o deus estivesse presente no momento da homenagem.

A *pars epica* pode conter apenas uma lista de atributos do deus (v.g. *h.Hom.* 22 *a Posídon*), um mito que revela o poder da divindade (v.g. *h.Hom.* 6 *a Afrodite*) ou as duas coisas (v.g. *h.Hom.* 19 *a Pã*). A finalidade das descrições e relatos é ressaltar a importância do deus para a comunidade. Mitos que relatam determinadas versões do nascimento do deus são os mais comuns; nesse sentido, segundo Massi (2006, p.10), é lícito considerarmos os *hinos* verdadeiras extensões da *Teogonia* de Hesíodo. O primeiro tipo de hino é chamado, por Janko (1981), de hino "atributivo", o segundo, de hino "mítico" e o terceiro, de hino "compósito".

A parte final, *precatio*, pode conter até três elementos: uma *saudação*, uma ou mais *preces*, e uma *sequência*, isto é, uma menção ao poema seguinte – em geral nessa mesma ordem. Exemplos típicos de *precatio* com as três partes são o *h.Hom.* 6 *a Afrodite* e o *h.Hom.* 31 *a Hélio*.

Além do conteúdo e do estilo, as três partições básicas têm características morfológicas e sintáticas relativamente distintas. A *invocatio*, por exemplo, apresenta o nome do deus no acusativo, seguido de vários epítetos que se estendem até o começo de uma oração relativa, introduzindo a *pars epica*; às vezes, há apenas um vocativo (v.g. Φοῖβε, "ó Febo*", *h.Hom.* 21 *a Apolo*). Na

INTRODUÇÃO

pars epica, o "mito" se caracteriza pela narrativa no tempo passado, enquanto o "atributo" é apresentado no tempo presente; às vezes, ao mito narrado no passado se segue uma espécie de "prolongamento" até o presente. A *precatio* típica tem a saudação com as palavras χαῖρε, "salve", ou ἴληθι, "sê favorável", uma prece na qual o nome do deus é novamente mencionado e, na sequência, o rapsodo alude em geral à próxima apresentação através das palavras ἄλλης ἀοιδῆς, "outro canto". Esse outro canto era geralmente, mas não obrigatoriamente, um poema épico (Bakker, 2002, p.72); o *hino 3 a Apolo*, por exemplo, foi apresentado nas festividades de Delos* antes de um canto coral (Thuc. 3.104.2-6), gênero literário com características diferentes dos poemas em hexâmetros*.

Eis, a título de exemplo, uma breve análise estrutural do *h.Hom. 31 a Hélio* (ver cap.12, p.369).

v.1-2 *inuocatio*
nome e epíteto do deus: Ἥλιον φαέτοντα (acusativo)
deusa mediadora: Μοῦσα Καλλιόπη (a Musa Calíope)

v.2-16 *pars epica*
mito: nascimento de Hélio (2-7)
prolongamento: extensão do mito ao presente (8-9)
atribuições atuais do deus (9-16)

v.17-9 *precatio*
saudação: χαῖρε (17)
prece: "concede-me uma vida agradável ao coração" (17)
sequência: "tendo começado por ti, cantarei..." (18-9)

Invocando o deus, mas onde e desde quando?

O panteão grego era grande e complexo e, obviamente, nem todas as divindades cultuadas ao longo da Antiguidade estão presentes nos *hinos homéricos*. Algumas, muito antigas, eram

INTRODUÇÃO

genealogicamente anteriores aos doze deuses* olímpicos (Gaia, Hélio, Reia* e Selene); dos deuses olímpicos canônicos, alguns eram filhos de Crono* (Deméter, Hera, Héstia, Posídon e Zeus) e outros eram filhos de Zeus (Afrodite,[25] Apolo, Ares, Ártemis, Atena, Dioniso, Hefesto e Hermes). Duas divindades, as Musas, filhas de Zeus, e Pã, filho de Hermes, embora descendessem diretamente dos deuses olímpicos, não faziam parte deles; e quatro deuses eram heróis alçados à divindade após a morte (Asclépio, os dois Dióscuros e Héracles).[26]

Estilo literário, vocabulário, estrutura poética, referências geográficas e mitológicas, comparação com outras obras, menções esparsas, localização dos principais santuários conhecidos, especulação pura e simples – a tudo recorreram os estudiosos, nos últimos anos, para tentar elucidar a autoria, a data, o local de origem ou, pelo menos, em que festivais os *hinos* foram apresentados na Antiguidade. Todos procuraram recuar o quanto fosse possível a data de composição e associar os hinos a festivais e santuários mais conhecidos ou mais importantes. A meu ver, na falta de dados específicos e de referências diretas, tanto a datação como os locais de origem dos *hinos* são, no mínimo, altamente especulativos e sujeitos a muitas controvérsias, e assim continuará até que novos manuscritos, testemunhos, inscrições e sítios arqueológicos sejam descobertos.

A seguir, apresento as divindades homenageadas, as mais antigas referências a cada uma, os principais atributos,[27] alguns elementos característicos de cada hino, a data mais provável de composição e o santuário ou festival onde pode ter sido apre-

---

25. Na *Ilíada*, Afrodite é filha de Zeus e Dione* (5.348 e 370-1). De acordo com outras versões do mito, é filha de Urano (v.g., Hes. *Th*. 192-200) e, nesse caso, poderia ser colocada entre as divindades pré-olímpicas. Ver *Glossário*.
26. Para uma "classificação genealógica" um pouco mais complexa dos deuses dos *hinos homéricos*, ver Scully (2008). O texto padrão para a genealogia e as relações familiares entre os diversos deuses gregos é a *Teogonia*, de Hesíodo, escrita por volta de 700 a.C. Há duas excelentes traduções para o português: Jaa Torrano (1991) e Pinheiro e Ferreira (2005).
27. Para informações adicionais, consulte as entradas do *Glossário*.

sentado, quando possível. Baseei-me nos numerosos estudos precedentes,[28] mas limitar-me-ei aos argumentos que pareceram mais razoáveis. Quanto à autoria, somente para um dos hinos (*h.Hom.* 3 *a Apolo*) dispomos de mais do que simples conjecturas; para todos os demais, o adjetivo "anônimo" é, decididamente, o mais apropriado.

Afrodite (Ἀφροδίτη): hinos 5, 6 e 10

Deusa do amor, do desejo, da sexualidade e da fertilidade; seu nome aparece pela primeira vez na *Ilíada* (2.820), poucos anos antes de ser inscrito na "taça de Nestor", encontrada no antigo sítio de Pitecusa, em Ísquia.[29]

O longo hino a Afrodite (**h.Hom. 5** = *h.Ven.*, 293 versos) relata, com riqueza de detalhes, os amores de Afrodite com o príncipe troiano Anquises e anuncia o nascimento do herói Eneias. O hino parece ter sido criado nas últimas décadas do século VII a.C. para a gratificação de uma aristocrática família da Tróade, que se declarava descendente de Eneias e, portanto, de Afrodite (Humbert, p.144-5; West, p.15-6). Há vários pontos de contato entre o *h.Hom.* 2 *a Deméter* e o *h.Ven.*, que deve ser o mais antigo dos dois (Humbert, p.146). Outros eruditos encontraram, no en-

---

28. Nos textos de Allen-Sikes[2] e Humbert há excelentes discussões sobre a autoria e a datação de cada hino, mas grande parte dos argumentos "perderam a validade", uma vez que, nas últimas décadas, a cronologia de autores, obras literárias, inscrições e eventos históricos mudou consideravelmente, mercê de novas e importantes descobertas. Como fonte de material e de ideias para estudo, no entanto, as duas obras são insuperáveis. West, o editor mais recente dos hinos, apresenta e discute muitos elementos interessantes, oriundos de dados já conhecidos e de informações novas; embora curto, seu estudo introdutório é, como sempre, enriquecedor. Para um estudo detalhado da cronologia e da estrutura do longo *hino a Deméter* (*h.Cer.*), ver Richardson (1974) e Tanko (1982), que também menciona outros hinos longos. Há, ainda, uma boa discussão da cronologia e de alguns aspectos estruturais do longo *hino a Apolo* (*h.Ap.*) em Cabral (2004, p.80-8).
29. A *taça de Nestor*, que tem decoração típica do Geométrico Recente, datável de 725-700 a.C. A ilha de Ísquia fica na Baía de Nápoles (litoral ocidental da península italiana).

INTRODUÇÃO

tanto, evidências de que o *h.Hom.* 5 *a Afrodite* pode ser do século IV a.C. ou do Período Helenístico (ver Freed e Bentman, 1955).

O segundo hino a Afrodite (**h.Hom. 6**, 21 versos) pode ter sido composto e declamado na ilha de Chipre*, sede de um dos mais importantes cultos da deusa; West (p.16) notou, justamente, que a descrição dos adornos de Afrodite é praticamente a mesma dos Fr. 5-6 dos *Cantos Cípricos*, poema originário de Chipre*.[30] O mito se limita à descrição da toalete da deusa logo após seu nascimento na espuma do mar, mas a *precatio* é notável: o autor revela que está apresentando o hino em uma competição de rapsodos.

O terceiro hino a Afrodite (**h.Hom. 10**, 6 versos) é do tipo atributivo e menciona a ilha de Chipre* e uma das mais prósperas póleis cipriotas – Salamina* (v.4). isso não é suficiente, porém, como indicação da origem do hino.

Apolo (Ἀπόλλων): hinos 3 e 25

Deus da música e da poesia, da cura, da purificação, da profecia e, de certa forma, da juventude; seu nome aparece pela primeira vez na *Ilíada* (1.14).

Em 1782, Ruhnken[31] propôs que o longo hino a Apolo (**h.Hom. 3** = h.Ap., 546 versos) era, na realidade, uma composição de dois hinos autônomos, originalmente separados: um dedicado a Apolo Délio (vv.1-178) e o outro, a Apolo Pítio (vv.182-546). O mito do primeiro hino relata a gravidez atribulada de Leto* e o nascimento do deus em Delos*; o do segundo hino conta a chegada e a instalação do deus no santuário de Delfos*, sede do mais famoso oráculo da Antiguidade. Os estudiosos do *hino* até hoje se dividem a esse respeito, e Allen-Sikes os chama, um pouco jocosamente, de "unicistas" e "separatistas", designação tradicio-

---

30. Poema do "ciclo épico", datado da segunda metade do século VI a.C., conhecido principalmente por um resumo conservado por Proclo (410-485 d.C.). A autoria ainda é controvertida, mas a maior parte dos eruditos modernos acredita que ele foi composto em Chipre.
31. Ver p.74, *infra*.

nal dos eruditos que discutem a autoria dos poemas homéricos. Assim como Humbert, por exemplo, eles acreditam que *h.Hom.* 3 *a Apolo* é formado por dois hinos separados; Gemoll e West, por outro lado, são adeptos da unicidade do hino, embora reconheçam as evidentes diferenças entre as duas partes. Eu, particularmente, sou separatista, mas Maria Lúcia G. Massi, tradutora do *h.Hom.* 3 *a Apolo* neste livro, é unicista (ver Massi, 2006, p.31-3), embora tenha adotado a distribuição de versos preconizada por Humbert, que deixa a transição entre o hino a Apolo Délio e o hino a Apolo Pítio um pouco diferente da tradicional (ver cap.2).

A autoria do *hino* foi atribuída a um rapsodo chamado Cineto de Quios por um escoliasta das *Nemeias* de Píndaro (ver *Test.* 15, p.90), que escreveu seus comentários provavelmente em algum momento do Período Helenístico[32] ou do Período Bizantino. A data atribuída pelo escoliasta a Cineto de Quios é, no entanto, altamente improvável (ver Janko, 1982, p.99-132). De acordo com Humbert (p.75-7) e West (p.9-12), a parte mais antiga do *hino*, a primeira, remonta a 590 a.C., e a segunda pode ter sido composta e unida à primeira (talvez pelo próprio Cineto de Quios) pouco antes de 523 a.C., ocasião em que Polícrates de Samos[33] promoveu, em Delos*, um festival conjunto – Délio e Pítio – em homenagem a Apolo (Burkert, 1979, p.53-62). O hino contém, no entanto, referência à associação entre Apolo e o Sol (v.444), o que situa pelo menos essa parte do hino na segunda parte do século V a.C., ou até depois.[34] O *h.Hom* 3 *a Apolo* é igualmente notável pela presença de um pequeno *hino a Leto** (vv.14-8), inserido no início do hino *a Apolo Délio* (ver Cabral, 2004, p.176).

O curto hino *a Apolo*, **h.Hom. 25** (5 versos) era certamente conhecido de Aristófanes (cf. *h.Hom.* 25.1-2 e Ar. *Av.* 769-81) e, por-

---

32. Os mais antigos escólios de Píndaro remontam, provavelmente, ao primeiro chefe da Biblioteca de Alexandria, Zenódoto de Éfeso, que viveu de 325 até alguns anos depois de 284 a.C. (Ver Deas, 1931, p.1-78).
33. Polícrates (gr. Πολυκράτης) foi uma espécie de déspota esclarecido *avant la lettre*. Governou Samos de 538 a 522, mais ou menos, e teve grande influência política e econômica no Mediterrâneo Oriental.
34. Ver também a nota do *h.Ap.* 444 e o ensaio do cap.12 sobre o deus Hélio.

INTRODUÇÃO

tanto, já existia antes da primeira representação da comédia *As Aves*, em 414 a.C. (Humbert, p.77-8).

Ares (Ἄρης): hino 8

Personificação do conflito, da violência da guerra e do espírito irracional do combate; seu nome (*a-re*) já era conhecido no Período Micênico, notadamente em Cnossos*, Tebas* e Pilos*.[35]

Há apenas um hino dedicado a ele, o **h.Hom. 8** (= *h.Mart.*, 17 versos), de características muito diferentes dos demais hinos, mais apropriadas a um hino "órfico*" do que a um hino "homérico", fato observado há séculos por grande parte dos editores antigos (West, 1970). A *invocatio* é longa e, após o vocativo, uma série de epítetos encadeados ocupa os cinco primeiros versos; a *pars epica* é curta (três versos), do tipo atributivo, e a longa *precatio* ocupa os nove versos finais.

O hino parece ter sido escrito no século V d.C. pelo filósofo neoplatônico Proclo (West, 1970) ou, dois ou três séculos antes, pelo filósofo Porfírio (Gelzer, 1987). West acredita que em algum momento da Idade Média um escriba o colocou fora de sua posição habitual no manuscrito que copiava, entre os hinos homéricos, mais exatamente entre Dioniso e Ártemis.

Ártemis (Ἄρτεμις): hinos 9 e 27

Deusa da caça e da vida selvagem, do parto, da criação de crianças e da transição para a vida adulta. Parece que seu nome aparece já, na forma *a-te-mi-to*, em uma única tabuinha micênica de Pilos* (PY Es 650), mas a associação desse nome com Ártemis é ainda muito controvertida (Sourvinou-Inwood, 2004, p.84).

O primeiro hino em sua homenagem (**h.Hom. 9**, 9 versos) relata a viagem da deusa, por Esmirna*, até o templo de Apolo em Claro*; Humbert (p.186-7) e West (p.17) preconizam uma com-

---

35. No cap.3 há uma discussão detalhada sobre a presença de Ares no Período Micênico.

INTRODUÇÃO

posição anterior a 600 a.C., data aproximada da destruição de Esmirna* pelo rei Aliates II, da Lídia.

O segundo hino a Ártemis (**h.Hom. 27**, 22 versos) relata outra visita de Ártemis ao seu irmão gêmeo, dessa vez em Delfos*. Humbert (p.187) reconheceu nele várias passagens do h.Hom. 3 a Apolo e acredita que foi composto na mesma época do hino a Apolo Pítio (*supra*, p.57), mas naturalmente não se pode descartar uma data posterior.

Asclépio (Ἀσκληπιός): hino 16

Originalmente um herói, filho de Apolo, associado à cura das doenças, posteriormente divinizado. Na *Ilíada*, é mencionado apenas como um herói que conhecia muito bem a arte médica (4.193-5); Píndaro cantou Asclépio ainda como herói, fulminado por Zeus, mais ou menos em 474 a.C. (Pyth. 3.96-110).[36]

Como os santuários de Asclépio se expandiram consideravelmente entre os séculos V e IV a.C., notadamente em Cós e Epidauro*, sua divinização deve ter ocorrido nessa época. É lícito afirmar, consequentemente, que o pequeno hino em sua homenagem (**h.Hom. 16**, 5 versos) é, no mínimo, posterior à primeira metade do século V a.C.[37] O mito ocupa apenas dois versos e faz uma rápida referência ao nascimento de Asclépio. Não há elementos que permitam elucidar a região de origem ou o autor do hino.

Atena (Ἀθηνᾶ): hinos 11 e 28

Deusa da astúcia e da guerra, protetora da pólis, dos trabalhos manuais e dos heróis. Sua presença no mundo grego re-

---

36. Essa é a data provável da terceira *Pítica* de Píndaro, uma das mais antigas fontes do mito de Asclépio.
37. O escoliasta da III *Pítica* de Píndaro (*Test.* 14) menciona os três primeiros versos do hino (14.19-23), mas a data do escólio é incerta e, provavelmente, posterior ao século III a.C.

INTRODUÇÃO

monta ao Período Micênico, quando era conhecida como *a-ta-na po-ti-ni-ja*, pelo menos em Cnossos*.[38]

Dos hinos dedicados a ela, o **h.Hom. 11** (5 versos) é de época não determinável, pois a associação entre os aspectos guerreiros de Atena e Ares, o deus da guerra, é muito antiga, possivelmente pré-helênica. O poeta da Ilíada conhecia muito bem esse aspecto da deusa (cap.5). O **h.Hom. 28** (18 versos), cujo mito relata brevemente o nascimento de Atena, recebeu algumas influências do h.Hom. 3 a Apolo (Humbert, p.230-1) e talvez remonte, assim como o segundo hino a Ártemis (h.Hom. 27), à época do hino a Apolo Pítio (*supra*, p.57) ou a uma data posterior.

Deméter (Δημήτηρ): hinos 2 e 13

Deusa do trigo, da agricultura e da fertilidade da terra cultivada. Seu nome é atestado pela primeira vez na Ilíada (14.326), mas havia na Micenas* da Idade do Bronze* uma divindade dos cereais, *si-to po-ti-ni-ja*, a "Senhora do Trigo"[39] (Palaima, 2004, p.444), que era, provavelmente, a própria Deméter. Uma tabuinha de Cnossos* menciona também outro nome, *ma-ka*, "Mãe Terra", associado a Zeus,[40] e em várias tabuinhas de Tebas* o mesmo nome é parte de uma trindade, *ma-ka*, Zeus *o-po-re-i* – "protetor dos frutos"[41] – e *ko-wa*, possivelmente Coré*[42], um ou-

---

38. V.g. tabuinha KN V 52, de Cnossos. O nome em linear B* corresponde, provavelmente, ao gr. arcaico Ἀθανάα Πότνιϳα, "Senhora Atena" ou "Senhora de Atenas", onde Ἀθανάα é a forma eólica de Ἀθηνᾶ, usual no dialeto ático. A associação entre *a-ta-na po-ti-ni-ja* e a deusa Atena, no entanto, ainda é controversa.
39. = gr. arcaico σῖτος + πότνιϳα (v.g. MY Oi 701). Gulizio et al. (2001, p.456) acreditam que a palavra *si-to* está, provavelmente, no genitivo plural (gr. clássico σιτώνων) e, assim, a melhor tradução seria "Senhora dos Grãos".
40. Tabuinha KN F 51: *di-we* (= gr. clássico Δίϝει, "para Zeus") e *ma-ka* (= gr. clássico Μᾷ Γᾷ, "para a Mãe Terra").
41. Do nominativo teórico ὀπωρεύς (*LSJ*). Ver a inscrição IG 7.2733 (ΤΟΙΔΙΤΟΠΟΡΕΙ = τοῖ Δὶ τ' ὀπωρεῖ) e a discussão em Godart (2001, n.1). Em Aristófanes (*Pax* 523), Ὀπώρα é a deusa dos frutos.
42. = gr. clássico Κορή (ou Κόρα, no dialeto dórico).

tro nome pelo qual a filha de Deméter, Perséfone*, é conhecida. Para Godart (2001) e Koraka (2001), *ma-ka* é um teônimo* que deve ser associado à própria Deméter, como se vê no fim do século V a.C., em uma tragédia de Eurípides (*Bacch.* 274-6).[43] Essa questão, no entanto, ainda é consideravelmente controversa (ver Palaima, 2004, p.443, e Duhoux, 2007).

O grande hino dedicado a Deméter e a Perséfone* (**h.Hom. 2** = *h.Cer.*, 495 versos) está nitidamente associado aos Mistérios de Elêusis*, pois descreve sua origem mítica, decorrente do rapto da filha de Deméter, Perséfone*, e de seu casamento com Hades*, deus do mundo subterrâneo, e faz também referências a diversos aspectos do ritual eleusino (v.g. *h.Cer.* 48-50, 98, 195-9, 202-5, 208-11). Os festivais de Elêusis* eram celebrados anualmente,[44] e o hino deve ter sido apresentado em uma dessas oportunidades. Allen-Sikes e Humbert propuseram uma data do século VII a.C., mas West (p.9) acredita que o texto é um pouco anterior ao final do século VI a.C., talvez da primeira metade desse século.[45]

Do minúsculo hino a Deméter (**h.Hom. 13**, 3 versos), que tem apenas *inuocatio* e *precatio*, nada se pode dizer.

Dioniso (Διόνυσος): *hinos 1, 7 e 26*

Deus do vinho e da intoxicação etílica, do êxtase místico ("mania"), da subversão da identidade normal e, por isso, patrono do teatro. Dioniso já era conhecido durante o Período Micênico pelo nome *di-wo-nu-so*, pelo menos em Cânia e em Pilos*[46] (Palaima, 2001, p.63-4).

Acredita-se que o fragmentário *hino a Dioniso* (**h.Hom. 1**), do qual temos apenas 63 versos, pode ter sido escrito por volta de

---

43. Nessa passagem, Eurípides afirma que Δημήτηρ θεά, "a divina Deméter" e Γῆ, "Gê" (= Gaia, ver *infra*, p.63-4) são a mesma divindade.
44. Os "pequenos" mistérios ocorriam anualmente e os "grandes" mistérios, a cada cinco anos.
45. Mais informações sobre a datação do *h.Hom. 2 a Deméter* no ensaio do cap.7.
46. V.g. PY Xa 06, que traz em linear B* o nome do deus com a desinência *-jo* do genitivo (= gr. arcaico Διϝονύσοιο).

INTRODUÇÃO

600 a.C. ou pouco depois. O mito relata o retorno de Hefesto ao Olimpo*, façanha atribuída a Dioniso e a seus vinhos. A popularidade desse mito entre os pintores de vasos a partir do início do século VI a.C.[47] e uma ode de Alceu (Fr. 129 Lobel-Page), mais ou menos dessa mesma época, podem ser consequência da popularidade desse *hino*. West (p.7) aponta o sudeste do Egeu como provável local de origem do anônimo autor.

O **h.Hom. 7** (= h.Bacch., 59 versos), que relata a aventura do jovem Dioniso com os piratas, tem alguns ecos em Píndaro (*Isthm.* 6.23 e *Fr.* 236 Snell) e em Eurípides (*Cyc.* 11-26). Como o vaso de figuras negras de Exéquias, que se inspirou provavelmente no *hino* (*infra*, p.77), data mais ou menos de 540 a.C., a data não deve ser muito anterior a Píndaro[48] (West, p.16).

Quanto ao curto **h.Hom. 26** (13 versos), que menciona brevemente a infância e os tempos errantes do deus, só se pode dizer que foi apresentado em um festival anual (v.11-3).

Dióscuros (Διόσκουροι): hinos 17 e 33

Antigos heróis da Lacedemônia (Esparta), mais tarde divinos ajudantes e salvadores de marinheiros e viajantes em apuros, Castor (gr. Κάστωρ) e seu irmão gêmeo Polideuces (gr. Πολυδεύκης, lat. *Pollux*) eram filhos de Zeus e Leda, esposa de Tíndaro, e irmãos de Helena de Troia*. As lendas dos Dióscuros remontam, possivelmente, ao estrato indo-europeu da cultura grega, pois há uma semelhança considerável entre eles e os Ashvins, divindades gêmeas do *RigVeda*, antiga coleção de hinos védicos, em sânscrito, dedicados aos antigos deuses da Índia. Para os gregos, inicialmente, os dois eram heróis e estavam mortos na época da *Ilíada* (3.236-44); na época da *Odisseia*, que é

---

47. As mais antigas representações do *retorno de Hefesto ao Olimpo* estão em dois vasos de figuras negras: uma pequena ânfora anônima de Corinto, datada do início do século VI a.C, e o célebre Vaso François, de Ergotimo e Clítias, datado de 570 a.C.
48. Píndaro viveu de 518 a 446 (ou pouco depois), aproximadamente.

INTRODUÇÃO

um pouco mais recente do que a *Ilíada*, o processo de divinização já estava concluído (ver *Od.* 11.298-304).

O poeta Alceu, no início do século VI a.C., certamente conhecia o hino mais longo (**h.Hom. 33**, 19 versos), pois aparentemente se inspirou em algumas partes dele para compor um hino lírico (*Fr.* 33a-d Lobel-Page). É possível, também, que esse hino tenha sido o prelúdio de uma narrativa mais longa, semelhante ao arranjo de Teócrito para o *Idílio* 22, também dedicado aos Dióscuros (Humbert, p.250-1; West, p.19-20) e inspirado no *h.Hom.* 33. A data provável recai, portanto, em intervalo bastante amplo: do início do século VI a meados do século III a.C. O mito relata, em poucos versos, o nascimento dos dois irmãos.

Os versos do curtíssimo **h.Hom. 17** (5 versos), que também menciona brevemente o mito do nascimento dos Dióscuros, nada revelam.

Gaia (Γαῖα): hino 30

A mais importante das divindades primordiais, a partir da qual surgiram todas as demais,[49] personificação do planeta Terra e de sua fertilidade, início e fim de todos os seres (Aesch. *Cho.* 127-8). As mais antigas menções a Gaia estão na *Ilíada* (3.104) e na *Teogonia* hesiódica (*Th.* 117); Píndaro (*Ol.* 7.35), posteriormente, chamou-a de Γαῖα[50] μάτηρ, "Terra Mãe", assim como Ésquilo, que recorreu a uma forma mais arcaica, Μᾶ Γᾶ, "Mãe Terra" (Aesch. *Supp.* 890). No parágrafo 18 da *Vita Herodotea* de [Homero], datada de 50-150 d.C., aparece a expressão Πότνια Γῆ, "Senhora Terra".

Não há nenhum registro em linear B* que possa ser atribuído diretamente a Gaia, mesmo levando em conta as formas dialetais do teônimo* Γαῖα e os outros vocábulos associados, como

---

49. Pelo menos na *Teogonia* hesiódica, vv.117 e 126-53. Há, no entanto, outros mitos gregos sobre a origem do Cosmo. Ver Kirk (1994).
50. No Período Clássico, por evolução da língua, ela era chamada de Γέα, Γῆ ou Γᾶ, conforme o dialeto.

μάτηρ ("mãe") e πότνια ("senhora"). Nas tabuinhas do Período Micênico, *ma-ka*, "Mãe Terra", refere-se a Deméter (*supra*, p.60), e *ma-te-re te-i-ja*, a Reia* (*infra*, p.69); *po-ti-ni-ja* (gr. πότνια), "senhora", é o título de muitas divindades micênicas do sexo feminino (Koraka, 2001), v.g. Reia*, Tétis*, Erínias*, Hera, Atena e Deméter, mas nenhuma delas é a Gaia de [Homero] e Hesíodo.[51]

O **h.Hom. 30** (19 versos) é do tipo atributivo e tem relações com o *h.Hom* 3 *a Apolo* e principalmente com o *h.Hom.* 2 *a Deméter* (Humbert, p.240-1); no v.17, Gaia é invocada como θεῶν μήτηρ, "mãe dos deuses", vocativo em geral associado a Reia-Cibele. Havia, efetivamente, uma frequente identificação entre Gaia, Reia* e Deméter (*supra*, p.60; *infra*, p.69). Quanto à data do hino, só se pode dizer, creio, que ele foi composto depois dos longos hinos *a Deméter* e *a Apolo* (*h.Hom.* 2 e 3, respectivamente).

Hefesto (Ἥφαιστος): hino 20

Deus do fogo, dos ferreiros e dos artesãos que trabalham com metais; seu nome e seus atributos aparecem com destaque na *Ilíada*, notadamente nos livros 18 e 21. Coxo, o deus Hefesto é o único olímpico fisicamente imperfeito (*Il.* 1.607-8). Em Atenas*, sua associação com a deusa Atena remonta, pelo menos, ao início do século V a.C, tanto em santuários como em antigos festivais. O *theseion* de Atenas*, construído pouco depois de 450 a.C., era, na realidade, um *hepheisteion*, i.e., um templo dedicado a Hefesto – e a Atena. As *hefaisteias* e as *calqueias* (gr. sg. ἡφαιστεῖα e χαλκεῖα), que em épocas mais recentes da Antiguidade eram celebradas a cada cinco anos, eram festivais antigos, mas não se sabe o quanto.

---

51. As *po-ti-ni-jas* das tabuinhas em linear B* correspondem a muitas πότνιαι da *Ilíada* e da *Odisseia*. Na *Ilíada*, a expressão πότνια μήτηρ, "Senhora Mãe", é utilizada em relação à imortal nereida Tétis, a Hécuba e a outras mulheres mortais; πότνια, isoladamente, refere-se a Hera, Hebe*, Enió, Atena e Ártemis; na *Odisseia*, πότνια é também usada para a ninfa Calipso e para a feiticeira Circe.

INTRODUÇÃO

O único *hino a Hefesto* (**h.Hom. 20**, 8 versos) é, na verdade, um hino a Hefesto e a Atena, e seu mito relata como o deus ensinou as artes[52] ao homem. Não é improvável, portanto, que ele tenha sido composto para uma dessas ocasiões festivas (Humbert, p.214 e West, p.18). Quanto à data, é tudo somente especulação.

Hélio (Ἥλιος): hino 31
Selene (Σελήνη): hino 32

Hélio é a personificação do sol e seu nome aparece pela primeira vez na *Ilíada* (3.277); e nem sempre é fácil discernir quando o sol é mencionado como deus ou como simples corpo celeste. Selene, personificação da deusa-lua, aparece pela primeira vez em Hesíodo (*Th.* 19 e 371); nos poemas homéricos, ela não é tratada como uma divindade.

O autor do *hino a Selene* (**h.Hom. 32**, 20 versos) parece ter sido o mesmo do *hino a Hélio* (**h.Hom. 31**, 21 versos), com o qual esse hino forma um díptico (Humbert, 1967). A mais antiga referência ao sol e à lua, juntos, está na *Ilíada* (17.367), onde não são mencionados como entidades divinas. As obscuras referências genealógicas ou mitológicas nos dois hinos (h.Hom. 31.4 e h.Hom. 32.15), mais o estilo geral e a semelhança entre ambos, remetem a provável data de composição ao Período Helenístico, ou à época posterior.

O mito do hino a Hélio relata a genealogia e o nascimento do deus; o do hino a Selene conta uma obscura aventura do filho de Crono* (Zeus, certamente) com a deusa.

Hera (Ἥρα): hino 12

Principal divindade feminina do panteão grego, esposa oficial de Zeus, protetora das mulheres em geral e dos casamentos legítimos, em particular. Seu nome é atestado desde os tempos

---

52. ἔργα, no original ("trabalhos"). Trata-se, certamente, dos trabalhos com metais e outras atividades ligadas às habilidades que o deus Hefesto representa.

INTRODUÇÃO

micênicos em Tebas* e em Pilos*, onde o teônimo* *e-ra* já aparece ao lado do nome de Zeus, como sua consorte.[53]

O curto hino dedicado a ela (**h.Hom. 12**, 5 versos) é do tipo atributivo e não traz indícios que permitam especular, dentro de limites razoáveis, sua origem, autoria e datação.

Héracles (Ἡρακλῆς): hino 15

Filho de Zeus, o mais célebre e o mais popular herói da Antiguidade, matador de monstros, posteriormente divinizado. Já era conhecido do poeta da *Ilíada* (2.653 e 5.392-404).

Do único hino dedicado a Héracles (**h.Hom. 15**, 9 versos), só é possível dizer com alguma certeza que não pode ser anterior ao século VI a.C., quando o herói começou a ser cultuado na Grécia como divindade (West, p.17-8). O mito relata brevemente seu nascimento e faz uma telegráfica menção aos célebres "doze trabalhos" que realizou antes da divinização, a mando do rei de Micenas*/Argos, Euristeu, instigado pela deusa Hera.

Hermes (Ἑρμῆς): hinos 4 e 18

Mensageiro dos deuses, guia de rebanhos e de pessoas, daí protetor de viajantes, comerciantes e condutor da alma dos mortos. Grande especialista em enganos. É também o deus que representa a habilidade e a prosperidade, em geral, e também a eloquência. Já era conhecido durante o Período Micênico pelo nome *e-ma-a2*, como atestam tabuinhas em linear B* de Pilos* e Tebas*[54] (Palaima, 2004, p.443).

O mais longo dos hinos dedicados a Hermes (**h.Hom. 4** = h.Merc., 580 versos) data, provavelmente, do século V a.C. (Görgemanns, 1976, p.113-28), e acredita-se que o poeta Alceu tenha conhecido uma versão primitiva, mais antiga do hino, que o ins-

---

53. Em Tebas, tabuinha TH Of 28; em Pilos, tabuinha PY Tn 316.
54. V.g. *e-ma-a2 a-re-ja* (= gr. clássico Ἑρμᾶς ἀρήιος, da tabuinha PY Tn 316, de Pilos. Ver cap.5.

pirou em uma de suas composições (*Fr.* 308 Lobel-Page).⁵⁵ West (p.13-4) propôs, com base em evidências indiretas (Píndaro e Herodoro), que o hino teria sido composto para apresentação em Olímpia, onde, nas margens do Alfeu*, havia um culto aos Doze Deuses*, e Apolo e Hermes dividiam um dos seis altares. Parece-me uma suposição razoável.

O hino curto (**h.Hom. 18**, 12 versos) aparenta ser apenas um pequeno extrato do *h.Hom. 4 a Hermes*. Sua data parece ser bem mais recente que a do hino mais longo.

Héstia (Ἑστία): hinos 24 e 29

Personificação do lar e da família – e, por extensão, de toda a comunidade –, a deusa Héstia representa, mais exatamente, a lareira e o fogo doméstico. Seu nome aparece, pela primeira vez, na *Teogonia* hesiódica (v.454) e, no final do século VII a.C., no longo *hino a Afrodite* (*h.Ven.* 21-32).

O primeiro hino a Héstia **h.Hom. 24** (5 versos) é do tipo atributivo e não fornece informações específicas; o segundo hino (**h.Hom. 29**, 14 versos), também atributivo, na verdade um hino conjunto a Héstia e a Hermes, é igualmente enigmático.

Musas (Μοῦσαι): hino 25

As nove filhas de Zeus e da titânide* Mnemósine, personificação da memória, são nove deusas protetoras da poesia e da arte em geral. Uma delas, ou mais de uma, era usualmente invocada pelos poetas e por outros intelectuais para garantir a inspiração e a habilidade necessárias à criação de suas obras. São mencionadas de forma genérica logo no primeiro verso da *Ilíada* e no primeiro verso da *Odisseia*;⁵⁶ Hesíodo fixou, por volta de 700 a.C., seu número e seus nomes (*Th.* 51-93).

---

55. Ver também Paus. 7.20.4 e Page (1955, p.252-8).
56. "Canta, ó deusa..." (*Il.* 1.1) e "Fala-me, ó Musa..." (*Od.* 1.1).

INTRODUÇÃO

A antiga associação entre as Musas e Apolo, que transparece no *h.Hom* 25 (7 versos) – e também em *h.Merc.* v.450-2 –, tem pelo menos a mesma data da *Ilíada* (1.602-4).[57] O hino às Musas parece ter sido retirado da *Teogonia* hesiódica (cf. *Th.* 94-6 e *h.Hom.* 25.2-4), e esse recorte pode ter ocorrido em qualquer época posterior a 700 a.C. O principal santuário das Musas ficava perto do Monte Helicon*, no *Vale das Musas* (Paus. 1.30.2); a partir do século IV ou III a.C., concursos musicais eram promovidos ali (Schachter, 1986, p.17-79) e o hino pode ter sido apresentado, pela primeira vez, em um deles, pois não há referências a outros festivais celebrados em santuários dedicados às Musas.

Pã (Πάν): hino 19

Deus dos pastores e dos rebanhos da Arcádia*, protetor dos caçadores de pequenos animais,[58] notável por seu aspecto teriomorfo (corpo humano, com chifres, barba e pés de bode; ver figura 20.1, p.596). Sua origem remonta, provavelmente, à época dos caçadores e coletores, assim como a origem de outras divindades ligadas ao mundo natural; os indo-europeus também tinham uma divindade pastoral (Mallory & Adams, 2006, p.434), que deve ter influenciado o mito de Pã. As referências mais antigas ao seu nome, entre os gregos, datam apenas do início do século V a.C. (uma passagem de Píndaro, *Pyth.* 3.139, e uma de Ésquilo, *Pers.* v.448-9),[59] quando o deus se tornou popular em Atenas* e em Tebas*, graças ao relato de sua intervenção a favor dos atenienses nas guerras médicas (Hdt. 6.105-6).

O *h.Hom.* 19 (= *h.Pan.*, 49 versos), em sua homenagem, é do tipo compósito e tem algumas variações interessantes na estrutura (ver Janko, 1981, p.19-20). A parte atributiva tem verbos

---

57. O tradicional epíteto apolíneo Μουσηγέτης, "condutor das Musas", aparece pela primeira vez em um *parthenion* de Píndaro (na forma Μοισαγέτας, Pind. Fr. 94b.106 Snell), datável da primeira metade do século V a.C.
58. Ártemis é a protetora da caça aos animais de grande porte. Ver *h.Hom.* 27 a Ártemis.
59. III Pítica, 474 a.C.; *Os Persas*, 472 a.C.

INTRODUÇÃO

no tempo passado (vv.12-15) e há um pequeno hino a Hermes (vv.27-31 ou vv.27-34) inserido entre a parte atributiva e a breve parte mítica, que relata o nascimento de Pã e sua apresentação aos deuses olímpicos. Pã era cultuado em vários locais da Grécia, por isso é difícil precisar a origem do hino. A maior parte dos estudiosos acredita que foi composto no século V a.C.

Posídon (Ποσειδῶν): hino 22

Deus do mar, dos terremotos e dos cavalos, conhecido desde o Período Micênico, notadamente em Pilos* e Cnossos*, sob o nome *po-se-da-o*.[60]

O **h.Hom.** 22 (7 versos), que o homenageia, é atributivo e curto, sem elementos que permitam datar ou especular sua origem. Humbert (p.218), no entanto, reconheceu em seus versos uma devoção que evoca os poemas órficos* que chegaram até nós, todos eles compostos no Período Romano.

Reia (Ῥέα): hino 14

Antiga divindade que a princípio, na Grécia Antiga, teve importância predominantemente genealógica. Todos os deuses olímpicos, com exceção de Afrodite, eram filhos ou netos de Reia*, daí o epíteto "Mãe dos Deuses". Píndaro (*Pyth.* 3.78) refere-se a ela, simplesmente, como μάτηρ, "a mãe". Aparentemente, Reia* era já cultuada durante o Período Micênico, como *ma-te-re te-i-ja*, "Mãe Divina", pelo menos em Pilos*,[61] embora seja possível, igualmente, uma associação entre ela e Deméter (Godart, 2001, p.464) nessa época remota. A partir do Período Arcaico, no entanto, a deusa foi sendo progressivamente incorporada pela deusa asiática Cibele*, personificação da fecundidade da natureza. No século III a.C., a fusão entre as duas já estava completa (Ap. Rhod. 1.1138-9). Seu nome aparece isoladamente, pela pri-

---

60. = gr. arcaico Ποσειδάων (v.g. tabuinha KN V 52, de Cnossos).
61. = gr. arcaico ματήρ θεῖα (v.g. PY Fr 1202).

meira vez, na *Ilíada* (14.203); e, como esposa de Crono* e mãe dos deuses, em Hesíodo (*Th.* 453).

O hino dedicado a Reia* (**h.Hom. 14**, 6 versos) descreve os atributos habituais de Cibele*. Deve ser, portanto, posterior ao século V a.C.,[62] mais provavelmente do Período Helenístico.

Zeus (Ζεύς): hino 23

Principal deus do panteão grego, personificação do céu claro, do raio e da chuva, protetor da ordem cósmica, da justiça, dos hóspedes e dos juramentos. É, ao mesmo tempo, "pai" (gr. πατήρ) e "senhor" (ἄναξ) dos demais deuses, ou seja, sua supremacia abrange tanto a esfera patriarcal como a esfera monárquica. Sua origem remonta comprovadamente ao antigo estrato indo-europeu da cultura grega,[63] como se depreende, por exemplo, da correspondência entre os nomes e epítetos Ζεύς πατήρ, dos gregos, Iū [p]piter (= Júpiter), dos romanos, e *Dyaus pitar*, dos antigos indianos. Os nomes propriamente ditos derivam do mesmo antigo radical, *diēu-*, que significa "dia", "claridade" – daí os atributos "atmosféricos" do Zeus grego. Durante o Período Micênico, seu nome, em geral na forma dativa *di-we*, aparece nas tabuinhas de Pilos*, Tebas*, Cnossos* e Cânia, notadamente.[64] Em Cnossos*, ele já estava associado a uma alta montanha, o Monte Dicte (KN Fp 1),[65] e, em Pilos*, a deusa Hera era já sua consorte (PY Tn 316).

A coleção contém apenas um pequeno hino dedicado a Zeus (**h.Hom. 23**, 4 versos), com um breve atributo e nada que possa sugerir autoria ou local de origem. O deus está nominalmente presente, no entanto, em 23 dos 33 hinos da coleção, e assim ele

---

62. Sobre a presença de Cibele na Atenas do século V a.C., ver Thompson (1937).
63. Os povos indo-europeus se mesclaram às antigas comunidades da Península Balcânica no final do Bronze Antigo, entre 2300 e 2000 a.C.
64. = gr. arcaico Διϝίει, Διϝι ou Διΐ, conforme o dialeto (v.g. KN F 51).
65. Note-se que o lar dos deuses olímpicos, cujo superior hierárquico é Zeus, é justamente o Monte Olimpo, a mais alta montanha da Grécia (ver *Glossário*).

INTRODUÇÃO

é "o eixo articulador, o laço que congrega as divindades e semidivindades a quem são dedicados os hinos" (Massi, 2006, p.20).

Manuscritos, edições e traduções para o português

É praticamente impossível determinar a data em que os *hinos homéricos* foram reunidos em uma coleção. Os hinos longos são, indubitavelmente, os mais antigos e os mais interessantes, sob vários pontos de vista, e não se estranha a diligência dos copistas em conservá-los. O mesmo não se pode dizer dos hinos mais curtos. Lang (1899, p.4) chegou até mesmo a afirmar o seguinte: "Por que teria alguém coletado pequenos prelúdios de cinco ou seis linhas, de caráter puramente convencional, e não copiado os longos poemas aos quais eles provavelmente serviam de prelúdio, é um mistério".

De qualquer modo, os hinos longos e curtos foram reunidos e isso se deu, provavelmente, antes do século I a.C., por obra de um ou mais eruditos da Biblioteca de Alexandria: sabemos que, nos séculos III e II a.C., nessa instituição, os eruditos Zenódoto de Éfeso, Aristófanes de Bizâncio, Aristarco de Samotrácia e Eratóstenes de Cirene, entre outros, editaram [Homero] e outros antigos poetas e prosadores gregos. A data-limite (século I a.C.) baseia-se na cronologia de Filodemo e de Diodoro Sículo, os primeiros autores antigos a mencionar os *hinos homéricos* como coleção (Phld. *Piet.* p.42 e Diod. Sic. 4.2.4). A hipotética "edição alexandrina" dos *hinos* foi certamente preparada como se faz em nossos dias, por meio de comparações entre manuscritos, papiros e outras fontes disponíveis que, via de regra, têm várias diferenças entre si. Há evidências desse trabalho de edição em alguns dos manuscritos que chegaram até nós (West, p.20-1).

Não sabemos quando, exatamente, os hinos foram arranjados na ordem em que se encontram, atualmente, nos manuscritos conhecidos, mas certamente deve ter sido antes do século XIV, em Constantinopla ou em outro centro cultural do Império Bi-

INTRODUÇÃO

zantino. Alguém, um belo dia, decidiu reunir em um único *codex*[66] diversos hinos dedicados aos deuses, na seguinte ordem: a *Argonautica Orphica* (um dos "poemas órficos*"), os hinos do filósofo neoplatônico Proclo, os nossos *hinos homéricos* e, por fim, os hinos do poeta alexandrino Calímaco. Em algum momento anterior ao século XIV, um dos hinos de Proclo, dedicado a Ares, foi deslocado para o meio dos *hinos homéricos* (Allen-Sikes², p.385; West, 1970). Desse arquétipo, hoje perdido, apelidado de Ω pelos especialistas, deriva toda a tradição manuscrita que conhecemos.

A fonte atual dos *hinos homéricos* é um conjunto de 28 manuscritos de qualidade e valor desigual (Humbert, p.12), datados dos séculos XIV-XVI e distribuídos em três "famílias" (Hollander, 1886, p.6), conhecidas pelas letras gregas Χ, Ψ e Φ. Essas letras correspondem a três manuscritos hipotéticos, anteriores ao século XIV, que por sua vez derivam de Ω, naturalmente ainda mais antigo do que eles.[67] Detalhes textuais de importância relativamente secundária são fornecidos por três papiros fragmentários: o P. *Berol.* 13044, do século I a.C., e os P. *Oxy.* 2379 e P. *Oxy.* 670, ambos do século III d.C.

A família Χ é representada por um único manuscrito, o *Leidensis 33.2*, do século XIV, conservado atualmente na Biblioteca da Universidade de Leyden, Alemanha.[68] A família Ψ tem nove manuscritos, dentre os quais os mais importantes são o *Am-*

---

66. O *codex* de folhas de pergaminho é o antecessor do livro impresso. Inventado provavelmente em Pérgamo, durante o século III a.C., começou a substituir os desajeitados rolos de papiro já nessa época. Inicialmente, os pergaminhos recebiam o texto grego ou latino, escrito à mão, nos dois lados da folha (ou *folio*, na nomenclatura paleográfica tradicional). Depois, essas folhas eram empilhadas, na ordem, e presas em um dos lados. Durante a Idade Média, era praxe acrescentar capa.
67. É possível que o manuscrito Ψ tenha sido levado à Itália por Ioannes Aurispa em 1423 (Pfeiffer, 1953, p.lxxxi). De qualquer modo, pouco depois, o manuscrito desapareceu.
68. Um anônimo escriba do século XVI reconstituiu algumas partes danificadas do manuscrito (Richardson, 1974, p.66). Não se sabe se esse segundo escriba copiou o texto de um manuscrito desconhecido da família Χ ou se recorreu a conjecturas de sua própria autoria.

brosianus 120 B 98 suppl., do século XV, conservado na Biblioteca Ambrosiana de Milão, Itália, e o *Athous Vatopedi 671*, também do século XV, conservado na Biblioteca do Monastério do Monte Athos, Grécia. A família Φ, dita *parisiense*, reúne os 18 manuscritos restantes. Seus membros mais notáveis são os três *Parisinus* (*2763, 2765* e *2833*), do século XV, conservados na Biblioteca Nacional de Paris, França, e o *Bruxellensis 74* (11377-11380), do século XVI, conservado na Biblioteca Real de Bruxelas, Bélgica.[69]

A maior parte dos manuscritos contém os hinos 3-23, na ordem posteriormente preconizada por Allen-Sikes (*supra*, p.44). O longo *hino a Deméter*, presente apenas no manuscrito *Leidensis 33.2*, recebeu o número 2 e o *hino a Dioniso*, do qual temos apenas quatro fragmentos de origens diversas,[70] recebeu o número 1.

A *editio princeps*[71] do texto grego, preparada por Demetrius Chalcondyles para a publicação de todos os poemas homéricos, saiu em 1488, em Florença.[72] Seguiram-na a edição Aldina (Veneza, 1504)[73] e a edição Juntina (Francinus, 1527). Dentre as edições subsequentes de grande importância histórica, destaco as de Estienne (Paris, 1566), a primeira a expurgar do texto padrão numerosas incorreções presentes nos manuscritos; o estudo de Martin (1605), o primeiro a enriquecer o texto com importantes

---

69. Para uma lista completa de todos os manuscritos, ver Allen-Sikes (p.ix-xi). Humbert (p.12-8) faz uma exposição muito didática e praticamente completa das semelhanças e diferenças entre os manuscritos de cada família. Para uma lista atualizada dos papiros, ver West (2003, p.23).
70. O único manuscrito que tem uma parte do primeiro *hino a Dioniso* (*h.Hom. 1*) – e apenas 12 versos – é o *Leidensis 33.2*. As outras partes vêm de papiros e testemunhos indiretos (ver West, p.26-31).
71. Denominação tradicional da primeira publicação impressa de um texto grego ou latino. Os textos gregos mais antigos começaram a ser editados na Itália, no final do *quattrocento* (século XV).
72. D. Chalcondyles, Ἡ τοῦ Ὁμήρου ποίησις ἅπασσα, 2v., Florentiae, 1488; os nobres florentinos Bernardo e Neri de' Nerli pagaram as despesas da publicação. Os *hinos* saíram no volume 2, juntamente com a *Odisseia*, a *Batracomiomaquia* e os epigramas atribuídos a Homero, com exceção do hino II (*a Deméter*) e do hino XXVI (*a Dioniso*), descobertos bem mais tarde (numeração usada na época; ver Dugas-Montbel, 1836, p.121).
73. Ὀδυσσεια, Βατραχομυομαχια, Ὕμνοι λβ, Venetiis, Aldus Manutius, 1504.

INTRODUÇÃO

conjecturas; e a edição de Barnes (1711), que consolidou o texto básico dos *hinos*. A primeira edição a utilizar os princípios da moderna filologia foi a de David Ruhnken (1782), que, infelizmente, trabalhou mais com o longo *hino a Deméter* (*h.Cer.*), do qual foi o primeiro editor.[74] Depois da recensão de Friedrich August Wolf (1784), alguns dos mais importantes eruditos alemães do século XIX dedicaram sua atenção a todos os hinos, ou a alguns deles: August Heinrich Matthiae, Johann Gottfried Jakob Hermann e Karl Wilhelm Dindorff, entre outros.

As primeiras edições "modernas" de todos os *hinos homéricos*, do ponto de vista atual, foram as de Baumeister (1860), Gemoll (1886) e Goodwin (1893), que certamente serviram de base para a de Allen-Sikes, publicada em 1904. Essa edição tornou-se o padrão-ouro das edições subsequentes e é, até hoje, uma das mais importantes referências para o estudo dos *hinos homéricos*. As edições mais recentes, todas de grande importância para estudos textuais e literários dos *hinos*, são a de Humbert, a de Allen-Sikes[2] (1936),[75] a de Càssola, a de Zanetto (1996) e a de West.[76]

Os hinos homéricos foram traduzidos para o latim[77] e receberam várias traduções para línguas modernas, notadamente o inglês, o francês, o alemão, o italiano e o espanhol. A única tradução de todos os hinos para o português, ainda não publicada, é de Maria Lúcia G. Massi (2006). Há, no entanto, diversas traduções de hinos isolados. Daisi Malhadas (1970) traduziu o longo *hino a Deméter* e, em conjunto com Maria Helena de Moura

---

74. O manuscrito *Leidensis* 33.2 foi descoberto em 1777 entre os manuscritos do Arquivo Imperial de Moscou, por Christian Friedrich Matthaei. Parece que o manuscrito, anos antes, havia sido encontrado em um estábulo (ver Richardson, 1974, p.65-6). Nessa primeira edição (Ruhnken, 1780) faltaram, no entanto, 21 versos, que só apareceram na segunda edição, em 1782.
75. Segunda edição do texto de Allen-Sikes, refundido e melhorado. Os comentários, notadamente, foram incrementados por R. Halliday.
76. Um panorama incompleto, mas representativo das edições posteriores à *editio princeps* está disponível em Humbert (p.11-2), Evelyn-White (p.xlvii-xlviii) e West (p.23-5).
77. A melhor e também a mais acessível dessas traduções é a de G. Dindorff, para a edição Didot (Paris, 1836).

INTRODUÇÃO

Neves, a primeira parte do *hino a Apolo* (a Apolo Délio; Malhadas e Neves, 1976, p.37-43);[78] Marquetti (2001), o *hino à Mãe dos Deuses*, os dois hinos *a Ártemis* e os três hinos *a Afrodite*. Erika P. Nunes traduziu os hinos a Ártemis (2002); Jair Gramacho (2003), os hinos mais extensos, *a Apolo, a Hermes, a Deméter, a Afrodite, a Dioniso* e *a Pã*; Cabral (2004), o longo *hino a Apolo*; Célia Joaquim S. Lima, o longo *hino a Afrodite* (2005); Ordep Serra, o hino *a Hermes* (2006) e o hino a Deméter (2009); José Marcos M. Macedo (2007), o *hino a Gaia* e um dos curtos *hinos a Afrodite*.

Os *Hinos Homéricos* na cultura ocidental[79]

Deixando de lado a influência geral dos proêmios em hexâmetro* enquanto gênero literário específico, podemos reconhecer a influência dos nossos *hinos homéricos*, especialmente os mais longos (*a Deméter, a Afrodite, a Apolo, a Hermes* e *a Dioniso*), na literatura e nas demais formas de arte desde a Antiguidade até os dias atuais. Apresento, a seguir, uma pequena lista, sem a pretensão de esgotar o tema.

Na Antiguidade são nítidas as influências dos hinos na literatura grega e latina. O poeta Alceu (630-620 a 580 a.C.) escreveu hinos a Dioniso (*Fr.* 129 Lobel-Page) e aos Dióscuros (*Fr.* 33d Lobel-Page), possivelmente influenciado pelos *hinos homéricos* correspondentes. Segundo Calame (2004), a poetisa Safo de Lesbos (c. 600 a.C.) também se inspirou nos *hinos homéricos*. O tragediógrafo Sófocles (496 a 406/405 a.C.) baseou-se no longo hino *a Hermes* para compor o drama satírico Ἰχνευταί, *Os Rastreadores* (*Fr.* 314-18 Radt), representado em Atenas* nos primeiros anos

---

78. Estou grato ao Prof. Fernando B. Santos por ter trazido à minha atenção essa última referência.
79. Esta parte da *Introdução* se baseia, em grande parte, na excelente introdução de Nicholas Richardson à tradução dos hinos homéricos, publicada em 2003, pela Penguin Classics (ver Cashford e Richardson, 2003, p.xxiii-xxxii). Embora o estudo tenha contemplado particularmente a cultura inglesa, as referências são abundantes e devem ser consultadas pelos interessados.

INTRODUÇÃO

da carreira do autor.[80] Calímaco (século III a.C.) escreveu alguns hinos dedicados a divindades (Apolo, Ártemis, Atena, Deméter e Zeus), imitando o estilo de [Homero] – neles, a influência dos *hinos* em geral, e em especial os longos hinos a Deméter e a Apolo, é substancial. Teócrito, que também viveu no século III a.C., inspirou-se no mais longo dos hinos *aos Dióscuros* para compor um hino homônimo (*Id.* 22). O Pseudo-Apolodoro (século II) praticamente resumiu o longo hino a Hermes em sua Biblioteca, ao falar de Maia*, mãe de Hermes (ver Apollod. 3.10.2).

Virgílio (70-19 a.C.) utilizou o longo hino *a Afrodite* para compor pelo menos uma passagem da *Eneida*,[81] e Ovídio (43 a.C. – 17 d.C.), nas *Metamorphoses* (*Transformações*) e nos *Fasti* (*Calendário*), recorreu aos grandes hinos *a Deméter* e *a Afrodite* para contar o rapto de Perséfone*, filha de Deméter. O poema de Claudiano (370--404 d.C.), *De Raptu Proserpinae* (*Sobre o rapto de Prosérpina*)[82] parece ter recebido, igualmente, influências do longo hino *a Deméter*.

Os hinos ficaram praticamente esquecidos durante a Idade Média europeia, mas os manuscritos medievais evidenciam que os eruditos bizantinos, ao menos, sabiam de sua existência. Em 1628, um século e meio depois da *editio princeps* de Chalcondyles (*supra*, p.73), o poeta inglês Phineas Fletcher (1582-1650) publicou um poema com a história de Afrodite e Anquises, baseado provavelmente no longo hino *a Afrodite*. O poeta inglês James Leigh Hunt (1784-1859), inspirado pelo segundo hino a Dioniso (*h.Hom.* 7), publicou em 1814 o poema *Bacchus, or the Pirates*. Pouco depois, em 1818, o satirista inglês Thomas Love Peacock (1785-1866) colocou uma versão séria do poema de Hunt em seu próprio poema, *Rhododaphne, or the Thessalian Spirit*. O poeta romântico Percy Bysshe Shelley (1792-1822) traduziu, em versos rimados, os hinos homéricos *a Gaia* (n.30), *a Hélio* (n.31), *a Selene* (n.32*)*, *aos Dióscuros* (n.33) e *a Hermes* (n.4). São composições com

---

80. A primeira peça de Sófocles, representada em Atenas, data de 468 a.C.
81. Cf. *h.Ven.* 286-90 e Verg. *Aen.* 2.646-8.
82. Prosérpina (lat. *Proserpina*) é o nome romano de Perséfone, filha de Deméter e esposa de Hades*, deus do mundo subterrâneo e dos mortos.

INTRODUÇÃO

vida própria, verdadeiras recriações poéticas dos hinos homéricos em língua inglesa. A influência dos *hinos* pode ser também encontrada em outros poemas de sua autoria, como *The Witch of Atlas* (1820) e *With a Guitar, to Jane* (1822). O poema *Tithonus* (1860), de Alfred Tennyson (1809-1892), baseou-se em um trecho do longo hino *a Afrodite* (h.Ven. 218-38).

O século XIX foi, aparentemente, o apogeu da influência do longo hino a Deméter na literatura, notadamente na inglesa. Os poemas *Hymn to Proserpine* (1866) e *Eleusis* (1866), de Algernon Swinburne (1837-1909), *The Day of the Daughter of Hades* (1883) e *The Appeasement of Demeter* (1887), de George Meredith (1828-1909), e *Demeter and Persephone* (1889), de Tennyson, muito devem a ele; Mary Shelley (1797-1851), mais conhecida pela popular novela *Frankenstein*, publicou, em 1820, um drama em versos, *Proserpine*. Outros autores ingleses que publicaram, nesse mesmo século, obras literárias diretamente influenciadas pelo h.Hom. 2 *a Deméter* foram Walter Savage Landor (1775-1864), Barry Cornwal (1787-1874), Jean Ingelow (1820-1897), Dora Greenwell (1821-1882), Dante Gabriel Rossetti (1828-1882) e Lawrence Binyon (1869-1943).

No início do século XX, o longo hino *a Deméter* continuou a influenciar a literatura ou, pelo menos, os médicos com dotes literários: Robert Bridges (1844-1930), médico e poeta inglês, apresentou o poema *Demeter, a Mask* em 1904, e o médico e poeta americano William Carlos Williams (1883-1963) publicou, em 1917, um livro de "poesia em prosa", *Kora in Hell*.

A influência dos hinos está presente, também, em outras formas de arte. Na Antiguidade, a decoração de pelo menos quatro vasos gregos e de um mosaico romano foi diretamente influenciada pelos *hinos*: um cálice de figuras negras de Exéquias, de Vulci (c. 540 a.C.), uma hídria de figuras negras da Etrúria (c. 510-500 a.C.) atribuída ao "Micale Painter", uma hídria de figuras negras de Caere (c. 520 a.C), uma cratera com volutas, de figuras vermelhas, da Apúlia (c. 340 a.C.), atribuída a um pintor do círculo do "Darius Painter", e um mosaico romano de Útica, Tunísia, conhecido por "mosaico de Oceano* ou Netuno" (século II).

INTRODUÇÃO

No interior do cálice de Exéquias há uma representação do episódio relatado pelo *h.Hom. 7 a Dioniso*, em que o deus transforma em golfinhos os piratas que o ameaçavam.[83] Vê-se uma figura coroada, gigantesca, deitada tranquilamente sobre o convés de um antigo navio grego, com uma cornucópia na mão. O mastro é uma enorme videira, que estende seus sete cachos bem acima do navio; em volta dele, sete golfinhos – ex-piratas – saltitam alegremente[84] (ver figura 9.1, p.326). Na hídria do "Micale Painter", vê-se a transformação dos piratas em golfinhos.[85] O corego[86] Lisícrates mandou esculpir no monumento que ergueu em 335 a.C., para comemorar sua vitória em um concurso de ditirambos, um relevo que representava um bando de sátiros envolvidos no mito da captura de Dioniso pelos piratas. Temos aqui, no entanto, apenas uma influência indireta do *h.Hom. 7 a Dioniso* em um drama satírico do século IV a.C.

No corpo da hídria de Caere há uma cena do longo *hino a Hermes*: Apolo, diante de Zeus e de Maia*, acusa o pequeno Hermes, deitado e embrulhado em cueiros; à esquerda, vê-se o gado roubado[87] (ver figura 16.3, p.470). As cenas da cratera apuliana, apelidada de "cratera de Perséfone*", representam o rapto da deusa*, tal qual é descrito no longo *hino a Deméter*.[88] Uma das cenas do anônimo mosaico romano de Útica mostra, novamente, Dioniso e os piratas, conforme o *h.Hom.* 7.[89] Quase dois milênios

---

83. Allen-Sikes (*h.Hom.* 7, ad loc.), no entanto, não concordam com essa associação entre a taça e o hino.
84. Munique, Staatliche Antikensammlungen. Disponível em www.greciantiga.org/img/index.asp?num=0461.
85. Toledo, Toledo Museum of Art. Disponível em www.theoi.com/Gallery/K12.15.html.
86. Em Atenas, o corego era um cidadão de posses que, a título de imposto, financiava a representação de uma tragédia, de uma comédia ou de um ditirambo.
87. Paris, Musèe du Louvre. Disponível em www.greciantiga.org/img/index.asp?num=0379.
88. Berlim, Altes Museum. Disponível em www.greciantiga.org/img/index.asp?num=0911.
89. Tunísia, Musèe National du Bardo. Disponível em www.theoi.com/Gallery/Z12.8.html.

INTRODUÇÃO

depois, Vincenzo Cartari, na terceira edição de seu *Imagini degli Dei de Gli Antichi* (1571), mostrou uma xilogravura de Bolognino Zaltieri sobre o mesmo episódio (ver figura 9.2, p.345).[90] Um século antes, Sandro Botticelli (1445-1510), no quadro *Nascimento de Vênus*, pintado em 1475, representou Vênus (Afrodite) cercada por Zéfiro* e pelas Horas*, de acordo com a descrição do h.Hom. 6 *a Afrodite*.[91]

A ópera *Perséphone*, melodrama em três atos com *libretto* de André Gide e música de Igor Stravinski, estreou em 1934. O texto baseou-se no longo hino *a Deméter* e em um texto incompleto de Gide, *Proserpine*, datado de 1912. O compositor australiano Carl Vine (1954-1999) utilizou o texto grego dos hinos *a Gaia*, *a Selene* e *a Hélio*, antecedidos do texto do *Enûma Eliš*,[92] na Sinfonia Coral n.6, apresentada pela primeira vez no Perth Concert Hall, Austrália, com a West Australian Symphony Orchestra e o WASO Collegium Choir, regidos pelo próprio compositor.

---

90. Ver K. Lehmann (1955, p.194). O autor, no entanto, atribuiu erradamente a ilustração ao próprio Cartari e citou, também erradamente, a edição de 1566, publicada em Florença, sem ilustrações. Na realidade, as gravuras foram acrescentadas a partir da 3.ed., datada de 1571.
91. Florença, Galleria degli Uffizi. Disponível em www.greciantiga.org/img/index.asp?num=0911.
92. Título tradicional da epopeia babilônica da criação, que remonta a 1800 a.C., aproximadamente. O texto está conservado em sete tabuinhas cuneiformes do século VII a.C., escritas em babilônico antigo e descobertas no Oriente Médio. *Enûma* e *Eliš* são as duas primeiras palavras do primeiro verso, que pode ser transcrito assim: e-nu-ma e-liš la na-bu-ú šá-ma-mu. Tradução: "quando, no alto, o céu ainda não tinha nome...".

EXCURSUS
EXCURSO

EXCURSO

Doxografia[1]

1. *Odisseia*, c. 743-713 a.C.
Assim falou e, tendo começado pelo deus, deu início ao canto,
tomando-o a partir de quando eles, as naus de bons bancos...
Od. 8.499-500

2. Píndaro, *Nemeias*, c. 487-464 a.C.
Assim como os homéridas,
aedos de versos encadeados muitas vezes
partem de Zeus, como proêmio,
Pind. Nem. 2.1-3

3. Tucídides, c. 431-404 a.C.[2]
[2] Depois da purificação, os atenienses celebraram, pela primeira vez, as *délias* quinquenais. [3] Havia em Delos*, antigamente, uma grande reunião dos Iônios e dos habitantes das ilhas vizinhas. Eles compareciam, juntamente com suas mulheres e filhos, como fazem os Iônios nas *efésias* atuais, e lá promoviam competições e provas atléticas e musicais, e as póleis levavam seus coros. [4] Isso é evidente em Homero, que relata tais coisas nos seguintes versos do proêmio a Apolo:

---

1. Esta pequena seleção traz, em ordem cronológica, os testemunhos antigos mais significativos sobre os *hinos homéricos*, na minha opinião. Remeto os interessados à edição de Allen-Sikes, que tem uma lista quase completa de testemunhos, com comentários e referências bibliográficas.
2. A tradução dos versos citados por Tucídides é de Maria Lúcia G. Massi (ver cap.2, p.142 e p.144).

EXCURSUS

Testimonia

1. *Odyssea*, c. 743-713 a.C.
ὣς φάθ', ὁ δ' ὁρμηθεὶς θεοῦ ἤρχετο, φαῖνε δ' ἀοιδήν,
ἔνθεν ἑλών, ὡς οἱ μὲν ἐϋσσέλμων ἐπὶ νηῶν

Od. 8.499-500

2. Pindarus, *Nemea*, c. 487-464 a.C.
Ὅθεν περ καὶ Ὁμηρίδαι
ῥαπτῶν ἐπέων τὰ πόλλ' ἀοιδοί
ἄρχονται, Διὸς ἐκ προοιμίου,

Pind. *Nem.* 2.1-3

3. Thucydides, c. 431-404 a.C.
[2] (...) καὶ τὴν πεντετηρίδα τότε πρῶτον μετὰ τὴν κάθαρσιν ἐποίησαν οἱ Ἀθηναῖοι τὰ Δήλια. [3] ἦν δέ ποτε καὶ τὸ πάλαι μεγάλη ξύνοδος ἐς τὴν Δῆλον τῶν Ἰώνων τε καὶ περικτιόνων νησιωτῶν· ξύν τε γὰρ γυναιξὶ καὶ παισὶν ἐθεώρουν, ὥσπερ νῦν ἐς τὰ Ἐφέσια Ἴωνες, καὶ ἀγὼν ἐποιεῖτο αὐτόθι καὶ γυμνικὸς καὶ μουσικός, χορούς τε ἀνῆγον αἱ πόλεις. [4] δηλοῖ δὲ μάλιστα Ὅμηρος ὅτι τοιαῦτα ἦν ἐν τοῖς ἔπεσι τοῖσδε, ἅ ἐστιν ἐκ προοιμίου Ἀπόλλωνος·

DOXOGRAFIA

Mas, tu, Febo*, regozijas sobretudo teu ânimo por Delos*, 146b
quando os jônios de túnicas talares, por ti, reúnem-se
com os filhos e as mulheres em tua morada.
Ali, com pugilato, dança e canto,
regozijam-te, ao se lembrarem de ti, quando estabelecem o concurso. 150b

[5] Que também havia uma competição musical à qual elas [sc. póleis] compareciam regularmente também é evidente, segundo o mesmo proêmio. Após hinear ao coro délio das mulheres, ele [sc. Homero] terminava seu canto de louvor com os seguintes versos, nos quais mencionava a si mesmo:[3]

Mas, vamos, que Apolo e Ártemis sejam-me propícios! 165
E vós todas alegrai-vos! E de mim, mais tarde,
lembrai-vos, sempre que um homem supraterrâneo,
um estrangeiro errante, que aqui chegue, vos perguntar:
"Filhas, quem é para vós o mais suave dos aedos,
o homem que vem aqui, e com o canto dele vos regozijais sobretudo?" 170
E vós todas, de uma vez, respondei acerca de nós:
"É um homem cego, que mora em Quios* rochosa,...

[6] Com esses versos, Homero comprova que havia, antigamente, uma grande reunião e um grande festival em Delos*.

Thuc. 3.104.2-6

4. Platão, *Fédon,* **c. 387-367 a.C.**
[60c-d] (Cebes a Sócrates)... a respeito dos poemas que tens feito, as fábulas de Esopo que puseste em versos e o proêmio a Apolo, uns e outros já me perguntaram.

Pl. *Phd.* 60c-d

---

3. Os antigos acreditavam que o poeta [Homero] era cego graças, notadamente, a essa referência de Tucídides.

ἀλλ' ὅτε Δήλῳ Φοῖβε μάλιστά γε θυμὸν ἐτέρφθης,　　　　146b
ἔνθα τοι ἑλκεχίτωνες Ἰάονες ἠγερέθονται
σὺν σφοῖσιν τεκέεσσι γυναιξί τε σὴν ἐς ἀγυιάν·
ἔνθα σὲ πυγμαχίῃ τε καὶ ὀρχηστυῖ καὶ ἀοιδῇ
μνησάμενοι τέρπουσιν ὅταν καθέσωσιν ἀγῶνα.　　　　150b

[5] ὅτι δὲ καὶ μουσικῆς ἀγὼν ἦν καὶ ἀγωνιούμενοι ἐφοίτων ἐν τοῖσδε αὖ δηλοῖ, ἅ ἐστιν ἐκ τοῦ αὐτοῦ προοιμίου· τὸν γὰρ Δηλιακὸν χορὸν τῶν γυναικῶν ὑμνήσας ἐτελεύτα τοῦ ἐπαίνου ἐς τάδε τὰ ἔπη, ἐν οἷς καὶ ἑαυτοῦ ἐπεμνήσθη·

ἀλλ' ἄγεθ' ἱλήκοι μὲν Ἀπόλλων Ἀρτέμιδι ξύν,　　　　165
χαίρετε δ' ὑμεῖς πᾶσαι· ἐμεῖο δὲ καὶ μετόπισθε
μνήσασθ', ὁππότε κέν τις ἐπιχθονίων ἀνθρώπων
ἐνθάδ' ἀνείρηται ξεῖνος ταλαπείριος ἐλθών·
ὦ κοῦραι, τίς δ' ὔμμιν ἀνὴρ ἥδιστος ἀοιδῶν
ἐνθάδε πωλεῖται, καὶ τέῳ τέρπεσθε μάλιστα;　　　　170
ὑμεῖς δ' εὖ μάλα πᾶσαι ὑποκρίνασθ' ἀμφ' ἡμέων·
τυφλὸς ἀνήρ, οἰκεῖ δὲ Χίῳ ἔνι παιπαλοέσσῃ, ...

[6] τοσαῦτα μὲν Ὅμηρος ἐτεκμηρίωσεν ὅτι ἦν καὶ τὸ πάλαι μεγάλη ξύνοδος καὶ ἑορτὴ ἐν τῇ Δήλῳ·

Thuc. 3.104.2-6

4. Plato, *Phaedo*, c. 387-367 a.C.

[60c-d] (...) περὶ γάρ τοι τῶν ποιημάτων ὧν πεποίηκας ἐντείνας τοὺς τοῦ Αἰσώπου λόγους καὶ τὸ εἰς τὸν Ἀπόλλω προοίμιον καὶ ἄλλοι τινές με ἤδη ἤροντο,

Pl. *Phd.* 60c-d

DOXOGRAFIA

5. Demóstenes da Bitínia, séc. III a.C. (?)
Teumesso, montanha da Beócia: Homero, no hino *a Apolo*.

Dem. Bith. Fr. 3.1

6. Antígono de Caristo, séc. III a.C.[4]
e por esse motivo alguém interpretou o poeta ao dizer, absolutamente curioso pelo extraordinário,
e estendeu sete *dentre as mais delicadas* tripas de ovelhas.

Antig. 7.2

7. Filodemo, *Da Piedade*, entre 110 e 40-35 a.C
dizem alguns que,... também Hécate*, acompanhante de Ártemis, torna-se servidora de Deméter – (como) Eurípides e Homero, nos hinos, – servidora e companheira.

Phld. Piet. p.42 (tab.91, v.12 ss.) Gomperz

8. Diodoro Sículo, séc. I a.C.[5]
[3]... logo depois, Zeus tomou a criança nas mãos, entregou-a a Hermes e ordenou que a levasse a uma caverna em Nisa, que fica entre a Fenícia* e o Nilo, e entregasse às ninfas para ser criada com muito zelo e da melhor forma. [4] Como foi criado em Nisa, foi chamado de Dioniso, por causa de Zeus[6] e de Nisa. E isso é comprovado por Homero, nos *hinos*, nos quais diz:

> Há uma Nisa, altíssima montanha, florida na selva
> longe da Fenícia*, quase nas correntezas do Egito;

Diod. Sic. 4.2.3-4

---

4. Ver Vergados (2007). A tradução do verso citado (menos a variante, em itálico) é de Maria Celeste C. Dezotti (*h.Hom.* 4.51, p.410).
5. A tradução dos versos citados por Diodoro Sículo é de Fernando Brandão dos Santos (*h.Hom.* 1A.9-10, p.328).
6. Διὸς + Νύσης > Διόνυσος. Notar que, no genitivo sg. grego, Zeus = Διός.

TESTIMONIA

5. Demosthenes Bithynus, saec. III a.C. (?)
Τευμησσὸς, ὄρος Βοιωτίας. Ὅμηρος ἐν τῷ εἰς Ἀπόλλωνα ὕμνῳ.

Dem. Bith. Fr. 3.1

6. Antigonus Carystius, saec. III a.C.
ὅθεν καὶ τὸν ποιητὴν ὑπολάβοι τις εἰρηκέναι, πολυπράγμονα πανταχοῦ καὶ περιττὸν ὄντα,
ἑπτὰ δὲ θηλυτέρων ὀΐων ἐτανύσσατο χορδάς.[7]

Antig. 7.2

7. Philodemus, De pietate, c. 110-40/35 a.C
λέγουσιν [δὲ τι]νές, ..., κα[ὶ τ]ὴν Ἑ[κάτην] ὀπαδὸ[ν Ἀρ]τέ[μιδος] εἶναι, Δήμη[τρος] δὲ λάτριν Εὐρι[πίδης,] Ὅμηρος δ' ἐν [τοῖς ὕμ]νοις πρόπ[ολον] καὶ [ὀπ]άονα

Phld. Piet. p.42 (tab.91, v.12 ss.) Gomperz[8]

8. Diodorus Siculus, saec. I a.C.
[3]... ἔπειτα τὸ παιδίον ἀναλαβόντα τὸν Δία παραδοῦναι τῷ Ἑρμῇ, καὶ προστάξαι τοῦτο μὲν ἀποκομίσαι πρὸς τὸ ἄντρον τὸ ἐν τῇ Νύσῃ, κείμενον μεταξὺ Φοινίκης καὶ Νείλου, ταῖς δὲ νύμφαις παραδοῦναι τρέφειν καὶ μετὰ πολλῆς σπουδῆς ἐπιμέλειαν αὐτοῦ ποιεῖσθαι τὴν ἀρίστην. [4] διὸ καὶ τραφέντα τὸν Διόνυσον ἐν τῇ Νύσῃ τυχεῖν τῆς προσηγορίας ταύτης ἀπὸ Διὸς καὶ Νύσης. καὶ τὸν Ὅμηρον δὲ τούτοις μαρτυρῆσαι ἐν τοῖς ὕμνοις ἐν οἷς λέγει

ἔστι δέ τις Νύση, ὕπατον ὄρος, ἀνθέον ὕλῃ,
τηλοῦ Φοινίκης, σχεδὸν Αἰγύπτοιο ῥοάων.

Diod. Sic. 4.2.3-4

---

7. = h.Merc. 51 (variante θηλυτέρων, no lugar de συμφώνους).
8. Página da antiga edição de Περὶ Εὐσεβείας (Da Piedade), de Theodor Gomperz (1866). O Livro 1 foi recentemente reeditado por Dirk Obbink (1996); outras partes da obra estão em andamento.

9. Pausânias, séc. II d.C.

A. Que eu saiba, Homero foi o primeiro a mencionar Fortuna em seus versos; ele o fez no hino a Deméter, ao enumerar as outras filhas de Oceano*.

Paus. 4.30.4

B. Homero, na *Ilíada* e igualmente no hino *a Apolo*, efetivamente chama a cidade por seu antigo nome, Crisa*.

Paus. 10.37.5

C. em beleza de versos, eles (s.c. os hinos de Orfeu*) seriam colocados em segundo lugar, depois dos hinos de Homero,

Paus. 9.30.12

10. Certame entre Homero e Hesíodo, c. 138-161 d.C

Depois de passar algum tempo na cidade, embarcou para Delos*, para o panegírico, e tendo se posicionado diante do altar de chifres, [s.c. Homero] recitou o hino *a Apolo*, que começa assim:

Não deixarei de recordar Apolo que fere de longe.

declamado o hino, os Iônios cidadão livre o fizeram, (...)

Certamen 18 West

11. Ateneu, séc. II-III d.C.

e Homero ou um dos Homéridas disse, no hino *a Apolo*:

Ath.1.40.9-10

9. Pausanias, saec. II p.C.

A. πρῶτος δὲ ὧν οἶδα ἐποιήσατο ἐν τοῖς ἔπεσιν Ὅμηρος Τύχης μνήμην· ἐποιήσατο δὲ ἐν ὕμνῳ τῷ ἐς τὴν Δήμητρα ἄλλας τε τῶν Ὠκεανοῦ θυγατέρας καταριθμούμενος,

Paus. 4.30.4

B. Ὅμηρος μέντοι Κρῖσαν ἔν τε Ἰλιάδι ὁμοίως καὶ ὕμνῳ τῷ ἐς Ἀπόλλωνα ὀνόματι τῷ ἐξ ἀρχῆς καλεῖ τὴν πόλιν.

Paus. 10.37.5

C. κόσμῳ μὲν δὴ τῶν ἐπῶν δευτερεῖα [sc. τοὺς Ὀρφέως ὕμνους] φέροιντο ἂν μετά γε Ὁμήρου τοὺς ὕμνους,

Paus. 9.30.12

10. Certamen Homeri et Hesiodi, c. 138-161 p.C.

ἐνδιατρίψας δὲ τῇ πόλει χρόνον τινὰ διέπλευσεν εἰς Δῆλον εἰς τὴν πανήγυριν. καὶ σταθεὶς ἐπὶ τὸν κεράτινον βωμὸν λέγει ὕμνον εἰς Ἀπόλλωνα οὗ ἡ ἀρχή

<blockquote>μνήσομαι οὐδὲ λάθωμαι Ἀπόλλωνος ἑκάτοιο.</blockquote>

ῥηθέντος δὲ τοῦ ὕμνου οἱ μὲν Ἴωνες πολίτην αὐτὸν κοινὸν ἐποιήσαντο, (...)

Certamen 18 West

11. Athenaeus, saec. II-III p.C.

καὶ Ὅμηρος ἢ τῶν Ὁμηριδῶν τις ἐν τῷ εἰς Ἀπόλλωνα ὕμνῳ φησίν.[9]

Ath. 1.40.9-10

---

9. Citando h.Ap. 515.

12. Pseudo-Plutarco, *De Musica*, data incerta
E Terpandro fazia também proêmios em versos épicos para composições destinadas à cítara*.

Plut. 1132d.9-10

13. Escoliasta de Nicandro (*Antídotos*), data incerta
que Deméter bebeu toda a mistura de poejo, e a deusa gargalhou, por causa dos chistes de Iambe, nos hinos atribuídos a Homero, dizem.

Sch. Nic. Alex. 130c

14. Escoliasta de Píndaro (*Píticas*), data incerta
... nos hinos homéricos:

> A Asclépio, curador de doenças, começo a cantar etc.

Sch. Pind. Pyth 3.14

15. Escoliasta de Píndaro (*Odes Nemeias*), data incerta
Destacavam-se Cineto e seus associados que compuseram, dizem, muitos versos épicos e os colocaram entre os de Homero. Esse Cineto era de uma família de Quios* e, dentre os poemas que trazem o nome de Homero, foi ele quem escreveu o hino a Apolo e o creditou a ele. Esse Cineto foi o primeiro a declamar versos de Homero nas *Siracusanas*, na 69ª Olimpíada,[10] como diz Hipóstrato.[11]

Sch. Pind. Nem. 2.1c.4-10

---

10. 504 a 501 a.C.
11. Historiador helenístico, especializado em história da Sicília (West, p.10, n.9).

TESTIMONIA

12. Plutarchus, *De Musica*
πεποίηται δὲ τῷ Τερπάνδρῳ καὶ προοίμια κιθαρῳδικὰ ἐν ἔπεσιν.
Plut. 1132d.9-10

13. Scholion in Nicandri *Alexipharmaca*
ὅτι δὲ διὰ γλήχωνος ἔπιεν ἡ Δημήτηρ τὸν κυκεῶνα καὶ διὰ τὴν χλεύην τῆς Ἰάμβης ἐγέλασεν ἡ θεά, ἐν τοῖς εἰς Ὅμηρον ἀναφερομένοις ὕμνοις[12] λέγεται.
Sch. Nic. Alex. 130c

14. Scholion in Pindari *Pythia*
... ἐν δὲ τοῖς Ὁμηρικοῖς ὕμνοις·

<small>Ἰητῆρα νόσων Ἀσκληπιὸν ἄρχομ' ἀείδειν etc.</small>
Sch. Pind. Pyth. 3.14

15. Scholion in Pindari *Nemea*
ἐπιφανεῖς δὲ ἐγένοντο οἱ περὶ Κύναιθον, οὕς φασι πολλὰ τῶν ἐπῶν ποιήσαντας
ἐμβαλεῖν εἰς τὴν Ὁμήρου ποίησιν. ἦν δὲ ὁ Κύναιθος τὸ γένος Χῖος, ὃς καὶ τῶν ἐπιγραφομένων Ὁμήρου ποιημάτων τὸν εἰς Ἀπόλλωνα γεγραφὼς ὕμνον ἀνατέθεικεν αὐτῷ. οὗτος οὖν ὁ Κύναιθος πρῶτος ἐν Συρακούσαις ἐραψῴδησε τὰ Ὁμήρου ἔπη κατὰ τὴν ξθ′ Ὀλυμπιάδα, ὡς Ἱππόστρατός φησιν.
Sch. Pind. Nem. 2.1c.4-10

---

12. Cf. *h.Cer.* 192 ss.

16. Apêndice à *Vita Romana* de Homero
A que dizem ser a antiga *Ilíada*, dita "de Apelicon", tem o seguinte proêmio:

Eu canto as Musas e Apolo de célebre arco,...

Como lembram Nicanor e Crates em suas "Correções", Aristoxeno disse, no livro 1 da *Praxidamanteia*,[13] que, segundo alguns, ele [sc. o proêmio] tem:

Dizei-me agora, Musas que têm morada no Olimpo*,
como a cólera e a fúria tomaram o filho de Peleu
e o brilhante filho de Leto*, pois ele, enfurecido com o rei,...

App. Rom. Fr. B West

---

13. Crates de Malos, bibliotecário-chefe da Biblioteca de Pérgamo, viveu no século II a.C.; Apelicon de Teos faleceu em 84 a.C.; Nicanor nasceu no século II. Não sei quem pode ter sido esse Aristoxeno: não me parece ser Aristoxeno de Selinus, poeta que viveu no fim do século VI a.C., nem Aristoxeno de Tarento, filósofo do século IV, nem o médico Aristoxeno, que viveu no século I d.C.

16. Appendix Romana, séc. XI[14]

Ἡ δοκοῦσα ἀρχαία Ἰλιάς, λεγομένη δὲ Ἀπελλοκῶντος, προοίμιον ἔχει τοῦτο·

Μούσας ἀείδω Ἀπόλλωνα κλυτότοξον,

ὡς καὶ Νικάνωρ μέμνηται καὶ Κράτης ἐν τοῖς Διορθωτικοῖς, Ἀριστόξενος δὲ ἐν α΄ Πραξιδαμαντείων φησὶ κατά τινας ἔχειν·

Ἔσπετε νῦν μοι, Μοῦσαι, Ὀλύμπια δώματ' ἔχουσαι,
ὅππως δὴ μῆνίς τε χόλος θ' ἕλε Πηλείωνα
Λητοῦς τ' ἀγλαὸν υἱόν· ὃ γὰρ βασιλῆϊ χολωθείς.

App. Rom. Fr. B West

---

14. Conjunto de notas anônimas e esparsas escritas após a *Vita Romana*, uma das numerosas e fictícias "vidas" de [Homero] que proliferaram na Antiguidade. A nota acima foi registrada no manuscrito Escorial Ω 1.12(509), do século XI, conservado atualmente na Biblioteca Nacional de Roma; é possível que tenha sido escrita por um erudito bizantino. Edição: West, p.450-7.

Fig. 2.1 *Afrodite cavalgando um cisne*. Detalhe de cálice ático de figuras vermelhas do "Pistoxenos Painter". Tumba F43, Kameiros (Rodes). Data: c. 460 a.C.

2.
Afrodite, deusa do amor

Flávia Regina Marquetti

ΕΙΣ ΑΦΡΟΔΙΤΗΝ
In Venerem

h.Hom. 5, com 293 versos (= h.Ven.);

h.Hom. 6, com 21 versos;

h.Hom. 10, com 6 versos.

h.Hom. 5: A Afrodite

trad. Flávia R. Marquetti

Conta-me, Musa, sobre os trabalhos de Afrodite de ouro,
de Cípris* que fez nascer o doce desejo nos deuses
e submeteu a raça dos homens mortais,
dos pássaros vindos de Zeus e todas as feras selvagens
que a terra nutre em grande número tanto quanto o mar.   5
Todos são objetos de cuidado dos trabalhos de Citereia* de bela coroa.
Mas há três corações que ela não pode persuadir nem seduzir:
a filha de Zeus, que porta a égide*, Atena de olhos brilhantes.
A ela não agrada os trabalhos da dourada Afrodite,
são as guerras que ela ama e o trabalho de Ares –   10
os combates e as lutas,[1] do mesmo modo que se ocupa
                            [dos trabalhos esplêndidos.
A primeira, ela ensina aos artesãos que vivem sobre a terra
a fazer carros de quatro rodas ‹e› também carros
                            [de duas rodas ornados de bronze.
É ela que ensina às tenras virgens, em seus santuários,
os esplêndidos trabalhos, para os quais ela põe o gosto
                            [na alma de cada uma.   15
Jamais Afrodite que ama sorrir poderá submeter
às leis do amor a brilhante Ártemis de flechas de ouro;
a ela agrada o arco, a matança de caças nas montanhas,
as fórminces,[2] os coros, os claros clamores,
os bosques umbrosos e a cidade dos homens justos.   20

---

1. Ver, no cap.4, o ensaio sobre os deuses gregos da guerra.
2. Forma plural de *fórminx**.

5. Εἰς Ἀφροδίτην

Μοῦσά μοι ἔννεπε ἔργα πολυχρύσου Ἀφροδίτης
Κύπριδος, ἥ τε θεοῖσιν ἐπὶ γλυκὺν ἵμερον ὦρσε
καί τ' ἐδαμάσσατο φῦλα καταθνητῶν ἀνθρώπων,
οἰωνούς τε διιπετέας καὶ θηρία πάντα,
ἠμὲν ὅσ' ἤπειρος πολλὰ τρέφει ἠδ' ὅσα πόντος· 5
πᾶσιν δ' ἔργα μέμηλεν ἐϋστεφάνου Κυθερείης.
Τρισσὰς δ' οὐ δύναται πεπιθεῖν φρένας οὐδ' ἀπατῆσαι·
κούρην τ' αἰγιόχοιο Διὸς γλαυκῶπιν Ἀθήνην·
οὐ γάρ οἱ εὔαδεν ἔργα πολυχρύσου Ἀφροδίτης,
ἀλλ' ἄρα οἱ πόλεμοί τε ἅδον καὶ ἔργον Ἄρηος, 10
ὑσμῖναί τε μάχαι τε καὶ ἀγλαὰ ἔργ' ἀλεγύνειν.
Πρώτη τέκτονας ἄνδρας ἐπιχθονίους ἐδίδαξε
ποιῆσαι σατίνας ‹τε› καὶ ἅρματα ποικίλα χαλκῷ·
ἣ δέ τε παρθενικὰς ἁπαλόχροας ἐν μεγάροισιν
ἀγλαὰ ἔργ' ἐδίδαξεν ἐπὶ φρεσὶ θεῖσα ἑκάστῃ. 15
Οὐδέ ποτ' Ἀρτέμιδα χρυσηλάκατον κελαδεινὴν
δάμναται ἐν φιλότητι φιλομμειδὴς Ἀφροδίτη·
καὶ γὰρ τῇ ἅδε τόξα καὶ οὔρεσι θῆρας ἐναίρειν,
φόρμιγγές τε χοροί τε διαπρύσιοί τ' ὀλολυγαὶ
ἄλσεά τε σκιόεντα δικαίων τε πτόλις ἀνδρῶν. 20

5. A AFRODITE

Nem sequer a Virgem Venerável se compraz com os trabalhos de Afrodite –
Héstia – a qual Crono* engendrou por si mesmo, a primeira
e também a mais jovem,[3] segundo a vontade de Zeus porta-égide*,
a Senhora que foi desejada por Posídon e Apolo.
Longe de consentir, ela recusa com firmeza;   25
e pronuncia o grande juramento – que é definitivo –
tocando a cabeça de Zeus Pai que porta a égide*:
permanecer a divina deusa virgem para sempre.
No lugar do casamento, Zeus pai lhe dá um belo privilégio:
ela se fixa no centro da casa, para aí tomar posse das gordas oferendas.   30
Em todos os templos dos Deuses ela é honrada e
é, junto dos mortais, objeto de veneração.
Esses corações ela [sc. Afrodite] não pode persuadir
ou seduzir; mais nenhum outro – nem
Deuses bem-aventurados nem homens mortais –
[podem escapar a Afrodite.   35
Ela conduz até mesmo a razão de Zeus, que se compraz em lançar o raio,
ele, que é o maior, que tem na partilha a maior parte das honras;
mesmo esse espírito sábio, quando ela quer, ela engana,
fazendo-o facilmente unir-se às mulheres mortais
e esquecer-se de Hera, sua esposa e irmã,   40
ela que é a mais bela dentre as deusas imortais,
o astuto Crono* a engendrou a mais gloriosa,
junto com Reia* de beleza venerável, a ela Zeus de desígnios eternos
fez sua esposa virtuosa e respeitável.
Mas Zeus, por sua vez, lhe [sc. Afrodite] incute no coração o doce desejo   45
de se unir a um homem mortal, para que ela não fosse afastada
[rapidamente
de um leito humano, e assim, ela própria, Afrodite que ama o pênis,
nunca diria entre os deuses, vangloriando-se
com um doce sorriso, que já
havia unido tanto os deuses às mulheres mortais,   50

---

3. Para evitar ser destronado, Crono* engolia os filhos à medida que nasciam. Mais tarde, Zeus forçou-o a regurgitá-los, provavelmente na ordem inversa em que foram engolidos – por isso Héstia é a filha mais velha e, ao mesmo tempo, a mais nova (ver Hes. *Th.* 497).

5. ΕΙΣ ΑΦΡΟΔΙΤΗΝ

Οὐδὲ μὲν αἰδοίῃ κούρῃ ἅδεν ἔργ' Ἀφροδίτης
Ἱστίῃ, ἣν πρώτην τέκετο Κρόνος ἀγκυλομήτης,
αὖτις δ' ὁπλοτάτην, βουλῇ Διὸς αἰγιόχοιο,
πότνιαν, ἥν ἐμνῶντο Ποσειδάων καὶ Ἀπόλλων·
ἡ δὲ μάλ' οὐκ ἔθελεν ἀλλὰ στερεῶς ἀπέειπεν· 25
ὤμοσε δὲ μέγαν ὅρκον – ὃ δὴ τετελεσμένος ἐστίν –
ἁψαμένη κεφαλῆς πατρὸς Διὸς αἰγιόχοιο
παρθένος ἔσσεσθαι πάντ' ἤματα, δῖα θεάων.
Τῇ δὲ πατὴρ Ζεὺς δῶκε καλὸν γέρας ἀντὶ γάμοιο,
καί τε μέσῳ οἴκῳ κατ' ἄρ' ἔζετο πῖαρ ἑλοῦσα. 30
Πᾶσιν δ' ἐν νηοῖσι θεῶν τιμάοχός ἐστι
καὶ παρὰ πᾶσι βροτοῖσι θεῶν πρέσβειρα τέτυκται.
Τάων οὐ δύναται πεπιθεῖν φρένας οὐδ' ἀπατῆσαι·
τῶν δ' ἄλλων οὔ πέρ τι πεφυγμένον ἔστ' Ἀφροδίτην
οὔτε θεῶν μακάρων οὔτε θνητῶν ἀνθρώπων. 35
καί τε παρὲκ Ζηνὸς νόον ἤγαγε τερπικεραύνου,
ὅς τε μέγιστός τ' ἐστί, μεγίστης τ' ἔμμορε τιμῆς·
καί τε τοῦ εὖτε θέλοι πυκινὰς φρένας ἐξαπαφοῦσα
ῥηϊδίως συνέμιξε καταθνητῇσι γυναιξὶν
Ἥρης ἐκλελαθοῦσα κασιγνήτης ἀλόχου τε, 40
ἣ μέγα εἶδος ἀρίστη ἐν ἀθανάτῃσι θεῇσι,
κυδίστην δ' ἄρα μιν τέκετο Κρόνος ἀγκυλομήτης
μήτηρ τε Ῥείη· Ζεὺς δ' ἄφθιτα μήδεα εἰδὼς
αἰδοίην ἄλοχον ποιήσατο κέδν' εἰδυῖαν.
Τῇ δὲ καὶ αὐτῇ Ζεὺς γλυκὺν ἵμερον ἔμβαλε θυμῷ 45
ἀνδρὶ καταθνητῷ μιχθήμεναι, ὄφρα τάχιστα
μηδ' αὐτὴ βροτέης εὐνῆς ἀποεργμένη εἴη
καί ποτ' ἐπευξαμένη εἴπῃ μετὰ πᾶσι θεοῖσιν
ἡδὺ γελοιήσασα φιλομμειδὴς Ἀφροδίτη,
ὥς ῥα θεοὺς συνέμιξε καταθνητῇσι γυναιξὶ 50

5. A AFRODITE

que deram aos imortais filhos mortais,
como também uniu as deusas aos homens mortais.
Ele então lhe pôs no coração o doce desejo por Anquises,
que apascentava seus bois junto às fontes harmoniosas
nas altas montanhas do Ida* e cujo aspecto é semelhante
                                                   [ao dos imortais.   55
Desde o momento em que o vê, Afrodite, amante do pênis, o ama
                                                   [ardentemente
e um terrível desejo se precipita em seu coração.
Ela se dirige então a Chipre*, penetra em seu templo perfumado,
em Pafos*, onde ela tem santuário e altar perfumados.
Ao entrar, as portas brilhantes ela abre,   60
é lá que as Cárites* a banham e a untam com óleo imortal,
que é vertido sobre os deuses sempre viventes,
doce ambrosia*, que havia sido perfumado só para ela.
Após ter envolvido bem todo seu corpo com belos tecidos
e ser enfeitada com ouro, Afrodite, a sorridente,   65
deixa a odorante Chipre* para lançar-se até Troia*,
no alto, entre as nuvens, fazendo rapidamente sua rota
e chega ao Ida* de numerosas fontes, mãe das feras,
indo diretamente para o acampamento da montanha;
e junto com ela caminham, fazendo festa, os lobos cinzentos,
                                                 [os leões de olhares   70
brilhantes, os ursos e as rápidas panteras, insaciáveis de caça;
ao ver-se entre elas,[4] alegra-se de todo coração
e lança-lhes no peito o desejo; então,
dois a dois, todos se deitam nos vales umbrosos.
Ela mesma veio até os abrigos bem construídos   75

---

4. Nessa parte do hino (v.65-72), Afrodite se equipara à deusa mãe frígia, Cibele, assimilada pelos gregos a Reia* (cap.18).

5. ΕΙΣ ΑΦΡΟΔΙΤΗΝ

καί τε καταθνητοὺς υἱεῖς τέκον ἀθανάτοισιν,
ὥς τε θεὰς ἀνέμιξε καταθνητοῖς ἀνθρώποις.
Ἀγχίσεω δ' ἄρα οἱ γλυκὺν ἵμερον ἔμβαλε θυμῷ,
ὃς τότ' ἐν ἀκροπόλοις ὄρεσιν πολυπιδάκου Ἴδης
βουκολέεσκεν βοῦς δέμας ἀθανάτοισιν ἐοικώς. 55
Τὸν δὴ ἔπειτα ἰδοῦσα φιλομμειδὴς Ἀφροδίτη
ἠράσατ', ἐκπάγλως δὲ κατὰ φρένας ἵμερος εἷλεν.
Ἐς Κύπρον δ' ἐλθοῦσα θυώδεα νηὸν ἔδυνεν
ἐς Πάφον· ἔνθα δέ οἱ τέμενος βωμός τε θυώδης.
Ἔνθ' ἥ γ' εἰσελθοῦσα θύρας ἐπέθηκε φαεινάς· 60
ἔνθα δέ μιν Χάριτες λοῦσαν καὶ χρῖσαν ἐλαίῳ
ἀμβρότῳ, οἷα θεοὺς ἐπενήνοθεν αἰὲν ἐόντας,
ἀμβροσίῳ ἑδανῷ, τό ῥά οἱ τεθυωμένον ἦεν.
Ἑσσαμένη δ' εὖ πάντα περὶ χροΐ εἵματα καλὰ
χρυσῷ κοσμηθεῖσα φιλομμειδὴς Ἀφροδίτη 65
σεύατ' ἐπὶ Τροίην προλιποῦσ' εὐώδεα Κύπρον
ὕψι μετὰ νεφέεσιν θοῶς πρήσσουσα κέλευθον.
Ἴδην δ' ἵκανεν πολυπίδακα, μητέρα θηρῶν,
βῆ δ' ἰθὺς σταθμοῖο δι' οὔρεος· οἱ δὲ μετ' αὐτὴν
σαίνοντες πολιοί τε λύκοι χαροποί τε λέοντες 70
ἄρκτοι παρδάλιές τε θοαὶ προκάδων ἀκόρητοι
ἤϊσαν· ἡ δ' ὁρόωσα μετὰ φρεσὶ τέρπετο θυμὸν
καὶ τοῖς ἐν στήθεσσι βάλ' ἵμερον· οἱ δ' ἅμα πάντες
σύνδυο κοιμήσαντο κατὰ σκιόεντας ἐναύλους.
Αὐτὴ δ' ἐς κλισίας εὐποιήτους ἀφίκανε· 75

5. A AFRODITE

e encontrou-o nos estábulos, abandonado,
isolado dos outros, o herói Anquises, que tem dos deuses a beleza.
Todos haviam seguido com seus bois às pastagens verdejantes.
Isolado nos estábulos, longe de todos,
ia e vinha tocando a cítara* de som penetrante. 80
Afrodite, a filha de Zeus, colocou-se diante dele
tal qual uma virgem não submetida ao jugo, no talhe e na aparência,
para que ele não temesse, ao percebê-la diante de seus olhos.
Admirado, Anquises observa com atenção
sua aparência, seu talhe e suas vestes brilhantes. 85
Ela está vestida com um peplo certamente mais brilhante que
[a chama do sol,
trazia espirais recurvadas e botões de flores brilhantes,
colares magníficos, todos ornados em ouro,
em torno de seu delicado pescoço; como a lua,
seu peito delicado brilhava para a admiração do olhar. 90
O desejo apodera-se de Anquises, que lhe diz diretamente estas palavras:
– Salve, ó Soberana que vem a esta minha morada, qualquer que
[sejas dentre os bem-
-aventurados: Ártemis ou Leto*, ou a dourada Afrodite,
ou a nobre Têmis*, ou Atena de olhos brilhantes
ou provavelmente alguma das Cárites*, que aqui viestes, 95
elas que acompanham todos os deuses, que se chamam imortais,
ou uma das ninfas* que moram nos belos bosques sagrados,
ou alguma das ninfas* que habitam esta bela montanha,
as fontes dos rios e o prado verdejante.
Sobre uma elevação, num local visível de todos os lados, eu te 100

5. ΕΙΣ ΑΦΡΟΔΙΤΗΝ

τὸν δ' εὗρε σταθμοῖσι λελειμμένον οἶον ἀπ' ἄλλων
Ἀγχίσην ἥρωα, θεῶν ἄπο κάλλος ἔχοντα.
Οἱ δ' ἅμα βουσὶν ἔποντο νομοὺς κάτα ποιήεντας
πάντες, ὁ δὲ σταθμοῖσι λελειμμένος οἶος ἀπ' ἄλλων
πωλεῖτ' ἔνθα καὶ ἔνθα διαπρύσιον κιθαρίζων. 80
Στῆ δ' αὐτοῦ προπάροιθε Διὸς θυγάτηρ Ἀφροδίτη
παρθένῳ ἀδμήτῃ μέγεθος καὶ εἶδος ὁμοίη,
μή μιν ταρβήσειεν ἐν ὀφθαλμοῖσι νοήσας.
Ἀγχίσης δ' ὁρόων ἐφράζετο θαύμαινέν τε
εἶδός τε μέγεθος τε καὶ εἵματα σιγαλόεντα. 85
Πέπλον μὲν γὰρ ἔεστο φαεινότερον πυρὸς αὐγῆς,
εἶχε δ' ἐπιγναμπτὰς ἕλικας κάλυκάς τε φαεινάς,
ὅρμοι δ' ἀμφ' ἁπαλῇ δειρῇ περικαλλέες ἦσαν
καλοὶ χρύσειοι παμποίκιλοι· ὡς δὲ σελήνη
στήθεσιν ἀμφ' ἁπαλοῖσιν ἐλάμπετο, θαῦμα ἰδέσθαι. 90
Ἀγχίσην δ' ἔρος εἷλεν, ἔπος δέ μιν ἀντίον ηὔδα·
Χαῖρε ἄνασσ', ἥ τις μακάρων τάδε δώμαθ' ἱκάνεις,
Ἄρτεμις ἢ Λητὼ ἠὲ χρυσέη Ἀφροδίτη
ἢ Θέμις ἠϋγενὴς ἠὲ γλαυκῶπις Ἀθήνη
ἤ πού τις Χαρίτων δεῦρ' ἤλυθες, αἵ τε θεοῖσι 95
πᾶσιν ἑταιρίζουσι καὶ ἀθάνατοι καλέονται,
ἤ τις νυμφάων αἵ τ' ἄλσεα καλὰ νέμονται,
ἢ νυμφῶν αἳ καλὸν ὄρος τόδε ναιετάουσι
καὶ πηγὰς ποταμῶν καὶ πίσεα ποιήεντα.
Σοὶ δ' ἐγὼ ἐν σκοπιῇ, περιφαινομένῳ ἐνὶ χώρῳ, 100

5. A AFRODITE

edificarei um altar para fazer belos sacrifícios
em todas as estações; que tu tenhas o coração benevolente,
dá-me ser entre os troianos um homem distinto;
permita-me de hoje em diante uma geração florescente e também
que eu viva muito tempo na ventura, vendo a luz do sol, 105
próspero entre meu povo até alcançar o limite da velhice.
Em seguida, Afrodite, filha de Zeus, lhe responde:
– Anquises, o mais nobre dentre os homens nascidos da terra,
eu não sou nenhuma das deusas, por que me comparas aos imortais?
Ao contrário, mortal sou e a mãe que me gerou é uma mulher. 110
Meu ilustre pai tem por nome Otreu; talvez, de algum modo, ouviste
[dizer,
pois ele reina sobre toda a Frígia* de fortes muralhas.[5]
Além disso, eu sei vossa língua tão bem quanto a nossa[6]
porque foi uma troiana que me educou no palácio,
ela me tomou de junto de minha querida mãe ainda pequena
[e me criou, 115
é por isso que sei bem a vossa língua.
Agora mesmo, Argeifonte* de bastão de ouro me arrastou
do coro da ruidosa Ártemis de fuso de ouro.
Nós, muitas jovens e virgens valiosas,
dançávamos quando um imenso tumulto se formou em torno de nós; 120
de lá me arrancou Argeifonte* de bastão de ouro,
me conduziu através dos vastos campos dos homens mortais,
por entre as muitas terras não cultivadas e não habitadas,
por onde vagueiam os animais carniceiros, no fundo dos vales
[cheios de sombras;
eu tinha a impressão que meus pés não tocavam a terra fecunda. 125

---

5. Na *Ilíada* (3.186) Otreu era, efetivamente, rei da Frígia, e tinha relações muito cordiais com os troianos.
6. Essa é a mais antiga referência, em textos gregos, a alguém que fala mais de uma língua (West, p.169, n.46). Também é a mais antiga passagem que considera diferentes a língua dos frígios e dos troianos (Athanassakis, p.95).

5. ΕΙΣ ΑΦΡΟΔΙΤΗΝ

βωμὸν ποιήσω, ῥέξω δέ τοι ἱερὰ καλὰ
ὥρησιν πάσῃσι· σὺ δ' εὔφρονα θυμὸν ἔχουσα
δός με μετὰ Τρώεσσιν ἀριπρεπέ' ἔμμεναι ἄνδρα,
ποίει δ' εἰσοπίσω θαλερὸν γόνον, αὐτὰρ ἔμ' αὐτὸν
δηρὸν ἐῢ ζώειν καὶ ὁρᾶν φάος ἠελίοιο   105
ὄλβιον ἐν λαοῖς καὶ γήραος οὐδὸν ἱκέσθαι.
Τὸν δ' ἠμείβετ' ἔπειτα Διὸς θυγάτηρ Ἀφροδίτη·
Ἀγχίση, κύδιστε χαμαιγενέων ἀνθρώπων,
οὔ τίς τοι θεός εἰμι· τί μ' ἀθανάτῃσιν ἐΐσκεις;
Ἀλλὰ καταθνητή γε, γυνὴ δέ με γείνατο μήτηρ.   110
Ὀτρεὺς δ' ἐστὶ πατὴρ ὄνομα κλυτός, εἴ που ἀκούεις,
ὃς πάσης Φρυγίης εὐτειχήτοιο ἀνάσσει.
Γλῶσσαν δ' ὑμετέρην καὶ ἡμετέρην σάφα οἶδα·
Τρῳὰς γὰρ μεγάρῳ με τροφὸς τρέφεν, ἡ δὲ διαπρὸ
σμικρὴν παῖδ' ἀτίταλλε φίλης παρὰ μητρὸς ἑλοῦσα·   115
ὣς δή τοι γλῶσσάν γε καὶ ὑμετέρην εὖ οἶδα.
Νῦν δέ μ' ἀνήρπαξε χρυσόρραπις Ἀργειφόντης
ἐκ χοροῦ Ἀρτέμιδος χρυσηλακάτου κελαδεινῆς.
Πολλαὶ δὲ νύμφαι καὶ παρθένοι ἀλφεσίβοιαι
παίζομεν, ἀμφὶ δ' ὅμιλος ἀπείριτος ἐστεφάνωτο·   120
ἔνθεν μ' ἥρπαξε χρυσόρραπις Ἀργειφόντης,
πολλὰ δ' ἔπ' ἤγαγεν ἔργα καταθνητῶν ἀνθρώπων,
πολλὴν δ' ἄκληρόν τε καὶ ἄκτιτον, ἣν διὰ θῆρες
ὠμοφάγοι φοιτῶσι κατὰ σκιόεντας ἐναύλους,
οὐδὲ ποσὶ ψαύσειν ἐδόκουν φυσιζόου αἴης·   125

5. A AFRODITE

Então, ele disse que junto do leito de Anquises eu seria chamada
de legítima esposa e que eu lhe daria filhos esplêndidos.
Depois de me haver manifestado o seu pensar,
Argeifonte*, o forte, imediatamente voltou para junto da raça
                                 [dos imortais;
e eu vim até tu, pois tornou-se uma necessidade urgente para mim.   130
Mas eu te suplico, por Zeus e teus nobres pais,
pois pais humildes não podem ter um tal filho,
conduza-me como virgem e inexperiente no jogo amoroso
e apresenta-me a teu pai e à tua virtuosa mãe,
como também a teus irmãos, nascidos do mesmo sangue que tu;   135
eu não serei para eles uma mulher indigna, mas igual a eles.
Envia rapidamente um mensageiro para a Frígia* de rápidos cavalos
para informar meu pai e minha mãe, que se inquieta muito.
Eles te enviarão abundantes vestimentas, tecidos e ouro;
aceita este esplendido dote.   140
Feito isso, oferece um banquete de casamento agradável,
caro aos homens e aos deuses imortais.
Assim dizendo, a deusa põe em seu coração o doce desejo,
o amor se apodera de Anquises, que lhe dirige essas palavras,
                                 [assim se expressando:
– Se tu és uma mortal, se a mãe que te gerou é uma mulher,   145
se teu ilustre pai tem por nome Otreu, como afirmas,
e aqui vens de longe por vontade de Hermes, o mensageiro imortal,
tu serás chamada de minha esposa para sempre;
dessa forma, nenhum deus ou homem mortal
me impedirá de unir-me contigo numa relação amorosa aqui mesmo,   150
nesse momento, imediatamente, e mesmo se Apolo,
                                 [o arqueiro de arco de prata,
lançasse a flecha dolorosa
eu consentiria, ó mulher semelhante às deusas,

5. ΕΙΣ ΑΦΡΟΔΙΤΗΝ

Ἀγχίσεω δέ με φάσκε παραὶ λέχεσιν καλέεσθαι
κουριδίην ἄλοχον, σοὶ δ' ἀγλαὰ τέκνα τεκεῖσθαι.
αὐτὰρ ἐπεὶ δὴ δεῖξε καὶ ἔφρασεν ἦ τοι ὅ γ' αὖτις
ἀθανάτων μετὰ φῦλ' ἀπέβη κρατὺς Ἀργειφόντης·
αὐτὰρ ἐγώ σ' ἱκόμην, κρατερὴ δέ μοι ἔπλετ' ἀνάγκη.   130
ἀλλά σε πρὸς Ζηνὸς γουνάζομαι ἠδὲ τοκήων
ἐσθλῶν – οὐ μὲν γάρ κε κακοὶ τοιόνδε τέκοιεν –,
ἀδμήτην μ' ἀγαγὼν καὶ ἀπειρήτην φιλότητος
πατρί τε σῷ δεῖξον καὶ μητέρι κεδνὰ ἰδυίῃ
σοῖς τε κασιγνήτοις οἵ τοι ὁμόθεν γεγάασιν·   135
οὔ σφιν ἀεικελίη νυὸς ἔσσομαι, ἀλλ' εἰκυῖα.
πέμψαι δ' ἄγγελον ὦκα μετὰ Φρύγας αἰολοπώλους
εἰπεῖν πατρί τ' ἐμῷ καὶ μητέρι κηδομένῃ περ·
οἱ δέ κέ ‹τοι› χρυσόν τε ἅλις ἐσθῆτά θ' ὑφαντὴν
πέμψουσιν, σὺ δὲ πολλὰ καὶ ἀγλαὰ δέχθαι ἄποινα.   140
ταῦτα δὲ ποιήσας δαίνυ γάμον ἱμερόεντα
τίμιον ἀνθρώποισι καὶ ἀθανάτοισι θεοῖσιν.
Ὣς εἰποῦσα θεὰ γλυκὺν ἵμερον ἔμβαλε θυμῷ.
Ἀγχίσην δ' ἔρος εἷλεν, ἔπος τ' ἔφατ' ἔκ τ' ὀνόμαζεν·
Εἰ μὲν θνητή τ' ἐσσί, γυνὴ δέ σε γείνατο μήτηρ,   145
Ὀτρεὺς δ' ἐστὶ πατὴρ ὄνομα κλυτός, ὡς ἀγορεύεις,
ἀθανάτου δὲ ἕκητι διακτόρου ἐνθάδ' ἱκάνεις
Ἑρμέω, ἐμὴ δ' ἄλοχος κεκλήσεαι ἤματα πάντα·
οὔ τις ἔπειτα θεῶν οὔτε θνητῶν ἀνθρώπων
ἐνθάδε με σχήσει πρὶν σῇ φιλότητι μιγῆναι   150
αὐτίκα νῦν· οὐδ' εἴ κεν ἑκηβόλος αὐτὸς Ἀπόλλων
τόξου ἀπ' ἀργυρέου προϊῇ βέλεα στονόεντα.
βουλοίμην κεν ἔπειτα, γύναι εἰκυῖα θεῇσι,

5. A AFRODITE

após ter subido em teu leito, penetrar nas entranhas da morada
                                                                [de Hades*.
Assim falando tomou-lhe as mãos, a sorridente Afrodite   155
voltou-se lentamente, baixou seu belo olhar lançando-o
para o leito bem guarnecido, que ali havia para o príncipe,
mantas macias estendidas, sobre elas
as peles de ursos e de leões de forte rugido,
que ele mesmo havia matado nas altas montanhas.   160
Quando eles iam subir para o leito bem construído,
ele é envolvido pela harmonia, beleza e brilho de seu corpo,
seus broches, espirais recurvadas, flores e colares.
Anquises desnuda-lhe a cintura, tira-lhe as vestes brilhantes
e coloca-as sobre o trono tauxiado com prata.[7]   165
Portanto, segundo a vontade e o desígnio divinos,
um mortal seduziu uma deusa imortal, sem o saber claramente.
Na hora em que os pastores deixam os campos floridos,
fazendo voltar o gado e os rebanhos dos fortes carneiros para o curral,
então, depois de espargir um sono doce e profundo sobre Anquises,   170
ela envolve seu corpo com as belas vestes.
Depois de envolver bem todo o seu corpo, a divina deusa
põe-se de pé na cabana e sua cabeça toca a viga que sustenta o teto bem
                                                            [construído;
sobre suas faces brilha uma beleza imortal,
ela está como Citereia* coroada.[8]   175

---

7. O desnudamento de Afrodite nos vv.164-5 tem paralelo em alguns mitos de deusas orientais da fertilidade, notadamente Innana. As joias e vestes luxuosas usadas por deusas da fertilidade (como Innana e Afrodite) diante dos mortais são uma figurativização de seus poderes fecundantes/fertilizantes. Em um hino mesopotâmico, Inanna deve desnudar-se progressivamente enquanto se dirige ao mundo subterrâneo (Wolkstein e Kramer, 1983, p.52-3 e p.57-60); dessa forma, ela renuncia aos seus poderes de fertilidade ao entrar no estéril reino dos mortos. No caso de Afrodite, desnudar-se é apenas um reforço de sua união com Anquises, marcada na ação que abre o verso 164. Para os gregos, do Período Arcaico em diante, as expressões *desnudar a cintura, desprender o cinto* ou *desprender a cintura* designavam o casamento ou o ato sexual, sobretudo no caso da primeira noite de uma jovem. Ver, além da passagem *supra*, *Od.* 11.235-45, Plut. *Lyc.* 15.5-9 e uma extensiva análise dessas expressões no cap.1 da tese de doutorado da autora deste capítulo (Marquetti, 2001).
8. Cf. *h.Cer.* 188-90.

5. ΕΙΣ ΑΦΡΟΔΙΤΗΝ

σῆς εὐνῆς ἐπιβὰς δῦναι δόμον Ἄϊδος εἴσω.
Ὣς εἰπὼν λάβε χεῖρα· φιλομμειδὴς δ' Ἀφροδίτη 155
ἕρπε μεταστρεφθεῖσα κατ' ὄμματα καλὰ βαλοῦσα
ἐς λέχος εὔστρωτον, ὅθι περ πάρος ἔσκεν ἄνακτι
χλαίνῃσιν μαλακῇς ἐστρωμένον· αὐτὰρ ὕπερθεν
ἄρκτων δέρματ' ἔκειτο βαρυφθόγγων τε λεόντων,
τοὺς αὐτὸς κατέπεφνεν ἐν οὔρεσιν ὑψηλοῖσιν. 160
οἱ δ' ἐπεὶ οὖν λεχέων εὐποιήτων ἐπέβησαν,
κόσμον μέν οἱ πρῶτον ἀπὸ χροὸς εἷλε φαεινόν,
πόρπας τε γναμπτάς θ' ἕλικας κάλυκάς τε καὶ ὅρμους.
λῦσε δέ οἱ ζώνην ἰδὲ εἵματα σιγαλόεντα
ἔκδυε καὶ κατέθηκεν ἐπὶ θρόνου ἀργυροήλου 165
Ἀγχίσης· ὁ δ' ἔπειτα θεῶν ἰότητι καὶ αἴσῃ
ἀθανάτῃ παρέλεκτο θεᾷ βροτός, οὐ σάφα εἰδώς.
Ἦμος δ' ἂψ εἰς αὖλιν ἀποκλίνουσι νομῆες
βοῦς τε καὶ ἴφια μῆλα νομῶν ἐξ ἀνθεμοέντων,
τῆμος ἄρ' Ἀγχίσῃ μὲν ἐπὶ γλυκὺν ὕπνον ἔχευε 170
νήδυμον, αὐτὴ δὲ χροῒ ἕννυτο εἵματα καλά.
ἑσσαμένη δ' εὖ πάντα περὶ χροῒ δῖα θεάων
ἔστη ἄρα κλισίῃ, εὐποιήτοιο μελάθρου
κῦρε κάρη, κάλλος δὲ παρειάων ἀπέλαμπεν
ἄμβροτον, οἷόν τ' ἐστὶν ἐϋστεφάνου Κυθερείης. 175

5. A AFRODITE

Ela o animou do sono e o chama, dizendo estas palavras:
– Acorda, dardanida,[9] por que tu dormes ainda um sono profundo?
Explica-me se eu pareço estar tal qual
teus olhos me perceberam na primeira vez?
Assim disse e ele muito rapidamente deixa o sono para obedecê-la. 180
No momento que ele vê o pescoço e os belos olhos de Afrodite,
é tomado pelo medo e volta seus olhos para outro lado.
Novamente, sob o manto ele oculta sua bela face
E, suplicando, dirige-lhe estas palavras aladas:
– No mesmo momento em que meus olhos te viram, deusa, 185
eu te reconheci como divindade que eras, mas tu não me falastes com
[sinceridade.
Eu te suplico, por Zeus que porta a égide*,
não me deixes viver impotente entre os homens,
mas tem piedade; pois não chega ao florescimento da vida o homem
que se deita com as deusas imortais.[10] 190
Em seguida, Afrodite, filha de Zeus, lhe responde:
– Anquises, o mais nobre dos homens mortais, coragem!
E que teu espírito não se inquiete terrivelmente;
não tenhas, pois, receio de sofrer algum mal de mim,
nem dos demais Bem-Aventurados, pois és amado pelos deuses. 195
Tu terás um filho amado, que reinará sobre Troia*,[11]
e continuamente filhos nascerão de seus filhos.
Eneias será seu nome, porque uma terrível aflição[12] me invade,
por ter caído no leito de um homem mortal.

---

9. Dárdano, um dos filhos de Zeus, era o mais remoto ancestral dos reis de Troia*.
10. Problemas que acometem o mortal que ousa unir-se a uma deusa formam, possivelmente, tema de origem asiática; ver, por exemplo, o relato de Gilgamesh sobre os amores de Ishtar no *Épico de Gilgamesh*. Nos textos gregos, esse conceito só aparece neste hino e na *Odisseia* (10.298-301); Hesíodo, por sua vez, não relata qualquer óbice aos mortais que se uniram a deusas (*Th.* v.965-1020).
11. Cf. *Il.* 20.307-8. Ver, também, a *Eneida* de Virgílio.
12. Evelyn-White (p.419, n.1) e Humbert (p.158, n.2) observaram que o nome *Eneias* foi relacionado, por Afrodite, com o adjetivo αἰνός, "terrível", "espantoso".

5. ΕΙΣ ΑΦΡΟΔΙΤΗΝ

ἐξ ὕπνου τ' ἀνέγειρεν, ἔπος τ' ἔφατ' ἔκ τ' ὀνόμαζεν·
Ὄρσεο Δαρδανίδη· τί νυ νήγρετον ὕπνον ἰαύεις;
καὶ φράσαι εἴ τοι ὁμοίη ἐγὼν ἰνδάλλομαι εἶναι
οἵην δή με τὸ πρῶτον ἐν ὀφθαλμοῖσι νόησας;
Ὣς φάθ'· ὁ δ' ἐξ ὕπνοιο μάλ' ἐμμαπέως ὑπάκουσεν.   180
ὡς δὲ ἴδεν δειρήν τε καὶ ὄμματα κάλ' Ἀφροδίτης
τάρβησέν τε καὶ ὄσσε παρακλιδὸν ἔτραπεν ἄλλῃ.
ἂψ δ' αὖτις χλαίνῃ τε καλύψατο καλὰ πρόσωπα,
καί μιν λισσόμενος ἔπεα πτερόεντα προσηύδα·
Αὐτίκα σ' ὡς τὰ πρῶτα θεὰ ἴδον ὀφθαλμοῖσιν   185
ἔγνων ὡς θεὸς ἦσθα· σὺ δ' οὐ νημερτὲς ἔειπες.
ἀλλά σε πρὸς Ζηνὸς γουνάζομαι αἰγιόχοιο
μή με ζῶντ' ἀμενηνὸν ἐν ἀνθρώποισιν ἐάσῃς
ναίειν, ἀλλ' ἐλέαιρ'· ἐπεὶ οὐ βιοθάλμιος ἀνὴρ
γίγνεται ὅς τε θεαῖς εὐνάζεται ἀθανάτῃσι.   190
Τὸν δ' ἠμείβετ' ἔπειτα Διὸς θυγάτηρ Ἀφροδίτη·
Ἀγχίση, κύδιστε καταθνητῶν ἀνθρώπων,
θάρσει, μηδέ τι σῇσι μετὰ φρεσὶ δείδιθι λίην·
οὐ γάρ τοί τι δέος παθέειν κακὸν ἐξ ἐμέθεν γε
οὐδ' ἄλλων μακάρων, ἐπεὶ ἦ φίλος ἐσσὶ θεοῖσι.   195
σοὶ δ' ἔσται φίλος υἱὸς ὃς ἐν Τρώεσσιν ἀνάξει
καὶ παῖδες παίδεσσι διαμπερὲς ἐκγεγάονται·
τῷ δὲ καὶ Αἰνείας ὄνομ' ἔσσεται οὕνεκά μ' αἰνὸν
ἔσχεν ἄχος ἕνεκα βροτοῦ ἀνέρος ἔμπεσον εὐνῇ·

5. A AFRODITE

Dentre os homens mortais, os que mais se assemelham aos deuses, 200
em aparência, natureza e belo talhe, vêm da vossa raça.
O loiro Ganimedes*, que por sua beleza o prudente Zeus raptou,
para que, vivendo entre os imortais,
ele servisse o vinho aos deuses na casa de Zeus,
vê-lo causa admiração e todos os imortais honram aquele 205
que verte o néctar* vermelho em uma cratera de ouro.
Caiu sobre o coração de Trós uma dor insuportável por não saber
para onde a divina tempestade teria levado seu amado filho,
ele então lamenta-se continuamente todo o dia.
Zeus, apiedando-se dele, envia-lhe como resgate por seu filho 210
cavalos fogosos, aqueles que portam os imortais.
Deu-lhos de presente para portar consigo.[13] Por
ordem de Zeus, Argeifonte*, o mensageiro, lhe diz:
assim como os imortais, teu filho será sempre jovem, igual aos deuses.
Depois que ouviu as mensagens de Zeus, 215
Trós então não mais se lamentou, alegrou-se em seu espírito
e, pleno de alegria, se fez levar por seus cavalos de pés rápidos
　　　　　　　　　　　　　　　　　　[como a tempestade.
Ainda da tua raça, Titono, semelhante aos imortais,
foi apanhado por Eos* de trono de ouro.
Ela subiu para ir pedir ao filho de Crono*, senhor das nuvens sombrias, 220
que Titono fosse imortal e vivesse para sempre;
Zeus, fazendo um sinal de aprovação, realizou seu desejo.
Irrefletidamente não veio ao espírito de Eos* augusta
pedir a juventude e afastar a velhice funesta.
Enquanto ele conservar a alegre juventude, 225

---

13. Cf. *Il.* 5.265-72.

5. ΕΙΣ ΑΦΡΟΔΙΤΗΝ

ἀγχίθεοι δὲ μάλιστα καταθνητῶν ἀνθρώπων 200
αἰεὶ ἀφ' ὑμετέρης γενεῆς εἶδός τε φυήν τε.
ἤ τοι μὲν ξανθὸν Γανυμήδεα μητίετα Ζεὺς
ἥρπασεν ὃν διὰ κάλλος ἵν' ἀθανάτοισι μετείη
καί τε Διὸς κατὰ δῶμα θεοῖς ἐπιοινοχοεύοι,
θαῦμα ἰδεῖν, πάντεσσι τετιμένος ἀθανάτοισι, 205
χρυσέου ἐκ κρητῆρος ἀφύσσων νέκταρ ἐρυθρόν.
Τρῶα δὲ πένθος ἄλαστον ἔχε φρένας, οὐδέ τι ᾔδει
ὅππη οἱ φίλον υἱὸν ἀνήρπασε θέσπις ἄελλα·
τὸν δὴ ἔπειτα γόασκε διαμπερὲς ἤματα πάντα.
καί μιν Ζεὺς ἐλέησε, δίδου δέ οἱ υἷος ἄποινα 210
ἵππους ἀρσίποδας, τοί τ' ἀθανάτους φορέουσι.
τούς οἱ δῶρον ἔδωκεν ἔχειν· εἶπεν δὲ ἕκαστα
Ζηνὸς ἐφημοσύνῃσι διάκτορος Ἀργειφόντης,
ὡς ἔοι ἀθάνατος καὶ ἀγήρως ἶσα θεοῖσιν.
αὐτὰρ ἐπεὶ δὴ Ζηνὸς ὅ γ' ἔκλυεν ἀγγελιάων 215
οὐκέτ' ἔπειτα γόασκε, γεγήθει δὲ φρένας ἔνδον,
γηθόσυνος δ' ἵπποισιν ἀελλοπόδεσσιν ὀχεῖτο.
ὣς δ' αὖ Τιθωνὸν χρυσόθρονος ἥρπασεν Ἠὼς
ὑμετέρης γενεῆς ἐπιείκελον ἀθανάτοισι.
βῆ δ' ἴμεν αἰτήσουσα κελαινεφέα Κρονίωνα 220
ἀθάνατόν τ' εἶναι καὶ ζώειν ἤματα πάντα·
τῇ δὲ Ζεὺς ἐπένευσε καὶ ἐκρήηνεν ἐέλδωρ.
νηπίη, οὐδ' ἐνόησε μετὰ φρεσὶ πότνια Ἠὼς
ἥβην αἰτῆσαι, ξῦσαί τ' ἄπο γῆρας ὀλοιόν.
τὸν δ' ἦ τοι εἵως μὲν ἔχεν πολυήρατος ἥβη, 225

5. A AFRODITE

alegra-se com Eos* do trono de ouro, a filha da manhã,
que mora junto ao curso do Oceano*, no fim da terra;
mas, quando os primeiros cabelos brancos se espalharam sobre sua
bela cabeça e em sua nobre barba,
a augusta Eos* afastou-se de seu leito, 230
o mantinha com trigo e ambrosia*
em um de seus palácios, e lhe dava belos mantos.
Mas quando a odiosa velhice se lhe abateu completamente
e ele não tinha mais forças para mover-se, nem podia erguer
[seus membros,
eis a decisão que se mostrou melhor ao seu espírito: 235
ela o colocou em um quarto e lhe impôs as portas brilhantes.
Assim, ele emite continuamente um fluxo de som,
[não tem mais vigor algum
que reste em seus membros flexíveis tal qual antes.[14]
Eu certamente não te encontrarei entre os imortais tal como ele,
pois ser imortal é viver todos os dias. 240
Mas se vivesses, belo e elegante, tal qual és,
serias chamado de meu esposo
e nunca a aflição envolveria meu forte coração;
mas, sem dúvida, a velhice cruel vai te envolver,
pois ela se aproxima dos homens, 245
funesta, fatigante, e mesmo os deuses a detestam.
Depois, para mim haveria sempre, entre os deuses imortais
[e de parte a parte,
um grande ultraje por tua causa;
os que antes por meio da minha doce conversa e astúcia
com as quais, todos imortais a mulheres mortais, uni, 250

---

14. As cigarras ficam barulhentas ao nascer do dia; consta que Titono transformou-se em uma delas.

5. ΕΙΣ ΑΦΡΟΔΙΤΗΝ

Ἠοῖ τερπόμενος χρυσοθρόνῳ ἠριγενείῃ
ναῖε παρ' Ὠκεανοῖο ῥοῇς ἐπὶ πείρασι γαίης·
αὐτὰρ ἐπεὶ πρῶται πολιαὶ κατέχυντο ἔθειραι
καλῆς ἐκ κεφαλῆς εὐηγενέος τε γενείου,
τοῦ δ' ἦ τοι εὐνῆς μὲν ἀπείχετο πότνια Ἠώς,   230
αὐτὸν δ' αὖτ' ἀτίταλλεν ἐνὶ μεγάροισιν ἔχουσα
σίτῳ τ' ἀμβροσίῃ τε καὶ εἵματα καλὰ διδοῦσα.
ἀλλ' ὅτε δὴ πάμπαν στυγερὸν κατὰ γῆρας ἔπειγεν
οὐδέ τι κινῆσαι μελέων δύνατ' οὐδ' ἀναεῖραι,
ἥδε δέ οἱ κατὰ θυμὸν ἀρίστη φαίνετο βουλή·   235
ἐν θαλάμῳ κατέθηκε, θύρας δ' ἐπέθηκε φαεινάς.
τοῦ δ' ἦ τοι φωνὴ ῥεῖ ἄσπετος, οὐδέ τι κῖκυς
ἔσθ' οἵη πάρος ἔσκεν ἐνὶ γναμπτοῖσι μέλεσσιν.
οὐκ ἂν ἐγώ γε σὲ τοῖον ἐν ἀθανάτοισιν ἑλοίμην
ἀθάνατόν τ' εἶναι καὶ ζώειν ἤματα πάντα.   240
ἀλλ' εἰ μὲν τοιοῦτος ἐὼν εἶδός τε δέμας τε
ζώοις, ἡμέτερός τε πόσις κεκλημένος εἴης,
οὐκ ἂν ἔπειτά μ' ἄχος πυκινὰς φρένας ἀμφικαλύπτοι.
νῦν δέ σε μὲν τάχα γῆρας ὁμοίιον ἀμφικαλύψει
νηλειές, τό τ' ἔπειτα παρίσταται ἀνθρώποισιν,   245
οὐλόμενον καματηρόν, ὅ τε στυγέουσι θεοί περ,
αὐτὰρ ἐμοὶ μέγ' ὄνειδος ἐν ἀθανάτοισι θεοῖσιν
ἔσσεται ἤματα πάντα διαμπερὲς εἵνεκα σεῖο,
οἳ πρὶν ἐμοὺς ὀάρους καὶ μήτιας, αἷς ποτε πάντας
ἀθανάτους συνέμιξα καταθνητῇσι γυναιξί,   250

5. A AFRODITE

temo. Todos os meus projetos foram vencidos.
Agora minha boca não mais proferirá esse nome
entre os imortais, visto que cometi uma enorme falta,
terrível de suportar, que não se pode nomear; errei longe da razão,
trago um filho em meu ventre após ter-me deitado com um mortal.   255
Assim que ele vier à luz do sol,
será nutrido pelas ninfas* de seios fartos que residem nos montes,
elas que habitam esta grande e divina montanha;
não acompanham nem mortais nem imortais,
vivem por muito tempo, pois comem o alimento imortal   260
e com os imortais dançam belos coros;
é a elas que os Silenos*[15] e o vigilante Argeifonte*
se unem amorosamente no fundo das grutas encantadoras.
Junto com elas, os belos pinheiros e carvalhos de elevadas copas
nascem e crescem sobre a terra fértil,   265
bela e luxuriante nas montanhas elevadas;
eles se elevam imensos e são chamados de bosques sagrados
[dos imortais;
nenhum mortal os abate com o ferro;
mas quando se aproxima o destino funesto da morte,
secam primeiro as belas árvores da terra;   270
a casca se consome, tombam seus ramos
e ao mesmo tempo a alma da ninfa* deixa a luz do sol.
São elas que irão habitar junto de meu filho e o educarão;
depois que ele conquistar primeiramente a muito amada juventude,
as deusas o conduzirão até aqui e mostrarão a ti a criança.   275

---
15. Essa é a mais antiga referência aos silenos*.

5. ΕΙΣ ΑΦΡΟΔΙΤΗΝ

τάρβεσκον· πάντας γὰρ ἐμὸν δάμνασκε νόημα.
νῦν δὲ δὴ οὐκέτι μοι στόμα χείσεται ἐξονομῆναι
τοῦτο μετ' ἀθανάτοισιν, ἐπεὶ μάλα πολλὸν ἀάσθην
σχέτλιον οὐκ ὀνοταστόν, ἀπεπλάγχθην δὲ νόοιο,
παῖδα δ' ὑπὸ ζώνῃ ἐθέμην βροτῷ εὐνηθεῖσα· 255
τὸν μὲν ἐπὴν δὴ πρῶτον ἴδῃ φάος ἠελίοιο,
νύμφαι μιν θρέψουσιν ὀρεσκῷοι βαθύκολποι,
αἳ τόδε ναιετάουσιν ὄρος μέγα τε ζάθεόν τε·
αἵ ῥ' οὔτε θνητοῖς οὔτ' ἀθανάτοισιν ἕπονται,
δηρὸν μὲν ζώουσι καὶ ἄμβροτον εἶδαρ ἔδουσι, 260
καί τε μετ' ἀθανάτοισι καλὸν χορὸν ἐρρώσαντο.
τῇσι δὲ Σειληνοί τε καὶ εὔσκοπος Ἀργειφόντης
μίσγοντ' ἐν φιλότητι μυχῷ σπείων ἐροέντων.
Τῇσι δ' ἅμ' ἢ ἐλάται ἠὲ δρύες ὑψικάρηνοι
γεινομένῃσιν ἔφυσαν ἐπὶ χθονὶ βωτιανείρῃ 265
καλαὶ τηλεθάουσαι ἐν οὔρεσιν ὑψηλοῖσιν·
ἑστᾶσ' ἠλίβατοι, τεμένη δέ ἑ κικλήσκουσιν
ἀθανάτων· τὰς δ' οὔ τι βροτοὶ κείρουσι σιδήρῳ.
ἀλλ' ὅτε κεν δὴ μοῖρα παρεστήκῃ θανάτοιο
ἀζάνεται μὲν πρῶτον ἐπὶ χθονὶ δένδρεα καλά, 270
φλοιὸς δ' ἀμφιπεριφθινύθει, πίπτουσι δ' ἀπ' ὄζοι,
τῶν δέ χ' ὁμοῦ ψυχὴ λείποι φάος ἠελίοιο.
αἱ μὲν ἐμὸν θρέψουσι παρὰ σφίσιν υἱὸν ἔχουσαι·
τὸν μὲν ἐπὴν δὴ πρῶτον ἕλῃ πολυήρατος ἥβη
ἄξουσίν σοι δεῦρο θεαί, δείξουσί τε παῖδα·[16] 275

---

16. Alguns editores do século XIX retiraram do texto os vv.274-5; aqui foi decidido mantê-los, de acordo com a lição de Allen-Sikes, ad loc.: "não há absolutamente nenhum argumento válido para negar-lhes um lugar no documento original".

5. A AFRODITE

A fim de tudo isso percorrer teu espírito,
eu, no quarto ano[17] depois desta data, avançarei conduzindo teu filho.
Depois que primeiro tu vires com teus olhos a criança,
tu te alegrarás ao vê-lo, pois será muito semelhante aos deuses;[18]
tu o levarás imediatamente para Ílion*, batida pelos ventos.   280
Se qualquer homem mortal lhe perguntar
quem é a mãe que levava seu amado filho no ventre,
lembra-te de lhe explicar assim como eu te ordeno:
– Dizem que ele é filho de uma ninfa* fresca como um botão de rosa,
daquelas que habitam estas montanhas revestidas de bosques.   285
Se disseres, vangloriando-te irrefletidamente em teu espírito,
que tu te uniste em relações amorosas com Citereia* de bela coroa,
Zeus, em sua cólera, lançará sobre ti o raio flamejante.[19]
Está tudo dito, sê prudente em teu espírito e preserva-te,
sem nomear-me. Teme a cólera divina.   290
Assim falando, ela se lançou no céu batido pelos ventos.
Salve, deusa, que reina sobre Chipre* bem construída;
tendo começado por ti, passarei para um outro hino.

---

17. O termo usado no texto grego é πέμπτον, "cinco anos", mas como os gregos contam a partir de um e não de zero, seria, para nós, o quarto ano de vida da criança.
18. Trata-se, aparentemente, de um costume asiático. Heródoto (1.136) relata que os meninos persas eram criados pelas mulheres da casa e só eram apresentados ao pai quando completavam cinco anos.
19. Isso realmente acabou ocorrendo: ver Soph. Fr. 373 Radt (*Laocoonte*, tragédia perdida de Sófocles).

5. ΕΙΣ ΑΦΡΟΔΙΤΗΝ

σοὶ δ' ἐγώ, ὄφρα ‹κε› ταῦτα μετὰ φρεσὶ πάντα διέλθω,
ἐς πέμπτον ἔτος αὖτις ἐλεύσομαι υἱὸν ἄγουσα.
Τὸν μὲν ἐπὴν δὴ πρῶτον ἴδῃς θάλος ὀφθαλμοῖσι,
γηθήσεις ὁρόων· μάλα γὰρ θεοείκελος ἔσται·
ἄξεις δ' αὐτίκα νιν ποτὶ Ἴλιον ἠνεμόεσσαν.   280
Ἢν δέ τις εἴρηταί σε καταθνητῶν ἀνθρώπων
ἥ τις σοὶ φίλον υἱὸν ὑπὸ ζώνῃ θέτο μήτηρ,
τῷ δὲ σὺ μυθεῖσθαι μεμνημένος ὥς σε κελεύω·
φασίν τοι νύμφης καλυκώπιδος ἔκγονον εἶναι
αἳ τόδε ναιετάουσιν ὄρος καταειμένον ὕλῃ.   285
Εἰ δέ κεν ἐξείπῃς καὶ ἐπεύξεαι ἄφρονι θυμῷ
ἐν φιλότητι μιγῆναι ἐϋστεφάνῳ Κυθερείῃ,
Ζεύς σε χολωσάμενος βαλέει ψολόεντι κεραυνῷ.
Εἴρηταί τοι πάντα· σὺ δὲ φρεσὶ σῇσι νοήσας
ἴσχεο μηδ' ὀνόμαινε, θεῶν δ' ἐποπίζεο μῆνιν.   290
Ὣς εἰποῦσ' ἤϊξε πρὸς οὐρανὸν ἠνεμόεντα.
Χαῖρε θεὰ Κύπροιο ἐϋκτιμένης μεδέουσα·
σεῦ δ' ἐγὼ ἀρξάμενος μεταβήσομαι ἄλλον ἐς ὕμνον.

h.Hom. 6: A Afrodite

trad. Flávia R. Marquetti

Cantarei a bela Afrodite de coroa de ouro,
Deusa veneranda que se tornou Senhora de todos os adornos de Chipre*,
que fica junto ao mar, onde o forte sopro úmido de Zéfiro* a levou,
do alto da onda do mar ressonante,
entre a branda espuma. As Horas*, de diademas de ouro,   5
a acolheram com alegria e lhe deram vestes imortais,
sobre a cabeça divina elas colocaram uma bela e bem trabalhada
coroa de ouro, nos lóbulos da orelha, brincos
de flores de ouropel e de ouro precioso;
elas ornaram seu tenro colo e sua garganta argêntea   10
de colares de ouro com os quais elas mesmas,
as Horas* com diademas de ouro, ornadas iam,
para o gracioso coro dos deuses na morada de seu pai.
Após ter posto sobre seu corpo todos esses ornamentos,
elas a conduziam até os imortais.[20] Eles a saúdam com alegria   15
e jogavam seus olhos e mãos sobre ela, cada um deles desejava recebê-la
como legítima esposa e conduzi-la até sua morada,
tanto eles admiravam a forma de Citereia*, coroada de violetas.
Salve, Deusa dos olhos brilhantes e de doce sorriso. Permita-me
                                                             [arrebatar
a vitória neste concurso e dá-me compor meu canto.   20
Eu pensarei ainda em ti em outro canto.

---

20. Cf. *h.Ven.* 58-65. Note-se a semelhança entre as atividades das Horas e das Cárites no séquito de Afrodite.

6. Εἰς Ἀφροδίτην

Αἰδοίην χρυσοστέφανον καλὴν Ἀφροδίτην
ᾄσομαι, ἣ πάσης Κύπρου κρήδεμνα λέλογχεν
εἰναλίης, ὅθι μιν Ζεφύρου μένος ὑγρὸν ἀέντος
ἤνεικεν κατὰ κῦμα πολυφλοίσβοιο θαλάσσης
ἀφρῷ ἔνι μαλακῷ· τὴν δὲ χρυσάμπυκες Ὧραι   5
δέξαντ' ἀσπασίως, περὶ δ' ἄμβροτα εἵματα ἕσσαν,
κρατὶ δ' ἐπ' ἀθανάτῳ στεφάνην εὔτυκτον ἔθηκαν
καλὴν χρυσείην, ἐν δὲ τρητοῖσι λοβοῖσιν
ἄνθεμ' ὀρειχάλκου χρυσοῖό τε τιμήεντος,
δειρῇ δ' ἀμφ' ἁπαλῇ καὶ στήθεσιν ἀργυφέοισιν   10
ὅρμοισι χρυσέοισιν ἐκόσμεον οἷσί περ αὐταὶ
Ὧραι κοσμείσθην χρυσάμπυκες ὁππότ' ἴοιεν
ἐς χορὸν ἱμερόεντα θεῶν καὶ δώματα πατρός.
αὐτὰρ ἐπεὶ δὴ πάντα περὶ χροῒ κόσμον ἔθηκαν
ἦγον ἐς ἀθανάτους· οἱ δ' ἠσπάζοντο ἰδόντες   15
χερσί τ' ἐδεξιόωντο καὶ ἠρήσαντο ἕκαστος
εἶναι κουριδίην ἄλοχον καὶ οἴκαδ' ἄγεσθαι,
εἶδος θαυμάζοντες ἰοστεφάνου Κυθερείης.
Χαῖρ' ἑλικοβλέφαρε γλυκυμείλιχε, δὸς δ' ἐν ἀγῶνι
νίκην τῷδε φέρεσθαι, ἐμὴν δ' ἔντυνον ἀοιδήν.   20
αὐτὰρ ἐγὼ καὶ σεῖο καὶ ἄλλης μνήσομ' ἀοιδῆς.

h.Hom. 10: A Afrodite

trad. Flávia R. Marquetti

Cantarei Citereia* nascida em Chipre*, ela que aos mortais
oferece doces presentes. Sua face graciosa
sorri sempre e porta a flor da sedução.
Salve, Deusa, soberana de Salamina*, a bem construída,
e de Chipre* que fica junto ao mar; dá-me um canto sedutor.   5
E eu pensarei ainda em ti em outro canto.

10. Εἰς Ἀφροδίτην

Κυπρογενῆ Κυθέρειαν ἀείσομαι ἥ τε βροτοῖσι
μείλιχα δῶρα δίδωσιν, ἐφ' ἱμερτῷ δὲ προσώπῳ
αἰεὶ μειδιάει καὶ ἐφ' ἱμερτὸν θέει ἄνθος.
Χαῖρε θεὰ Σαλαμῖνος ἐϋκτιμένης μεδέουσα
εἰναλίης τε Κύπρου· δὸς δ' ἱμερόεσσαν ἀοιδήν.   5
αὐτὰρ ἐγὼ καὶ σεῖο καὶ ἄλλης μνήσομ' ἀοιῆς.

AFRODITE

Flávia R. Marquetti

Encontramos duas diferentes tradições para o nascimento de Afrodite, a deusa do amor. Em uma delas, Afrodite é filha de Zeus e de Dione*; na outra, a deusa nasceu dos órgãos sexuais de Urano*, cortados por Crono*, os quais caíram no mar e a geraram. É essa segunda versão que os *hinos homéricos* apresentam (cf. Hes. *Th.* v.176-206). Afrodite, após seu nascimento, é levada pelos Zéfiros* primeiro à ilha de Citera*, depois até a costa de Chipre*. Então a deusa é recebida pelas Horas*, vestida e enfeitada, e conduzida por elas para junto dos imortais.

Afrodite desposou Hefesto, o deus ferreiro, e teve muitos amantes, dentre eles Ares, o deus da guerra, de quem gerou Eros, Anteros, Deimo e Fobo (o Terror e o Medo) e Harmonia;[1] por vezes, Príapo, o deus protetor dos jardins, é acrescentado a seus filhos.[2] Ainda foram seus amantes os mortais Adônis, filho de Mirra, e Anquises, jovem príncipe troiano.

Soberana de Citera*, Salamina*, Pafos* e Chipre*, a deusa possuía, nesses locais, cultos que lembravam sua origem asiática, sobretudo em Pafos*, com a prostituição sagrada de suas sacerdotisas e o hermafroditismo. Geralmente associada às pombas e ao mirto, no Período Clássico, a Afrodite dos *hinos homéricos* ainda guarda alguns traços de uma face mais terrível, a de Senhora dos Animais (gr. πότνια θερῶν), forma helenizada da Grande Mãe egeu-asiática, divindade muito antiga, que retoma a deusa Terra[3] do Período Paleolítico*, anterior ao

---

1. Ver também o cap.4.
2. Filho de Afrodite e Dioniso, caracterizado por um enorme falo ereto. Sua imagem, símbolo da fertilidade, era colocada em jardins e pomares também para desviar o mau-olhado (função apotropaica). Ver Oliva Neto (2006, especialmente p.15-80).
3. "Terra" é entendida aqui como a divindade que protege e organiza o Cosmos, o planeta, como no Período Paleolítico (ver cap.11). Posteriormente, quando

sistema patriarcal, na concepção de Engels sobre a sociedade primitiva.[4]

O primeiro traço é o seu prazer junto às feras. No Monte Ida*, Afrodite se compraz com a companhia dos lobos cinzentos, dos leões, dos ursos e das rápidas panteras; todos lhe fazem festa e ela incute-lhes o desejo de se unirem nas sombras dos vales. O segundo, é o local escolhido para sua união com o amante, Anquises: a floresta, o bosque, ou seja, as terras não cultivadas. Como Senhora das Feras,[5] Afrodite conjuga não só o terror e a destruição, mas também a fecundidade e a fertilidade. A paixão pelas feras culmina na união sexual destas para celebrar sua alegria. Celebração que se estende à deusa e seu amante, não no vale umbroso, mas num leito guarnecido pelas peles de ursos e leões que o próprio Anquises abatera. O urso e o leão assumem os signos feminino e masculino, evidência da união entre a ninfa-ursa do cortejo de Ártemis/Afrodite,[6] e do leão-touro--Anquises. Em Anquises, a força, a coragem e a virilidade são figurativizadas na sua função de pastor de gado, o que o aproxima do touro, chefe da manada; na função de caçador destemido, ao abater o leão, Anquises se iguala também a este outro animal.

O leão e o touro assumem, geralmente, o papel de consortes da Deusa Mãe. No Paleolítico* e no Neolítico* ela é representada junto de um touro, ou mesmo parindo um pequeno touro (Lévêque, 1985, p.22). No período creto-micênico, a Grande Mãe é associada à árvore e sua representação como Senhora dos Animais a une ao touro selvagem. Em Creta*, o touro selvagem, antes de ser domesticado, era caçado com redes, tendo uma vaca por chamariz. Na Grécia, o leão assume o seu lugar ao lado da *Pótnia*.

---

o homem passa de caçador-coletor a cerealicultor, a deusa Terra passa a representar a terra, o solo cultivado. Nesse período, ela é associada a Deméter.
4. Ver Engels (1884).
5. Afrodite, aqui como a Grande Deusa Mãe, é a Senhora dos limites e das fronteiras, uma vez que é a responsável pelo equilíbrio do Cosmos e, mais especificamente, pelo equilíbrio existente entre o homem, o mundo civilizado e a Natureza. Ver *De Rerum Natura* (Lucr. 10-20) e Marquetti (2005).
6. I.e., Calisto*.

Fig. 2.2 *Afrodite e Anquises*. Gravura de François Boucher, c. 1730-1740.

Ambos compartilham os signos da ferocidade, da virilidade, da força e da coragem. Enquanto caça, devem ser subjugados pelo caçador. Anquises é aproximado a esses dois animais que subjugou, quer pela domesticação, quer pela caça, provando ser igual em força, virilidade e coragem. Como eles, é caçado e enredado por Afrodite, tornando-se sua presa.

O terceiro traço, ainda presente nos *hinos homéricos* e que liga Afrodite à Senhora dos Animais e à Deusa Mãe, reflete-se no uso do termo παρεία, usado para designar a face de Afrodite (*h.Ven.* v.175). Enquanto o poeta usa o termo πρόσωπα, "face", para Anquises, utiliza παρεία para Afrodite, palavra que no jogo sonoro/etimológico aproxima "face" de "serpente". É essa deusa de face de serpente[7] que se assemelha a Citereia* (gr. Κυθέρεια), um dos nomes de Afrodite, e que tem ligações com κεύθεα,[8] "esconderijo", "profundeza" (*LSJ* s.v.), usado geralmente para indicar as profundezas da terra, ou ainda a tumba e o mundo subterrâneo. Se a beleza de Afrodite antes de sua união com Anquises era um

---

7. Afrodite assume aqui a face de Medusa*, terrível, impossível de ser olhada de frente, de cabeça e olhos com brilho insuportável; é o terror cuja presença ela encarna. Mas Medusa* é, ainda, a representação crua, brutal do sexo, representação que, da mesma forma que a face monstruosa à qual, sob certos aspectos, equivale, pode provocar igualmente o pavor de uma angústia sagrada e a gargalhada libertadora (Vernant, 1988, p.38).
8. Nominativo-acusativo plural neutro de κεῦθος, εος.

convite ao prazer, a face que ela mostra depois da união é terrível e ctônica, ligada à morte e à escuridão. À semelhança da serpente, da víbora, a deusa pode devorar seu amante, transformando o gozo em morte. Seu convite ao prazer é também um convite a descer às profundezas da terra, às suas entranhas, uma vez que Afrodite é, como Citereia*, a terra negra e profunda que guarda o grão/semente em sua morte cíclica para depois o fazer renascer. Senhora da morte e da fecundidade, daí sua associação com a serpente e o sexo.

Afrodite assume, dessa forma, o seu lado negro, devorador, que exige uma compensação aos dons ofertados por ela. Essa face negra é a de Afrodite *Melaina* (gr. μέλαινα, "negra"), deusa sombria que, por seu rancor, corresponde à Hera, a Negra, à Deméter *Erínia** ou, ainda, a Nêmesis*, variações da Mãe Terrível que, em sua beleza e fecundidade, revela o mundo subterrâneo e a dicotomia primordial, vida/morte. Por revelar os mistérios do mundo ctônico, Afrodite *Melaina* é, às vezes, confundida com Perséfone* (Jung & Kerényi, 1968, p.171-2; Godel, 1960, p.11-2). A correlação entre essas deusas ainda pode ser atestada no uso comum das flores míticas, ou fúnebres, em suas coroas votivas,[9] como é o caso das flores do narciso, do croco e da papoula – flores ofertadas não só a Perséfone* e a Afrodite *Melaina*, mas também a Deméter, a Hécate*, às Moiras*, às Erínias*, a Ártemis e a outras Senhoras das sombras.

Embora o poeta não use o termo *Pótnia*, Senhora, que corresponde a "soberana", "rainha", "a que governa", ele descreve Afrodite como tal. Em *h.Ven.* 92, ela é ἄνασσα, "a senhora", "a rainha", "a soberana", enquanto em *h.Hom.* 10.5 ela é denominada μεδέουσα, "a que reina", "a soberana", "a que protege". Em todos os hinos a Afrodite, ela é correlacionada ao cargo de soberana dos homens e das feras. No *h.Hom.* 10, o emprego de μεδέουσα

---

9. Denominam-se flores míticas ou fúnebres todas aquelas nascidas do sangue vertido sobre a terra, quando da morte de um herói. São plantas associadas às deusas ctônicas, devido às qualidades narcótico-sedativas (ver Marquetti, 1995, cap.5).

torna-se ainda mais polissêmico pois, ao mesmo tempo que a designa Senhora de Salamina* e de Chipre*, a associa a Medusa*, uma das *Górgonas*, pois esta é a forma mesma do nome da deusa de olhar terrível e cabelos de serpente e, como já foi dito, Medusa* encarna o terror e a morte. Em um só termo o poeta conjuga as duas faces de Afrodite: a da mãe protetora que cuida, e a da mãe terrível que, se olhada de frente, leva à morte, a Senhora do sexo prazeroso e fertilizador e a Senhora do sexo infrutífero, da impotência, da castração.

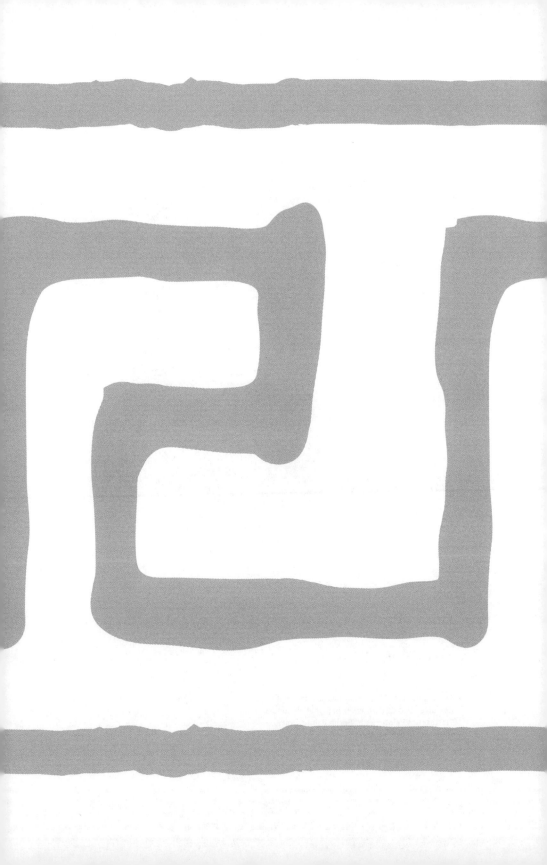

Fig. 3 *Apolo com lira*, fazendo uma libação*. Detalhe de cálice ático de figuras vermelhas atribuído ao "Pistoxenos Painter", ao "Berlin Painter" ou a Onésimo. Delfos*, c. 460 a.C.

3.
Apolo, deus da música e da profecia

Maria Lúcia G. Massi
Sílvia M. S. de Carvalho

ΕΙΣ ΑΠΟΛΛΩΝΑ
In Apollinem

h.Hom. 3, com 546 versos (= h.Ap.):
"a Apolo Délio" (v.1-181);
"a Apolo Pítico" (v.182-546);

h.Hom. 21, com 5 versos.

h.Hom. 3: A Apolo

trad. Maria Lúcia G. Massi

Que não me esqueça de ocupar-me com Apolo arqueiro,   **[A Apolo Délio]**
que faz tremer os deuses, quando vai ao paço de Zeus.
Todos se levantam dos seus assentos, quando ele,
Vindo perto, estende seu arco brilhante.
Só Leto* permanece ao lado de Zeus frui-raios;   5
ela afrouxa a corda, fecha a aljava, e, tomando
nas mãos o arco dos ombros fortes do filho,
Prega-o no prego dourado da coluna da casa
do pai. E conduzindo-o, o faz sentar-se no trono.
O pai, saudando seu filho, dá-lhe o néctar* no copo   10
dourado, em seguida, as outras divindades
ali se sentam. A soberana Leto* se alegra
porque pariu um filho forte e portador do arco.
Alegra-te, bem-aventurada Leto*, pois pariste filhos brilhantes:
o senhor Apolo e a frecheira Ártemis;   15
ela na Ortígia*, ele na rochosa Delos*,
deitada na grande montanha, na colina Cíntia*,
Muito perto da palmeira e junto às corredeiras do Inopo*.
Como te celebrarei, se és totalmente bem celebrado?[1]
Pois para ti, Febo*, já está estabelecido o uso do canto   20
nas ilhas e no continente nutridor de novilhas.
Agradáveis te são todos os mirantes, os altos promontórios
das elevadas montanhas, e os rios corrediços para o mar,
as falésias deitadas para o mar e os portos do mar.
Acaso cantar-te-ei dizendo primeiro como Leto* te pariu, para alegria   25

---

1. O poeta constrói aqui uma hesitação sobre o que pretende dizer. É a chamada *aporia*, figura retórica cuja função é destacar uma entre outras opções de matéria a ser cantada ao longo do hino. Dentre as três matérias listadas (*h.Ap.* 25-9, 208-13 e 214-5) o poeta escolhe duas, e deixa de fora a história dos amores de Febo*, como se verá.

3. Εἰς Ἀπόλλωνα

Μνήσομαι οὐδὲ λάθωμαι Ἀπόλλωνος ἑκάτοιο,
ὅν τε θεοὶ κατὰ δῶμα Διὸς τρομέουσιν ἰόντα·
καί ῥά τ' ἀναΐσσουσιν ἐπὶ σχεδὸν ἐρχομένοιο
πάντες ἀφ' ἑδράων, ὅτε φαίδιμα τόξα τιταίνει.
Λητὼ δ' οἴη μίμνε παραὶ Διὶ τερπικεραύνῳ,   5
ἥ ῥα βιόν τ' ἐχάλασσε καὶ ἐκλήϊσε φαρέτρην,
καί οἱ ἀπ' ἰφθίμων ὤμων χείρεσσιν ἑλοῦσα
τόξον ἀνεκρέμασε πρὸς κίονα πατρὸς ἑοῖο
πασσάλου ἐκ χρυσέου· τὸν δ' εἰς θρόνον εἷσεν ἄγουσα.
τῷ δ' ἄρα νέκταρ ἔδωκε[2] πατὴρ δέπαϊ χρυσείῳ   10
δεικνύμενος φίλον υἱόν, ἔπειτα δὲ δαίμονες ἄλλοι
ἔνθα καθίζουσιν· χαίρει δέ τε πότνια Λητώ,
οὕνεκα τοξοφόρον καὶ καρτερὸν υἱὸν ἔτικτεν.
χαῖρε μάκαιρ' ὦ Λητοῖ, ἐπεὶ τέκες ἀγλαὰ τέκνα
Ἀπόλλωνά τ' ἄνακτα καὶ Ἄρτεμιν ἰοχέαιραν,   15
τὴν μὲν ἐν Ὀρτυγίῃ, τὸν δὲ κραναῇ ἐνὶ Δήλῳ,
κεκλιμένη πρὸς μακρὸν ὄρος καὶ Κύνθιον ὄχθον,
ἀγχοτάτω φοίνικος ὑπ' Ἰνωποῖο ῥεέθροις.
Πῶς τάρ σ' ὑμνήσω πάντως εὔυμνον ἐόντα;
πάντῃ γάρ τοι, Φοῖβε, νομὸς βεβλήαται ᾠδῆς,   20
ἠμὲν ἀν' ἤπειρον πορτιτρόφον ἠδ' ἀνὰ νήσους.
πᾶσαι δὲ σκοπιαί τοι ἅδον καὶ πρώονες ἄκροι
ὑψηλῶν ὀρέων ποταμοί θ' ἅλα δὲ προρέοντες,
ἀκταί τ' εἰς ἅλα κεκλιμέναι λιμένες τε θαλάσσης.
ἦ ὥς σε πρῶτον Λητὼ τέκε χάρμα βροοῖσι,   25

---

2. O verbo é δείκνυμι; como o sentido primeiro desse verbo é "mostrar", Zeus exibe seu filho aos deuses.

3. A APOLO

dos mortais, ao deitar-se na montanha Cíntia* da ilha rochosa,
em Delos* banhada ao redor – onde de cada lado uma onda negra
lançava-se para a terra aos sopros harmoniosos dos ventos –
de onde, precipitando-te, reinas sobre todos os mortais?
Todos que Creta* limita em seu interior: a região de Atenas*,   30
a ilha Egina*, a Eubeia* celebrada por suas naus,
Egas, Pirésias, Peparetos rodeada pelo mar,
Atos da Trácia, os altos cumes de Pélio,
Samos da Trácia, a montanha sombria do Ida*,   34
Imbro de belas construções, a florescente Lemno,   36
a divina Lesbos, sede de Mácar, filho de Éolo,[3]   37
Esciro, a Foceia, a escarpada montanha de Autocane,   35
Quios*, a mais opulenta das ilhas situada no mar,   38
a rochosa Mima, os altos cumes do Córico,
a brilhante Claro*, o escarpado Monte Esageu,   40
a úmida Samos, os elevados cumes de Mícale,
Mileto*, Cós, cidade dos Méropes,
Cnido elevada, Cárpato ventosa,
Naxos*, Paros* e a pedregosa Reneia,[4]
em todas,[5] Leto*, parturejando o Arqueiro, suplicou   45
se alguém, dentre os da terra, queria aceitar em casa seu filho.
Elas tremiam e receavam muito, nenhuma se comprometia em
receber Febo* Apolo, por mais opulenta que fosse,
até que a soberana Leto* chegasse em Delos*,

---

3. Mítico rei da Magnésia, região da Tessália próxima do Monte Pélion; ancestral dos *eólidas*.
4. Pequena ilha das Cíclades*, situada a oeste de Delos.
5. O autor do hino apresenta, nos v.30-45, um *catálogo geográfico* em forma de círculo que lembra o *catálogo das naus* da *Ilíada* (2.484-779). Leto menciona, depois de Atenas*, várias ilhas (Creta, Egina, Eubeia, Peparetos, Samotrácia, Imbros, Lemnos, Lesbos, Skiros, Quios, Samos, Cós, Naxos, Paros, Reneia, Cárpato), montes e montanhas (Atos, Pélion, Ida, Autocane, Córico, Esageu, Mícale) e localidades costeiras (Foceia, Mima, Claro, Mileto, Cnido) situadas em volta do Mar Egeu (ver mapa, p.27). A localização de Egas ainda é discutida; Pirésia ficava, aparentemente, na costa da Magnésia; Peparetos é o antigo nome de Skópelos, uma das Espórades setentrionais, a leste da Tessália; Autocane ficava, aparentemente, próximo do extremo sul de Lesbos (Allen-Sikes, *h.Ap.* ad 35), e o Monte Esageu, perto de Claros.

3. ΕΙΣ ΑΠΟΛΛΩΝΑ

κλινθεῖσα πρὸς Κύνθου ὄρος κραναῇ ἐνὶ νήσῳ
Δήλῳ ἐν ἀμφιρύτῃ· ἑκάτερθε δὲ κῦμα κελαινὸν
ἐξῄει χέρσον δὲ λιγυπνοίοις ἀνέμοισιν·
ἔνθεν ἀπορνύμενος πᾶσι θνητοῖσιν ἀνάσσεις.
ὅσσους Κρήτη τ' ἐντὸς ἔχει καὶ δῆμος Ἀθηνῶν 30
νῆσός τ' Αἰγίνη ναυσικλειτή τ' Εὔβοια
Αἰγαί Πειρεσίαι τε καὶ ἀγχιάλη Πεπάρηθος
Θρηικιός τ' Ἄθόως καὶ Πηλίου ἄκρα κάρηνα
Θρηϊκίη τε Σάμος Ἴδης τ' ὄρεα σκιόεντα
Σκῦρος καὶ Φώκαια καὶ Αὐτοκάνης ὄρος αἰπὺ 35
Ἴμβρος τ' εὐκτιμένη καὶ Λῆμνος ἀμιχθαλόεσσα
Λέσβος τ' ἠγαθέη Μάκαρος ἕδος Αἰολίωνος
καὶ Χίος, ἣ νήσων λιπαρωτάτη εἰν ἁλὶ κεῖται,
παιπαλόεις τε Μίμας καὶ Κωρύκου ἄκρα κάρηνα
καὶ Κλάρος αἰγλήεσσα καὶ Αἰσαγέης ὄρος αἰπὺ 40
καὶ Σάμος ὑδρηλὴ Μυκάλης τ' αἰπεινὰ κάρηνα
Μίλητός τε Κόως τε, πόλις Μερόπων ἀνθρώπων,
καὶ Κνίδος αἰπεινὴ καὶ Κάρπαθος ἠνεμόεσσα
Νάξος τ' ἠδὲ Πάρος Ῥήναιά τε πετρήεσσα,
τόσσον ἐπ' ὠδίνουσα Ἑκηβόλον ἵκετο Λητώ, 45
εἴ τίς οἱ γαιέων υἱεῖ θέλοι οἰκία θέσθαι.
αἱ δὲ μάλ' ἐτρόμεον καὶ ἐδείδισαν, οὐδέ τις ἔτλη
Φοῖβον δέξασθαι καὶ πιοτέρη περ ἐοῦσα
πρίν γ' ὅτε δή ῥ' ἐπὶ Δήλου ἐβήσετο πότνια Λητώ,

3. A APOLO

e, interrogando-a, dissesse estas palavras aladas: 50
"Delos*, acaso, queres ser a sede de meu filho,
Febo* Apolo, e instituir-lhe um opulento templo?
Nenhum outro jamais te tocará nem te honrará.
Penso que jamais serás rica em bois, rica em carneiros,
jamais transportarás colheita nem farás brotar plantação. 55
Mas, se tiveres um templo do arqueiro Apolo,
todos os homens, aqui se reunindo, trarão hecatombes,
e a fumaça imensa sempre irá se levantar da gordura,
e tu alimentarás teus habitantes pela mão de outro,
já que não há fertilidade em teu solo". 60
Assim falou. Delos* alegrou-se e respondendo disse:
"Leto*, filha muito gloriosa do grande Coiós,[6]
alegre receberia a prole do senhor arqueiro,
pois na verdade sou terrivelmente odiosa
aos homens, e assim me tornaria honradíssima. 65
Mas, tremo, Leto*, este dito que não te ocultarei:
dizem que haverá um mui soberbo Apolo,
e grande autoridade exercerá entre imortais e
homens mortais sobre o campo fecundo.
Receio terrivelmente nas minhas entranhas e no meu ânimo 70
que ele, ao ver pela primeira vez a luz do sol,
desonre a ilha, pois sou de solo pedregoso,
e com seus pés revirando-me impila-me em alto-mar.
Ali, grandes ondas hão de me açoitar sempre com força,
enquanto que ele partirá para outra terra, a que lhe agradar, 75

---

6. Outra grafia: "Céu". Ver *Glossário*, entrada "Titãs".

3. ΕΙΣ ΑΠΟΛΛΩΝΑ

καί μιν ἀνειρομένη ἔπεα πτερόεντα προσηύδα· 50
Δῆλ' εἰ γάρ κ' ἐθέλοις ἕδος ἔμμεναι υἷος ἐμοῖο
Φοίβου Ἀπόλλωνος, θέσθαι τ' ἔνι πίονα νηόν·
ἄλλος δ' οὔ τις σεῖό ποθ' ἅψεται, οὐδέ σε λήσει,
οὐδ' εὔβων σέ γ' ἔσεσθαι ὀΐομαι οὔτ' εὔμηλον,
οὐδὲ τρύγην οἴσεις, οὔτ' ἄρ φυτὰ μυρία φύσεις. 55
αἰ δέ κ' Ἀπόλλωνος ἑκαέργου νηὸν ἔχησθα,
ἄνθρωποί τοι πάντες ἀγινήσουσ' ἑκατόμβας
ἐνθάδ' ἀγειρόμενοι, κνίση δέ τοι ἄσπετος αἰεὶ
δημοῦ ἀναΐξει, βοσκήσεις θ' οἵ κέ σ' ἔχωσι
χειρὸς ἀπ' ἀλλοτρίης, ἐπεὶ οὔ τοι πῖαρ ὑπ' οὖδας. 60
Ὣς φάτο· χαῖρε δὲ Δῆλος, ἀμειβομένη δὲ προσηύδα·
Λητοῖ κυδίστη θύγατερ μεγάλου Κοίοιο,
ἀσπασίη κεν ἐγώ γε γονὴν ἑκάτοιο ἄνακτος
δεξαίμην· αἰνῶς γὰρ ἐτήτυμόν εἰμι δυσηχὴς
ἀνδράσιν, ὧδε δέ κεν περιτιμήεσσα γενοίμην. 65
ἀλλὰ τόδε τρομέω Λητοῖ ἔπος, οὐδέ σε κεύσω·
λίην γάρ τινά φασιν ἀτάσθαλον Ἀπόλλωνα
ἔσσεσθαι, μέγα δὲ πρυτανευσέμεν ἀθανάτοισι
καὶ θνητοῖσι βροτοῖσιν ἐπὶ ζείδωρον ἄρουραν.
τῷ ῥ' αἰνῶς δείδοικα κατὰ φρένα καὶ κατὰ θυμὸν 70
μὴ ὁπότ' ἂν τὸ πρῶτον ἴδῃ φάος ἠελίοιο
νῆσον ἀτιμήσας, ἐπεὶ ἦ κραναήπεδός εἰμι,
ποσσὶ καταστρέψας ὤσῃ ἁλὸς ἐν πελάγεσσιν.
ἔνθ' ἐμὲ μὲν μέγα κῦμα κατὰ κρατὸς ἅλις αἰεὶ
κλύσσει, ὁ δ' ἄλλην γαῖαν ἀφίξεται ἥ κεν ἅδῃ οἱ 75

3. A APOLO

para fazer seu templo e seus bosques arborizados.
E em mim os polvos hão de fazer abrigos,
e as negras focas farão casas seguras, pela ausência de povos.
Ah! mas, se tu, deusa, te comprometesses a jurar-me a grande jura
de que primeiro aqui ele fará seu belíssimo templo,   80
para ser oráculo dos homens, e depois
para toda humanidade, pois será de muitos nomes".
Assim falou. Leto* então jurou a grande jura dos deuses:
"Atesto agora isto pela terra, pelo céu vasto do alto
e pela água derramada do Estige*; esta que é a grandíssima   85
e terribilíssima jura entre os bem-aventurados deuses:
Aqui, haverá sempre um altar perfumado e um território de Febo*,
que te honrará de modo superior a todas!".
Depois que a deusa jurou e acabou a jura,
Delos* alegrou-se muito com o nascimento do senhor arqueiro,   90
e Leto*, durante nove dias e nove noites, foi transpassada
pelas dores descompassadas do parto. As deusas estavam ali,
todas quantas eram as melhores – Dione*, Reia*,
Têmis* adorada em Icne,[7] a gemedora Anfitrite,[8]
e as outras imortais, longe de Hera de braços brancos,   95
que permanecia no paço de Zeus agrega-nuvens.
Só Ilítia*, a aliviadora do parto, não sabia.
Pois permanecia no alto Olimpo* sob nuvens douradas,
por sagacidade de Hera de braços brancos, que a retinha
por inveja, porque Leto* de belos cabelos estava prestes   100
a parir seu enérgico e irreprovável filho.

---

7. Epíteto aplicado a Têmis* ou a Nêmesis*. Icne era o nome de duas localidades, uma na Macedônia, onde havia um santuário de Apolo, e outra no sudeste da Tessália*, onde havia um santuário de Têmis*.
8. Filha de Nereu* e, portanto, uma *nereida*; esposa de Posídon.

3. ΕΙΣ ΑΠΟΛΛΩΝΑ

τεύξασθαι νηόν τε καὶ ἄλσεα δενδρήεντα·
πουλύποδες δ' ἐν ἐμοὶ θαλάμας φῶκαί τε μέλαιναι
οἰκία ποιήσονται ἀκηδέα χήτεϊ λαῶν·
ἀλλ' εἴ μοι τλαίης γε θεὰ μέγαν ὅρκον ὀμόσσαι,
ἐνθάδε μιν πρῶτον τεύξειν περικαλλέα νηὸν 80
ἔμμεναι ἀνθρώπων χρηστήριον, αὐτὰρ ἔπειτα
πάντας ἐπ' ἀνθρώπους, ἐπεὶ ἦ πολυώνυμος ἔσται.
Ὣς ἄρ' ἔφη· Λητὼ δὲ θεῶν μέγαν ὅρκον ὄμοσσεν·
ἴστω νῦν τάδε γαῖα καὶ οὐρανὸς εὐρὺς ὕπερθεν
καὶ τὸ κατειβόμενον Στυγὸς ὕδωρ, ὅς τε μέγιστος 85
ὅρκος δεινότατός τε πέλει μακάρεσσι θεοῖσιν·
ἦ μὴν Φοίβου τῇδε θυώδης ἔσσεται αἰεὶ
βωμὸς καὶ τέμενος, τίσει δέ σέ γ' ἔξοχα πάντων.
Αὐτὰρ ἐπεί ῥ' ὄμοσέν τε τελεύτησέν τε τὸν ὅρκον,
Δῆλος μὲν μάλα χαῖρε γόνῳ ἑκάτοιο ἄνακτος, 90
Λητὼ δ' ἐννῆμάρ τε καὶ ἐννέα νύκτας ἀέλπτοις
ὠδίνεσσι πέπαρτο. θεαὶ δ' ἔσαν ἔνδοθι πᾶσαι
ὅσσαι ἄρισται ἔσαν, Διώνη τε Ῥείη τε
Ἰχναίη τε Θέμις καὶ ἀγάστονος Ἀμφιτρίτη,
ἄλλαι τ' ἀθάναται, νόσφιν λευκωλένου Ἥρης· 95
ἧστο γὰρ ἐν μεγάροισι Διὸς νεφεληγερέταο.
μούνη δ' οὐκ ἐπέπυστο μογοστόκος Εἰλείθυια·
ἧστο γὰρ ἄκρῳ Ὀλύμπῳ ὑπὸ χρυσέοισι νέφεσσιν
Ἥρης φραδμοσύνης λευκωλένου, ἥ μιν ἔρυκε
ζηλοσύνῃ ὅ τ' ἄρ' υἱὸν ἀμύμονά τε κρατερόν τε 100
Λητὼ τέξεσθαι καλλιπλόκαμος τότ' ἔμελλεν.

3. A APOLO

Da ilha de belas construções, as deusas enviaram Íris*,
para que trouxesse Ilítia*, prometendo-lhe grande colar,
entrelaçado com fios dourados, de nove côvados.
Exortavam-na a chamá-la longe de Hera de braços brancos, 105
para que essa, com palavras, não a fizesse voltar, quando estivesse
                                                    [vindo.
Quando a rápida Íris* de pés de vento ouviu isso,
pôs-se a correr e, prontamente, concluiu todo percurso.
Quando chegou na sede dos deuses, no escarpado Olimpo*,
imediatamente, após fazer Ilítia* vir fora do paço, na porta, 110
disse-lhe por completo todas as palavras aladas,
como mandaram as deusas moradoras dos lares Olímpios*.
Persuadiu-lhe, no peito, o ânimo, e, foram-se com passos
iguais aos pés de tímidas pombas.
Quando Ilítia*, aliviadora do parto, chegou em Delos*, 115
a hora do parto apoderou-se de Leto*, que aspirou parir.
Lançou os dois braços em torno de uma palmeira, apoiou os joelhos
no prado macio, e a terra por baixo sorriu.
Do ventre, o filho se lançou para a luz, e todas as deusas
                                                    [gritaram de alegria.[9]
Ali, Febo* que fere longe, as deusas te banharam pura e, 120
imaculadamente, com bela água, e envolveram-te em branco manto,
delicado e novo. Em torno de ti, faixas douradas lançaram.
A mãe não amamentou Apolo de espada dourada,
mas Têmis*, com suas mãos imortais, ofereceu-lhe
o néctar* e a graciosa ambrosia*. Alegrou-se Leto*, 125
porque pariu um filho forte e portador do arco.
Depois que tu, Febo*, engoliste o alimento imortal,
já não te detinham as faixas douradas, pois te debatias,
nem mesmo os laços te retinham, e soltavam as extremidades todas.

---

9. Agudo grito ritual de alegria, tradicionalmente emitido pelas mulheres presentes durante um nascimento.

3. ΕΙΣ ΑΠΟΛΛΩΝΑ

Αἱ δ' Ἶριν προὔπεμψαν ἐϋκτιμένης ἀπὸ νήσου
ἀξέμεν Εἰλείθυιαν, ὑποσχόμεναι μέγαν ὅρμον
χρυσείοισι λίνοισιν ἐερμένον ἐννεάπηχυν·
νόσφιν δ' ἤνωγον καλέειν λευκωλένου Ἥρης   105
μή μιν ἔπειτ' ἐπέεσσιν ἀποστρέψειεν ἰοῦσαν.
αὐτὰρ ἐπεὶ τό γ' ἄκουσε ποδήνεμος ὠκέα Ἶρις
βῆ ῥα θέειν, ταχέως δὲ διήνυσε πᾶν τὸ μεσηγύ.
αὐτὰρ ἐπεί ῥ' ἵκανε θεῶν ἕδος αἰπὺν Ὄλυμπον
αὐτίκ' ἄρ' Εἰλείθυιαν ἀπὸ μεγάροιο θύραζε   110
ἐκπροκαλεσσαμένη ἔπεα πτερόεντα προσηύδα
πάντα μάλ' ὡς ἐπέτελλον Ὀλύμπια δώματ' ἔχουσαι.
τῇ δ' ἄρα θυμὸν ἔπειθεν ἐνὶ στήθεσσι φίλοισι,
βὰν δὲ ποσὶ τρήρωσι πελειάσιν ἴθμαθ' ὁμοῖαι.
εὖτ' ἐπὶ Δήλου ἔβαινε μογοστόκος Εἰλείθυια,   115
τὴν τότε δὴ τόκος εἷλε, μενοίνησεν δὲ τεκέσθαι.
ἀμφὶ δὲ φοίνικι βάλε πήχεε, γοῦνα δ' ἔρεισε
λειμῶνι μαλακῷ, μείδησε δὲ γαῖ' ὑπένερθεν·
ἐκ δ' ἔθορε πρὸ φόως δέ, θεαὶ δ' ὀλόλυξαν ἅπασαι.
ἔνθα σὲ ἤϊε Φοῖβε θεαὶ λόον ὕδατι καλῷ   120
ἁγνῶς καὶ καθαρῶς, σπάρξαν δ' ἐν φάρεϊ λευκῷ
λεπτῷ νηγατέῳ· περὶ δὲ χρύσεον στρόφον ἧκαν.
οὐδ' ἄρ' Ἀπόλλωνα χρυσάορα θήσατο μήτηρ,
ἀλλὰ Θέμις νέκταρ τε καὶ ἀμβροσίην ἐρατεινὴν
ἀθανάτῃσιν χερσὶν ἐπήρξατο· χαῖρε δὲ Λητὼ   125
οὕνεκα τοξοφόρον καὶ καρτερὸν υἱὸν ἔτικτεν.
Αὐτὰρ ἐπεὶ δὴ Φοῖβε κατέβρως ἄμβροτον εἶδαρ,
οὔ σέ γ' ἔπειτ' ἴσχον χρύσεοι στρόφοι ἀσπαίροντα,
οὐδ' ἔτι δεσμά σ' ἔρυκε, λύοντο δὲ πείρατα πάντα.

3. A APOLO

Logo, aos imortais, Febo* Apolo falou: 130
"Que sejam meus a cítara* e os arcos recurvados.
Revelarei, aos homens, o desígnio infalível de Zeus".
Assim, tendo falado o arqueiro, Febo* de longos cabelos movia-se
a passo largo sobre a terra de vasta via. As imortais todas
admiravam-no e, de ouro, Delos* carregava-se por completo, 135
enquanto contemplava, alegre, a raça de Zeus e Leto*,
porque o deus a escolheu por sua casa,
dentre as ilhas e o continente, e a amou fundo no coração.
Floresceu como o cimo montanhoso floresce com as flores da floresta.
Tu, Senhor do arco prateado, arqueiro Apolo, 140
ora andas sobre a rochosa Cíntia*,
ora erras entre as ilhas e os homens.
Senhor, tu tens a Lícia, a graciosa Meônia,[10] 179
e Mileto*, sedutora cidade marítima, 180
mas, reinas sobretudo sobre Delos* banhada ao redor, 181
muitos são os teus templos e os bosques arborizados, 143
caros te são todos os mirantes, os altos promontórios
das elevadas montanhas, e os rios corrediços para o mar. 145[11]
Mas, tu, Febo*, regozijas sobretudo teu coração por Delos*, 146[12]
quando os jônios[13] de túnicas talares, por ti, reúnem-se
com os filhos e as venerandas esposas.
Eles, com pugilato, dança e canto,
regozijam-te, ao se lembrarem de ti, quando instituem o concurso. 150

---

10. A Lícia é um território montanhoso, situado na área sudoeste da Ásia Menor; Meônia parece ter sido seu nome original. Creso, célebre por sua enorme riqueza, reinou ali de 560 a 546 a.C.
11. Os vv.144-5 repetem os vv.22-3, com uma pequena variação no v.144.
12. Variante: vv.146-150 (Thuc. 3.104) –
    Mas, tu, Febo, regozijas sobretudo teu ânimo por Delos, 146b
    quando os jônios de túnicas talares, por ti, reúnem-se
    com os filhos e as mulheres em tua morada.
    Ali, com pugilato, dança e canto,
    regozijam-te, ao se lembrarem de ti, quando estabelecem o concurso. 150b
13. Uma das três "divisões" das antigas populações gregas (outras: *dórios* e *eólios*).

3. ΕΙΣ ΑΠΟΛΛΩΝΑ

αὐτίκα δ' ἀθανάτῃσι μετηύδα Φοῖβος Ἀπόλλων· 130
εἴη μοι κίθαρίς τε φίλη καὶ καμπύλα τόξα,
χρήσω δ' ἀνθρώποισι Διὸς νημερτέα βουλήν.
Ὣς εἰπὼν ἐβίβασκεν ἀπὸ χθονὸς εὐρυοδείης
Φοῖβος ἀκερσεκόμης ἑκατηβόλος· αἱ δ' ἄρα πᾶσαι
θάμβεον ἀθάναται, χρυσῷ δ' ἄρα Δῆλος ἅπασα 135
βεβρίθει καθορῶσα Διὸς Λητοῦς τε γενέθλην,
γηθοσύνῃ ὅτι μιν θεὸς εἵλετο οἰκία θέσθαι
νήσων ἠπείρου τε, φίλησε δὲ κηρόθι μᾶλλον.
ἤνθησ' ὡς ὅτε τε ῥίον οὔρεος ἄνθεσιν ὕλης.
Αὐτὸς δ' ἀργυρότοξε ἄναξ ἑκατηβόλ' Ἄπολλον, 140
ἄλλοτε μέν τ' ἐπὶ Κύνθου ἐβήσαο παιπαλόεντος,
ἄλλοτε δ' ἂν νήσους τε καὶ ἀνέρας ἠλάσκαζες.
ὦ ἄνα, καὶ Λυκίην καὶ Μῃονίην ἐρατεινὴν 179
καὶ Μίλητον ἔχεις ἔναλον πόλιν ἱμερόεσσαν, 180
αὐτὸς δ' αὖ Δήλοιο περικλύστου μέγ' ἀνάσσεις.[14] 181
[πολλοί τοι νηοί τε καὶ ἄλσεα δενδρήεντα,
πᾶσαι δὲ σκοπιαί τε φίλαι καὶ πρώονες ἄκροι
ὑψηλῶν ὀρέων, ποταμοί θ' ἅλα δὲ προρέοντες·] 145
ἀλλὰ σὺ Δήλῳ Φοῖβε μάλιστ' ἐπιτέρπεαι ἦτορ, 146[15]
ἔνθα τοι ἑλκεχίτωνες Ἰάονες ἠγερέθονται
αὐτοῖς σὺν παίδεσσι καὶ αἰδοίῃς ἀλόχοισιν.
οἱ δέ σε πυγμαχίῃ τε καὶ ὀρχηθμῷ καὶ ἀοιδῇ
μνησάμενοι τέρπουσιν ὅταν στήσωνται ἀγῶνα. 150

---

14. Para Humbert, os vv.179-81 formam o texto mais antigo, substituídos depois pelos vv.143-5.
15. Altera lectio: teste Thucydide, III, 104, vv.146-150:
  ἀλλ' ὅτε Δήλῳ Φοῖβε μάλιστά γε θυμὸν ἐτέρφθης,   146b
  ἔνθα τοι ἑλκεχίτωνες Ἰάονες ἠγερέθονται
  σὺν σφοῖσιν τεκέεσσι γυναιξί τε σὴν ἐς ἀγυιάν·
  ἔνθα σὲ πυγμαχίῃ τε καὶ ὀρχηστυῖ καὶ ἀοιδῇ
  μνησάμενοι τέρπουσιν ὅταν καθέσωσιν ἀγῶνα.   150b

3. A APOLO

Quem na frente fosse, estando os jônios reunidos,
diria que são eles imortais e sem velhice sempre;
veria a alegria de todos, e regozijaria o ânimo,
vendo os homens, as mulheres de belas cinturas,
as naus rápidas e os muitos bens de todos.   155
 E mais este grande prodígio, cuja glória jamais perecerá:
as filhas Délias, servas do Arqueiro.
Elas, após cantarem primeiro a Apolo,
cantam um hino à Leto* e à Ártemis frecheira,
lembrando-se dos homens e das mulheres de outrora,   160
e encantam a grei dos homens.
Elas sabem imitar os sons e as balbúcies de todos os homens.
Cada um diria que é ele mesmo que fala.
Pelo modo como o belo canto lhe está ajustado.
Mas, vamos, que Apolo e Ártemis sejam-me propícios!   165
E vós todas alegrai-vos! E de mim, mais tarde,
lembrai-vos, sempre que um homem supraterrâneo,
um estrangeiro errante, que aqui chegue, vos perguntar:
"Filhas, quem é para vós o mais suave dos aedos,
o homem que vem aqui, e com o canto dele vos regozijais sobretudo?".   170
E vós todas, de uma vez, respondei acerca de nós:
"É um homem cego, que mora em Quios* rochosa,[16]
todos os cantos que ele deixa para trás são os melhores".
E nós levaremos a vossa glória sobre a terra, o quanto
nos voltarmos para as cidades bem povoadas de homens.   175
E eles se deixarão persuadir já que é verdadeiro.
Depois, não cessarei de cantar o arqueiro Apolo
de arco prateado, que Leto* de belos cabelos pariu.

---

16. Ver *Introdução*, p.47 e *Excurso*, p.84.

3. ΕΙΣ ΑΠΟΛΛΩΝΑ

φαίη κ' ἀθανάτους καὶ ἀγήρως ἔμμεναι αἰεὶ
ὃς τότ' ἐπαντιάσει' ὅτ' Ἰάονες ἀθρόοι εἶεν·
πάντων γάρ κεν ἴδοιτο χάριν, τέρψαιτο δὲ θυμὸν
ἄνδρας τ' εἰσορόων καλλιζώνους τε γυναῖκας
νῆάς τ' ὠκείας ἠδ' αὐτῶν κτήματα πολλά.   155
πρὸς δὲ τόδε μέγα θαῦμα, ὅου κλέος οὔποτ' ὀλεῖται,
κοῦραι Δηλιάδες Ἑκατηβελέταο θεράπναι·
αἵ τ' ἐπεὶ ἂρ πρῶτον μὲν Ἀπόλλων' ὑμνήσωσιν,
αὖτις δ' αὖ Λητώ τε καὶ Ἄρτεμιν ἰοχέαιραν,
μνησάμεναι ἀνδρῶν τε παλαιῶν ἠδὲ γυναικῶν   160
ὕμνον ἀείδουσιν, θέλγουσι δὲ φῦλ' ἀνθρώπων.
πάντων δ' ἀνθρώπων φωνὰς καὶ βαμβαλιαστὺν[17]
μιμεῖσθ' ἴσασιν· φαίη δέ κεν αὐτὸς ἕκαστος
φθέγγεσθ'· οὕτω σφιν καλὴ συνάρηρεν ἀοιδή.
ἀλλ' ἄγεθ' ἱλήκοι μὲν Ἀπόλλων Ἀρτέμιδι ξύν,   165
χαίρετε δ' ὑμεῖς πᾶσαι· ἐμεῖο δὲ καὶ μετόπισθε
μνήσασθ', ὁππότε κέν τις ἐπιχθονίων ἀνθρώπων
ἐνθάδ' ἀνείρηται ξεῖνος ταλαπείριος ἐλθών·
ὦ κοῦραι, τίς δ' ὔμμιν ἀνὴρ ἥδιστος ἀοιδῶν
ἐνθάδε πωλεῖται, καὶ τέῳ τέρπεσθε μάλιστα;   170
ὑμεῖς δ' εὖ μάλα πᾶσαι ὑποκρίνασθ' ἀμφ' ἡμέων·
τυφλὸς ἀνήρ, οἰκεῖ δὲ Χίῳ ἔνι παιπαλοέσσῃ,
τοῦ πᾶσαι μετόπισθεν ἀριστεύουσιν ἀοιδαί.
ἡμεῖς δ' ὑμέτερον κλέος οἴσομεν ὅσσον ἐπ' αἶαν
ἀνθρώπων στρεφόμεσθα πόλεις εὖ ναιεταώσας·   175
οἱ δ' ἐπὶ δὴ πείσονται, ἐπεὶ καὶ ἐτήτυμόν ἐστιν.
αὐτὰρ ἐγὼν οὐ λήξω ἑκηβόλον Ἀπόλλωνα
ὑμνέων ἀργυρότοξον ὃν ἠΰκομος τέκε Λητώ.

---

17. Quase todos os manuscritos têm κρεμβαλιαστὺν, "dança ao som de castanholas", lição adotada por Allen-Sikes. Todos os outros editores preferem, no entanto, a variante βαμβαλιαστὺν, ligada ao verbo βαμβαίνω, "bater os dentes", "balbuciar".

3. A APOLO

O filho da gloriosa Leto*, com sua lira* cava,   **[A Apolo pítico]**[18]
avança tocando para Pitô* pedregosa,   183
usando suas vestes imortais e perfumadas. Sua lira*,
sob o plectro dourado, tem som sedutor.   185
Depois, da terra para o Olimpo*, como o pensamento,
vai ao paço de Zeus, na reunião dos outros deuses.
Imediatamente, os imortais se ocupam da cítara* e do canto.
As Musas, todas juntas, respondendo com bela voz,
cantam os dons imortais dos deuses e as adversidades   190
dos homens, que, dementes e impotentes, vivem tendo quanto
foi-lhes dado pelos deuses imortais, e não são capazes
de encontrar remédio para a morte e socorro para a velhice.
Dançam, as Cárites* de belos cabelos, as propícias Horas*,
Harmonia,[19] Hebe* e Afrodite, filha de Zeus,   195
tendo, umas das outras, as mãos pelos punhos.
Entre elas, dança Ártemis, a frecheira[20] nutrida com Apolo,
que não é feia nem apoucada, mas é de
grandeza e aparência admirável de se ver.
Entre elas, brincam Ares[21] e o bom observador Argifonte*;   200
enquanto Febo* Apolo citariza, movendo-se
com belos e elevados passos, um brilho reluz em torno dele,
e luzes cintilam de seus pés, e de sua túnica bem tecida.
Os pais, Leto* de cabelos dourados e o sábio Zeus,
ao verem o caro filho brincando entre os deuses imortais,   205
regozijam-se muito no ânimo.
Como te cantarei totalmente neste hino, tu que já és bem cantado?

---

18. Os vv.182-546 são também conhecidos por "sequência pítica".
19. Filha de Ares e Afrodite; ver ensaios do cap.1 e do cap.3.
20. Há, nos *hinos homéricos*, várias referências aos coros artemíseos dedicados a Apolo: *h.Ap.* 194-201; *h.Merc.* 451; *h.Ven.* 19, 118 e 261; *h.Hom.* 27 13-8.
21. Ares, o deus da guerra, brincando? Raríssimo. Ver cap.3.

3. ΕΙΣ ΑΠΟΛΛΩΝΑ

εἶσι δὲ φορμίζων[22] Λητοῦς ἐρικυδέος υἱὸς 182
φόρμιγγι γλαφυρῇ πρὸς Πυθὼ πετρήεσσαν,
ἄμβροτα εἵματ' ἔχων τεθυωμένα· τοῖο δὲ φόρμιγξ
χρυσέου ὑπὸ πλήκτρου καναχὴν ἔχει ἱμερόεσσαν. 185
ἔνθεν δὲ πρὸς Ὄλυμπον ἀπὸ χθονὸς ὥς τε νόημα
εἶσι Διὸς πρὸς δῶμα θεῶν μεθ' ὁμήγυριν ἄλλων·
αὐτίκα δ' ἀθανάτοισι μέλει κίθαρις καὶ ἀοιδή.
Μοῦσαι μέν θ' ἅμα πᾶσαι ἀμειβόμεναι ὀπὶ καλῇ
ὑμνεῦσίν ῥα θεῶν δῶρ' ἄμβροτα ἠδ' ἀνθρώπων 190
τλημοσύνας, ὅσ' ἔχοντες ὑπ' ἀθανάτοισι θεοῖσι
ζώουσ' ἀφραδέες καὶ ἀμήχανοι, οὐδὲ δύνανται
εὑρέμεναι θανάτοιό τ' ἄκος καὶ γήραος ἄλκαρ·
αὐτὰρ ἐϋπλόκαμοι Χάριτες καὶ ἐΰφρονες Ὧραι
Ἁρμονίη θ' Ἥβη τε Διὸς θυγάτηρ τ' Ἀφροδίτη 195
ὀρχεῦντ' ἀλλήλων ἐπὶ καρπῷ χεῖρας ἔχουσαι·
τῇσι μὲν οὔτ' αἰσχρὴ μεταμέλπεται οὔτ' ἐλάχεια,
ἀλλὰ μάλα μεγάλη τε ἰδεῖν καὶ εἶδος ἀγητὴ
Ἄρτεμις ἰοχέαιρα ὁμότροφος Ἀπόλλωνι.
ἐν δ' αὖ τῇσιν Ἄρης καὶ ἐΰσκοπος Ἀργειφόντης 200
παίζουσ'· αὐτὰρ ὁ Φοῖβος Ἀπόλλων ἐγκιθαρίζει
καλὰ καὶ ὕψι βιβάς, αἴγλη δέ μιν ἀμφιφαείνει
μαρμαρυγαί τε ποδῶν καὶ ἐϋκλώστοιο χιτῶνος.
οἱ δ' ἐπιτέρπονται θυμὸν μέγαν εἰσορόωντες
Λητώ τε χρυσοπλόκαμος καὶ μητίετα Ζεὺς 205
υἷα φίλον παίζοντα μετ' ἀθανάτοισι θεοῖσι.
πῶς τ' ἄρ σ' ὑμνήσω πάντως εὔυμνον ἐόντα;

---

22. Pequena harpa primitiva, de três, quatro e, mais tarde, sete cordas. Ver, no *Glossário*, a entrada "fórminx".

3. A APOLO

Acaso cantar-te-ei em teus desejos e em teus amores,
como vieste desejando a jovem filha de Azante,[23]
junto com Ísquis,[24] filho do bom cavaleiro Élato símil aos deuses?   210
ou com Forbas, da raça de Tríopas,[25] ou com Amarinto?[26]
ou com Leucipo, também desejando a esposa de Leucipo,
tu, a pé, ele, a cavalo?[27] E ele não ficava atrás de Tríopas.
Ou cantar-te-ei, arqueiro Apolo, como andaste, pela terra,
procurando o primeiro oráculo para os homens?[28]   215
Do Olimpo* à Piéria*, primeiro vieste.
Passaste perto de Lecto arenosa e de Ênia,
através da Perrébia. Rápido chegaste a Iolcos,[29]
e andaste sobre o Ceneon,[30] na Eubeia* célebre por suas naus.
Paraste no plano de Lelanto,[31] mas não agradou ao teu ânimo   220
fazer o templo e os bosques arborizados ali.
Dali, após atravessar o Êuripo, arqueiro Apolo,
subiste a verdejante montanha divina.[32] E rápido partiste dela,
para ir a Micalesso e a Teumesso, leito de ervas.[33]

---

23. Todos os editores (menos Càssola) concordam que, embora obscura, essa é uma referência a Corônis, mãe de Asclépio (ver cap.5).
24. Rival de Apolo no amor por Corônis. Ver o ensaio do cap.5.
25. Há referências a sete ou oito Forbas, na mitologia grega. Aqui, parece tratar-se do Forbas que foi amado por Apolo (Plut. *Num.* 4) e não do que foi derrotado por ele (Sch. *Il.* 23.660).
26. Quem será? O único Amarinto mais ou menos conhecido é ligado a Ártemis, não a Apolo.
27. Leucipo apaixonou-se por *Dafne*, cujo nome significa "loureiro", ninfa que Apolo amou; parece ter havido uma corrida entre os dois pretendentes.
28. Terceira *aporia* retórica. Na primeira (v.25-9), o poeta destaca o nascimento do deus em Delos*; na terceira, iniciada aqui (v.214-5), a fundação do templo em Delfos*. Os versos seguintes (v.216-93) constituem, à parte algumas digressões, o segundo *catálogo geográfico* do hino (Tessália*, Lócrida, Beócia* etc.).
29. Lecto é uma localidade ainda desconhecida. Os perrébios e enianos viviam, na época da *Ilíada*, perto de Dodona (*Il.* 2.749-50). Iolcos, célebre pela lenda dos Argonautas, ficava entre o Monte Pélion e o Golfo Pagasético.
30. Cabo ou promontório no extremo noroeste da Eubeia.
31. Fértil planície da Eubeia. A primeira guerra conhecida entre póleis gregas aliadas umas às outras (a Guerra Lelatina) ocorreu ali, c. 700 a.C. (ver Hdt. 5.99 e Thuc. 1.15.2-3).
32. O Êuripo é um estreito canal, célebre pelas correntes alternantes (Eur. *IT* 6-7), que separa a Eubeia da Beócia, na altura de Cálcis. A montanha mencionada é o Monte Messápio, na Beócia*, próxima ao Êuripo.
33. Antigas localidades da Beócia*, entre Tebas* e o Êuripo.

3. ΕΙΣ ΑΠΟΛΛΩΝΑ

ἠέ σ' ἐνὶ μνηστῆσιν ἀείδω καὶ φιλότητι[34]
ὅππως μνωόμενος ἔκιες Ἀζαντίδα[35] κούρην
Ἴσχυ' ἅμ' ἀντιθέῳ Ἐλατιονίδῃ εὐΐππῳ;   210
† ἢ ἅμα Φόρβαντι Τριοπέῳ γένος, ἢ Ἀμαρύνθῳ;[36]
ἢ ἅμα Λευκίππῳ καὶ Λευκίπποιο δάμαρτα
πεζός, ὁ δ' ἵπποισιν; οὐ μὴν Τρίοπός γ' ἐνέλειπεν.†[37]
ἢ ὡς τὸ πρῶτον χρηστήριον ἀνθρώποισι
ζητεύων κατὰ γαῖαν ἔβης ἑκατηβόλ' Ἄπολλον;   215
Πιερίην μὲν πρῶτον ἀπ' Οὐλύμποιο κατῆλθες·
Λέκτον τ' ἠμαθόεντα παρέστιχες ἠδ' Αἰνιῆνας
καὶ διὰ Περραιβούς· τάχα δ' εἰς Ἰαωλκὸν ἵκανες,
Κηναίου τ' ἐπέβης ναυσικλείτης Εὐβοίης·
στῆς δ' ἐπὶ Ληλάντῳ πεδίῳ, τό τοι οὐχ ἅδε θυμῷ   220
τεύξασθαι νηόν τε καὶ ἄλσεα δενδρήεντα.
ἔνθεν δ' Εὔριπον διαβὰς ἑκατηβόλ' Ἄπολλον
βῆς ἀν' ὄρος ζάθεον χλωρόν· τάχα δ' ἷξες ἀπ' αὐτοῦ
ἐς Μυκαλησσὸν ἰὼν καὶ Τευμησσὸν λεχεποίην.

---

34. As histórias dos amores de Febo (v.208-13), indagação da segunda *aporia*, são mencionadas, mas não narradas. Ver, *infra*, nota do v.213.
35. O manuscrito *Leidensis* 33.2 tem a variante Ἀτλαντίδα, "filha de Atlas". Ver discussão detalhada em Cabral, 2004, p.236-7.
36. Humbert seguiu, aqui, a grafia Ἀμαρύνθῳ, presente em dois manuscritos da família Ψ. O *Leidensis* 33.2, mais Allen-Sikes2, Càssola e West, adotam a variante γένος, ἢ ἅμ' Ἐρευθεῖ (ou Ἐρεχθεῖ). Ignora-se quem era esse Ereuteu; Erecteu pode referir-se a um dos míticos reis de Atenas, descendente de Apolo e de Creúsa (ver *Íon*, tragédia de Eurípides).
37. Nos manuscritos, os vv.209-13 estão em mau estado e as referências míticas são obscuras; a reconstrução dos vv.211-3, em especial, não é muito satisfatória (Humbert, p.88).

3. A APOLO

E chegaste à sede de Tebas* coberta de floresta, 225
nenhum dos mortais habitava ainda a sagrada Tebas*,
e nem existiam, ainda então, nem trilhos, nem trilhas,
no plano fértil em trigo de Tebas*, mas só tinha floresta.
Dali foste mais longe, arqueiro Apolo,
e chegaste a Onquesto*, brilhante bosque de Posídon.[38] 230
Ali, um potro recém-domado, carregado, ofega,
ao arrastar o belo carro; e o bom condutor, saltando
do carro para a terra, faz o caminho a pé, enquanto os potros,
livres do condutor, fazem ressoar as carruagens vazias.
Se o carro se quebra no bosque arborizado, 235
eles cuidam dos cavalos, e deixam o carro deitado.
Assim foi o rito no princípio. Eles oram ao senhor,
e a moira* do deus então guarda o carro.
Dali, foste mais longe, arqueiro Apolo,
e alcançaste Cefiso de belo curso,[39] 240
que de Lilaia verte sua água de bela corredeira,
dali, atravessando Cefiso e Ocaleia de muito trigo, Arqueiro,
chegaste na verdejante Haliarto.
Caminhaste sobre Telfusa.[40] Ali, agradou-te uma vereda
favorável, para fazer o templo e os bosques arborizados. 245
Perto dela te colocaste e lhe falaste esta palavra:

---

38. Os vv.230-8 trazem o assim chamado "episódio de Onquesto*". Suspeita-se que Posídon, deus dos cavalos (ver cap.20), fazia objeção a que seus animais sagrados fossem subjugados em seu bosque, razão pela qual ele os assustava, e eles, disparados, quebravam o carro. O condutor, então, deixava os destroços do carro no local e Posídon reclamava para si os cavalos. Porém se, livres do condutor, puxassem o carro eles podiam ser dirigidos pelo homem sem correr o risco de serem assustados pelo deus.
39. Os vv.240-3 mencionam localidades ligadas ao Rio Cefiso, que nasce na Lócrida, perto de Lileia, se estende ao norte do Monte Parnaso e deságua no Lago Copais, Beócia, perto de Orcômeno. Haliarto ficava na margem sul do lago; Ocaleia ficava perto, na mesma margem, alguns quilômetros a oeste.
40. Nome de uma fonte próxima de Haliarto, nos contrafortes do Monte Hélicon; sua efetiva localização, no entanto, é discutida.

3. ΕΙΣ ΑΠΟΛΛΩΝΑ

Θήβης δ' εἰσαφίκανες ἕδος καταειμένον ὕλῃ· 225
οὐ γάρ πώ τις ἔναιε βροτῶν ἱερῇ ἐνὶ Θήβῃ,
οὐδ' ἄρα πω τότε γ' ἦσαν ἀταρπιτοὶ οὐδὲ κέλευθοι
Θήβης ἂμ πεδίον πυρηφόρον, ἀλλ' ἔχεν ὕλη.
ἔνθεν δὲ προτέρω ἔκιες ἑκατηβόλ' Ἄπολλον,
Ὀγχηστὸν δ' ἷξες Ποσιδήϊον ἀγλαὸν ἄλσος· 230
ἔνθα νεοδμὴς πῶλος ἀναπνέει ἀχθόμενός περ
ἕλκων ἅρματα καλά, χαμαὶ δ' ἐλατὴρ ἀγαθός περ
ἐκ δίφροιο θορὼν ὁδὸν ἔρχεται· οἱ δὲ τέως μὲν
κείν' ὄχεα κροτέουσιν ἀνακτορίην ἀφιέντες.
εἰ δέ κεν ἅρματ' ἀγῇσιν ἐν ἄλσεϊ δενδρήεντι, 235
ἵππους μὲν κομέουσι, τὰ δὲ κλίναντες ἐῶσιν·
ὣς γὰρ τὰ πρώτισθ' ὁσίη γένεθ'· οἱ δὲ ἄνακτι
εὔχονται, δίφρον δὲ θεοῦ τότε μοῖρα φυλάσσει.
ἔνθεν δὲ προτέρω ἔκιες ἑκατηβόλ' Ἄπολλον·
Κηφισὸν δ' ἄρ' ἔπειτα κιχήσαο καλλιρέεθρον, 240
ὅς τε Λιλαίηθεν προχέει καλλίρροον ὕδωρ·
τὸν διαβὰς Ἑκάεργε καὶ Ὠκαλέην πολύπυργον
ἔνθεν ἄρ' εἰς Ἁλίαρτον ἀφίκεο ποιήεντα.
βῆς δ' ἐπὶ Τελφούσης· τόθι τοι ἅδε χῶρος ἀπήμων
τεύξασθαι νηόν τε καὶ ἄλσεα δενδρήεντα. 245
στῆς δὲ μάλ' ἄγχ' αὐτῆς καί μιν πρὸς μῦθον ἔειπες·

3. A APOLO

"Telfusa, aqui tenciono fazer meu belíssimo templo,
um oráculo aos homens que sempre virão
aqui, e me trarão perfeitas hecatombes,
tanto os que habitam o opulento Peloponeso*, 250
quanto os que habitam a Europa,[41] e as ilhas banhadas ao redor,
para consultarem o oráculo. A eles todos, o desígnio infalível
anunciarei, fornecendo oráculos no opulento templo".
Assim falando, Febo* colocou a fundação,
vasta, muito grande e contínua. Ao vê-la, 255
Telfusa irou o coração, e falou esta palavra:
"Febo*, senhor Arqueiro, uma palavra colocarei em tuas entranhas,
já que tencionas fazer aqui teu belíssimo templo,
para ser oráculo aos homens, que sempre
aqui te trarão perfeitas hecatombes; 260
coisa diferente te direi, e tu lança-a em tuas entranhas:
aqui, irá te atormentar sempre o fragor dos rápidos cavalos,
e os muares que a sede saciam em minhas nascentes sagradas;
aqui, qualquer homem desejará ver
carros bem feitos e fragor de cavalos de rápidos pés, 265
em vez do grande templo e dos muitos bens ali existentes.
Mas, se te deixares persuadir (pois és mais forte e poderoso
que eu, senhor, e teu vigor é maior),
faça-o em Crisa*, sob a fenda do Parnaso*.
Ali, nem belos carros te perturbarão, nem fragor de cavalos 270
de rápidos pés haverá ao redor do teu altar bem construído.
Possa, assim, a grei ilustre dos homens os dons te ofertar,

---

41. Nos antigos textos gregos, "Europa" se refere à Grécia Central e Setentrional, em oposição ao Peloponeso* (Cashford e Richardson, 2003, p.157).

3. ΕΙΣ ΑΠΟΛΛΩΝΑ

Τελφοῦσ' ἐνθάδε δὴ φρονέω περικαλλέα νηὸν
ἀνθρώπων τεῦξαι χρηστήριον, οἵ τέ μοι αἰεὶ
ἐνθάδ' ἀγινήσουσι τεληέσσας ἑκατόμβας,
ἠμὲν ὅσοι Πελοπόννησον πίειραν ἔχουσιν   250
ἠδ' ὅσοι Εὐρώπην τε καὶ ἀμφιρύτους κάτα νήσους,
χρησόμενοι· τοῖσιν δέ τ' ἐγὼ νημερτέα βουλὴν
πᾶσι θεμιστεύοιμι χρέων ἐνὶ πίονι νηῷ.
Ὣς εἰπὼν διέθηκε θεμείλια Φοῖβος Ἀπόλλων
εὐρέα καὶ μάλα μακρὰ διηνεκές· ἡ δὲ ἰδοῦσα   255
Τελφοῦσα κραδίην ἐχολώσατο εἶπέ τε μῦθον·
Φοῖβε ἄναξ ἑκάεργε ἔπος τί τοι ἐν φρεσὶ θήσω,
ἐνθάδ' ἐπεὶ φρονέεις τεῦξαι περικαλλέα νηὸν
ἔμμεναι ἀνθρώποις χρηστήριον, οἱ δέ τοι αἰεὶ
ἐνθάδ' ἀγινήσουσι τεληέσσας ἑκατόμβας·   260
ἀλλ' ἔκ τοι ἐρέω, σὺ δ' ἐνὶ φρεσὶ βάλλεο σῇσι·
πημανέει σ' αἰεὶ κτύπος ἵππων ὠκειάων
ἀρδόμενοί τ' οὐρῆες ἐμῶν ἱερῶν ἀπὸ πηγέων·
ἔνθα τις ἀνθρώπων βουλήσεται εἰσοράασθαι
ἅρματά τ' εὐποίητα καὶ ὠκυπόδων κτύπον ἵππων   265
ἢ νηόν τε μέγαν καὶ κτήματα πόλλ' ἐνεόντα.
ἀλλ' εἰ δή τι πίθοιο, σὺ δὲ κρείσσων καὶ ἀρείων
ἐσσὶ ἄναξ ἐμέθεν, σεῦ δὲ σθένος ἐστὶ μέγιστον·
ἐν Κρίσῃ ποίησαι ὑπὸ πτυχὶ Παρνησοῖο.
ἔνθ' οὔθ' ἅρματα καλὰ δονήσεται, οὔτε τοι ἵππων   270
ὠκυπόδων κτύπος ἔσται ἐΰδμητον περὶ βωμόν.
ἀλλά τοι ὣς προσάγοιεν Ἰηπαιήονι δῶρα

3. A APOLO

Ié Peã,⁴² e tu, alegre em tuas entranhas,
recebe as belas oferendas dos homens da vizinhança".
Assim falando, Telfusa persuadiu as entranhas do Arqueiro, para que 275
somente dela fosse a glória sobre a terra, e não do Arqueiro.
Dali, foste ainda mais longe arqueiro Apolo.
Vieste a Flégia, cidade de homens desmedidos,
que habitam sobre a terra, em belo vale,
perto do lago Cefiso,⁴³ e não se preocupam com Zeus. 280
Dali, rapidamente subiste, lançando-te até o cimo.
E chegaste a Crisa*, sob o Parnaso* nevado,
Monte virado para o Zéfiro*; por cima dele
há uma pedra suspensa e, embaixo, corre um côncavo vale
áspero. Ali, o senhor Febo* Apolo resolveu 285
fazer seu amável templo, e falou esta palavra:
"Aqui tenciono fazer meu belíssimo templo,
para ser oráculo aos homens que sempre virão
aqui, e me trarão perfeitas hecatombes,
tanto os que habitam o fértil Peloponeso*, 290
quanto os que habitam a Europa, e as ilhas banhadas ao redor,
para consultarem o oráculo. A eles todos, o desígnio infalível
anunciarei, fornecendo oráculos no opulento templo".
Assim falando, Febo* colocou a fundação,
vasta, muito grande e contínua. Depois, sobre ela, 295
Trofônio e Agamedes, filhos de Ergino,⁴⁴
caros aos deuses imortais, colocaram uma soleira de pedra.

---

42. O peã era um hino consagrado a Apolo e "ié", a interjeição ritual; a expressão constituía o estribilho do hino. Neste verso, no entanto, foi utilizada pelo poeta como um epíteto de Apolo. Ver também v.500 e v.517.
43. Os flégios viviam perto de Queroneia, a oeste do Lago Copais. O Lago Cefiso era um outro nome desse lago, onde desaguava o rio Cefiso.
44. Trofônio e Agamedes eram dois míticos construtores de templos e palácios; na Antiguidade, eram cultuados como heróis em Lebadeia, Beócia.

3. ΕΙΣ ΑΠΟΛΛΩΝΑ

ἀνθρώπων κλυτὰ φῦλα, σὺ δὲ φρένας ἀμφιγεγηθὼς
δέξαι' ἱερὰ καλὰ περικτιόνων ἀνθρώπων.
Ὣς εἰποῦσ' Ἑκάτου πέπιθε φρένας, ὄφρα οἱ αὐτῇ 275
Τελφούσῃ κλέος εἴη ἐπὶ χθονὶ μηδ' Ἑκάτοιο.
ἔνθεν δὲ προτέρω ἔκιες ἑκατηβόλ' Ἄπολλον,
ἷξες δ' ἐς Φλεγύων ἀνδρῶν πόλιν ὑβριστάων,
οἳ Διὸς οὐκ ἀλέγοντες ἐπὶ χθονὶ ναιετάασκον
ἐν καλῇ βήσσῃ Κηφισίδος ἐγγύθι λίμνης. 280
ἔνθεν καρπαλίμως προσέβης πρὸς δειράδα θύων,
ἵκεο δ' ἐς Κρίσην ὑπὸ Παρνησὸν νιφόεντα
κνημὸν πρὸς ζέφυρον τετραμμένον, αὐτὰρ ὕπερθεν
πέτρη ἐπικρέμαται, κοίλη δ' ὑποδέδρομε βῆσσα
τρηχεῖ· ἔνθα ἄναξ τεκμήρατο Φοῖβος Ἀπόλλων 285
νηὸν ποιήσασθαι ἐπήρατον εἶπέ τε μῦθον·
ἐνθάδε δὴ φρονέω τεύξειν περικαλλέα νηὸν
ἔμμεναι ἀνθρώποις χρηστήριον οἵ τέ μοι αἰεὶ
ἐνθάδ' ἀγινήσουσι τεληέσσας ἑκατόμβας,
ἠμὲν ὅσοι Πελοπόννησον πίειραν ἔχουσιν, 290
ἠδ' ὅσοι Εὐρώπην τε καὶ ἀμφιρύτους κατὰ νήσους,
χρησόμενοι· τοῖσιν δ' ἄρ' ἐγὼ νημερτέα βουλὴν
πᾶσι θεμιστεύοιμι χρέων ἐνὶ πίονι νηῷ.
Ὣς εἰπὼν διέθηκε θεμείλια Φοῖβος Ἀπόλλων
εὐρέα καὶ μάλα μακρὰ διηνεκές· αὐτὰρ ἐπ' αὐτοῖς 295
λάϊνον οὐδὸν ἔθηκε Τροφώνιος ἠδ' Ἀγαμήδης
υἱέες Ἐργίνου, φίλοι ἀθανάτοισι θεοῖσιν·

3. A APOLO

Ao seu redor, a grei inefável dos homens edificou um templo,
com pedras de construção, para ser cantado sempre.
Perto há uma fonte de bela corredeira, ali o senhor   300
filho de Zeus, matou, com seu arco enérgico, uma serpente[45]
robusta, grande, um monstro feroz que fazia muitos males
aos homens sobre a terra; muitos males a eles,
e muitos males aos carneiros de patas finas. Era um tormento
                                                 [de sangue.[46]
Um dia, a serpente, recebendo de Hera de trono dourado, nutriu   305
o terrível e horrendo Tífon,[47] tormento aos mortais,
que Hera, um dia, pariu irada com Zeus pai,
porque o Cronida* deu à luz a gloriosa Atena
de sua cabeça. Prontamente, a soberana Hera irou-se,
e assim falou entre os imortais reunidos: 310
"Ouvi-me vós todos, deuses e deusas,
como Zeus agrega-nuvens começou primeiro a me desonrar,
após me ter feito esposa e devotada mulher.
Agora, longe de mim, pariu Atena de olhos glaucos,
distinta de todos os bem-aventurados imortais.   315
No entanto, meu filho Hefesto, entre todos os deuses,
nasceu deficiente, deformado nos pés, ele que eu pari sozinha.
De imediato, agarrando-o com minhas mãos, lancei-o no vasto mar,
mas Tétis* de pés prateados,[48] filha de Nereu*,
recebeu-o, e o criou com suas irmãs.   320
Ela devia alegrar aos bem-aventurados deuses de outro modo!

---

45. Em algumas tradições, a serpente era do sexo masculino.
46. A serpente Píton; ver o ensaio deste capítulo. Começa, no verso seguinte, uma longa digressão que relata o nascimento de Atena, de Hefesto e do monstruoso Tífon; o encontro entre Apolo e Píton continua no v.356. Muitos eruditos consideram essa passagem uma interpolação; o episódio pode ter sido, inclusive, um hino independente, e bastante antigo (ver Càssola, ad loc.).
47. Trata-se do mesmo ser monstruoso que, na *Teogonia* de Hesíodo (v.820-80), é dado como filho de Gaia* e Tártaro*. Tífon desafiou o reinado de Zeus e foi derrotado a custo pelo pai dos deuses e dos homens.
48. Curioso epíteto de Tétis (cf. Hes. *Th.* 1006), ligado possivelmente a um mito desconhecido.

3. ΕΙΣ ΑΠΟΛΛΩΝΑ

ἀμφὶ δὲ νηὸν ἔνασσαν ἀθέσφατα φῦλ' ἀνθρώπων
κτιστοῖσιν λάεσσιν ἀοίδιμον ἔμμεναι αἰεί.
ἀγχοῦ δὲ κρήνη καλλίρροος ἔνθα δράκαιναν 300
κτεῖνεν ἄναξ Διὸς υἱὸς ἀπὸ κρατεροῖο βιοῖο
ζατρεφέα μεγάλην τέρας ἄγριον, ἣ κακὰ πολλὰ
ἀνθρώπους ἔρδεσκεν ἐπὶ χθονί, πολλὰ μὲν αὐτοὺς
πολλὰ δὲ μῆλα ταναύποδ' ἐπεὶ πέλε πῆμα δαφοινόν.
καί ποτε δεξαμένη χρυσοθρόνου ἔτρεφεν Ἥρης 305
δεινόν τ' ἀργαλέον τε Τυφάονα πῆμα βροτοῖσιν,
ὅν ποτ' ἄρ' Ἥρη ἔτικτε χολωσαμένη Διὶ πατρὶ
ἡνίκ' ἄρα Κρονίδης ἐρικυδέα γείνατ' Ἀθήνην
ἐν κορυφῇ· ἡ δ' αἶψα χολώσατο πότνια Ἥρη
ἠδὲ καὶ ἀγρομένοισι μετ' ἀθανάτοισιν ἔειπε· 310
κέκλυτέ μευ πάντες τε θεοὶ πᾶσαί τε θέαιναι,
ὡς ἔμ' ἀτιμάζειν ἄρχει νεφεληγερέτα Ζεὺς
πρῶτος, ἐπεί μ' ἄλοχον ποιήσατο κέδν' εἰδυῖαν·
καὶ νῦν νόσφιν ἐμεῖο τέκε γλαυκῶπιν Ἀθήνην,
ἣ πᾶσιν μακάρεσσι μεταπρέπει ἀθανάτοισιν· 315
αὐτὰρ ὅ γ' ἠπεδανὸς γέγονεν μετὰ πᾶσι θεοῖσι
παῖς ἐμὸς Ἥφαιστος ῥικνὸς πόδας ὃν τέκον αὐτὴ
ῥίψ' ἀνὰ χερσὶν ἑλοῦσα καὶ ἔμβαλον εὐρέϊ πόντῳ·
ἀλλά ἑ Νηρῆος θυγάτηρ Θέτις ἀργυρόπεζα
δέξατο καὶ μετὰ ᾗσι κασιγνήτῃσι κόμισσεν· 320
ὡς ὄφελ' ἄλλο θεοῖσι χαρίσσασθαι μακάρεσσι.

3. A APOLO

Malsão! Fértil em artifícios! Que outra coisa maquinas agora?
Como suportaste parir sozinho Atena de olhos glaucos?
Eu não a pariria? Contudo, eu era chamada tua esposa
entre os imortais moradores do vasto céu. 325
Agora, também eu empregarei minha arte para que nasça
meu filho, que seja distinto entre os deuses imortais,
sem macular teu leito sagrado nem o meu próprio.
Não irei para tua cama, mas longe de ti estando
estarei entre os deuses imortais". 330
Assim falando, completamente irritada, ia para longe dos deuses.
Em seguida, a soberana Hera de olhos grandes suplicou;
com a palma da mão bateu na terra, e falou esta palavra:
"Ouvi-me, agora, Gaia e o vasto Urano*, do alto,
e vós, deuses Titãs*, que habitais sob a terra 335
ao redor do grande Tártaro*, a partir de quem há homens e deuses.
Vós todos que me escutai agora, dai-me um filho,
longe de Zeus, que na força não seja inferior àquele,
mas que seja forte como o longividente Zeus, filho de Crono*".
Assim falando, com mão bateu forte na terra, 340
e a terra nutriz se moveu. Hera, vendo,
regozijou-se no ânimo, pois percebeu que seu pedido seria cumprido.
A partir desse momento, e durante o ano inteiro,
jamais foi à cama do sábio Zeus, e
jamais foi ao assento multívio, como antes, 345
quando sentada meditava sólidos desígnios.
Enquanto a soberana Hera de olhos grandes permanecia
nos templos mui frequentados por suplicantes, regozijava-se com as
[oferendas.

3. ΕΙΣ ΑΠΟΛΛΩΝΑ

σχέτλιε ποικιλομῆτα τί νῦν μητίσεαι ἄλλο;
πῶς ἔτλης οἶος τεκέειν γλαυκώπιδ' Ἀθήνην;
οὐκ ἂν ἐγὼ τεκόμην; καὶ σὴ κεκλημένη ἔμπης
ἦα ῥ' ἐν ἀθανάτοισιν οἳ οὐρανὸν εὐρὺν ἔχουσι.[49]   325
καὶ νῦν μέν τοι ἐγὼ τεχνήσομαι ὥς κε γένηται
παῖς ἐμὸς ὅς κε θεοῖσι μεταπρέποι ἀθανάτοισιν,
οὔτε σὸν αἰσχύνασ' ἱερὸν λέχος οὔτ' ἐμὸν αὐτῆς,
οὐδέ τοι εἰς εὐνὴν πωλήσομαι, ἀλλ' ἀπὸ σεῖο
τηλόθεν οὖσα θεοῖσι μετέσσομαι ἀθανάτοισιν.   330
Ὣς εἰποῦσ' ἀπονόσφι θεῶν κίε χωομένη περ.
αὐτίκ' ἔπειτ' ἠρᾶτο βοῶπις πότνια Ἥρη,
χειρὶ καταπρηνεῖ δ' ἔλασε χθόνα καὶ φάτο μῦθον·
κέκλυτε νῦν μοι γαῖα καὶ οὐρανὸς εὐρὺς ὕπερθεν,
Τιτῆνές τε θεοὶ τοὶ ὑπὸ χθονὶ ναιετάοντες   335
Τάρταρον ἀμφὶ μέγαν, τῶν ἐξ ἄνδρες τε θεοί τε·
αὐτοὶ νῦν μευ πάντες ἀκούσατε καὶ δότε παῖδα
νόσφι Διός, μηδέν τι βίην ἐπιδευέα κείνου·
ἀλλ' ὅ γε φέρτερος ἔστω ὅσον Κρόνου εὐρύοπα Ζεύς.
Ὣς ἄρα φωνήσασ' ἵμασε χθόνα χειρὶ παχείῃ·   340
κινήθη δ' ἄρα γαῖα φερέσβιος, ἡ δὲ ἰδοῦσα
τέρπετο ὃν κατὰ θυμόν, ὀΐετο γὰρ τελέεσθαι.
ἐκ τούτου δὴ ἔπειτα τελεσφόρον εἰς ἐνιαυτὸν
οὔτε ποτ' εἰς εὐνὴν Διὸς ἤλυθε μητιόεντος,
οὔτε ποτ' εἰς θῶκον πολυδαίδαλον ὡς τὸ πάρος περ   345
αὐτῷ ἐφεζομένη πυκινὰς φραζέσκετο βουλάς·
ἀλλ' ἥ γ' ἐν νηοῖσι πολυλλίστοισι μένουσα
τέρπετο οἷς ἱεροῖσι βοῶπις πότνια Ἥρη.

---

49. Quatro manuscritos da família Ψ contêm, na margem, um verso adicional, Φράζεο νῦν μή τοί τι κακὸν μητίσομ' ὀπίσσω, "Reflita agora, para que não maquine um mal contra ti mais tarde!", que os editores numeram como "325a" e colocam entre os versos 325 e 326. Sem ele, no entanto, os vv.324-327 fazem muito mais sentido.

3. A APOLO

Mas, quando os meses e os dias se cumpriram,
e um ano completo cumpria seu ciclo, vieram as Horas*, 350
e ela pariu, não semelhante aos deuses nem aos mortais,
o terrível e horrendo Tífon, tormento dos deuses.
Logo que o pegou, a soberana Hera de olhos grandes,
levando-o, deu o mal ao mal,[50] e a serpente o recebeu.
Ele fazia muito mal à grei ilustre dos homens. 355
Quem a encontrasse [sc. a serpente], o dia fatal o levava,
antes que o senhor arqueiro Apolo lançasse-lhe suas frechas
fortes. A serpente, dilacerada pelas dores difíceis de suportar,
jazia ofegante, rolando no chão.
Um grito extraordinário surgiu imenso; sem cessar 360
suplicava ela aqui e ali na floresta; depois, abandonou o ânimo,
exalando um sopro sanguíneo, e Febo* Apolo disse:
"Que agora aqui apodreças sobre a terra nutriz de homens.
Não serás mais a má ruína aos mortais viventes;
eles, que comem o fruto da mui nutriz terra, 365
aqui me trarão perfeitas hecatombes;
nada te afastará da morte cruel, nem Tifeu,[51]
nem Cabra[52] de nome odioso, mas aqui mesmo
a terra negra e o brilhante Hipérion* te farão apodrecer".
Assim falou vangloriando-se. E as trevas cobriram os olhos 370
[da serpente.
E a força sagrada de Hélio fê-la apodrecer ali mesmo.
A partir disso, o lugar é chamado Pitô*, e eles chamam
o senhor pelo sobrenome Pítio, porque lá mesmo
a força aguda de Hélio fez o monstro apodrecer.

---

50. Hera deu o monstro a outro monstro.
51. Variante do nome *Tífon*.
52. Tradução do nome de outro monstro, Quimera. Consta que era filha de Tífon, tinha corpo de cabra, cabeça de leão, cauda de serpente e soltava fogo pelas ventas. Foi vencida pelo herói Belerofonte.

3. ΕΙΣ ΑΠΟΛΛΩΝΑ

ἀλλ' ὅτε δὴ μῆνές τε καὶ ἡμέραι ἐξετελεῦντο
ἂψ περιτελλομένου ἔτεος καὶ ἐπήλυθον ὧραι, 350
ἡ δ' ἔτεκ' οὔτε θεοῖς ἐναλίγκιον οὔτε βροτοῖσι
δεινόν τ' ἀργαλέον τε Τυφάονα πῆμα βροτοῖσιν.
αὐτίκα τόνδε λαβοῦσα βοῶπις πότνια Ἥρη
δῶκεν ἔπειτα φέρουσα κακῷ κακόν, ἡ δ' ὑπέδεκτο·
ὃς κακὰ πόλλ' ἔρδεσκε κατὰ κλυτὰ φῦλ' ἀνθρώπων. 355
ὃς τῇ γ' ἀντιάσειε, φέρεσκέ μιν αἴσιμον ἦμαρ
πρίν γέ οἱ ἰὸν ἐφῆκεν ἄναξ ἑκάεργος Ἀπόλλων
καρτερόν· ἡ δ' ὀδύνῃσιν ἐρεχθομένη χαλεπῇσι
κεῖτο μέγ' ἀσθμαίνουσα κυλινδομένη κατὰ χῶρον.
θεσπεσίη δ' ἐνοπὴ γένετ' ἄσπετος, ἡ δὲ καθ' ὕλην 360
πυκνὰ μάλ' ἔνθα καὶ ἔνθα ἑλίσσετο, λεῖπε δὲ θυμὸν
φοινὸν ἀποπνείους', ὁ δ' ἐπηύξατο Φοῖβος Ἀπόλλων·
ἐνταυθοῖ νῦν πύθευ ἐπὶ χθονὶ βωτιανείρῃ,
οὐδὲ σύ γε ζωοῖσι κακὸν δήλημα βροτοῖσιν
ἔσσεαι, οἳ γαίης πολυφόρβου καρπὸν ἔδοντες 365
ἐνθάδ' ἀγινήσουσι τελήεσσας ἑκατόμβας,
οὐδέ τί τοι θάνατόν γε δυσηλεγέ' οὔτε Τυφωεὺς
ἀρκέσει οὔτε Χίμαιρα δυσώνυμος, ἀλλὰ σέ γ' αὐτοῦ
πύσει γαῖα μέλαινα καὶ ἠλέκτωρ Ὑπερίων.
Ὣς φάτ' ἐπευχόμενος, τὴν δὲ σκότος ὄσσε κάλυψε. 370
τὴν δ' αὐτοῦ κατέπυσ' ἱερὸν μένος Ἠελίοιο·
ἐξ οὗ νῦν Πυθὼ κικλήσκεται, οἱ δὲ ἄνακτα
Πύθειον καλέουσιν ἐπώνυμον οὕνεκα κεῖθι
αὐτοῦ πῦσε πέλωρ μένος ὀξέος Ἠελίοιο.

3. A APOLO

E, então, Febo* Apolo reconheceu em suas entranhas 375
porque a fonte de bela corredeira o trapaceou.
Irado, contra Telfusa caminhou, e rápido chegou.
Colocou-se bem perto dela, e lhe falou esta palavra:
"Telfusa, não deves, após trapacear meu espírito,
por teres uma região graciosa, fazer correr a água de bela corredeira. 380
Aqui, também minha será a glória, não tua somente".
O senhor arqueiro Apolo falou, e impeliu-se para o cimo,
e com avalanches de pedras encobriu a corredeira,
e fez um altar no bosque arborizado,
bem perto da fonte de bela corredeira. Ali, todos 385
rendem graças ao senhor sob o nome de Telfúsio,
porque ele maculou a corredeira da sagrada Telfusa.
E, então, Febo* Apolo meditava em seu ânimo
que homens introduziria nos seus rituais,
para serem seus servos na pedregosa Pitô*. 390
Isso cogitando, viu no mar vinoso
uma rápida nau. Havia nela nobres cidadãos,
cretenses da minoica Cnossos*, que, para o senhor,
hão de fazer oferendas; anunciar os costumes
de Febo* Apolo de espada dourada: o que se possa dizer 395
quando se vaticina a partir do loureiro nas grutas do Parnaso*.
Eles, visando ao comércio e aos negócios, navegavam na nau negra
para arenosa Pilos*, e aos homens ali nascidos,
mas Febo* Apolo ia ao seu encontro.
No alto-mar, no corpo semelhante a um delfim, Apolo se lançou 400

3. ΕΙΣ ΑΠΟΛΛΩΝΑ

Καὶ τότ' ἄρ' ἔγνω ᾗσιν ἐνὶ φρεσὶ Φοῖβος Ἀπόλλων 375
οὕνεκά μιν κρήνη καλλίρροος ἐξαπάφησε·
βῆ δ' ἐπὶ Τελφούσῃ κοχολωμένος, αἶψα δ' ἵκανε·
στῆ δὲ μάλ' ἄγχ' αὐτῆς καί μιν πρὸς μῦθον ἔειπε·
Τελφοῦσ', οὐκ ἄρ' ἔμελλες ἐμὸν νόον ἐξαπαφοῦσα
χῶρον ἔχουσ' ἐρατὸν προρέειν καλλίρροον ὕδωρ. 380
ἐνθάδε δὴ καὶ ἐμὸν κλέος ἔσσεται, οὐδὲ σὸν οἴης.
Ἦ καὶ ἐπὶ ῥίον ὦσεν ἄναξ ἑκάεργος Ἀπόλλων
πέτρῃσι προχυτῇσιν, ἀπέκρυψεν δὲ ῥέεθρα,
καὶ βωμὸν ποιήσατ' ἐν ἄλσεϊ δενδρήεντι
ἄγχι μάλα κρήνης καλλιρρόου· ἔνθα δ' ἄνακτι 385
πάντες ἐπίκλησιν Τελφουσίῳ εὐχετόωνται
οὕνεκα Τελφούσης ἱερῆς ᾔσχυνε ῥέεθρα.
Καὶ τότε δὴ κατὰ θυμὸν ἐφράζετο Φοῖβος Ἀπόλλων
οὕς τινας ἀνθρώπους ὀργιόνας εἰσαγάγοιτο
οἳ θεραπεύσονται Πυθοῖ ἔνι πετρηέσσῃ· 390
ταῦτ' ἄρα ὁρμαίνων ἐνόησ' ἐπὶ οἴνοπι πόντῳ
νῆα θοήν· ἐν δ' ἄνδρες ἔσαν πολέες τε καὶ ἐσθλοί,
Κρῆτες ἀπὸ Κνωσοῦ Μινωΐου, οἵ ῥά τ' ἄνακτι
ἱερά τε ῥέζουσι καὶ ἀγγέλλουσι θέμιστας
Φοίβου Ἀπόλλωνος χρυσαόρου, ὅττι κεν εἴπῃ 395
χρείων ἐκ δάφνης γυάλων ὕπο Παρνησοῖο.
οἱ μὲν ἐπὶ πρῆξιν καὶ χρήματα νηΐ μελαίνῃ
ἐς Πύλον ἠμαθόεντα Πυλοιγενέας τ' ἀνθρώπους
ἔπλεον· αὐτὰρ ὁ τοῖσι συνήντετο Φοῖβος Ἀπόλλων·
ἐν πόντῳ δ' ἐπόρουσε δέμας δελφῖνι ἐοικὼς 400

3. A APOLO

na nau veloz, e sobre ela permaneceu, como um monstro grande
                                                                               [e terrível.
Aquele que deles no ânimo pensasse olhar,
ele o arremessaria por todos os lados, e sacudiria as tábuas da nau.
Temendo, permaneciam em silêncio na nau,
não soltavam as cordas sobre a côncava nau negra   405
nem soltavam a vela da nau de escura proa.
Tal como haviam-na fixado antes com as amarras,
assim navegavam. O violento Noto[53] impelia
a nau veloz por trás. Primeiro, passaram Maleia[54]
e, ladeando a terra Lacônia*, chegaram a uma cidadela   410
coroada de mar, região de Hélio que regozija os mortais:
Tênaro, onde sempre se alimentam os carneiros de funda lã
do senhor Hélio, patrono da regozijante região.
Ali, eles quiseram deter a nau, para desembarcar,
observar o grande prodígio, e ver, com os próprios olhos,   415
se o monstro permaneceria no piso da cava nau,
ou se lançar-se-ia sobre as ondas do mar piscoso.
Mas a nau bem trabalhada não obedecia ao leme,
ao contrário, deixando de lado o opulento Peloponeso*,
seguia seu caminho; o senhor arqueiro Apolo, com o sopro do vento,   420
facilmente a dirigia. A nau, atravessando o caminho,
chegava a Arene e à amável Argifea,
a Trion, ao curso do Alfeu*, e à bem construída Épi,
à arenosa Pilos* e aos homens ali nascidos.
Passou diante de Croúnoi, de Cálcida e de Dime,[55]   425

---

53. O vento sul, que trazia as tempestades do fim do verão e do outono. Em Roma: *Auster*.
54. Os vv.409-39 contêm o terceiro e último "catálogo geográfico" do hino. Note-se que a finalidade primeira do poeta, nesses catálogos, não é apresentar o itinerário do deus de acordo com a exata geografia da região (ver Cabral, 2004, p.240-4). Maleia é um cabo do extremo sul do Peloponeso*.
55. Arene, Argifea, Trion, Épi, Pilos e Dime são localidades do oeste do Peloponeso (vv.422-5), próximas do rio Alfeu*. Croúnoi e Cálcida eram dois pequenos cursos d'água que antigamente desaguavam no Alfeu*. A localização de Trion e Dime é incerta; Argifea, mencionada apenas neste hino, é completamente desconhecida.

3. ΕΙΣ ΑΠΟΛΛΩΝΑ

νηΐ θοῇ, καὶ κεῖτο πέλωρ μέγα τε δεινόν τε·
τῶν δ' ὅς τις κατὰ θυμὸν ἐπιφράσσαιτο νοῆσαι
πάντοσ' ἀνασσείασκε, τίνασσε δὲ νήϊα δοῦρα.
οἱ δ' ἀκέων ἐνὶ νηῒ καθήατο δειμαίνοντες,
οὐδ' οἵ γ' ὅπλ' ἔλυον κοίλην ἀνὰ νῆα μέλαιναν, 405
οὐδ' ἔλυον λαῖφος νηὸς κυανοπρώροιο·
ἀλλ' ὡς τὰ πρώτιστα κατεστήσαντο βοεῦσιν
ὣς ἔπλεον· κραιπνὸς δὲ νότος κατόπισθεν ἔγειρε
νῆα θοήν· πρῶτον δὲ παρημείβοντο Μάλειαν,
πὰρ δὲ Λακωνίδα γαῖαν ἁλιστέφανον πτολίεθρον 410
ἷξον καὶ χῶρον τερψιμβρότου Ἠελίοιο
Ταίναρον, ἔνθα τε μῆλα βαθύτριχα βόσκεται αἰεὶ
Ἠελίοιο ἄνακτος, ἔχει δ' ἐπιτερπέα χῶρον.
οἱ μὲν ἄρ' ἔνθ' ἔθελον νῆα σχεῖν ἠδ' ἀποβάντες
φράσσασθαι μέγα θαῦμα καὶ ὀφθαλμοῖσιν ἰδέσθαι 415
εἰ μενέει νηὸς γλαφυρῆς δαπέδοισι πέλωρον,
ἦ εἰς οἶδμ' ἅλιον πολυΐχθυον ἀμφὶς ὀρούσει·
ἀλλ' οὐ πηδαλίοισιν ἐπείθετο νηῦς ἐυεργής,
ἀλλὰ παρὲκ Πελοπόννησον πίειραν ἔχουσα
ἤϊ' ὁδόν, πνοιῇ δὲ ἄναξ ἑκάεργος Ἀπόλλων 420
ῥηϊδίως ἴθυν'· ἡ δὲ πρήσσουσα κέλευθον
Ἀρήνην ἵκανε καὶ Ἀργυφέην ἐρατεινὴν
καὶ Θρύον Ἀλφειοῖο πόρον καὶ ἐΰκτιτον Αἶπυ
καὶ Πύλον ἠμαθόεντα Πυλοιγενέας τ' ἀνθρώπους·
βῆ δὲ παρὰ Κρουνοὺς καὶ Χαλκίδα καὶ παρὰ Δύμην 425

3. A APOLO

e diante da diva Élida*, onde reinam os epeios.
Quando, glorificada pelo vento de Zeus, a nau aportava em Feas,[56]
apareceu-lhes, sob nuvens, a escarpada montanha de Ítaca,
Dulíquio, Same e Zacinto florestal.[57]
Mas, quando a nau costeava todo o Peloponeso*, 430
e aparecia-lhes o imenso golfo de Crisa*,[58]
que delimita o fértil Peloponeso*,
veio, pela vontade de Zeus, um grande vento Zéfiro* puro,
lançando-se violento do éter, para que mais rápido
a nau acabasse de correr a água salina do mar. 435
Voltando pelo mesmo caminho, navegavam, então, rumo à aurora
[e ao sol;
guiava-os o senhor Apolo, filho de Zeus.
E chegaram à ensolarada Crisa*, coberta de videiras,
alcançaram o porto, e a nau atravessadora do mar atracou nas areias.
Ali, o senhor arqueiro Apolo, parecendo um astro ao 440
meio-dia, lançou-se da nau. Muitas centelhas
voavam dele e um clarão ia para o céu.
Em seu recinto entrou, passando pelas preciosas trípodes.
Ali, inflamou a chama, mostrando seus dardos,[59]
e o clarão deteve toda Crisa*. As esposas dos críseos 445
e as filhas de belas cinturas gritaram de alegria,
pelo fulgor de Febo* que, em cada um, grande horror infundiu.
Dali, como o pensamento, saltou de novo para voar sobre a nau,
parecendo um homem robusto e forte, na juventude,
tendo envolvido os vastos ombros com a cabeleira. 450

---

56. Promontório da costa oeste do Peloponeso, na Élida.
57. Ítaca e Zacinto são duas das ilhas iônicas, situadas a oeste do Golfo de Corinto. A identificação de Dulíquio e Same é problemática, mas é razoável imaginá-las como parte do mesmo arquipélago, Dulíquio pode ser Leucas (Càssola, ad loc.) e Same, a ilha de Cefalênia (Humbert, p.97).
58. Na parte norte do Golfo de Corinto, na altura de Crisa* (ver mapa 2, p.27). Ele não é assim tão grande; o poeta se refere, possivelmente, ao próprio Golfo de Corinto.
59. Em Hes. *Th.* 708, os dardos de Zeus são o trovão, o relâmpago e o raio; aqui, os dardos de Apolo são os raios de sol. Sobre a identificação entre o sol e Apolo (440-5), ver o cap.12.

3. ΕΙΣ ΑΠΟΛΛΩΝΑ

ἠδὲ παρ' Ἤλιδα δῖαν ὅθι κρατέουσιν Ἐπειοί·
εὖτε Φεὰς ἐπέβαλλεν ἀγαλλομένη Διὸς οὔρῳ
καί σφιν ὑπὲκ νεφέων Ἰθάκης τ' ὄρος αἰπὺ πέφαντο,
Δουλίχιόν τε Σάμη τε καὶ ὑλήεσσα Ζάκυνθος.
ἀλλ' ὅτε δὴ Πελοπόννησον παρενίσατο πᾶσαν,   430
καὶ δὴ ἐπὶ Κρίσης κατεφαίνετο κόλπος ἀπείρων
ὅς τε διὲκ Πελοπόννησον πίειραν ἐέργει,
ἦλθ' ἄνεμος ζέφυρος μέγας αἴθριος ἐκ Διὸς αἴσης
λάβρος ἐπαιγίζων ἐξ αἰθέρος, ὄφρα τάχιστα
νηῦς ἀνύσειε θέουσα θαλάσσης ἁλμυρὸν ὕδωρ.   435
ἄψορροι δὴ ἔπειτα πρὸς ἠῶ τ' ἠέλιόν τε
ἔπλεον, ἡγεμόνευε δ' ἄναξ Διὸς υἱὸς Ἀπόλλων·
ἷξον δ' ἐς Κρίσην εὐδείελον ἀμπελόεσσαν
ἐς λιμέν', ἡ δ' ἀμάθοισιν ἐχρίμψατο ποντοπόρος νηῦς.
ἔνθ' ἐκ νηὸς ὄρουσεν ἄναξ ἑκάεργος Ἀπόλλων   440
ἀστέρι εἰδόμενος μέσῳ ἤματι· τοῦ δ' ἀπὸ πολλαὶ
σπινθαρίδες πωτῶντο, σέλας δ' εἰς οὐρανὸν ἷκεν·
ἐς δ' ἄδυτον κατέδυσε διὰ τριπόδων ἐριτίμων.
ἔνθ' ἄρ' ὅ γε φλόγα δαῖε πιφαυσκόμενος τὰ ἃ κῆλα,
πᾶσαν δὲ Κρίσην κάτεχεν σέλας· αἱ δ' ὀλόλυξαν   445
Κρισαίων ἄλοχοι καλλίζωνοί τε θύγατρες
Φοίβου ὑπὸ ῥιπῆς· μέγα γὰρ δέος ἔμβαλ' ἑκάστῳ.
ἔνθεν δ' αὖτ' ἐπὶ νῆα νόημ' ὣς ἆλτο πέτεσθαι
ἀνέρι εἰδόμενος αἰζηῷ τε κρατερῷ τε
πρωθήβῃ, χαίτῃς εἰλυμένος εὐρέας ὤμους·   450

3. A APOLO

Falando aos cretenses, disse estas palavras aladas:
"Estrangeiros quem sois? De onde vindes, vós que navegais
[no caminho líquido?
Será pelo comércio, ou errais ao acaso,
como erram os piratas sobre o mar,
arriscando suas almas, e levando o mal aos estrangeiros?   455
Por que permaneceis desanimados assim, e não desembarcastes,
nem depositastes as cordas da nau negra em terra?
Este é o costume dos homens comedores de pão,
quando vêm do mar para a terra na nau negra,
cansados do esforço; logo,   460
o desejo do trigo doce toma suas entranhas".
Assim falou, e colocou confiança no peito deles.
O chefe dos cretenses, respondendo, lhe falou na face:
"Estrangeiro, já que em nada te assemelhas aos mortais,
nem no corpo nem no talhe, mas aos deuses imortais,   465
saúde e alegra-te muito. Que os bens os deuses te deem!
Declara-me a verdade, para que eu saiba bem.
Que região é esta? Que terra? Que mortais são nascidos?
Com outras intenções navegamos no grande abismo,
de Creta*, onde nos gloriamos de ter uma família, para Pilos*.   470
Agora, aqui, não voluntários, com a nau viemos,
desejosos do retorno por outro caminho, outra rota.
Mas, um dos imortais nos conduziu aqui, embora não quiséssemos".
Respondendo-lhes, disse o arqueiro Apolo:
"Estrangeiros, habitastes a mui arborizada Cnossos*   475

3. ΕΙΣ ΑΠΟΛΛΩΝΑ

καί σφεας φωνήσας ἔπεα πτερόεντα προσηύδα·
ὦ ξεῖνοι τίνες ἐστέ; πόθεν πλεῖθ' ὑγρὰ κέλευθα;
ἤ τι κατὰ πρῆξιν, ἦ μαψιδίως ἀλάλησθε
οἷά τε ληϊστῆρες ὑπεὶρ ἅλα, τοί τ' ἀλόωνται
ψυχὰς παρθέμενοι κακὸν ἀλλοδαποῖσι φέροντες;   455
τίφθ' οὕτως ἧσθον τετιηότες, οὐδ' ἐπὶ γαῖαν
ἔκβητ', οὐδὲ καθ' ὅπλα μελαίνης νηὸς ἔθεσθε;
αὕτη μέν γε δίκη πέλει ἀνδρῶν ἀλφηστάων
ὁππόταν ἐκ πόντοιο ποτὶ χθονὶ νηῒ μελαίνῃ
ἔλθωσιν καμάτῳ ἀδηκότες, αὐτίκα δέ σφεας   460
σίτοιο γλυκεροῖο περὶ φρένας ἵμερος αἱρεῖ.
Ὣς φάτο καί σφιν θάρσος ἐνὶ στήθεσσιν ἔθηκε.
τὸν καὶ ἀμειβόμενος Κρητῶν ἀγὸς ἀντίον ηὔδα·
ξεῖν', ἐπεὶ οὐ μὲν γάρ τι καταθνητοῖσιν ἔοικας,
οὐ δέμας οὐδὲ φυήν, ἀλλ' ἀθανάτοισι θεοῖσιν,   465
οὖλέ τε καὶ μέγα χαῖρε, θεοὶ δέ τοι ὄλβια δοῖεν.
καί μοι τοῦτ' ἀγόρευσον ἐτήτυμον ὄφρ' εὖ εἰδῶ·
τίς δῆμος; τίς γαῖα; τίνες βροτοὶ ἐγγεγάασιν;
ἄλλῃ γὰρ φρονέοντες ἐπεπλέομεν μέγα λαῖτμα
εἰς Πύλον ἐκ Κρήτης, ἔνθεν γένος εὐχόμεθ' εἶναι·   470
νῦν δ' ὧδε ξὺν νηῒ κατήλθομεν οὔ τι ἑκόντες
νόστου ἱέμενοι ἄλλην ὁδὸν ἄλλα κέλευθα·
ἀλλά τις ἀθανάτων δεῦρ' ἤγαγεν οὐκ ἐθέλοντας.
Τοὺς δ' ἀπαμειβόμενος προσέφη ἑκάεργος Ἀπόλλων·
ξεῖνοι, τοὶ Κνωσὸν πολυδένδρεον ἀμφινέμεσθε   475

3. A APOLO

antes, mas agora cada um de vós não mais retornareis
para a graciosa cidade, para os belos palácios,
para as caras esposas, mas aqui guardareis meu opulento templo,
honrado por muitos homens.
Sou o filho de Zeus, Apolo glorio-me de ser; 480
conduzi-vos até aqui, sobre o grande abismo do mar,
sem nenhuma má intenção, mas aqui mantereis meu
opulento templo, mui honrado por todos os homens,
e os desígnios dos imortais vós conhecereis e, pela vontade deles,
vós sereis honrados sem cessar para sempre e sempre. 485
Mas, vamos! enquanto eu falo, me obedeçais rápido.
Soltando as amarras, amainai primeiro as velas,
puxai, depois, a nau negra para o continente,
escolhei bens e equipagens da nau simétrica,
e na orla do mar fazei meu altar; 490
sobre ele, o fogo queimando, e consagrando a branca farinha,
orai, e, depois, vos colocai ao redor do altar.
Como eu, no princípio, no brumoso mar,
parecendo um delfim, sobre a nau veloz me lancei,
assim orai por mim, o Delfino. Depois, o 495
próprio altar será sempre famoso sob o nome de délfico.
Tomai, depois, a refeição ao lado da veloz nau negra,
e libai aos bem-aventurados deuses moradores do Olimpo*.
E, quando tiverdes deixado ir o desejo do trigo doce como o mel,
vinde comigo, e cantai o Ié Peã, 500

3. ΕΙΣ ΑΠΟΛΛΩΝΑ

τὸ πρίν, ἀτὰρ νῦν οὐκ ἔθ' ὑπότροποι αὖθις ἔσεσθε
ἔς τε πόλιν ἐρατὴν καὶ δώματα καλὰ ἕκαστος
ἔς τε φίλας ἀλόχους, ἀλλ' ἐνθάδε πίονα νηὸν
ἕξετ' ἐμὸν πολλοῖσι τετιμένον ἀνθρώποισιν·
εἰμὶ δ' ἐγὼ Διὸς υἱός, Ἀπόλλων δ' εὔχομαι εἶναι,   480
ὑμέας δ' ἤγαγον ἐνθάδ' ὑπὲρ μέγα λαῖτμα θαλάσσης
οὔ τι κακὰ φρονέων, ἀλλ' ἐνθάδε πίονα νηὸν
ἕξετ' ἐμὸν πᾶσιν μάλα τίμιον ἀνθρώποισι,
βουλάς τ' ἀθανάτων εἰδήσετε, τῶν ἰότητι
αἰεὶ τιμήσεσθε διαμπερὲς ἤματα πάντα.   485
ἀλλ' ἄγεθ' ὡς ἂν ἐγὼ εἴπω πείθεσθε τάχιστα·
ἱστία μὲν πρῶτον κάθετον λύσαντε βοείας,
νῆα δ' ἔπειτα θοὴν ἀν' ἐπ' ἠπείρου ἐρύσασθε,
ἐκ δὲ κτήμαθ' ἕλεσθε καὶ ἔντεα νηὸς ἐΐσης,
καὶ βωμὸν ποιήσατ' ἐπὶ ῥηγμῖνι θαλάσσης,   490
πῦρ ἐπικαίοντες ἐπί τ' ἄλφιτα λευκὰ θύοντες·
εὔχεσθαι δὴ ἔπειτα παριστάμενοι περὶ βωμόν.
ὡς μὲν ἐγὼ τὸ πρῶτον ἐν ἠεροειδέϊ πόντῳ
εἰδόμενος δελφῖνι θοῆς ἐπὶ νηὸς ὄρουσα,
ὣς ἐμοὶ εὔχεσθαι δελφινίῳ· αὐτὰρ ὁ βωμὸς   495
αὐτὸς δέλφειος καὶ ἐπόψιος ἔσσεται αἰεί.
δειπνῆσαί τ' ἄρ' ἔπειτα θοῇ παρὰ νηΐ μελαίνῃ,
καὶ σπεῖσαι μακάρεσσι θεοῖς οἳ Ὄλυμπον ἔχουσιν.
αὐτὰρ ἐπὴν σίτοιο μελίφρονος ἐξ ἔρον ἧσθε,
ἔρχεσθαί θ' ἅμ' ἐμοὶ καὶ ἰηπαιήον' ἀείδειν   500

3. A APOLO

até chegardes à região onde mantereis meu opulento templo".
Assim falou. Eles o ouviram e obedeceram.
Soltaram as amarras, amainaram primeiro as velas,
abaixaram o mastro com os cabos, e aproximaram-no do cavalete,
desembarcaram na orla do mar,   505
puxaram a nau veloz do mar para o continente,
acima da areia, e a seu lado estenderam grandes escoras,
e fizeram o altar na orla do mar;
sobre ele, o fogo queimando, e consagrando a branca farinha,
oraram, como Apolo ordenou, colocando-se ao redor do altar.   510
Tomaram, depois, a refeição ao lado da veloz nau negra,
e libaram aos bem-aventurados deuses moradores do Olimpo*.
E, quando deixaram ir o desejo da comida e da bebida,
puseram-se a caminho. Guiava-os, o senhor Apolo, filho de Zeus,
tendo nas mãos a lira*, tocando-a amavelmente,   515
e movendo-se com belos e elevados passos. Dançando,
os cretenses o seguiam para Pitô*, e cantavam o Ié Peã,
tal como o peã dos cretenses, a quem a diva Musa
colocou em seus peitos meloso canto.
Infatigáveis subiram a colina a pé, e logo chegaram   520
ao Parnaso*, e à região bem amável, onde Apolo pretendia
morar, honrado por muitos homens.
Conduzindo-os, mostrou-lhes o recinto divino e o opulento templo.
O ânimo deles agitou-se em seus peitos.
O chefe dos cretenses, interrogando-o, lhe falou na face: 525

3. ΕΙΣ ΑΠΟΛΛΩΝΑ

εἰς ὅ κε χῶρον ἵκησθον ἵν' ἕξετε πίονα νηόν.
Ὣς ἔφαθ'· οἱ δ' ἄρα τοῦ μάλα μὲν κλύον ἠδ' ἐπίθοντο.
ἱστία μὲν πρῶτον κάθεσαν, λῦσαν δὲ βοείας,
ἱστὸν δ' ἱστοδόκῃ πέλασαν προτόνοισιν ὑφέντες,
ἐκ δὲ καὶ αὐτοὶ βαῖνον ἐπὶ ῥηγμῖνι θαλάσσης,   505
ἐκ δ' ἁλὸς ἤπειρον δὲ θοὴν ἀνὰ νῆ' ἐρύσαντο
ὑψοῦ ἐπὶ ψαμάθοις, παρὰ δ' ἕρματα μακρὰ τάνυσσαν,
καὶ βωμὸν ποίησαν ἐπὶ ῥηγμῖνι θαλάσσης·
πῦρ δ' ἐπικαίοντες ἐπί τ' ἄλφιτα λευκὰ θύοντες
εὔχονθ' ὡς ἐκέλευε παριστάμενοι περὶ βωμόν.   510
δόρπον ἔπειθ' εἵλοντο θοῇ παρὰ νηῒ μελαίνῃ,
καὶ σπεῖσαν μακάρεσσι θεοῖς οἳ Ὄλυμπον ἔχουσιν.
αὐτὰρ ἐπεὶ πόσιος καὶ ἐδητύος ἐξ ἔρον ἕντο
βάν ῥ' ἴμεν· ἦρχε δ' ἄρα σφιν ἄναξ Διὸς υἱὸς Ἀπόλλων
φόρμιγγ' ἐν χείρεσσιν ἔχων ἐρατὸν κιθαρίζων   515
καλὰ καὶ ὕψι βιβάς· οἱ δὲ ῥήσσοντες ἕποντο
Κρῆτες πρὸς Πυθὼ καὶ ἰηπαιήον' ἄειδον,
οἷοί τε Κρητῶν παιήονες οἷσί τε Μοῦσα
ἐν στήθεσσιν ἔθηκε θεὰ μελίγηρυν ἀοιδήν.
ἄκμητοι δὲ λόφον προσέβαν ποσίν, αἶψα δ' ἵκοντο   520
Παρνησὸν καὶ χῶρον ἐπήρατον ἔνθ' ἄρ' ἔμελλεν
οἰκήσειν πολλοῖσι τετιμένος ἀνθρώποισι·
δεῖξε δ' ἄγων ἄδυτον ζάθεον καὶ πίονα νηόν.
τῶν δ' ὠρίνετο θυμὸς ἐνὶ στήθεσσι φίλοισι·
τὸν καὶ ἀνειρόμενος Κρητῶν ἀγὸς ἀντίον ηὔδα·   525

3. A APOLO

"Senhor, já que longe dos amigos e da terra pátria
conduziste-nos – isso por certo agradava ao teu ânimo – mas,
como vamos viver agora? Nós te exortamos a nos explicar isso.
Não há produção do bem amável vinho, nem belos prados,
para que possamos viver bem e acompanhar os homens". 530
Sorrindo, disse-lhe Apolo, filho de Zeus:
"Homens inocentes, desditosos, que desejais penosas
preocupações, fadigas e angústias para vosso ânimo.
Fácil é a palavra que direi, e a colocarei em vossos peitos.
Cada um de vós, tendo na mão direita um punhal, 535
degole os carneiros, que serão fornecidos em abundância,
tantos quantos me trouxerem a grei ilustríssima dos homens.
Vigiai meu templo, recebei a grei dos homens
que, sobretudo, aqui irão se reunir sob minha direção,
sempre a praticarem uma palavra, ou uma ação irrefletida, 540
ou uma soberba, como é o costume dos homens mortais.
Depois, outros homens serão vossos comandantes,
e, sob a coerção deles, para sempre sereis submissos."[60]
Tudo está dito, e tu, guarda-a em tuas entranhas".
Também tu assim te alegra filho de Zeus e Leto*. 545
Depois me lembrarei de ti e de outro canto.

---

60. Menção à *Anfictionia Délfica*, confederação de póleis vizinhas que administrava o santuário de Apolo em Delfos. Diferenças políticas entre as póleis da Anfictionia e seus aliados produziram três "Guerras Sagradas" (595-586 a.C., 449 a.C. e 356-346 a.C.).

3. ΕΙΣ ΑΠΟΛΛΩΝΑ

ὦ ἄν', ἐπεὶ δὴ τῆλε φίλων καὶ πατρίδος αἴης
ἤγαγες· οὕτω που τῷ σῷ φίλον ἔπλετο θυμῷ·
πῶς καὶ νῦν βιόμεσθα; τό σε φράζεσθαι ἄνωγμεν.
οὔτε τρυγηφόρος ἥδε γ' ἐπήρατος οὔτ' εὐλείμων,
ὥς τ' ἀπό τ' εὖ ζώειν καὶ ἅμ' ἀνθρώποισιν ὀπηδεῖν.   530
Τοὺς δ' ἐπιμειδήσας προσέφη Διὸς υἱὸς Ἀπόλλων·
νήπιοι ἄνθρωποι δυστλήμονες οἳ μελεδῶνας
βούλεσθ' ἀργαλέους τε πόνους καὶ στείνεα θυμῷ·
ῥηΐδιον ἔπος ὔμμ' ἐρέω καὶ ἐπὶ φρεσὶ θήσω.
δεξιτερῇ μάλ' ἕκαστος ἔχων ἐν χειρὶ μάχαιραν   535
σφάζειν αἰεὶ μῆλα· τὰ δ' ἄφθονα πάντα παρέσται,
ὅσσα ἐμοί κ' ἀγάγωσι περικλυτὰ φῦλ' ἀνθρώπων·
νηὸν δὲ προφύλαχθε, δέδεχθε δὲ φῦλ' ἀνθρώπων
ἐνθάδ' ἀγειρομένων καὶ ἐμὴν ἰθύν γε τάχιστα
ἠέ τι τηΰσιον ἔπος ἔσσεται ἠέ τι ἔργον[61]   540
ὕβρις θ', ἣ θέμις ἐστὶ καταθνητῶν ἀνθρώπων,
ἄλλοι ἔπειθ' ὑμῖν σημάντορες ἄνδρες ἔσονται,
τῶν ὑπ' ἀναγκαίῃ δεδμήσεσθ' ἤματα πάντα.
εἴρηταί τοι πάντα, σὺ δὲ φρεσὶ σῇσι φύλαξαι.
Καὶ σὺ μὲν οὕτω χαῖρε Διὸς καὶ Λητοῦς υἱέ·   545
αὐτὰρ ἐγὼ καὶ σεῖο καὶ ἄλλης μνήσομ' ἀοιδῆς.

---

61. Desde Wolf (1794), vários editores preconizam uma lacuna entre os versos 539 e 540.

h.Hom. 21: A Apolo

trad. Maria Lúcia G. Massi

Febo*, o cisne[62] canta-te com a harmonia das asas,
quando salta na colina junto ao Peneu,[63] rodopiante
rio; o aedo de doce voz canta-te, primeiro e por último,
sempre que tem a lira* harmoniosa.[64]
Também tu assim te alegra, senhor, peço-te no canto.   5

---

62. No momento em que Apolo nasceu, um bando de cisnes deu sete voltas sobre Delos*.
63. Rio da Tessália*, perto do qual, no vale de Tempé, havia um famoso templo dedicado a Apolo. No Peloponeso* há também um rio com esse nome, que nasce na Arcádia e atravessa a Élida*.
64. O tema deste hino é a parte de Apolo, narrada no hino *às Musas* (cap.19).

21. Εἰς Ἀπόλλωνα

Φοῖβε σὲ μὲν καὶ κύκνος ὑπὸ πτερύγων λίγ' ἀείδει
ὄχθῃ ἐπιθρῴσκων ποταμὸν πάρα δινήεντα
Πηνειόν· σὲ δ' ἀοιδὸς ἔχων φόρμιγγα λίγειαν
ἡδυεπὴς πρῶτόν τε καὶ ὕστατον αἰὲν ἀείδει.
Καὶ σὺ μὲν οὕτω χαῖρε ἄναξ, ἵλαμαι δέ σ' ἀοιδῇ.   5

APOLO

Silvia M. S. de Carvalho

Cisne e aedo cantam, neste pequeno hino a Apolo, que [Homero] não o menciona como cantor e sim apenas como deus da cítara* e do arco. Otto (1968, p.97) sugere que arco e instrumentos de corda tiveram a mesma origem, opinião com a qual concordam em geral os etnólogos.

Segundo Humbert (p.61), há uma tradição de que Apolo seria um deus asiânico. Na Anatólia, ele teria substituído um deus mais antigo, Mandros, protetor das cercas do reduto do gado. Humbert é de opinião que Apolo pertencia ao mundo egeu[1] e que ele pode ser eventualmente identificado com o deus etrusco Aplu. Segundo Sturtevant (1925, p.75), Apolo foi venerado em toda a bacia do Egeu antes da chegada dos helenos, sob um nome aparentado ao nome lídio Pldans.[2]

Leto*, sua mãe, foi somente venerada na Lídia, e a palmeira que ela abraça, na hora do parto, é uma árvore fenícia*. Leto*, a *Ártemis Ibsimsis* das inscrições lídias, é um nome que se aproxima do lício *lada*, "mulher", e também de Leda.[3] Segundo Graves (p.207), é a mesma deusa Latona dos romanos, ou Lat, como era conhecida, no Egito, uma deusa da fertilidade da palmeira dátira e da oliveira, ou Leto*, mãe de Apolo e de Ártemis, a quem Zeus se uniu, ele e ela transformados em codornizes.

Vítima dos ciúmes de Hera, que envia a serpente Píton para persegui-la e não a deixar ter os filhos em lugar algum que o sol houvesse iluminado, Leto* dá à luz Ártemis, cujo pássaro sagra-

---

1. O mundo egeu compreende, basicamente, as terras banhadas pelo Mar Egeu: Trácia, Grécia continental e insular, Creta e costa oriental da Ásia Menor.
2. Não se pode esquecer, também, de importante componente indo-europeu no mito de Apolo. Veja-se, por exemplo, a enorme semelhança entre sua vitória sobre a serpente Píton (*h.Ap.* 300-4 e 356-71) e a vitória do deus indiano Indra sobre a serpente Ahi (o deus Vritra) no *Rig-Veda* (1.32).
3. Esposa de Tíndaro, mãe dos Dióscuros (ver cap.10).

APOLO

do era, originalmente, a codorniz (Graves, p.57), em Ortígia*. A seguir, já em Delos*, no Monte Cinto*, entre uma palmeira dátira e uma oliveira, ela tem Apolo. Delos*, a ilha rochosa que acolheu Leto*, passa a ser por ela recompensada, uma vez que a sua riqueza virá do templo de Apolo, famoso em todo mundo grego.

Como divindade de oráculos, um dos primeiros títulos de Apolo é Apolo *Esminteu* (Apolo "Rato"), um rato oracular cujo culto era bem conhecido na Palestina e que teria sido introduzido na Grécia por Leto* – ou seja, por imigrantes palestinos. Isso explicaria, segundo Graves (p.56-7), o fato de o nascimento de Apolo se dar dentro da terra, onde o sol nunca teria entrado, e a perseguição da serpente, animal usado por gregos e romanos para evitar ratos dentro de casa. Talvez também ajude a entender o que tanto perturbou Marie Delcourt (1981, p.139-40), ao lembrar que Porfírio, na sua *Vida de Pitágoras*, menciona que ele escreveu versos elegíacos sobre a sepultura de Apolo, mostrando que Apolo era filho de Selene, e que ele foi morto por Píton e conservado, por ela, no tripé (Porph. *VP* 16.6). Escreve Delcourt (1981, p.140):

> Estranha inversão da tradição corrente, segundo a qual Apolo coloca no tripé os dentes e os ossos de Píton e recobre tudo com a sua pele curtida. Eu não vejo maneira alguma de direcionar, a uma linha central, essas variantes discordantes.

Sabe-se que, entre vários povos, sacrifícios humanos rituais eram executados, dramatizando o sacrificante a morte da vítima, como se fosse a sua própria – isto é, como se o sacrificante se autoimolasse.[4] Basta lembrarmos que, tanto o sacerdote asteca ao imolar uma vítima, como o tupinambá[5] que mata o prisioneiro inimigo, eram os únicos a não comer da carne do imolado. Curiosamente, tanto um como outro proferiam as mesmas palavras rituais: "não como da minha carne". Fácil é, assim,

---
4. Sobre os sacrifícios humanos na Grécia Antiga, ver cap.17, n.2, p.483.
5. Ver cap.16, p.473.

perceber que o sacrificante toma para si também o nome de sua vítima, assim como Atena passa a chamar-se Palas Atena após vencer o gigante* Palas. Mas, assim sendo, quem matou quem faz pouca diferença...

Segundo Brelich (1978, p.109-10), parece admissível que, em alguns casos, os oráculos tenham tido divindades mais antigas (Píton, Ptoio, Ismeno, Sarpédon) como donos e foram depois usurpados por Apolo. Trata-se, de qualquer maneira, de uma convergência de cultos, que passam a ser oficializados em âmbito geográfico maior, atribuídos a uma divindade também maior, venerada evidentemente pela classe ou pelo estrato da população dominante no novo contexto histórico. E Apolo seria a divindade identificada com essa sociedade hegemônica e sua também hegemônica atividade econômica: a criação de gado bovino. Explicitaremos isso, com mais detalhes, no ensaio sobre o longo *hino homérico a Hermes* (h.Merc.).[6]

---

6. *Infra*, p.456

Fig. 4.1 "Ares" - *Jovem guerreiro armado*. Cópia romana de original grego, encontrada no *Canopo* da Villa Adriana, Tivoli. Período Imperial.

4.
Ares, deus da guerra

Fernando B. Santos
Wilson A. Ribeiro Jr.

ΕΙΣ ΑΡΕΑ
In Martem

h.Hom. 8, com 17 versos (= h.Mart.).

h.Hom. 8: A Ares

trad. Fernando B. Santos

Ares supervigoroso, o que pressiona carros, de capacete de ouro,
de espírito forte, porta-escudo, salvador de cidades, armado de bronze,
de braço possante, infatigável, poderoso com a lança, defesa do Olimpo*,
pai de Nice* bem-sucedida na guerra, coajudante da Justiça,[1]
tirano aos que se altercam, condutor dos mais justos mortais,   5
portador do cetro da virilidade, fazendo girar a roda brilhante
do éter em constelações de sete caminhos, lá potros
sobre a terceira órbita[2] sempre mantêm-te fulgurante;
ouve, socorro de mortais, doador da bem corajosa juventude,
doce brilho iluminando acima a vida   10
nossa e vigor marcial, para que eu possa
rechaçar a covardia amarga de minha cabeça,
e submeter no peito o ilusório impulso da alma
e depois o ardor agudo do coração deter, que pode me incitar
a entrar no grito de guerra frio; mas tu coragem   15
dá, feliz, e permanecer em desarmadas leis de paz
refugiando-me do combate de inimigos e das calamidades violentas.

---

1. A titânide* Têmis*, personificação da justiça divina.
2. Referência ao planeta Marte (nome de Ares em Roma). Os sete "planetas" vistos no céu pelos gregos eram, a partir da Terra: a Lua, o Sol, Vênus, Mercúrio, Marte, Júpiter e Saturno (Arist. *Mu.* 392a). Como se vê, de "fora para dentro", Marte ocupa a terceira órbita.

8. Εἰς Ἄρεα

Ἄρες ὑπερμενέτα, βρισάρματε, χρυσεοπήληξ,
ὀβριμόθυμε, φέρασπι, πολισσόε, χαλκοκορυστά,
καρτερόχειρ, ἀμόγητε, δορυσθενές, ἕρκος Ὀλύμπου,
Νίκης εὐπολέμοιο πάτερ, συναρωγὲ Θέμιστος,
ἀντιβίοισι τύραννε, δικαιοτάτων ἀγὲ φωτῶν, 5
ἠνορέης σκηπτοῦχε, πυραυγέα κύκλον ἑλίσσων
αἰθέρος ἑπταπόροις ἐνὶ τείρεσιν ἔνθα σε πῶλοι
ζαφλεγέες τριτάτης ὑπὲρ ἄντυγος αἰὲν ἔχουσι·
κλῦθι βροτῶν ἐπίκουρε, δοτὴρ εὐθαλέος ἥβης,
πρηῢ καταστίλβων σέλας ὑψόθεν ἐς βιότητα 10
ἡμετέρην καὶ κάρτος ἀρήϊον, ὥς κε δυναίμην
σεύασθαι κακότητα πικρὴν ἀπ' ἐμοῖο καρήνου,
καὶ ψυχῆς ἀπατηλὸν ὑπογνάμψαι φρεσὶν ὁρμὴν
θυμοῦ τ' αὖ μένος ὀξὺ κατισχέμεν ὅς μ' ἐρέθῃσι
φυλόπιδος κρυερῆς ἐπιβαινέμεν· ἀλλὰ σὺ θάρσος 15
δὸς μάκαρ, εἰρήνης τε μένειν ἐν ἀπήμοσι θεσμοῖς
δυσμενέων προφυγόντα μόθον κῆράς τε βιαίους.

ARES

Wilson A. Ribeiro Jr.

Ares, mais conhecido como o deus grego da guerra, personificava a violência avassaladora, a irracionalidade e a agressão ligadas à guerra e às batalhas – mais precisamente, o êxtase do guerreiro pela luta, o frenesi da sangrenta carnificina associada ao combate. O deus representava, aparentemente, a irrefletida violência da guerra dos tempos mais antigos, agressiva, desordenadora e disruptiva.[1]

A guerra é, na verdade, um conceito complexo e universal, presente em muitas culturas antigas. Sua complexidade se reflete, primordialmente, na ambivalência representada pela desgraça dos vencidos e pelos benefícios logrados pelos vencedores, e nas múltiplas divindades criadas pelos gregos e por outros povos antigos para simbolizar as disputas militares. As características mais "cerebrais" da guerra, como por exemplo a estratégia, a habilidade e a violência discriminada e eficaz, não eram representadas por Ares, mas pela deusa Atena (ver *h.Ven.* 10-11),[2] que simbolizava justamente a guerra "organizada" e ordenada, empreendida apenas em defesa da pólis (ver *h.Hom.* 11.1, *h.Hom.* 28.3 e Graf, 2004).[3] Outro aspecto da guerra, a vitória, era proporcionada por Zeus (Burkert, 1993, p.258-9) e representada habitualmente por Nice* (gr. Νίκη) – a vitória personificada – eventualmente associada a Atena como Atena Nice* (Paus. 5.14.8).

---

1. Tucídides (1.2.1-2) informa que nos primeiros tempos da Grécia as comunidades eram atacadas a todo momento.
2. Para os demais atributos de Atena, ver cap.7.
3. Ver *h.Hom.* 11 *a Atena*, v.1 (cap.6).

ARES

Os deuses da guerra

Divindades masculinas e femininas que personificam o furor e a violência do combate são, certamente, tão antigas quanto as divindades cosmogônicas que personificam a noite, o céu, a terra e a água,[4] as divindades naturais que personificam o sol, a lua e a chuva[5] e as divindades associadas a alguns dos mais arraigados instintos humanos, como o amor e a discórdia.[6] Diversas culturas, algumas das quais nunca tiveram contato entre si, tinham personificações masculinas da guerra em seus panteões, v.g. a babiloniana (Nergal), a persa (Verethragna), a nórdica (Tyr e Wotan), a romana (Marte), a indu (Skanda), a chinesa (Guan Yu e Chi You), a asteca (Huitzilopochtli) e a dos guaranis da América do Sul (Pytajovái). As entidades femininas ligadas à guerra estavam igualmente presentes em muitas culturas, como a sumeriana (Innana, ligada ao amor e à guerra), a dos cananeus (Anat, deusa virgem da guerra e da discórdia) e a fenícia* (Astarte, deusa da lua, da fertilidade, da sexualidade e da guerra). Mais parecidas com o Ares grego eram as agressivas deusas celtas da guerra, Morrighan, Bodhbh, Nemhain e Macha.

Evidências da antiguidade de Ares na cultura grega vêm de formas arcaicas do nome de Ares nas tabuinhas micênicas de Cnossos*, Tebas* e Pilos*, datadas dos séculos XIV-XII a.C., e dos versos da *Ilíada*, epopeia datada de 750 a.C., aproximadamente. Em Cnossos*, o substantivo *a-re* (=gr. clássico Ἄρης, KN Fp 14.2) está presente no contexto de uma oferenda de óleo a algumas divindades, assim como o adjetivo *a-re-i-jo* (=gr. clássico ἄρειος, PY An 656), certamente relacionado com a ideia de guerra, carnificina e belicosidade; em Pilos*, o substantivo pode ser lido em pelo menos uma das tabuinhas descobertas (ver Gulizio, 2001). Com esse mesmo sentido, ambos estão presentes na *Ilíada*, na forma do substantivo abstrato ἄρης e do adjetivo ἄρειος, cons-

---

4. Na Grécia Antiga, respectivamente, Nix, Urano*, Gaia (ver cap.11) e Oceano.
5. Hélio (cap.13), Selene (cap.22) e Zeus (cap.23).
6. Afrodite (cap.2) e Éris.

tantemente inseridos nas tradicionais fórmulas homéricas. Um guerreiro belicoso ou poderoso, por exemplo, era "semelhante a Ares" (2.627), "rebento de Ares" (2.540), ou alguém "que ama Ares" (3.136). Mais tarde, em pleno Período Clássico, essas expressões eram ainda usadas; Aristófanes, por exemplo, fez Ésquilo afirmar, em *As Rãs*, que compôs um drama "cheio de Ares", i.e., pleno de ardor belicoso (Ar. *Ran.* 1021).

Os gregos do Período Micênico tinham, também, outra divindade relacionada com a guerra, separada de Ares: *e-nu-wa-ri-jo* (=gr. clássico Ἐνυάλιος, KN V 52), atestada notadamente em Cnossos*. Na *Ilíada*, há algumas prováveis referências a ele, como o epíteto ἀνδρειφόντες, "matador de homens" (2.651). No início do Período Arcaico, a julgar pela própria *Ilíada*, esse deus foi assimilado a Ares (v.g. *Il.* 13.529 e 531), e a palavra "eniálio" tornou-se uma espécie de atributo de Ares: em 17.211, por exemplo, ela foi usada como um adjetivo qualificativo (belicoso) e em 20.69 como um epíteto do deus (*Eniálio*). A assimilação não foi, porém, completa: por vezes encontramos referências a Eniálio e a seu culto como uma entidade nitidamente separada de Ares, durante o Período Clássico (v.g. Ar. *Pax* 457; *SIG* 1014.34) e subsequentes.

Também a *Ilíada* se refere a uma deusa guerreira, além de Atena: Enió (gr. Ἐνυώ), "a destruidora de cidades" (5.333 e 592), cujo nome tem o mesmo radical de Ἐνυάλιος. Será que ἐνυάλιος é apenas um adjetivo derivado do substantivo Ἐνυώ e esses dois nomes se referem a uma única divindade? Não é impossível, mas muitas divindades micênicas tinham uma contraparte feminina bem definida (PY Tn 316). Zeus (di-wi-jo), por exemplo, tinha *Diwia* (di-u-ja),[7] e Posídon (po-si-da-i-jo) tinha *Posidaeia* (po-si-da-e-ja). Talvez Enió tenha sido apenas a contraparte feminina de Eniálio. No templo de Ares, em Atenas*, havia uma estátua de Enió, juntamente com uma estátua de Ares e uma de Afrodite (Paus. 1.8.4).

---

7. Corresponde, possivelmente, à divindade homérica Dione* (gr. Διώνη, ver *Il.* 5.370-417).

Evidências de outras personificações gregas para os variados aspectos da guerra são os epítetos Zeus *Areios*, Afrodite *Areia* e Atena *Areia*, associados a antigos cultos do continente grego, conforme o testemunho de Pausânias (5.14.6, 3.17.5 e 9.4.1, respectivamente). Em uma inscrição que documenta um tratado entre Orcômeno* e outra pólis, as fórmulas de juramento invocam Zeus *Areios*, Atena *Areia* e Eniálio *Areios* (IG 5 2.343). Nas tabuinhas micênicas de Pilos*, muito mais antigas, há uma inscrição com um epíteto desse tipo, e-*ma-a2 a-re-ja* (= Hermes[8] *Areios*, PY Tn 316). Ártemis tinha, igualmente, muitas ligações com a guerra[9] (Burkert, 1983, p.65-7).

Os adjetivos *Areios* e *Areia* marcam, evidentemente, algum aspecto belicoso ou guerreiro das divindades citadas, o que reforça a complexidade e ambivalência que envolvem as representações míticas da guerra. Na cultura grega, tal complexidade requeria quatro divindades (Ares, Atena, Eniálio e Enió) para personificar os aspectos principais da guerra, mais as outras divindades qualificadas pelos epítetos *supra* citados, para personificar aspectos mais específicos e menos definidos. Em algumas das outras culturas mencionadas *supra*, nota-se a mesma complexidade: o babilônio Nergal, por exemplo, também estava associado ao fogo, ao sol e à pestilência; o germânico Wotan, à sabedoria e à guerra; a sumeriana Innana, ao amor; a fenícia* Astarte, à lua, à fertilidade, à sexualidade e à guerra.

Na Grécia, Ares era também associado a outros tipos de morte violenta, como a morte decorrente de processos agressivos e incontroláveis como epidemias e pestes (Soph. *Aj.* 254 e *OT* 169--94) – doenças e pestes acompanham, muitas vezes, as guerras. As figuras de Ares e Nergal, divindade babilônica ligada à guerra e à pestilência, sugerem que essa característica das divindades da guerra era igualmente antiga e razoavelmente difundida no Mediterrâneo Oriental.

---

8. Ver cap.16, p.405.
9. Para os atributos de Ártemis, ver cap.5.

Os mitos de Ares

Na Idade das Trevas ou no início do Período Arcaico, quando as antigas divindades gregas foram organizadas genealogicamente em um panteão (Hdt. 2.53), o antigo deus Ares foi incluído na ordem cósmica como filho de Zeus, "pai dos deuses e dos homens", e de Hera, sua esposa legítima (Hes. *Th.* 922). Os mitos de que Ares participa refletem sua natureza selvagem, belicosa e irrefletida, e sua incapacidade de derrotar os que o combatem com inteligência e habilidade. Não era apreciado: o poeta da *Ilíada*, por exemplo, chamou-o de βροτολοιγός, "flagelo dos mortais" (*Il.* 5.846), e fez o próprio Zeus, seu pai, afirmar que Ares é o mais odioso de todos os deuses (*Il.* 5.889-92). Isso refletia, provavelmente, a opinião de todos os gregos.

O caráter selvagem de Ares era "explicado", miticamente, por sua procedência trácia. Para os gregos, a Trácia era uma terra rude e bárbara, onde viviam apenas populações selvagens, aguerridas e agressivas (*Il.* 13.301; *Od.* 8.361). A violência e selvageria do deus se transmitiam à sua descendência: quase todos os filhos de Ares eram violentos e sanguinários como o pai. Eis os mais conhecidos: Cicno, que atacava e matava os peregrinos que se dirigiam a Delfos*; Diomedes, rei trácio que alimentava suas éguas antropófagas com os estrangeiros que passavam por seu país; Enômao, rei da Élida*, que desafiava para uma corrida os pretendentes de sua filha, derrotava-os e matava-os; as Amazonas, mulheres guerreiras que combateram os heróis Belerofonte, Héracles[10] e Teseu, e foram por eles derrotadas; Deimos e Fobos, que personificavam o pavor e o medo, dirigiam o carro do pai durante as intervenções do deus nas batalhas.

A derrota da violência irrefletida e agressiva diante da inteligência, da estratégia e da violência comedida era representada pela frequente derrota de Ares ante Atena e Héracles, dois outros filhos de Zeus. Na *Ilíada*, em combate, a deusa derrotou Ares (21.391-433)

---

10. Ver cap.15.

e, em 15.110-42, além de dominá-lo, chamou-o à razão. O herói Héracles derrotou Ares duas vezes em combate (Hes. *Sc.* 357-67 e 457--62). Além de Atena e Héracles, certa vez os alóadas[11] conseguiram acorrentar Ares e prendê-lo em um grande vaso de bronze, do qual Hermes conseguiu libertá-lo depois de treze meses de cativeiro (*Il.* 5.385-91). Os filhos de Ares eram, como o pai, sistematicamente derrotados. Héracles, por exemplo, derrotou Cicno, Diomedes e as Amazonas; Pélops derrotou Enômao.

Um curioso mito mostra a submissão da violência de Ares à justiça e aos procedimentos legais. Halirrótio, filho de Posídon, tentou violentar ou violentou Alcipe, filha de Ares, sobre uma colina de Atenas* que ficou conhecida, posteriormente, como Areópago.[12] O criminoso foi surpreendido pelo próprio Ares, que o matou imediatamente. Posídon, no entanto, fê-lo comparecer diante de um tribunal formado pelos outros deuses, nesse mesmo local, e Ares foi "legalmente" absolvido (Apollod. 3.180 Frazer; Paus. 1.21.4; Suid. s.v.). Em tempos históricos, o tribunal ateniense que julgava os crimes de morte se reunia justamente no Areópago.

A impulsividade e a violência de Ares tinham, no entanto, um lado evidentemente erótico, representado pela associação do deus com outra divindade primordial, impulsiva e irresistível – Afrodite, a deusa do amor carnal. No mito, Afrodite era esposa do feio e coxo Hefesto, deus do fogo e dos trabalhos com metais,[13] mas tornou-se amante de Ares, "belo e de pernas bem--proporcionadas" (*Od.* 8.310). Uma célebre cena da *Odisseia* (8.266--367) conta como os dois amantes foram surpreendidos por Hefesto, que os prendeu em uma rede e chamou os outros deuses para testemunhar a cena, provocando risos inexauríveis, verdadeiramente "olímpicos". São notáveis os filhos que resultaram da ligação entre Ares e Afrodite: Deimos e Fobos (mencionados

---

11. Dois gigantes, Otos e Efialtes, filhos de Posídon e da mortal Ifimédia. Consta que tentaram atingir o Olimpo*, empilhando montanhas umas sobre as outras, e foram fulminados por Zeus.
12. Em grego, o nome Ἄρειος πάγος significa, literalmente, "colina de Ares".
13. Ver cap.12.

supra), Eros e Harmonia. Deimos e Fobos eram parecidos com o pai; Eros, que personificava a paixão e o desejo sexual intenso e súbito, com a mãe; e Harmonia, de certa forma, com ambos.

Harmonia (gr. Ἁρμονία) era uma abstração que representava o equilíbro entre forças opostas como o amor e a guerra. Essa associação, aliás, é geral e anterior à cultura grega, como se depreende dos atributos de algumas divindades femininas, provavelmente mais antigas do que Ares e Afrodite. Na Suméria, por exemplo, a deusa Innana representava o amor e também a guerra; na Fenícia*, a deusa Astarte representava, além da guerra, a lua, a fertilidade e a sexualidade. A associação entre Ares, Afrodite e Harmonia, na Grécia, transparece também nas alegadas ligações homossexuais entre os guerreiros tebanos do "bando sagrado" (Plut. *Pel.* 19).

O único mito em que Ares tem papel um pouco menos violento e desfavorável é o da fundação de Tebas* (Apollod. 3.22 Frazer). Cadmo, o príncipe fenício que teria fundado Tebas*, precisou matar uma serpente gigantesca e mortal, filha de Ares (Schol. Soph. *Ant.* v.126), que guardava a única fonte do local, a "fonte de Ares". Posteriormente, semeou a terra com os dentes dessa serpente e deles emergiram os *espartos*, ancestrais dos nobres tebanos. Para expiar a morte da serpente, Cadmo serviu Ares durante oito anos, como escravo, mas no fim desse período Zeus casou-o com Harmonia, filha de Ares e Afrodite. Os tebanos consideravam-se, meio a contragosto, descendentes de Ares (Aesch. *Sept.* 104-7).

Culto e iconografia

Na época das póleis, Ares era uma divindade marginal, assim como Dioniso. Para os "racionais" e organizados gregos do Período Clássico, esses dois deuses estavam vinculados à perda da racionalidade e da ordem: Ares, ao êxtase do combate;[14] Dioniso, ao êxtase intoxicante do vinho e ao delírio místico.

---

14. Em alemão, *wuot* (Graf, 2004, s.v. "Ares"). Essa palavra, no *antigo alto alemão*, significava "possuído", "insano", "feroz" e faz parte da etimologia do nome

ARES

Nos tempos históricos, Ares não era a divindade protetora de nenhuma pólis, e nenhuma raça ou tribo grega, além dos tebanos, alegava descender dele – o que é natural, dada a natureza "civilizada" e ordeira da pólis. Seus cultos eram raros e, na prática, nada sabemos dos rituais envolvidos, o que de certa forma confirma sua marginalidade (Graf, 2004). Em Creta*, o deus era cultuado notadamente em Cnosso, Lato e Biano; no Peloponeso*, em Argos, Trezena, Megalópolis e Tegeia, entre outras póleis; em Acarnas, perto de Atenas*, seu culto era associado ao de Atena *Areia*. Em Olímpia, havia um altar dedicado a Ares Ἱππίου, ao lado de um altar dedicado a Atena Ἱππίας.[15] Em Tebas*, que tinha muitos motivos para cultuá-lo, ele era sistematicamente evitado (Effenterre, 1989, p.149-50), como se faz com um embaraçoso membro da família. O deus Eniálio era cultuado, à parte de Ares, em póleis do nordeste do Peloponeso* e em Esparta.

Em muitas cidades cretenses, sacrifícios eram oferecidos conjuntamente a Ares e a Afrodite, como se depreende de inscrições com o juramento dos efebos (Meiggs e Lewis, 1988, p.42), prestado nessas ocasiões.[16] Obviamente, os exércitos ofereciam sacrifícios a Ares, antes das batalhas (Burkert, 1993, p.333), mas os espartanos (os mais célebres soldados da Grécia Antiga) preferiam sacrificar a Ártemis *Agrotera* (Xen. *Lac.* 13.8). Em Tegeia, oferecia-se um sacrifício a Ares Γυναικοθοίνας, "que é festejado em banquetes de mulheres" e contava-se que, certa vez, as mulheres da cidade se armaram e conseguiram repelir um exército espartano (Paus. 8.48.4) – façanha digna, sem dúvida, das Ama-

---

do antigo deus germânico *Wotan* (= nórdico Odin), divindade suprema do panteão, associado à sabedoria e à guerra. Assim como o Zeus grego, era ele quem proporcionava a vitória nas batalhas.

15. Do gr. ἵππος, "cavalo". Esse epíteto de Atena está ligado à utilidade do cavalo nos trabalhos agrícolas, uma das múltiplas funções da deusa.
16. A *efebia* era uma instituição da Grécia Arcaica e Clássica que separava os jovens que atingiam a idade de dezoito anos de seus lares, para treinamento bélico e serviço militar durante dois anos. Em Atenas e nas póleis de Creta*, a efebia terminava com uma cerimônia, um juramento e um desfile militar, e pode ser vista como um ritual de iniciação à vida adulta e à plena cidadania (ver, entre outros, Pélékidis, 1962; Vidal-Naquet, 1981).

ARES

Fig. 4.2 *Herói com armadura de hoplita*. Desenho de Dário J. A. Ribeiro, 2002, inspirado na cerâmica grega.

zonas, filhas de Ares. Os atenienses também cultuavam Ares e Afrodite (Paus. 1.8.4).

González (2005), baseado notadamene em Heródoto (7.76-77), Estrabon (13.4.15-17) e em diversas incrições, descreve um oráculo de Ares situado possivelmente em Termesso, na Ásia Menor, associado aos *sólimos*, povo da Lícia que enfrentara o herói Belerofonte e era considerado descendente de Ares (*Etym. Magn.* s.v. Σόλυμοι), talvez metaforicamente. Havia efetivamente um popular culto a Ares no sul da Ásia Menor desde o século V a.C. até o Período Greco-romano, incorporado ao culto de uma antiga divindade local, assimilada a Ares. Inscrições dos séculos II e III d.C. confirmam que o Ares da Ásia Menor ainda era, nessa época, uma divindade oracular. Uma de suas respostas ao povo de Siedra[17] no fim do Período Helenístico, conservada em uma inscrição parcialmente reconstituída (González, 2005, p.279), mostra mitologemas pouco habituais do mito de Ares:

Ἄρηος δε κηλον ἐναιμέος ἀνδροφόνοιο
στήσαντες μεσάτῳ πόολιος [π]α[ρ]ὰ ἔρδετε θύσθλα

---

17. Localidade situada na Panfília, extremo sul da Ásia Menor, entre a Lícia e a Cilícia.

δεσμοῖς Ἑρμε αο σιδηρε οις¹⁸ μιν ἔχοντες·   5
ἐγ¹⁹ δ' ἐτέροιο Δ κη²⁰ σφε θεμιστεύουσα δικάζ[οι].
αὐτὰρ ὁ λισσομένῳ ἴκελος πέλοι· ὧδε γ[ὰρ ὑ]μεῖν
ἔσσεται εἰρηναῖος, ἀνάρσιον ὄχλον ἐ[λά]σσας
τῆλε πάτρης, ὄρσει δὲ πολύλιτον εὐοχθε αν.

O sanguinário Ares, matador de homens
colocai de pé no meio da cidade e junto a ele oferecei sacrifícios,
mantendo-o aprisionado com [laços] de ferro de Hermes   5
e, de outro lado, que a Justiça, governando, o julgue.
Que ele pareça, verdadeiramente, um suplicante; assim, a vós
ele se tornará [um deus] pacífico, e a horda inimiga tendo expulsado
para longe da pátria, e poderá estimular a [tão] rogada prosperidade.

A conexão entre Ares e Δίκη, a Justiça (linha 6), não é novidade, como vimos há pouco no episódio entre Ares e Halirrótio; creio que a ligação remonta, pelo menos, à época de Ésquilo.[21] Prender a estátua de uma divindade para assegurar a proteção e a prosperidade da pólis, mesmo a representação de uma divindade ligada à guerra, também não é nova. Os lacedemônios mantinham, em Esparta, estátuas de Eniálio e Afrodite presas com grilhões (Paus. 3.15.7 e 3.15.11). Aparentemente, a finalidade desse procedimento era manter a divindade no local e ter as vantagens de sua presença. Pausânias (3.15.7) compara essa ideia à da estátua ateniense de Nice* *áptera*, "a vitória sem asas", guardada no templo de Atena: "eles [sc. os espartanos] acham que Eniálio nunca fugirá deles, preso pelas cadeias, e os atenienses imaginam que, sem as asas, Nice* ficará sempre onde ela está". A associação entre Ares e a prosperidade (linha 9) é rara, mas está

---

18. = σιδήρειος, "de ferro" (provavelmente).
19. Em inscrições, = ἐκ.
20. = Δίκη, lit. "costume", "uso", "lei", "julgamento". Também pode ser a Justiça personificada, que julga o cumprimento das leis na esfera humana.
21. Uma referência a Ares e ao Areópago, em *Eum.* 689-90, sugere que o episódio do julgamento de Ares já era conhecido no início do século V a.C. (Ésquilo viveu entre 525 e 456 a.C., aproximadamente).

documentada pelo menos nos cultos a Ares καρποδότης, "doador de frutos" na Lícia e na Pisídia[22] (Gonzales, 2004, p.372-477).

Na arte grega, e em especial na cerâmica, Ares era habitualmente representado como um guerreiro gigantesco, armado de lança, escudo e espada, e mais frequentemente como um hoplita[23] comum (figura 4.2, p.194). Em geral, pode ser reconhecido graças a inscrições com o seu nome. O episódio mais comumente representado nas cenas de vasos, a partir do século VI a.C., é sua intervenção na luta entre Héracles e Cicno (ver Carpenter, 1991, p.41-2). A partir do Período Clássico, Ares era também representado como um jovem desnudo e armado, provavelmente uma alusão às suas ligações com os rituais da efebia.

ARES E O HINO HOMÉRICO *A ARES*

O h.Hom. 8 *a Ares*, embora tenha estrutura semelhante à dos outros hinos da coleção,[24] apresenta uma série de características muito distintas dos demais hinos. Aparentemente, ele não se preocupa em evocar o deus para que esteja presente durante um festival a ele dedicado; o poema é uma prece pessoal e intensa do autor, em seu próprio benefício (West, 1970).

Mesmo se levássemos em conta a possibilidade de referências a mitos pouco conhecidos, a longa sequência de epítetos com que Ares é invocado descreve atributos e funções nunca antes associados a ele ou, simplesmente, opostos aos aspectos canônicos de seu mito: "salvador de cidades" (é uma das funções da deusa Atena), "defesa do Olimpo*" (na *gigantomaquia**, por exemplo, todos os deuses e muitas deusas lutaram), "pai de Nice*" (é

---

22. Região do sudoeste da Ásia Menor, ao norte da Lícia.
23. O hoplita, soldado de infantaria da falange grega, usava um "uniforme" mais ou menos institucionalizado: capacete, couraça de bronze, perneiras, lança e escudo de empunhadura dupla. A adoção das falanges hoplíticas no exército grego remonta, pelo menos, ao século VII a.C.
24. Ver *Introdução*, p.51-3.

filha do titã* Palas*),²⁵ "condutor dos mais justos mortais" (na realidade, Ares é o pai de muitos vilões agressivos e injustos), "portador do cetro da virilidade" (Ares está muito distante da ἀρετή homérica e do καλὸς κἀγαθός dos filósofos gregos),²⁶ "socorro de mortais" (Ares é o flagelo dos mortais) e "doador da bem corajosa juventude" (coragem e belicosidade irrefletida, em qualquer idade, são coisas diferentes). Enfim, Ares jamais daria coragem para uma vida de desarmadas leis de paz; associar, então, "doce brilho" ao planeta que o representa é inaudito.

O único epíteto que parece ter algum precedente é o "coajudante da Justiça" (v.4). Como vimos pela inscrição de Siedra, há pouco, Ares tem algumas ligações cultuais com a justiça humana (Δίκη). A ligação dessa característica com o hino a Ares é, no entanto, muito tênue. Lembremos que em quase todas as lendas de que participa, o deus se interessa habitualmente apenas pelo conflito em si; além do mais, o autor do hino menciona especificamente Têmis*, personificação da justiça divina, e não da justiça humana.

Não é de estranhar, portanto, que quase todos os editores consideraram o hino *a Ares* um caso à parte, e que tenha sido – erroneamente – associado aos *hinos órficos** tardios, datados do Período Greco-romano, desde a edição de Ruhnken, em 1782.²⁷

---

25. É provável que Nice* apareça aqui como filha de Ares apenas em sentido simbólico, como um dos "resultados" da guerra.
26. Essas palavras, lit. "excelência" e "homem belo e bom", referem-se basicamente ao ideal do homem grego no alto Período Arcaico e no Período Clássico, respectivamente. Ver, a propósito, Jaeger (1986).
27. Ver p.74, n.74.

Fig. 5 *Apolo e Ártemis*. Detalhe de taça ática de figuras vermelhas do "Briseis Painter". Ceramista: Brigos. Data: c. 470 a.C.

5.
ÁRTEMIS, DEUSA DA CAÇA E DA VIDA SELVAGEM

Flávia R. Marquetti

ΕΙΣ ΑΡΤΕΜΙΝ
In Dianam

h.Hom. 27, com 22 versos;
h.Hom. 9, com 9 versos.

h.Hom. 27: A Ártemis

trad. Flávia R. Marquetti

Canto a ruidosa Ártemis de flechas de ouro,
a virgem veneranda, a Arqueira, que abate os cervos com suas flechas.
A própria irmã de Apolo de espada de ouro,
aquela que pelas montanhas umbrosas, de cumes batidos pelos ventos,
curva seu arco todo de ouro, alegrando-se com a caça, lança suas flechas
                                        [que fazem gemer.   5
Os cumes das altas montanhas tremem,
e a floresta cheia de sombra ressoa
com o grito agudo e terrível dos animais selvagens; a terra treme,
assim como o mar abundante em peixes. A deusa de coração valente
se lança a todos os lugares e causa a ruína entre a raça
                                        [dos animais selvagens,   10
mas depois de elevar seu espírito e alegrar-se,
a Arqueira, que espreita as feras, afrouxa seu arco flexível
e vai para a grande morada do irmão amado,
Febo* Apolo, na fértil região de Delfos*,
para formar o coro gracioso das Musas e das Cárites*.   15
Então ela suspende o arco e as flechas nos ombros,
lança-se, vestida com sedutores ornamentos, a dirigir os coros;
elas,[1] lançando uma voz doce, entoam em um canto
como Leto*, de belos cabelos, pariu crianças
que são, entre os imortais, excelentes em desígnios e atos.   20
Salve, filhos de Leto* de belos cabelos e de Zeus!
‹E› eu, ainda, lembrarei de vós também em outro canto.

---

1. As Musas, as Cárites* e Ártemis.

27. Εἰς Ἄρτεμιν

Ἄρτεμιν ἀείδω χρυσηλάκατον κελαδεινὴν
παρθένον αἰδοίην ἐλαφηβόλον ἰοχέαιραν
αὐτοκασιγνήτην χρυσαόρου Ἀπόλλωνος,
ἣ κατ' ὄρη σκιόεντα καὶ ἄκριας ἠνεμοέσσας
ἄγρῃ τερπομένη παγχρύσεα τόξα τιταίνει   5
πέμπουσα στονόεντα βέλη· τρομέει δὲ κάρηνα
ὑψηλῶν ὀρέων, ἰαχεῖ δ' ἔπι δάσκιος ὕλη
δεινὸν ὑπὸ κλαγγῆς θηρῶν, φρίσσει δέ τε γαῖα
πόντος τ' ἰχθυόεις· ἣ δ' ἄλκιμον ἦτορ ἔχουσα
πάντῃ ἐπιστρέφεται θηρῶν ὀλέκουσα γενέθλην.   10
Αὐτὰρ ἐπὴν τερφθῇ θηροσκόπος ἰοχέαιρα
εὐφρήνῃ δὲ νόον χαλάσασ' εὐκαμπέα τόξα,
ἔρχεται ἐς μέγα δῶμα κασιγνήτοιο φίλοιο
Φοίβου Ἀπόλλωνος Δελφῶν ἐς πίονα δῆμον
Μουσῶν καὶ Χαρίτων καλὸν χορὸν ἀρτυνέουσα.   15
Ἔνθα κατακρεμάσασα παλίντονα τόξα καὶ ἰούς
ἡγεῖται χαρίεντα περὶ χροῒ κόσμον ἔχουσα,
ἐξάρχουσα χορούς· αἱ δ' ἀμβροσίην ὄπ' ἰεῖσαι
ὑμνεῦσιν Λητὼ καλλίσφυρον ὡς τέκε παῖδας
ἀθανάτων βουλῇ τε καὶ ἔργμασιν ἔξοχ' ἀρίστους,   20
Χαίρετε τέκνα Διὸς καὶ Λητοῦς ἠϋκόμοιο·
αὐτὰρ ἐγὼν ὑμέων ‹τε› καὶ ἄλλης μνήσομ' ἀοιδῆς.

h.Hom. 9: A Ártemis

trad. Flávia R. Marquetti

Canta, musa, a Ártemis, irmã do que fere de longe,
a virgem arqueira que foi nutrida junto com Apolo.
Ela dá de beber a seus cavalos no Meles,[2]
junto ao junco espesso, e depois lança seu carro de ouro velozmente
através de Esmirna* até chegar a Claro*, rica em vinhas, onde Apolo,
[o Arqueiro do arcode prata   5
senta-se esperando a Arqueira lançadora de flechas.
Deste modo, eu te saúdo, neste canto, juntamente com todas as deusas.
É começando por ti que eu canto o princípio; tendo começado por ti,
passarei a um outro hino.

---

2. O Rio Meles fica perto de Esmirna, na Ásia Menor.

9. Εἰς Ἄρτεμιν

Ἄρτεμιν ὕμνει Μοῦσα κασιγνήτην Ἑκάτοιο,
παρθένον ἰοχέαιραν, ὁμότροφον Ἀπόλλωνος,
ἥ θ' ἵππους ἄρσασα βαθυσχοίνοιο Μέλητος
ῥίμφα διὰ Σμύρνης παγχρύσεον ἅρμα διώκει
ἐς Κλάρον ἀμπελόεσσαν, ὅθ' ἀργυρότοξος Ἀπόλλων   5
ἧσται μιμνάζων ἑκατηβόλον ἰοχέαιραν.
Καὶ σὺ μὲν οὕτω χαῖρε θεαί θ' ἅμα πᾶσαι ἀοιδῇ·
αὐτὰρ ἐγώ σε πρῶτα καὶ ἐκ σέθεν ἄρχομ' ἀείδειν,
σεῦ δ' ἐγὼ ἀρξάμενος μεταβήσομαι ἄλλον ἐς ὕμνον.

ÁRTEMIS

Flávia R. Marquetti

Filha de Zeus e Leto*, irmã de Apolo e, como ele, detentora do arco e da lira*. Ártemis assume um duplo aspecto: ela é a caçadora, a corredora dos bosques, a selvagem, a arqueira que envia a morte súbita[1] aos animais selvagens (27.10) e, às vezes, às mulheres,[2] mas é também a jovem virgem, que conduz o coro das Ninfas* e Cárites* na alegria da dança e da música (27.15-20). É ainda a deusa *courótrofa*,[3] responsável por todos os rebentos dos animais e dos humanos; ela os nutre, auxilia no crescimento e na passagem para a idade adulta. É por meio de seus rituais de iniciação que a jovem deixa de ser a ursa selvagem e assume sua condição de esposa e mãe,[4] bem como o efebo torna-se cidadão-soldado. Ártemis conduz os jovens da selvageria à plena sociabilidade.

Ártemis, sob o nome/epíteto de *Lóquia*, é a deusa do parto. O parto é a última etapa da longa maturação das meninas que a deusa tem sob sua responsabilidade e o início, para o recém-nascido, do percurso vital cujo desenvolvimento lhe pertence. Para os gregos, segundo Vernant (1988, p.26), o parto – com os gritos, as dores e uma espécie de delírio que o acompanha – manifesta o lado selvagem e animal da feminilidade.

A tecelagem também está associada a Ártemis. Zaidman (1991, p.393) revela que em Brauron, no coração do santuário de

---

1. Por golpear bruscamente, sem que se espere, e por matar imediatamente, o dardo de Ártemis é uma "flecha doce", e a morte que envia, "uma terna morte", como canta o aedo na *Odisseia* (v.g. *Od.* 5.120).
2. Ver cap.6 a respeito da morte de Corônis, mãe de Asclépio.
3. Gr. κουροτρόφος, lit. "nutriz dos jovens".
4. No rito de passagem para a vida adulta, no santuário de Ártemis em Brauron, jovens atenienses entre cinco e dez anos de idade, vestidas com peplos cor de açafrão, imitavam ursas. Ver *Suid.* s.v. ἄρκτος, Schol. Ar. *Lys.* 646; Papadimitriou (1963); Sourvinou-Inwood (1988).

Ártemis, foram encontrados inventários reportando um grande número de oferendas têxteis, na maioria vestimentas femininas, ofertadas a Ártemis. Eurípides, no final da *Ifigênia em Táuris*, menciona que Ifigênia será sacerdotisa de Ártemis e a ela deverão ser consagrados os suntuosos tecidos ofertados pelas mulheres por ocasião do parto (Eur. *IT* 1462-7).[5] Essa continuidade, assumida pelo santuário na sua vocação feminina de iniciação das jovens filhas até o termo de seu estatuto de esposa e mãe, põe em destaque, por meio das transformações sucessivas que constroem o destino feminino, a alta figura de Ártemis.

Senhora dos limites, dos pântanos, dos alagadiços, Ártemis opera sempre como divindade das margens, preservando as fronteiras entre a selvageria e a civilização, auxiliando em sua travessia (Marquetti, 2005).

A dupla face de Ártemis é explicitada pela estátua da deusa em Éfeso, cultuada desde o século VII a.C., pelo menos, e atravessando os Períodos Helenístico e Romano. A imagem apresentada aos fiéis não é a da jovem caçadora, mas sim a de uma deusa semelhante às asiáticas, ligada à fecundidade e com afinidades cretenses. Essa face fecunda é atestada pelo grande número de seios/testículos[6] que a deusa traz no peito, bem como pelas cabeças de touro que revestem a parte inferior de suas vestes e as abelhas que ladeiam sua coroa em forma de torre, assim como o corpo da deusa.[7] A Ártemis de Éfeso conjuga o lado negro, ctônico, da terra, o desconhecido e perigoso mundo dos mortos e das

---

5. Em um dos tratados pseudo-hipocráticos (Hp. *Virg.* 37-40), o anônimo autor relata que mulheres virgens, quando se recuperavam de uma grave doença, consagravam ricas vestes a Ártemis.
6. Triomphe (1989, cap.5) e Fleischer (1993, p.762-3), entre outros, aventam mais de uma possibilidade para os elementos representados no peito de Ártemis de Éfeso, dentre eles seios, testículos de touros sacrificados à deusa (em ritos de mistério para a renovação da natureza, segundo Calímaco), e ovos de avestruz. Nas três hipóteses, o simbolismo da fecundidade permanece inalterado, pois os seios estão ligados ao aleitamento/nutrição; os testículos, à pujança viril da reprodução e os ovos, ao germe da vida.
7. As abelhas presentes no corpo da Efésia estão voltadas para os seios/testículos plenos de mel, estabelecendo um paralelo entre o leite, o esperma e o

sombras, ao lado brilhante da fecundidade/fertilidade pela qual a deusa é responsável.

Como a Deusa Mãe, Ártemis exige, em seus ritos de renovação da natureza, o sacrifício de seu consorte, o touro, cuja virilidade lhe é ofertada para promover a fecundidade da deusa. A ligação de Ártemis com o touro verifica-se no epíteto *Taurópola* e nos sacrifícios de touros/bois feitos à tríade formada por Leto*, Apolo e Ártemis em Xanto.[8] Percebe-se que o domínio sobre o touro é também privilégio da Senhora dos Leões, *a guardiã dos leões que matam os touros* (Soph. *Phil.* 400). É sobre a antiga imagem do touro vencido pelo leão que Ártemis pôde fundamentar e explorar o benefício de sua virgindade intratável. A imagem do touro é ainda sugerida por Ártemis-lua,[9] que é chamada *Díqueros*, que tem dois cornos, ou *Tauróquerus*, de cornos de touro. Os cornos taurinos são um elemento essencial na simbólica lunar e da dialética macho/fêmea que lhe é própria (Triomphe, 1989, p.320); basta lembrar dos cornos de consagração, ou cornucópia da fortuna,[10] vertendo alimentos e ouro.

Aproximando Ártemis ainda mais da Deusa Mãe, verifica-se a presença, em Éfeso, de um sumo sacerdote eunuco, o *Megabize* (gr. Μεγάβυζος) responsável pelo direito de asilo e pela introdução dos fiéis junto à deusa. O caráter eunuco do sacerdote é estranho aos gregos e demonstra a ligação da deusa com o Oriente, da mesma forma que Afrodite.

A Ártemis *táurica*,[11] a deusa dos citas, bárbara e sedenta de sangue humano, é a que vemos exigir em seus rituais de reno-

---

mel. O mel, como o casamento, é preparado por uma virgem (abelha) que se serve do aguilhão, como Ártemis do arco (Triomphe, 1989, p.320).
8. Pólis situada no litoral sul da Lícia (sudoeste da atual Turquia).
9. Para a identificação entre Ártemis e a lua, ver cap.22.
10. A cornucópia (lat. *cornu copiae*, lit. "chifre da abundância") é um símbolo da abundância de comida e bebida que data, provavelmente, do século V a.C. A primeira menção ao mito desse chifre mágico, segundo o Pseudo-Apolodoro, remonta a Ferécides (Apollod. 2.4.5).
11. A região onde viviam os tauros corresponde, hoje, às montanhas do sul da Crimeia, península ao norte do Mar Negro. Os tauros eram provavelmente um grupo dos nômades citas que se instalou na região pouco depois do sécu-

vação anual, não o sacrifício de um touro, mas de um casal de jovens (Otto, 1968, p.110); é também a deusa a quem Ifigênia foi sacrificada/consagrada, como o mais belo rebento nascido naquele ano.[12] Ifigênia torna-se sua primeira sacerdotisa e é ela a responsável pelo sacrifício dos estrangeiros à deusa (Eur. *IT* 29--41). Os tauros da Cítia* não conhecem as leis da hospitalidade, capturam os estrangeiros e os degolam no altar da deusa. Em sua fuga, após matar a mãe, Orestes chega à Cítia* e de lá traz a estátua da deusa, bem como sua irmã, Ifigênia (Eur. *IT* 1438-67). Vernant (1988, p.30-1) informa que tanto Esparta quanto Atenas* alegavam possuir o ídolo da deusa trazido por Orestes. Ao ser acolhida pelos gregos, integrada ao culto, torna-se deusa do homem civilizado, daquele que, ao contrário do bárbaro, reserva um lugar para aquele que não é ele mesmo, para o *xénos* (gr. ξένος, lit. "estrangeiro", "hóspede"). A partir do momento em que a Ártemis estrangeira se faz grega, sua alteridade adquire o sentido oposto. Ela já não traduz, como na Cítia*, a impossibilidade de o selvagem conviver com o civilizado, mas, pelo contrário, a capacidade que a cultura implica de integrar o que lhe é estranho, de assimilar o outro sem com isso tornar-se selvagem (Vernant, loc. cit.)

O limite entre a selvageria e o civilizado é mantido por Ártemis até mesmo na guerra; embora ela não seja uma deusa guerreira, pois não combate, ela orienta e salva o guerreiro nos momentos críticos, quando a violência, no decorrer do confronto, torna-se excessiva e a guerra foge das regras da luta militar. Nesses casos extremos, a deusa recorre a uma manifestação sobrenatural que confunde o andamento do combate, impõe cegueira aos agressores, extraviando-os do caminho, confundindo seus espíritos com o pânico e favorece seus protegidos, dando-lhes uma espécie de hiperlucidez (Vernant, 1988, p.27-8).

---

lo VII a.C., notório na Antiguidade pela pirataria e pelos relatos de sacrifícios humanos. Ver Hdt. 4.99; 102-3 e a tragédia *Ifigênia em Táuris*, de Eurípides.

12. Sobre o sacrifício de Ifigênia e as diversas versões da lenda, ver Ribeiro Jr. (2006).

ÁRTEMIS

Por estas razões é que a Soberana das Margens, nos santuários em que leva os jovens a atravessar a fronteira da idade adulta, período no qual os conduz dos confins ao centro, da diferença à similitude, surge ao mesmo tempo como deusa políada, fundadora da cidade, instituindo, para todos que no início eram diferentes, opostos ou mesmo inimigos, uma vida comum, em um grupo unido de seres idênticos entre si. Os exemplos, a este respeito, são numerosos e claros, da Ártemis de Tíndaris[13] à Ártemis *Triclária* de Patras[14] e à Ártemis *Órtia* de Esparta.

---
13. Pólis situada no litoral nordeste da Sicília.
14. Pólis do litoral norte do Peloponeso*.

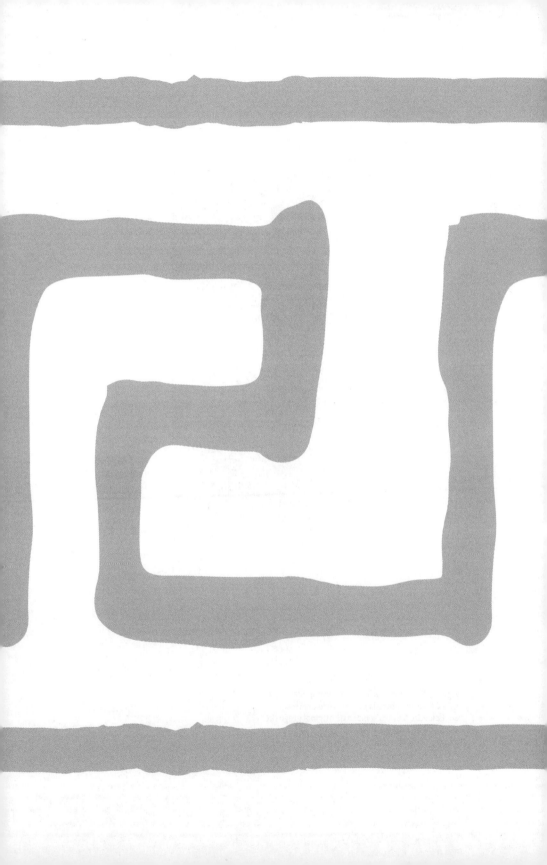

Fig. 6 *Asclépio*. Estátua livre de mármore pentélico, tipo d'Este, encontrada no santuário de Asclépio em Epidauro*. Cópia romana de original grego do século IV a.C. Data: c. 160 a.C.

6.
Asclépio, herói-deus da cura

Wilson A. Ribeiro Jr.
Sílvia M. S. de Carvalho

ΕΙΣ ΑΣΚΛΗΠΙΟΝ
In Aesculapium

h. Hom. 16, com 5 versos.

h.Hom. 16: A Asclépio

trad. Wilson A. Ribeiro Jr.

A Asclépio, curador de doenças, começo a cantar,
o filho de Apolo, que na planície dotiana[1]
nasceu de Corônis, filha do rei Flégias.
Grande alegria para os homens, ele ameniza cruéis aflições.
Assim eu também te saúdo, meu Senhor, e com esta canção
[faço minha prece.   5

---

1. *Dótion* é o nome de uma planície da Tessália, próxima ao Monte Ossa.

16. Εἰς Ἀσκληπιόν

Ἰητῆρα νόσων Ἀσκληπιὸν ἄρχομ' ἀείδειν
υἱὸν Ἀπόλλωνος τὸν ἐγείνατο δῖα Κορωνὶς
Δωτίῳ ἐν πεδίῳ κούρη Φλεγύου βασιλῆος,
χάρμα μέγ' ἀνθρώποισι, κακῶν θελκτῆρ' ὀδυνάων.
Καὶ σὺ μὲν οὕτω χαῖρε ἄναξ· λίτομαι δέ σ' ἀοιδῇ. 5

ASCLÉPIO

Sílvia M. S. de Carvalho

Reza a tradição que Asclépio nasceu na Tessália*, onde sua mãe Corônis vivia pelas praias do lago Beobeis.[1] Ela era filha de Flégias, rei dos Lápitas.[2] Apolo apaixonou-se por ela. Grávida do deus, Corônis, entretanto, lhe é infiel, traindo-o com Ísquis, o filho arcadiano de Elato. Ártemis flecha Corônis para vingar o irmão, que pede a Hermes retirar o filho do ventre da mãe morta e já começando a ser cremada. Apolo o chama de Asclépio e o entrega a Quíron, o Centauro*, para ser educado por ele, e iniciado nas artes da medicina e da caça.[3] Ísquis foi morto por Zeus ou pelo próprio Apolo.

O povo de Epidauro* refere outra versão, mais tardia: Flégias, comandando os melhores guerreiros da Grécia, teria chegado a Epidauro* para espionar. Acompanhava-o Corônis, já grávida de Apolo, sem que o pai o soubesse. Assistida por Ártemis, ela dá à luz um menino, mas o expõe no Monte Tition,[4] famoso pelas plantas medicinais que lá cresciam. Arestanas, um pastor de cabras, o descobre quando vai à procura de duas cabras, que encontra amamentando a criança. Uma luz brilhante o impede de levantar o menino e ele o deixa, assim, aos cuidados de Apolo (Graves, p.173-5).

Segundo a primeira versão, Apolo, afastando-se da Tessália* para ir a Delfos*, teria deixado Corônis grávida sob os cuidados de um corvo de plumas brancas como a neve, que foi à sua procura para avisá-lo da infidelidade de Corônis. Apolo o teria en-

---

1. Na Tessália, perto de Feras e do Monte Pélion, próximo à costa (*Str.* 9.5.15).
2. Os lápitas viviam na Magnésia, perto do Monte Pélion.
3. Quíron, considerado filho do titã Crono* e da oceânide Fílira, era um centauro* "civilizado", versado em diversas artes, notadamente a Medicina. Educou vários heróis (Peleu, Asclépio, Jasão) e vivia em uma gruta do Monte Pélion.
4. Pequeno monte, próximo a Epidauro.

ASCLÉPIO

tão castigado, tornando negro a ele e a toda a sua descendência, por não ter cegado Ísquis quando se aproximou de Corônis. As informações dadas por Graves nos ajudam a interpretar os dados acima (p.176):

> A deusa Atena, padroeira desse culto [sc. do corvo], não era originalmente tida como virgem; o herói morto [sc. Ísquis], tendo sido tanto seu filho quanto seu amante. Ela recebia os títulos de *Corônis* devido ao corvo oracular, e de *Hígia*[5] por causa das curas que ela fazia. A planta curadora era o visgo, "ixias", um termo fortemente conectado com o nome Ísquis (gr. ἰσχύς, "força") e *Ixion* ("nascido forte"). O visgo da Europa oriental, ou *Loranthus*, é um parasita do carvalho, e não – como a sua variedade ocidental – do álamo ou da macieira; e *Aesculapius*, a forma latina de Asclépio, que aparentemente significa "o que pende do esculento carvalho" (isto é, o visgo), pode muito bem ter sido, antigamente, o epônimo dos dois. O visgo era considerado os genitais do carvalho e, quando os Druidas[6] o podavam ritualmente com uma foice de ouro, eles estavam realizando uma emasculação simbólica. O sumo viscoso das bagas era tido como o esperma do carvalho, e era um líquido de grande efeito regenerativo. Sir James Frazer nota, em seu *Ramo de Ouro*,[7] que Atena visitou o mundo subterrâneo com visgo em suas mãos, o que lhe garantia o poder de retornar, quando quisesse, à superfície. "Certa erva", que conseguiu ressuscitar Glauco da sepultura, parece ter sido igualmente o visgo. Ísquis, Asclépio, Íxion e Poliido são, de fato, o mesmo místico caráter: personificações do poder curador residente nos genitais desmembrados do herói-carvalho sacrificado. *Chylus*, outro nome de Ísquis, significa "o sumo da planta ou da baga".

---

5. Do século IV a.C. em diante, Hígia tornou-se a personificação da saúde e era considerada filha de Asclépio.
6. Sacerdotes da cultura celta da Europa Ocidental, Bretanha e Irlanda. Em tempos históricos, a primeira menção a eles é de Sócio de Alexandria e data do início do século II a.C.
7. O antropólogo escocês James G. Frazer (1854-1941) escreveu um célebre e influente estudo comparativo sobre a mitologia e a religião de vários povos, do ponto de vista cultural, chamado de *O Ramo de Ouro*. A terceira edição, publicada em 1906-1915, compreendia doze volumes. Em português, há uma boa tradução da versão abreviada da obra de Frazer (1982).

ASCLÉPIO

O que transparece dessas tradições míticas é que Apolo aparece novamente como advindo de fora, como usurpador de práticas outrora em mãos de divindades femininas, neste caso, "fazendo-se pai de Asclépio". Este, recriminado por Hades* por estar ressuscitando tantos seres humanos (Licurgo, Capaneu, Tíndaro, Hipólito, Órion, entre outros), teria sido fulminado por Zeus, que depois, contudo, também o teria ressuscitado, colocando nos céus a sua imagem, com uma serpente curadora nas mãos.

Fig. 7 *Atena e Encelado*. Detalhe de prato ático de figuras vermelhas, atribuído a Oltos. Data: c. 525 a.C.

7.
Atena, deusa da astúcia e da pólis

Fernando B. Santos
Wilson A. Ribeiro Jr.
Flávia R. Marquetti

ΕΙΣ ΑΘΗΝΑΝ
In Minervan

h.Hom. 28, com 18 versos;

h.Hom. 11, com 5 versos.

h.Hom. 28: A Atena

trad. Fernando B. Santos

Palas Atenaia,[1] gloriosa deusa, comece eu a cantar,
a de glaucos olhos, muito astuta, com implacável coração,
virgem veneranda, protetora de cidades,[2] vigorosa,
Tritogênia,[3] a que o próprio Zeus, astuto, gerou
de sua augusta cabeça, com bélicas armas   5
áureas totalmente reluzentes; reverência tomava todos os imortais
que a viram; e ela, diante de Zeus porta-égide*,
impetuosamente lançou-se da imortal cabeça
brandindo aguda lança; o grande Olimpo* trepidou
terrivelmente sob força da de olho reluzente; em torno, a terra   10
terrivelmente gritou, e movimentou-se o mar
em ondas purpúreas, agitado, e a água salgada deteve-se
subitamente; esplêndido, o filho de Hipérion* susteve
seus cavalos de rápidos pés por um bom tempo, até que a virgem
tirasse de seus imortais ombros as divinas armas,   15
Palas Atenaia; e exultou, astuto, Zeus.
Assim também, tu, salve, rebento de Zeus porta-égide*;
em seguida, eu também hei de me lembrar de ti em outro canto.

---

1. Atenaia: variante do nome da deusa.
2. Cf. *Il.* 6.305.
3. Um dos epítetos mais comuns de Atena, de significado obscuro.

28. Εἰς Ἀθηνᾶν

Παλλάδ' Ἀθηναίην κυδρὴν θεὸν ἄρχομ' ἀείδειν
γλαυκῶπιν πολύμητιν ἀμείλιχον ἦτορ ἔχουσαν
παρθένον αἰδοίην ἐρυσίπτολιν ἀλκήεσσαν
Τριτογενῆ, τὴν αὐτὸς ἐγείνατο μητίετα Ζεὺς
σεμνῆς ἐκ κεφαλῆς, πολεμήϊα τεύχε' ἔχουσαν   5
χρύσεα παμφανόωντα· σέβας δ' ἔχε πάντας ὀρῶντας
ἀθανάτους· ἡ δὲ πρόσθεν Διὸς αἰγιόχοιο
ἐσσυμένως ὤρουσεν ἀπ' ἀθανάτοιο καρήνου
σείσασ' ὀξὺν ἄκοντα· μέγας δ' ἐλελίζετ' Ὄλυμπος
δεινὸν ὑπὸ βρίμης γλαυκώπιδος, ἀμφὶ δὲ γαῖα   10
σμερδαλέον ἰάχησεν, ἐκινήθη δ' ἄρα πόντος
κύμασι πορφυρέοισι κυκώμενος, ἔσχετο δ' ἅλμη
ἐξαπίνης· στῆσεν δ' Ὑπερίονος ἀγλαὸς υἱὸς
ἵππους ὠκύποδας δηρὸν χρόνον εἰσότε κούρη
εἵλετ' ἀπ' ἀθανάτων ὤμων θεοείκελα τεύχη   15
Παλλὰς Ἀθηναίη· γήθησε δὲ μητίετα Ζεύς.
Καὶ σὺ μὲν οὕτω χαῖρε Διὸς τέκος αἰγιόχοιο·
αὐτὰρ ἐγὼ καὶ σεῖο καὶ ἄλλης μνήσομ' ἀοιδῆς.

h.Hom. 11: A Atena

Wilson A. Ribeiro Jr.

Por Palas Atena, protetora da cidade,[4] começo a cantar,
a terrível, que juntamente com Ares se ocupa dos trabalhos da guerra,[5]
da destruição de cidades[6] e do combate. Ela
também protege o soldado que parte e o que retorna.
Salve, deusa! E dá-nos sorte e prosperidade.   5

---

4. Cf. *h.Hom.* 28.3.
5. Ares e Atena, que representam dois diferentes aspectos da guerra (cap.4), eram raramente mencionados, invocados ou cultuados em conjunto. Cf. Pind. *Nem.* 10.84 e Paus. 5.15.6.
6. Atena era habitualmente chamada de "protetora de cidades" (v.1 deste hino e v.3 do hino mais longo) e às vezes, paradoxalmente, de Atena "destruidora de cidades" (gr. περσέπολις). Cf. Callim. *Pallad.* 43, Lamprocl. *Fr.* 1.1. e *h.Ven.* 10-1.

11. Εἰς Ἀθηνᾶν

Παλλάδ' Ἀθηναίην ἐρυσίπτολιν ἄρχομ' ἀείδειν
δεινήν, ᾗ σὺν Ἄρηϊ μέλει πολεμήϊα ἔργα
περθόμεναί τε πόληες ἀϋτή τε πτόλεμοί τε,
καί τ' ἐρρύσατο λαὸν ἰόντα τε νισόμενόν τε.
Χαῖρε θεά, δὸς δ' ἄμμι τύχην εὐδαιμονίην τε.   5

ATENA

Flávia R. Marquetti

Deusa guerreira, armada com a lança e a égide*, couraça de pele de cabra, Atena é filha de Zeus e de Métis.[1] Quando Métis engravidou, Zeus a engoliu, a conselho de Urano* e Gaia, pois o filho(a) dela nascido destronaria Zeus. Ao chegar o momento do parto, Zeus ordena a Hefesto que lhe fendesse a cabeça com um machado, e dela saltou a deusa completamente armada. Segundo Devereux (1982, p.127-64), o nascimento de Atena guarda semelhanças com o nascimento de Afrodite, a partir da emasculação de Urano*. O ato de Hefesto, de fender a cabeça de Zeus com o machado, seria uma forma atenuada de apresentar o nascimento de Atena a partir da castração de Zeus, na qual a cabeça corresponderia ao falo.

Atena é a deusa protetora das cidades, patrona dos artífices e da fiação. Entre os inúmeros benefícios oferecidos aos homens pode-se destacar a oliveira, que lhe garante a soberania sobre a cidade de Atenas*, a invenção do fabrico do azeite, da quadriga e do carro de guerra, do barco e da tecelagem, entre outras coisas.

Amante da guerra, Atena diferencia-se de Ares, brutal e incontrolável. Ela é, ao contrário dele, a deusa da estratégia, industriosa e civilizadora.[2] Segundo Burkert (1993, p.282-3), ao conciliar as ações guerreiras e os processos de desenvolvimento da pólis, Atena instaura o processo civilizacional, que leva à justa fixação da distribuição dos papéis entre as mulheres, os artesães e os guerreiros, e à lucidez organizacional que alcança este resultado.

---

1. Métis é a personificação da sabedoria, especialmente daquela com nuances de astúcia. Filha de Oceano e Tétis, ajudou Zeus na *titanomaquia* e foi sua primeira esposa. Ver *Glossário*, entradas de Urano* e de Atena*.
2. Ver, no cap.4, as divindades gregas da guerra.

ATENA

Como Ártemis, Atena auxilia na educação dos jovens e lhes permite a entrada no mundo civilizado da pólis. As jovens ursas de Ártemis[3] completam o período que as levam à maturidade plena junto de Atena, são as suas *parthenoi* (gr. παρθένοι, "virgens"). No santuário da deusa elas aprendem a fiar e, juntamente com as mulheres de Atenas*, tecem o peplo que é ofertado à deusa durante as festas das Panateneias.

A participação nas Panateneias, com a função de *canéforas*, portadoras do peplo da deusa, permite às jovens serem incorporadas à representação global da cidade, integra-as ao corpo social e religioso e inscreve-as nas regras da pólis, do civilizado e organizado mundo de Palas Atena (Zaidman, 1991, p.366-81; Burkert, 1993, p.281).

Enquanto Ártemis guarda as fronteiras entre o mundo selvagem e o mundo civilizado, Atena guarda as cidades e a relação harmoniosa entre os cidadãos. Deusa da razão, ela preside ainda a palavra bem empregada, auxilia seus protegidos nos discursos cívicos, feitos na ágora, como se pode ver na *Odisseia* (2.399-4.624) quando auxilia o jovem Telêmaco em sua missão de "embaixador" de Ítaca à procura de notícias de seu pai e rei, Odisseu*.

Atena é uma deusa virgem, mas teve um filho de Hefesto, Erictônio. Ao procurar Hefesto junto das suas forjas para pedir-lhe armas, Atena despertou no deus ferreiro uma enorme paixão. Hefesto a perseguiu e conseguiu alcançá-la, apesar de coxo, e, ao abraçá-la, ejaculou em suas coxas. A deusa afastou-o e se limpou com um pedaço de lã, que lançou à terra. O sêmen contido na lã fecundou Gaia, a terra, e dela nasceu Erictônio, que Atena considerou seu filho.

---

3. Ver n.4, p.204.

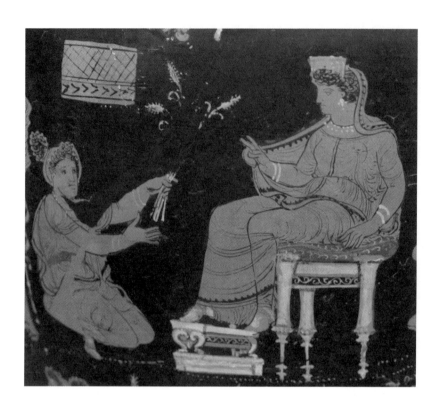

Fig. 8.1 *Metanira e Deméter*. Detalhe de hídria apuliana de figuras vermelhas, dita "Hídria Eleusiniana". Data: c. 340 a.C.

8.
Deméter, deusa do cereal e da agricultura

Maria Lúcia G. Massi
Sílvia M.S. de Carvalho

ΕΙΣ ΔΗΜΗΤΡΑΝ
In Cererem

h.Hom. 2, com 495 versos (= h.Cer.);

h.Hom. 13, com 3 versos.

h.Hom. 2: A Deméter

Maria Lúcia G. Massi[1]

A Deméter de belos cabelos, deusa augusta, começo a entoar,
e a sua filha de finos tornozelos, que Aidoneu*
raptou. Deu-a o baritonante, longividente Zeus,
longe de Deméter de espada dourada e de esplêndido fruto,
quando, no prado macio, com as Oceânides* de fundos colos,   5
brincava de apanhar flores: rosas, crocos,[2] violetas belas,
lírios, jacinto e um narciso prodigioso, brilhante, que
Gaia* fez nascer dolosamente para a donzela de olhos de
pétala e para agradar ao Hospedeiro de muitos,[3] conforme
os desígnios de Zeus. Um objeto de temor foi então visto por todos,   10
tanto pelos deuses imortais quanto pelos homens mortais.
De sua raiz nasceu uma cabeça de cem pétalas,
e com a fragrância da flor, todo o céu vasto do alto,
toda a terra e a onda salina do mar riram.
Ela, então, maravilhada esticou juntas as duas mãos   15
para pegar o belo brinquedo. Abriu-se a terra de vasta via
na planície nísia[4] e por ali saiu o senhor Hospedeiro de muitos,
filho de muitos nomes[5] de Crono*, nos seus cavalos imortais.
Tendo-a raptado, contrariada conduzia-a gemendo
para as douradas carruagens. Ela gritou alto com a voz   20
chamando o Cronida*, o pai supremo e melhor.

---

1. Alguns nomes foram levemente alterados pelor editor, WARJ, para atender necessidades editoriais de última hora. O editor agradece, ademais, o esclarecido auxílio da tradutora na preparação de algumas notas.
2. Planta herbácea de flores solitárias e tubulosas, comum na orla do Mediterrâneo (v.g. o açafrão; ver também vv. 178 e 428, e o ensaio à p. 277).
3. Hades* tinha reputação de hospitaleiro, pois a todos recepcionava em seu reino, e todos por lá ficavam... Ver também vv. 18, 31, 404 e 430.
4. I.e., Nisa. Ver Glossário.
5. Os gregos evitavam mencionar Hades* diretamente e referiam-se a ele através de eufemismos; nos vv. 30-1, por exemplo, o poeta recorreu a quatro circunlóquios sequenciais.

2. Εἰς Δημήτραν

Δήμητρ' ἠΰκομον, σεμνὴν θεόν, ἄρχομ' ἀείδειν,
αὐτὴν ἠδὲ θύγατρα τανύσφυρον, ἣν Ἀϊδωνεὺς
ἥρπαξεν, δῶκεν δὲ βαρύκτυπος εὐρύοπα Ζεύς,
νόσφιν Δήμητρος χρυσαόρου ἀγλαοκάρπου
παίζουσαν κούρῃσι σὺν Ὠκεανοῦ βαθυκόλποις,   5
ἄνθεά τ' αἰνυμένην, ῥόδα καὶ κρόκον ἠδ' ἴα καλά,
λειμῶν' ἂμ μαλακόν, καὶ ἀγαλλίδας ἠδ' ὑάκινθον,
νάρκισσόν θ', ὃν φῦσε δόλον καλυκώπιδι κούρῃ Γαῖα
Διὸς βουλῇσι χαριζομένη Πολυδέκτῃ,
θαυμαστὸν γανόωντα· σέβας τότε πᾶσιν ἰδέσθαι   10
ἀθανάτοις τε θεοῖς ἠδὲ θνητοῖς ἀνθρώποις·
τοῦ καὶ ἀπὸ ῥίζης ἑκατὸν κάρα ἐξεπεφύκει,
κωδείας δ' ὀδμὴ πᾶς τ' οὐρανὸς εὐρὺς ὕπερθε
γαῖά τε πᾶσ' ἐγέλασσε καὶ ἁλμυρὸν οἶδμα θαλάσσης.
Ἡ δ' ἄρα θαμβήσασ' ὠρέξατο χερσὶν ἅμ' ἄμφω   15
καλὸν ἄθυρμα λαβεῖν· χάνε δὲ χθὼν εὐρυάγυια
Νύσιον ἂμ πεδίον, τῇ ὄρουσεν ἄναξ Πολυδέγμων
ἵπποις ἀθανάτοισι, Κρόνου πολυώνυμος υἱός.
Ἁρπάξας δ' ἀέκουσαν ἐπὶ χρυσέοισιν ὄχοισιν
ἦγ' ὀλοφυρομένην, ἰάχησε δ' ἄρ' ὄρθια φωνῇ   20
κεκλομένη πατέρα Κρονίδην ὕπατον καὶ ἄριστον.

2. A DEMÉTER

Nenhum dos imortais e nenhum dos homens mortais
ouviram a voz, nem as oliveiras de esplêndidos
frutos, a não ser a jovem filha de Perses que, prudente,
ouviu de seu antro, Hécate* de clara mantilha, 25
e o senhor Hélio, filho luminoso de Hipérion, que
ouviu a donzela chamando o pai Cronida*. Longe ele estava,
afastado dos deuses, em templo mui frequentado por
suplicantes, recebendo belas oferendas dos homens mortais.
O tio paterno, comandante de muitos seres, Hospedeiro de muitos, 30
filho de muitos nomes de Crono*, conduzia-a contrariada
nos seus cavalos imortais, por instigação de Zeus.
Enquanto a deusa via a terra, o céu estrelado,
o impetuoso mar piscoso
e os raios do sol, ela tinha ainda a esperança de ver 35
a mãe devotada e a grei dos deuses sempre vivos,
pois a esperança lhe seduzia o grande espírito, apesar de aflita;[6]
ecoaram os cumes montanhosos e as profundezas do
mar pela voz imortal, e a ouvia a soberana mãe.
Dor aguda tomou-lhe o coração. Com as mãos, 40
arrancou a mantilha dos cabelos imortais,
lançou escuro véu sobre os ombros, e atirou-se, como
um pássaro, sobre o sólido e sobre o líquido, procurando
a filha. Ninguém queria contar-lhe a verdade,
nem dentre os deuses, nem dentre os homens mortais, 45
e nem dentre os pássaros um verdadeiro mensageiro veio até ela.

---

6. Os vv. 33-7 mostram, brevemente, o ponto de vista de Perséfone (Rayor, 2004, p. 109). Como qualquer mortal que adentra o mundo subterrâneo, teme não mais ver a luz do sol.

2. ΕΙΣ ΔΗΜΗΤΡΑΝ

Οὐδέ τις ἀθανάτων οὐδὲ θνητῶν ἀνθρώπων
ἤκουσεν φωνῆς, οὐδ' ἀγλαόκαρποι ἐλαῖαι,[7]
εἰ μὴ Περσαίου θυγάτηρ ἀταλὰ φρονέουσα
ἄϊεν ἐξ ἄντρου, Ἑκάτη λιπαροκρήδεμνος,   25
Ἠέλιός τε ἄναξ, Ὑπερίονος ἀγλαὸς υἱός,
κούρης κεκλομένης πατέρα Κρονίδην· ὁ δὲ νόσφιν
ἧστο θεῶν ἀπάνευθε πολυλλίστῳ ἐνὶ νηῷ
δέγμενος ἱερὰ καλὰ παρὰ θνητῶν ἀνθρώπων.
Τὴν δ' ἀεκαζομένην ἦγεν Διὸς ἐννεσίῃσ   30
πατροκασίγνητος πολυσημάντωρ πολυδέγμων
ἵπποις ἀθανάτοισι Κρόνου πολυώνυμος υἱός.
ὄφρα μὲν οὖν γαῖάν τε καὶ οὐρανὸν ἀστερόεντα
λεῦσσε θεὰ καὶ πόντον ἀγάρροον ἰχθυόεντα
αὐγάς τ' ἠελίου, ἔτι δ' ἤλπετο μητέρα κεδνὴν   35
ὄψεσθαι καὶ φῦλα θεῶν αἰειγενετάων,
τόφρα οἱ ἐλπὶς ἔθελγε μέγαν νόον ἀχνυμένης
περ· ἤχησαν δ' ὀρέων κορυφαὶ καὶ βένθεα πόντου
φωνῇ ὑπ' ἀθανάτῃ, τῆς δ' ἔκλυε πότνια μήτηρ.[8]
ὀξὺ δέ μιν κραδίην ἄχος ἔλλαβεν, ἀμφὶ δὲ χαίταις   40
ἀμβροσίαις κρήδεμνα δαΐζετο χερσὶ φίλῃσι,
κυάνεον δὲ κάλυμμα κατ' ἀμφοτέρων βάλετ' ὤμων,
σεύατο δ' ὥς τ' οἰωνὸς ἐπὶ τραφερήν τε καὶ ὑγρὴν
μαιομένη· τῇ δ' οὔ τις ἐτήτυμα μυθήσασθαι
ἤθελεν οὔτε θεῶν οὔτε θνητῶν ἀνθρώπων,   45
οὔτ' οἰωνῶν τις τῇ ἐτήτυμος ἄγγελος ἦλθεν.

---

7. Humbert preconiza Ἐλαῖαι, "Oliveiras", divindades similares às ninfas. Foi adotada, no entanto, a lição de West, que grafa a palavra como um substantivo comum (cf. v. 100 do *hino*).
8. Humbert propôs uma lacuna de um verso entre os vv. 39 e 40; outros editores, não.

2. A DEMÉTER

Em seguida, durante nove dias, a soberana Deo[9]
vagava pela terra com tochas acesas nas mãos;
nenhuma vez sorveu a ambrosia* e o néctar* suave,
porque estava aflita, e nem seu corpo lançou nos banhos.   50
Mas, quando se aproximou pela décima vez a brilhante Eos*,
encontrou-a Hécate*, que tinha archote nas mãos,
e para dar-lhe uma mensagem tomou a palavra e falou:
"Soberana Deméter, trazedora das estações, de esplêndidos dons,
qual dos deuses celestes ou dos homens mortais   55
raptou Perséfone* e afligiu teu ânimo amável?
Pois ouvi a voz, porém não vi com meus olhos
quem quer que fosse. Digo-te a verdade toda".
Assim falava Hécate*. Não lhe respondia com palavras,
a filha de Reia* de belos cabelos, mas, no mesmo instante,   60
precipitou-se com ela, tendo tochas acesas nas mãos.
Foram até Hélio, que observa os deuses e os homens;
colocaram-se na frente dos seus cavalos e a diva entre deusas
perguntou: "Hélio, respeita-me como deusa ao menos tu, se alguma vez
com palavra, ou com ação, teu coração e teu ânimo alegrei.   65
Da filha que pari, doce rebento, gloriosa na
aparência, a voz intensa ouvi através do ar infinito,
como se forçada, porém não vi com meus olhos.
Mas, tu, que sobre toda a terra e ao longo do mar,
olhas do alto do ar divino com teus raios,   70
dize-me verdadeiramente se de alguma forma viste,
quem dentre os deuses, ou dentre os homens mortais, longe de mim,
partiu tendo, com coerção, arrebatado milha filha, contrariada."

---

9. Outro nome de Deméter. Ver também vv. 211 e 492.

2. ΕΙΣ ΔΗΜΗΤΡΑΝ

ἐννῆμαρ μὲν ἔπειτα κατὰ χθόνα πότνια Δηὼ
στρωφᾶτ' αἰθομένας δαΐδας μετὰ χερσὶν ἔχουσα, οὐδέ
ποτ' ἀμβροσίης καὶ νέκταρος ἡδυπότοιο
πάσσατ' ἀκηχεμένη, οὐδὲ χρόα βάλλετο λουτροῖς.   50
ἀλλ' ὅτε δὴ δεκάτη οἱ ἐπήλυθε φαινολὶς Ἠώς
ἤντετό οἱ Ἑκάτη, σέλας ἐν χείρεσσιν ἔχουσα, καί ῥά
οἱ ἀγγελέουσα ἔπος φάτο φώνησέν τε· Πότνια
Δημήτηρ, ὡρηφόρε, ἀγλαόδωρε,
τίς θεῶν οὐρανίων ἠὲ θνητῶν ἀνθρώπων   55
ἥρπασε Περσεφόνην καὶ σὸν φίλον ἤκαχε θυμόν;
Φωνῆς γὰρ ἤκουσ', ἀτὰρ οὐκ ἴδον ὀφθαλμοῖσιν ὅς τις
ἔην· σοὶ δ' ὦκα λέγω νημερτέα πάντα. Ὣς ἄρ' ἔφη
Ἑκάτη· τὴν δ' οὐκ ἠμείβετο μύθῳ
Ῥείης ἠϋκόμου θυγάτηρ, ἀλλ' ὦκα σὺν αὐτῇ   60
ἤϊξ' αἰθομένας δαΐδας μετὰ χερσὶν ἔχουσα.
Ἠέλιον δ' ἵκοντο, θεῶν σκοπὸν ἠδὲ καὶ ἀνδρῶν, στὰν δ'
ἵππων προπάροιθε καὶ εἴρετο δῖα θεάων· Ἠέλι',
αἴδεσσαί με θεὰν σύ περ, εἴ ποτε δή σευ
ἢ ἔπει ἢ ἔργῳ κραδίην καὶ θυμὸν ἴηνα·   65
κούρην τὴν ἔτεκον, γλυκερὸν θάλος, εἴδεϊ κυδρήν,
τῆς ἁδινὴν ὄπ' ἄκουσα δι' αἰθέρος ἀτρυγέτοιο ὥς τε
βιαζομένης, ἀτὰρ οὐκ ἴδον ὀφθαλμοῖσιν. Ἀλλὰ σὺ γὰρ δὴ
πᾶσαν ἐπὶ χθόνα καὶ κατὰ πόντον
αἰθέρος ἐκ δίης καταδέρκεαι ἀκτίνεσσι,   70
νημερτέως μοι ἔνισπε φίλον τέκος, εἴ που ὄπωπας
ὅς τις νόσφιν ἐμεῖο λαβὼν ἀέκουσαν ἀνάγκῃ
οἴχεται ἠὲ θεῶν ἢ καὶ θνητῶν ἀνθρώπων.

2. A DEMÉTER

Assim falou. O filho de Hipérion* respondeu-lhe com esta palavra:
"Filha de Reia* de belos cabelos, Deméter, Senhora,   75
tu saberás. Pois muito te reverencio e tenho piedade de ti,
que estás aflita por causa da filha de finos tornozelos. Nenhum
outro é responsável dentre os imortais, a não ser o agrega-nuvens Zeus,
que a deu a Hades* para ser chamada jovem esposa
pelo seu próprio irmão. Esse, tendo-a raptado, conduziu-a   80
nos seus cavalos até a treva nevoenta, embora ela gritasse muito.
Vamos, deusa, faze parar o teu grande lamento. Não é preciso que
em vão tenhas imensa cólera como essa. Não te é inconveniente genro,
entre os imortais, o comandante de muitos seres, Aidoneu*,
teu próprio irmão e do mesmo sangue. Por sua honra   85
coube-lhe sua parte quando, no princípio, em três a partilha foi feita.
Ele habita entre aqueles a quem lhe coube ser o soberano."[10]
Assim tendo dito, Hélio animou os cavalos que, pelo grito,
rapidamente levaram o carro veloz, como pássaros de longas asas.
Dor mais maligna e terrível invadiu o ânimo da deusa.   90
Tendo com o Cronida* de nuvens sombrias se irritado,
afastando-se da assembleia dos deuses e do alto Olimpo*,
partiu para as cidades e os campos opulentos dos homens,
dissimulando a aparência por muito tempo. Nenhum dos homens e
das mulheres de fundas cinturas que a olhassem a reconheciam,   95
até que ela chegasse ao palácio do prudente Celeu,
ele que era, então, soberano da perfumada
Elêusis*. Ofendida no coração, perto da estrada sentou,
no poço Partênio,[11] de onde os cidadãos tiravam água,
na sombra (por cima nascia um ramo de oliveira),   100

---

10. Após a derrota dos *titãs*, os três filhos de Crono dividiram o Cosmo: Posídon ficou com o mar, Hades* com o mundo subterrâneo e Zeus com o céu e todo o resto (ver *Il.* 15.187-92).
11. I.e., "das virgens".

2. ΕΙΣ ΔΗΜΗΤΡΑΝ

Ὣς φάτο· τὴν δ' Ὑπεριονίδης ἠμείβετο μύθῳ·
Ῥείης ἠϋκόμου θυγάτηρ, Δήμητερ ἄνασσα, 75
εἰδήσεις· δὴ γὰρ μέγα ‹σ'› ἄζομαι ἠδ' ἐλεαίρω
ἀχνυμένην περὶ παιδὶ τανυσφύρῳ· οὐδέ τις ἄλλος
αἴτιος ἀθανάτων, εἰ μὴ νεφεληγερέτα Ζεύς,
ὅς μιν ἔδωκ' Ἀΐδῃ θαλερὴν κεκλῆσθαι ἄκοιτιν
αὐτοκασιγνήτῳ· ὁ δ' ὑπὸ ζόφον ἠερόεντα 80
ἁρπάξας ἵπποισιν ἄγεν μεγάλα ἰάχουσαν.
Ἀλλά, θεά, κατάπαυε μέγαν γόον· οὐδέ τί σε χρὴ
μὰψ αὔτως ἄπλητον ἔχειν χόλον· οὔ τοι ἀεικὴς
γαμβρὸς ἐν ἀθανάτοις πολυσημάντωρ Ἀϊδωνεύς,
αὐτοκασίγνητος καὶ ὁμόσπορος· ἀμφὶ δὲ τιμὴν 85
ἔλλαχεν ὡς τὰ πρῶτα διάτριχα δασμὸς ἐτύχθη·
τοῖς μέτα ναιετάει τῶν ἔλλαχε κοίρανος εἶναι. Ὣς
εἰπὼν ἵπποισιν ἐκέκλετο, τοὶ δ' ὑπ' ὁμοκλῆς ῥίμφ'
ἔφερον θοὸν ἅρμα, τανύπτεροι ὥς τ' οἰωνοί·
τὴν δ' ἄχος αἰνότερον καὶ κύντερον ἵκετο θυμόν. 90
Χωσαμένη δὴ ἔπειτα κελαινεφέϊ Κρονίωνι
νοσφισθεῖσα θεῶν ἀγορὴν καὶ μακρὸν Ὄλυμπον
ᾤχετ' ἐπ' ἀνθρώπων πόλιας καὶ πίονα ἔργα,
εἶδος ἀμαλδύνουσα πολὺν χρόνον· οὐδέ τις ἀνδρῶν
εἰσορόων γίγνωσκε βαθυζώνων τε γυναικῶν, 95
πρίν γ' ὅτε δὴ Κελεοῖο δαΐφρονος ἵκετο δῶμα,
ὃς τότ' Ἐλευσῖνος θυοέσσης κοίρανος ἦεν.
Ἕζετο δ' ἐγγὺς ὁδοῖο φίλον τετιημένη ἦτορ
Παρθενίῳ φρέατι, ὅθεν ὑδρεύοντο πολῖται,
ἐν σκιῇ (αὐτὰρ ὕπερθε πεφύκει θάμνος ἐλαίης), 100

2. A DEMÉTER

parecida com velha nascida antigamente, que se
abstinha tanto do parto quanto dos dons da ama-coroa
Afrodite; tais são as nutrizes dos filhos dos reis justiceiros
e as intendentes no interior dos palácios rumorosos.
Viram-na as filhas de Celeu, o Eleusinida,[12] 105
quando iam até a água fácil de puxar, a fim de levarem
nos baldes de bronze para o paço do pai —
eram quatro, como deusas, tinham a flor da
juventude: Calidice, Cleisidice, a encantadora Demo
e Calitoé, que delas todas era a mais velha, 110
e não a reconheceram. Difíceis são os deuses de serem vistos
                                            [pelos mortais.
Colocando-se perto dela, aladas palavras lhe dirigiram:
"Quem és e vens de onde, velha, dentre os homens antigamente
                                            [nascidos?
Por que enfim longe da cidade foste e não te aproximaste das nossas
                                            [casas?
Lá há mulheres nos paços sombreados, 115
tão idosas, assim como tu, e mais jovens,
que te dedicariam amizade seja com palavra seja com ação."
Assim falaram. Com estas palavras respondeu-lhes a soberana das
                                            [deusas:
"Filhas queridas, quem quer que sejais dentre as mais femininas
                                            [mulheres,
eu vos contarei, alegrai-vos. Não é por certo inconveniente, 120
para vós que perguntastes, a verdade contar.
Dos é meu nome. Pois colocou-o minha soberana mãe.
Agora há pouco, de Creta*, sobre as vastas costas do mar,
eu vim sem querer; pela força e contrariada, sob coerção,
homens piratas me levaram. Em seguida eles, 125

---

12. Celeu era filho ou descendente de Elêusis, o herói epônimo dessa pólis.

2. ΕΙΣ ΔΗΜΗΤΡΑΝ

γρηΐ παλαιγενέϊ ἐναλίγκιος, ἥ τε τόκοιο
εἴργηται δώρων τε φιλοστεφάνου
Ἀφροδίτης, οἷαί τε τροφοί εἰσι θεμιστοπόλων
βασιλήων παίδων καὶ ταμίαι κατὰ δώματα ἠχήεντα.
Τὴν δὲ ἴδον Κελεοῖο Ἐλευσινίδαο θύγατρες   105
ἐρχόμεναι μεθ' ὕδωρ εὐήρυτον, ὄφρα φέροιεν
κάλπισι χαλκείῃσι φίλα πρὸς δώματα πατρός,
τέσσαρες, ὥς τε θεαί, κουρήϊον ἄνθος ἔχουσαι,
Καλλιδίκη καὶ Κλεισιδίκη Δημώ τ' ἐρόεσσα
Καλλιθόη θ', ἣ τῶν προγενεστάτη ἦεν ἁπασῶν,   110
οὐδ' ἔγνων· χαλεποὶ δὲ θεοὶ θνητοῖσιν ὁρᾶσθαι·
ἀγχοῦ ‹δ'› ἱστάμεναι ἔπεα πτερόεντα προσηύδων·
Τίς πόθεν ἐσσί, γρηύ, παλαιγενέων ἀνθρώπων;
Τίπτε δὲ νόσφι πόληος ἀπέστιχες, οὐδὲ δόμοισι
πίλνασαι; Ἔνθα γυναῖκες ἀνὰ μέγαρα σκιόεντα   115
τηλίκαι, ὡς σύ περ ὧδε, καὶ ὁπλότεραι γεγάασιν,
αἵ κέ σε φίλωνται ἠμὲν ἔπει ἠδὲ καὶ ἔργῳ.
Ὣς ἔφαν, ἡ δ' ἐπέεσσιν ἀμείβετο πότνα θεάων·
Τέκνα φίλ' αἵ τινές ἐστε γυναικῶν θηλυτεράων,
χαίρετ', ἐγὼ δ' ὑμῖν μυθήσομαι· οὔ τοι ἀεικὲς   120
ὑμῖν εἰρομένῃσιν ἀληθέα μυθήσασθαι.
Δὼς ‹μὲν› ἐμοί γ' ὄνομ' ἐστί· τὸ γὰρ θέτο πότνια μήτηρ·
νῦν αὖτε Κρήτηθεν ἐπ' εὐρέα νῶτα θαλάσσης
ἤλυθον οὐκ ἐθέλουσα, βίῃ δ' ἀέκουσαν ἀνάγκῃ
ἄνδρες ληϊστῆρες ἀπήγαγον. Οἱ μὲν ἔπειτα   125

2. A DEMÉTER

com a nau veloz, em Tórico,[13] aportaram; lá, mulheres
do continente embarcaram em massa; lá mesmo eles,
perto das amarras da nau, a refeição preparavam.
Mas não se encantava meu ânimo do alimento doce como o mel,
aventurando-me, então, pelo continente negro, escondida,   130
fugia dos soberbos comandantes, a fim de que não
tirassem proveito de meu preço, vendendo a mim que não fui
comprada. Desse modo aqui cheguei errante, e nem sequer sei
que terra é esta e quem são os nela nascidos.
Mas para vós todos os que têm palácio Olímpio*   135
deem jovens maridos e filhos sejam paridos,
como querem os pais. De mim, ao contrário, de boa vontade tende
compaixão, filhas. Queridas filhas, ao palácio de quem posso ir,
homem ou mulher, a fim de que, de boa vontade, para eles eu trabalhe,
como são feitos os trabalhos de uma mulher idosa?   140
E se tivesse nos braços uma criança recém-nascida,
bem a amamentaria, o palácio vigiaria,
e o leito do senhor, no fundo dos tálamos bem
construídos, estenderia, e disporia as mulheres para os trabalhos."
Falava a deusa. Logo a ela respondia a jovem virgem,   145
Calidice, das filhas de Celeu a de melhor aparência.
"Mãe, os dons dos deuses, mesmo aflitos, ainda que com coerção,
nós, os homens, suportamos. Pois eles são muito mais fortes.
Essas coisas a ti de modo seguro ensinarei; nomearei
os homens para quem há grande poder e honra aqui,   150

---

13. Pequena pólis situada na costa noroeste da Ática.

2. ΕΙΣ ΔΗΜΗΤΡΑΝ

νηῒ θοῇ Θορικόνδε κατέσχεθον, ἔνθα γυναῖκες
ἠπείρου ἐπέβησαν ἀολλέες, ἠδὲ καὶ αὐτοὶ
δεῖπνον ἐπηρτύνοντο παρὰ πρυμνήσια νηός·
ἀλλ' ἐμοὶ οὐ δόρποιο μελίφρονος ἤρατο θυμός,
λάθρῃ δ' ὁρμηθεῖσα δι' ἠπείροιο μελαίνης   130
φεῦγον ὑπερφιάλους σημάντορας, ὄφρα κε μή με
ἀπριάτην περάσαντες ἐμῆς ἀποναίατο τιμῆς.
οὕτω δεῦρ' ἱκόμην ἀλαλημένη, οὐδέ τι οἶδα
ἥ τις δὴ γαῖ' ἐστὶ καὶ οἵ τινες ἐγγεγάασιν.
Ἀλλ' ὑμῖν μὲν πάντες Ὀλύμπια δώματ' ἔχοντες   135
δοῖεν κουριδίους ἄνδρας καὶ τέκνα τεκέσθαι
ὡς ἐθέλουσι τοκῆες· ἐμὲ δ' αὖτ' οἰκτείρατε, κοῦραι,[14]
προφρονέως. Φίλα τέκνα, τέων πρὸς δώμαθ' ἵκωμαι,
ἀνέρος ἠδὲ γυναικός, ἵνα σφίσιν ἐργάζωμαι
πρόφρων, οἷα γυναικὸς ἀφήλικος ἔργα τέτυκται·   140
Καί κεν παῖδα νεογνὸν ἐν ἀγκοίνῃσιν ἔχουσα
καλὰ τιθηνοίμην, καὶ δώματα τηρήσαιμι
καί κε λέχος στορέσαιμι μυχῷ θαλάμων εὐπήκτων
δεσπόσυνον, καί κ' ἔργα διασκήσαιμι γυναῖκας.
Φῆ ῥα θεά· τὴν δ' αὐτίκ' ἀμείβετο παρθένος ἀδμής,   145
Καλλιδίκη, Κελεοῖο θυγατρῶν εἶδος ἀρίστη· Μαῖα,
θεῶν μὲν δῶρα καὶ ἀχνύμενοί περ ἀνάγκῃ
τέτλαμεν ἄνθρωποι· δὴ γὰρ πολὺ φέρτεροί
εἰσιν. Ταῦτα δέ τοι σαφέως ὑποθήσομαι ἠδ' ὀνομήνω
ἀνέρας οἷσιν ἔπεστι μέγα κράτος ἐνθάδε τιμῆς,   150

---

14. Allen-Sikes e West preconizam a existência de uma pequena lacuna entre os vv. 137 e 138.

2. A DEMÉTER

e, entre o povo, são os primeiros, e as muralhas da
cidade protegem com deliberações e retas justiças.
Seja do sagaz Triptólemo, seja de Diocles,
seja de Polixeno, seja do irrepreensível Eumolpo,[15]
seja de Dolico, seja do nosso pai viril,   155
deles todos as esposas dos seus paços cuidam.
Mesmo que uma delas, à primeira vista,
a tua aparência desonrasse, da casa não te afastaria,
mas todas te receberão. Pois és semelhante aos deuses.
Mas se quiseres, espera, a fim de irmos ao paço de nosso pai   160
e dizermos à nossa mãe de funda cintura, Metanira,
todas essas coisas do princípio ao fim; oxalá ela te
exorte a ires para nosso palácio e de outros não procurares.
Seu filho temporão, nascido de pais idosos, no paço bem construído
é nutrido, filho mui desejado e bem-vindo.   165
Se o nutrisses e se na juventude ele chegasse,
facilmente, aquela que dentre as mais femininas mulheres te visse,
te invejaria, tanto pela criação dele ela te daria."
Assim falava. A deusa aprovou com a cabeça e elas, que os brilhantes
vasos tinham enchido de água, levavam-nos orgulhosas.   170
Rápido chegaram à grande casa do pai, e, no mesmo
instante, disseram o que viram e ouviram à mãe. Ela bem
depressa ordenou que fossem chamá-la, sob imensa recompensa.
Como corças, ou novilhas, na estação da primavera
saltam no prado após saciarem suas entranhas na pastagem,   175

---

15. Lendário ancestral dos *eumólpidas*, família de onde vinha o Hierofante, principal sacerdote do culto de Deméter em Elêusis*.

2. ΕΙΣ ΔΗΜΗΤΡΑΝ

δήμου τε προὔχουσιν, ἰδὲ κρήδεμνα πόληος
εἰρύαται βουλῇσι καὶ ἰθείῃσι δίκῃσιν.
Ἠμὲν Τριπτολέμου πυκιμήδεος ἠδὲ Διόκλου
ἠδὲ Πολυξείνου καὶ ἀμύμονος Εὐμόλποιο
καὶ Δολίχου καὶ πατρὸς ἀγήνορος ἡμετέροιο,   155
τῶν πάντων ἄλοχοι κατὰ δώματα πορσαίνουσι·
τάων οὐκ ἄν τίς σε κατὰ πρώτιστον ὀπωπὴν
εἶδος ἀτιμήσασα δόμων ἀπονοσφίσσειεν, ἀλλὰ
σε δέξονται· δὴ γὰρ θεοείκελός ἐσσι.
Εἰ δ' ἐθέλεις, ἐπίμεινον, ἵνα πρὸς δώματα πατρὸς   160
ἔλθωμεν καὶ μητρὶ βαθυζώνῳ Μετανείρῃ
εἴπωμεν τάδε πάντα διαμπερές, αἴ κέ σ'
ἀνώγῃ ἡμέτερον δ' ἰέναι μηδ' ἄλλων δώματ'
ἐρευνᾶν. Τηλύγετος δέ οἱ υἱὸς ἐνὶ μεγάρῳ εὐπήκτῳ
ὀψίγονος τρέφεται, πολυεύχετος ἀσπάσιός τε.   165
εἰ τόν γ' ἐκθρέψαιο καὶ ἥβης μέτρον ἵκοιτο,
ῥεῖά κέ τίς σε ἰδοῦσα γυναικῶν θηλυτεράων
ζηλώσαι· τόσα κέν τοι ἀπὸ θρεπτήρια δοίη. Ὣς
ἔφαθ'· ἡ δ' ἐπένευσε καρήατι, ταὶ δὲ φαεινὰ
πλησάμεναι ὕδατος φέρον ἄγγεα κυδιάουσαι.   170
Ῥίμφα δὲ πατρὸς ἴκοντο μέγαν δόμον, ὦκα δὲ μητρὶ
ἔννεπον ὡς εἶδόν τε καὶ ἔκλυον. Ἡ δὲ μάλ' ὦκα
ἐλθούσας ἐκέλευε καλεῖν ἐπ' ἀπείρονι μισθῷ.
Αἱ δ' ὥς τ' ἢ ἔλαφοι ἢ πόρτιες εἴαρος ὥρῃ
ἄλλοντ' ἂν λειμῶνα κορεσσάμεναι φρένα φορβῇ,   175

2. A DEMÉTER

assim elas, erguendo as pregas das vestes sedutoras,
precipitaram-se ao longo do cavado caminho; os seus
cabelos balançavam ao redor dos ombros iguais à flor
do açafrão. Encontraram a deusa gloriosa perto da estrada, ali
                                                      [onde antes
a deixaram. Depois, enquanto ao paço do pai   180
a conduziam, ela então atrás, ofendida em seu coração,
caminhava coberta da cabeça para baixo; o manto
escuro se enrolava ao redor dos esbeltos pés da
deusa. Logo chegaram ao palácio de Celeu, nutrido por Zeus,
atravessaram o pórtico; ali a soberana mãe delas   185
permanecia ao lado da coluna do teto solidamente feito e
em seu colo mantinha uma criança, um jovem rebento. Para junto dela
correram e, quando a deusa tocou com seus pés a soleira,[16]
sua cabeça alcançou a padieira e encheu as portas de luz divina.[17]
Veneração, temor e pálido horror tomaram Metanira.   190
Cedeu-lhe seu divã e a sentar-se a exortava,[18]
mas Deméter, trazedora das estações de esplêndidos
dons, não quis sentar-se sobre o brilhante divã,
mas em silêncio permanecia, tendo os belos olhos abaixado,
até que lhe colocasse Iambé, devotada mulher,   195
um sólido banco, e por cima lançasse alva lã.
Sentando-se ali, manteve com as mãos o xale diante de si.
Ofendida, sem voz, por muito tempo permanecia no assento,
a nenhuma se dirigia nem com palavra e nem mesmo com ação,
mas, sem rir, sem apetite de comida e bebida   200

---

16. A passagem que começa no "quando a deusa tocou" (188) e termina em "por causa da lei divina" (211) constitui o modelo de uma série de rituais dos Mistérios Eleusinos.
17. Cf. vv. 188-90 e *h.Ven.* 172-5.
18. Assim como Anquises diante de Afrodite (*h.Ven.* 84-106), Metanira notou, instintivamente, a presença divina.

2. ΕΙΣ ΔΗΜΗΤΡΑΝ

ὣς αἱ ἐπισχόμεναι ἑανῶν πτύχας ἱμεροέντων
ἤϊξαν κοίλην κατ' ἀμαξιτόν, ἀμφὶ δὲ χαῖται
ὤμοις ἀΐσσοντο κροκηΐῳ ἄνθει ὁμοῖαι.
Τέτμον δ' ἐγγὺς ὁδοῦ κυδρὴν θεόν, ἔνθα πάρος περ
κάλλιπον· αὐτὰρ ἔπειτα φίλα πρὸς δώματα πατρὸς 180
ἡγεῦνθ', ἡ δ' ἄρ' ὄπισθε, φίλον τετιημένη ἦτορ,
στεῖχε κατὰ κρῆθεν κεκαλυμμένη, ἀμφὶ δὲ πέπλος
κυάνεος ῥαδινοῖσι θεᾶς ἐλελίζετο ποσσίν.
Αἶψα δὲ δώμαθ' ἵκοντο διοτρεφέος Κελεοῖο,
βὰν δὲ δι' αἰθούσης, ἔνθα σφίσι πότνια μήτηρ 185
ἧστο παρὰ σταθμὸν τέγεος πύκα ποιητοῖο,
παῖδ' ὑπὸ κόλπῳ ἔχουσα, νέον θάλος· αἱ δὲ παρ' αὐτὴν
ἔδραμον, ἡ δ' ἄρ' ἐπ' οὐδὸν ἔβη ποσί, καί ρα μελάθρου
κῦρε κάρη, πλῆσεν δὲ θύρας σέλαος θείοιο.
Τὴν δ' αἰδώς τε σέβας τε ἰδὲ χλωρὸν δέος εἷλεν· 190
εἶξε δέ οἱ κλισμοῖο καὶ ἑδριάασθαι ἄνωγεν.
Ἀλλ' οὐ Δημήτηρ ὡρηφόρος ἀγλαόδωρος
ἤθελεν ἑδριάασθαι ἐπὶ κλισμοῖο φαεινοῦ,
ἀλλ' ἀκέουσα ἔμιμνε, κατ' ὄμματα καλὰ βαλοῦσα,
πρίν γ' ὅτε δή οἱ ἔθηκεν Ἰάμβη κέδν' εἰδυῖα 195
πηκτὸν ἕδος, καθύπερθε δ' ἐπ' ἀργύφεον βάλε κῶας.
Ἔνθα καθεζομένη προκατέσχετο χερσὶ καλύπτρην·
δηρὸν δ' ἄφθογγος τετιημένη ἦστ' ἐπὶ δίφρου,
οὐδέ τιν' οὔτ' ἔπεϊ προσπτύσσετο οὔτε τι ἔργῳ,
ἀλλ' ἀγέλαστος, ἄπαστος ἐδητύος ἠδὲ ποτῆτος, 200

2. A DEMÉTER

permanecia, consumida pela saudade da filha de funda
cintura, até que com escárnio Iambé, devotada mulher,
zombando-se muito dela, fizesse a soberana pura
voltar a sorrir, a rir e a ter propício ânimo;[19]
foi que também, mais tarde, agradou seu espírito. 205
Dava-lhe Metanira um copo de vinho doce como o mel,
tendo-o enchido, mas ela recusou. Pois não lhe era permitido,
dizia, beber vinho vermelho; exortou-a, então, a dar-lhe cevada e
água para beber, tendo-as misturado com tenro poejo.
Tendo feito a bebida, passou-a à deusa, como essa ordenava. 210
Recebeu-a a multissoberana Déo, por causa da lei divina[20]
. . . .
Entre elas, tomava primeiro a palavra a bem cinturada Metanira.
"Alegra-te, mulher, já que penso que não és descendente de maus
pais, mas de bons. É aparente em teus olhos a veneração
e a graça, como se fossem dos reis justiceiros. 215
Mas os dons dos deuses, mesmo aflitos, ainda que com coerção,
nós, os homens, suportamos. Pois um jugo jaz sobre nosso
pescoço. Agora, já que chegaste aqui, quanto é meu será teu.
Nutra este meu filho, que, nascido de pais idosos e não aguardado,
deram-me os imortais, objeto de muitas preces ele é para mim. 220
Se o nutrisses e se na juventude ele chegasse,
certamente, aquela que dentre as mais femininas mulheres te visse,
te invejaria, tanto pela criação dele eu te daria."
Disse-lhe, por sua vez, a bem coroada Deméter:
"Também tu, mulher, alegra-te muito, que bens os deuses te passem. 225

---

19. O nome "Iambé" foi associado à origem do metro *iâmbico*, utilizado em versos satíricos.
20. Sem se servir do alimento dos deuses desde o v. 49, Deméter quebra o jejum com um alimento humano (Rayor, 2004, p. 110).

2. ΕΙΣ ΔΗΜΗΤΡΑΝ

ἧστο, πόθῳ μινύθουσα βαθυζώνοιο θυγατρός,
πρίν γ' ὅτε δὴ χλεύης μιν Ἰάμβη κέδν' εἰδυῖα,
πολλὰ παρασκώπτουσα, τρέψατο πότνιαν ἁγνὴν
μειδῆσαι γελάσαι τε καὶ ἵλαον σχεῖν θυμόν·
ἣ δή οἱ καὶ ἔπειτα μεθύστερον εὔαδεν ὀργαῖς.   205
Τῇ δὲ δέπας Μετάνειρα δίδου μελιηδέος οἴνου
πλήσασ', ἣ δ' ἀνένευσ'· οὐ γὰρ θεμιτόν οἱ ἔφασκε
πίνειν οἶνον ἐρυθρόν, ἄνωγε δ' ἄρ' ἄλφι καὶ ὕδωρ
δοῦναι μείξασαν πιέμεν γλήχωνι τερείνῃ.
Ἡ δὲ κυκεῶ τεύξασα θεᾷ πόρεν ὡς ἐκέλευε·   210
δεξαμένη δ' ὁσίης ἕνεκεν πολυπότνια Δηὼ
. . . .[21]
τῇσι δὲ μύθων ἦρχεν ἐΰζωνος Μετάνειρα·
Χαῖρε, γύναι, ἐπεὶ οὔ σε κακῶν ἄπ' ἔολπα τοκήων
ἔμμεναι, ἀλλ' ἀγαθῶν· ἐπί τοι πρέπει ὄμμασιν αἰδὼς
καὶ χάρις, ὡς εἴ πέρ τε θεμιστοπόλων βασιλήων.   215
Ἀλλὰ θεῶν μὲν δῶρα καὶ ἀχνύμενοί περ ἀνάγκῃ
τέτλαμεν ἄνθρωποι· ἐπὶ γὰρ ζυγὸς αὐχένι κεῖται.
Νῦν δ' ἐπεὶ ἵκεο δεῦρο, παρέσσεται ὅσσα τ' ἐμοί περ.
παῖδα δέ μοι τρέφε τόνδε, τὸν ὀψίγονον καὶ ἄελπτον
ὤπασαν ἀθάνατοι, πολυάρητος δέ μοί ἐστιν.   220
Εἰ τόν γε θρέψαιο καὶ ἥβης μέτρον ἵκοιτο,
ἦ ῥά κέ τίς σε ἰδοῦσα γυναικῶν θηλυτεράων
ζηλώσαι· τόσα κέν τοι ἀπὸ θρεπτήρια δοίην.
Τὴν δ' αὖτε προσέειπεν ἐϋστέφανος Δημήτηρ·
Καὶ σύ, γύναι, μάλα χαῖρε, θεοὶ δέ τοι ἐσθλὰ πόροιεν.   225

---

21. Lacuna no texto grego.

2. A DEMÉTER

Teu filho receberei de boa vontade, como me pedes.
Eu o nutrirei e espero que nem imprudências de uma
ama, nem sortilégio, nem poção o prejudique.
Conheço remédio bem mais forte do que os vermes[22]
e, contra tal sortilégio de males, conheço pois bela defesa."   230
Assim que acabou de falar, recebeu-o em seu perfumado colo
com as mãos imortais. Exultou nas entranhas a mãe.
Assim Dós, o esplêndido filho do prudente Celeu,
Demofonte, que a bem cinturada Metaneira pariu,
nutria nos paços. Ele crescia igual a um deus,   235
não comendo pão, nem mamando. Deméter
ungia-o com ambrosia, como se fosse nascido de deus,
e docemente o assoprava, enquanto em seu colo o mantinha.
Durante as noites o ocultava no ardor do fogo como um tição,[23]
às escondidas dos seus pais. Para eles, era grande espanto   240
que ele crescesse rápido e fosse na face semelhante aos deuses.
E Deméter o faria sem velhice e imortal,
se, por sua imprudência, a bem cinturada
Metanira, durante a noite, vigiando do perfumado tálamo,
não a observasse. Ela gritou e socou as coxas,   245
receosa por seu filho e mui errada no ânimo;
então, gemendo aladas palavras lhe dirigiu:
"Filho Demofonte, a estrangeira em muito fogo
oculta-te, e em mim lamento e desgostos pérfidos coloca."
Lamentando-se, assim falou, e a diva entre as deusas a ouvia.   250

---

22. τὸ ὑλότομον, planta empregada em magia, ou um suposto verme que causava dor na dentição (*LSJ*).
23. Na mitologia grega, o fogo aparentemente eliminava os "elementos mortais" do corpo. A nereida Tétis*, por exemplo, tentou tornar imortais os filhos nascidos antes de Aquiles através desse método; a parte mortal de Héracles foi eliminada na pira que o consumiu, antes de ele ascender ao Olimpo como uma divindade.

2. ΕΙΣ ΔΗΜΗΤΡΑΝ

Παῖδα δέ τοι πρόφρων ὑποδέξομαι, ὥς με κελεύεις·
θρέψω, κού μιν ἔολπα κακοφραδίῃσι τιθήνης
οὔτ' ἄρ' ἐπηλυσίη δηλήσεται οὔθ' ὑποτάμνον·
οἶδα γὰρ ἀντίτομον μέγα φέρτερον ὑλοτόμοιο,
οἶδα δ' ἐπηλυσίης πολυπήμονος ἐσθλὸν ἐρυσμόν.   230
Ὣς ἄρα φωνήσασα θυώδεϊ δέξατο κόλπῳ
χερσίν τ' ἀθανάτοισι· γεγήθει δὲ φρένα μήτηρ.
Ὣς ἡ μὲν Κελεοῖο δαΐφρονος ἀγλαὸν υἱὸν
Δημοφόωνθ', ὃν ἔτικτεν ἐΰζωνος Μετάνειρα,
ἔτρεφεν ἐν μεγάροις· ὁ δ' ἀέξετο δαίμονι ἶσος   235
οὔτ' οὖν σῖτον ἔδων, οὐ θησάμενος· Δημήτηρ
χρίεσκ' ἀμβροσίῃ ὡς εἰ θεοῦ ἐκγεγαῶτα,
ἡδὺ καταπνείουσα καὶ ἐν κόλποισιν ἔχουσα·
Νύκτας δὲ κρύπτεσκε πυρὸς μένει ἠΰτε δαλόν,
λάθρα φίλων γονέων· τοῖς δὲ μέγα θαῦμ' ἐτέτυκτο   240
ὡς προθαλὴς τελέθεσκε, θεοῖσι δὲ ἄντα ἐῴκει.
Καί κέν μιν ποίησεν ἀγήρων τ' ἀθάνατόν τε,
εἰ μὴ ἄρ' ἀφραδίῃσιν ἐΰζωνος Μετάνειρα
νύκτ' ἐπιτηρήσασα θυώδεος ἐκ θαλάμοιο
σκέψατο· κώκυσεν δὲ καὶ ἄμφω πλήξατο μηρὼ   245
δείσασ' ᾧ περὶ παιδὶ καὶ ἀάσθη μέγα θυμῷ,
καί ῥ' ὀλοφυρομένη ἔπεα πτερόεντα προσηύδα·
Τέκνον Δημοφόων, ξείνη σε πυρὶ ἔνι πολλῷ
κρύπτει, ἐμοὶ δὲ γόον καὶ κήδεα λυγρὰ τίθησιν.
Ὣς φάτ' ὀδυρομένη· τῆς δ' ἄϊε δῖα θεάων.   250

2. A DEMÉTER

Irada com ela, Deméter de bela grinalda,
o caro filho, que não aguardado nos paços Metanira gerara,
libertando do fogo, colocou com as mãos imortais longe dele, no
solo, e, terrivelmente encolerizada no ânimo,
disse à bem cinturada Metanira: 255
"Homens néscios e insensatos que não conseguem prever
seu destino, nem bom, nem mau, quando se aproxima.
Também tu, por tua imprudência erras grandemente.
Atesto pois a jura dos deuses, amargosa água do Estige*;
imortal por certo e para sempre sem velhice 260
faria o filho teu, dando-lhe imperecível honra.
Agora, não há como possa fugir dos infortúnios e da morte.
Honra imperecível, contudo, sempre haverá sobre ele, porque
em nossos joelhos subiu, e em nossos braços dormiu.
No tempo em que os ciclos dos anos, para ele, se acabarem, 265
os filhos de Elêusis*, batalha e discórdia terrível,
continuamente, entre uns e outros, farão aumentar para sempre.[24]
Sou Deméter, a honrada, a que é
grandíssima valia e alegria para imortais e mortais.
Vamos, que a mim um templo grande e um altar sob ele 270
faça o povo todo, sob a cidade e sob seu escarpado muro,
no alto do Calicoro,[25] sobre proeminente colina.
Os ritos eu própria vos ensinarei, a fim de que mais tarde,
vós, santamente celebrando-os, possais meu espírito apaziguar."
Assim tendo dito, a deusa o talhe e a aparência trocou, 275

---

24. Parece referência a uma batalha simulada (βαλλητύς), caracterizada pelo arremesso de pedras, parte de um festival anual em honra de Demofonte. Não se conseguiu compreender ainda como estas lutas constituiriam uma "honra imperecível" (263) para Demofonte (Humbert, p. 50, n. 1).
25. Lit. "belos coros". Poço sagrado do santuário de Elêusis, onde eram realizadas danças rituais.

2. ΕΙΣ ΔΗΜΗΤΡΑΝ

Τῇ δὲ χολωσαμένῃ καλλιστέφανος Δημήτηρ
παῖδα φίλον, τὸν ἄελπτον ἐνὶ μεγάροισιν
ἔτικτε, χείρεσσ' ἀθανάτῃσιν ἀπὸ ἕο θῆκε πέδονδε
ἐξανελοῦσα πυρός, θυμῷ κοτέσασα μάλ' αἰνῶς,
καί ῥ' ἄμυδις προσέειπεν ἐΰζωνον Μετάνειραν· 255
Νήϊδες ἄνθρωποι καὶ ἀφράδμονες οὔτ' ἀγαθοῖο
αἶσαν ἐπερχομένου προγνώμεναι οὔτε κακοῖο·
καὶ σὺ γὰρ ἀφραδίῃσι τεῇς μήκιστον ἀάσθης.
Ἴστω γὰρ θεῶν ὅρκος ἀμείλικτον Στυγὸς ὕδωρ·
ἀθάνατόν κέν τοι καὶ ἀγήραον ἤματα πάντα 260
παῖδα φίλον ποίησα καὶ ἄφθιτον ὤπασα τιμήν·
νῦν δ' οὐκ ἔσθ' ὥς κεν θάνατον καὶ κῆρας ἀλύξαι.
Τιμὴ δ' ἄφθιτος αἰὲν ἐπέσσεται οὕνεκα γούνων
ἡμετέρων ἐπέβη καὶ ἐν ἀγκοίνῃσιν ἴαυσεν.
Ὥρῃσιν δ' ἄρα τῷ γε περιπλομένων ἐνιαυτῶν 265
παῖδες Ἐλευσινίων πόλεμον καὶ φύλοπιν αἰνὴν
αἰὲν ἐν ἀλλήλοισι συνάξουσ' ἤματα πάντα. Εἰμὶ
δὲ Δημήτηρ τιμάοχος, ἥ τε μέγιστον ἀθανάτοις
θνητοῖσί τ' ὄνεαρ καὶ χάρμα τέτυκται.
Ἀλλ' ἄγε μοι νηόν τε μέγαν καὶ βωμὸν ὑπ' αὐτῷ 270
τευχόντων πᾶς δῆμος ὑπαὶ πόλιν αἰπύ τε τεῖχος,
Καλλιχόρου καθύπερθεν, ἐπὶ προὔχοντι κολωνῷ·
ὄργια δ' αὐτὴ ἐγὼν ὑποθήσομαι, ὡς ἂν ἔπειτα
εὐαγέως ἔρδοντες ἐμὸν νόον ἱλάσκοισθε.
Ὣς εἰποῦσα θεὰ μέγεθος καὶ εἶδος ἄμειψε 275

2. A DEMÉTER

despojando-se da velhice, e em sua volta a beleza
esplendia. Uma fragrância sedutora dos seus perfumados
mantos espalhava-se e, ao longe, a luz do corpo imortal
da deusa luzia, seus loiros cabelos caíam sobre seus ombros,
e um clarão encheu a sólida casa, como de um relâmpago.   280
Ela atravessou o paço. Os joelhos de Metanira fraquejaram
e por muito tempo ficou sem voz; nem sequer se lembrou
de levantar o filho temporão do chão.
Suas irmãs ouviram sua voz lastimosa
e, então, pularam dos seus bem estendidos leitos. Uma,   285
levantando o menino, colocou-o em seu colo,
outra inflamava o fogo e outra atirou-se com pés suaves
para erguer e afastar a mãe do perfumado tálamo.
Agrupadas ao redor dele o lavavam e, embora se debatesse,
cercavam-no de afeto. Mas o ânimo dele não se deixava adoçar,   290
pois eram nutrizes e amas mais inferiores as que o tinham.
Elas a noite toda apaziguavam a deusa gloriosa,
porque tremiam de medo. Na hora em que a aurora
brilhou, contaram a verdade a Celeu de vasta força,
como determinou a deusa, Deméter de bela grinalda.   295
Ele, após chamar para a ágora seu numeroso povo,
mandou que fizessem, para Deméter de belos cabelos, um opulento
templo e um altar na proeminente colina.
Rápido obedeceram e, tendo ouvido o que falava,
fizeram como ordenou. A obra crescia segundo o desígnio da deusa.   300

2. ΕΙΣ ΔΗΜΗΤΡΑΝ

γῆρας ἀπωσαμένη, περί τ' ἀμφί τε κάλλος ἄητο·
ὀδμὴ δ' ἱμερόεσσα θυηέντων ἀπὸ πέπλων
σκίδνατο, τῆλε δὲ φέγγος ἀπὸ χροὸς ἀθανάτοιο
λάμπε θεᾶς, ξανθαὶ δὲ κόμαι κατενήνοθεν ὤμους,
αὐγῆς δ' ἐπλήσθη πυκινὸς δόμος ἀστεροπῆς ὥς.   280
Βῆ δὲ διὲκ μεγάρων, τῆς δ' αὐτίκα γούνατ' ἔλυντο,
δηρὸν δ' ἄφθογγος γένετο χρόνον, οὐδέ τι παιδὸς
μνήσατο τηλυγέτοιο ἀπὸ δαπέδου ἀνελέσθαι.
Τοῦ δὲ κασίγνηται φωνὴν ἐσάκουσαν ἐλεεινήν,
κὰδ δ' ἄρ' ἀπ' εὐστρώτων λεχέων θόρον· ἡ μὲν ἔπειτα   285
παῖδ' ἀνὰ χερσὶν ἑλοῦσα ἑῷ ἐγκάτθετο κόλπῳ,
ἡ δ' ἄρα πῦρ ἀνέκαι', ἡ δ' ἔσσυτο πόσσ' ἁπαλοῖσι
μητέρ' ἀναστήσουσα θυώδεος ἐκ θαλάμοιο.
Ἀγρόμεναι δέ μιν ἀμφὶς ἐλούεον ἀσπαίροντα
ἀμφαγαπαζόμεναι· τοῦ δ' οὐ μειλίσσετο θυμός·   290
χειρότεραι γὰρ δή μιν ἔχον τροφοὶ ἠδὲ τιθῆναι.
Αἱ μὲν παννύχιαι κυδρὴν θεὸν ἱλάσκοντο
δείματι παλλόμεναι· ἅμα δ' ἠοῖ
φαινομένηφιν εὐρυβίῃ Κελεῷ νημερτέα μυθήσαντο,
ὡς ἐπέτελλε θεά, καλλιστέφανος Δημήτηρ.   295
Αὐτὰρ ὅ γ' εἰς ἀγορὴν καλέσας πολυπείρονα λαὸν
ἄνωγ' ἠϋκόμῳ Δημήτερι πίονα νηὸν
ποιῆσαι καὶ βωμὸν ἐπὶ προὔχοντι κολωνῷ.
Οἱ δὲ μάλ' αἶψ' ἐπίθοντο καὶ ἔκλυον αὐδήσαντος,
τεῦχον δ' ὡς ἐπέτελλ'· ὁ δ' ἀέξετο δαίμονος αἴσῃ. 300

2. A DEMÉTER

Depois que acabaram e descansaram do esforço,
cada um foi para casa. Mas a loira Deméter
ali sentada, longe de todos os bem-aventurados,
permanecia consumindo-se de saudade da filha de funda cintura.
Terribilíssimo ano sobre a terra multinutriz 305
fez para os homens, e o mais maléfico; a terra nem semente
fazia brotar, pois ocultava-a a bem coroada Deméter.
Muitos arados encurvados inutilmente os bois arrastavam nos
campos, e muita cevada branca em vão caiu na terra.
Ela teria aniquilado completamente a raça dos homens mortais 310
pela fome penosa e teria privado os que têm palácio no Olimpo*
da honra muito gloriosa dos privilégios e dos sacrifícios,
se Zeus não compreendesse e refletisse em seu ânimo.
Primeiro impeliu Íris* de asas douradas a chamar
Deméter de belos cabelos, que tinha amável aparência. 315
Assim falou. Íris* obedeceu a Zeus Cronida* de nuvens sombrias
e o espaço percorreu rápido com seus pés.
Chegou à cidadela de Elêusis* perfumada
e encontrou Deméter de escuro manto no templo
e, falando, aladas palavras lhe dirigiu: 320
"Deméter, chama-te Zeus pai conhecedor do imperecível,
para te juntares à grei dos deuses que vivem sempre.
Vamos, que não fique sem cumprimento minha palavra que
                                              [vem de Zeus."
Assim falou, suplicando. Mas seu ânimo [sc. de Deméter]
                                 [não se deixou persuadir.
De novo, em seguida, os bem-aventurados deuses que sempre existem, 325

2. ΕΙΣ ΔΗΜΗΤΡΑΝ

Αὐτὰρ ἐπεὶ τέλεσαν καὶ ἐρώησαν καμάτοιο
βάν ῥ' ἴμεν οἴκαδ' ἕκαστος· ἀτὰρ ξανθὴ Δημήτηρ
ἔνθα καθεζομένη, μακάρων ἄπο νόσφιν ἁπάντων
μίμνε πόθῳ μινύθουσα βαθυζώνοιο θυγατρός.
Αἰνότατον δ' ἐνιαυτὸν ἐπὶ χθόνα πουλυβότειραν   305
ποίησ' ἀνθρώποις καὶ κύντατον, οὐδέ τι γαῖα
σπέρμ' ἀνίει· κρύπτεν γὰρ ἐϋστέφανος Δημήτηρ.
Πολλὰ δὲ καμπύλ' ἄροτρα μάτην βόες εἷλκον ἀρούραις,
πολλὸν δὲ κρῖ λευκὸν ἐτώσιον ἔμπεσε γαίῃ.
Καί νύ κε πάμπαν ὄλεσσε γένος μερόπων ἀνθρώπων   310
λιμοῦ ὑπ' ἀργαλέης, γεράων τ' ἐρικυδέα τιμὴν
καὶ θυσιῶν ἤμερσεν Ὀλύμπια δώματ' ἔχοντας,
εἰ μὴ Ζεὺς ἐνόησεν ἑῷ τ' ἐφράσσατο θυμῷ.
Ἶριν δὲ πρῶτον χρυσόπτερον ὦρσε καλέσσαι
Δήμητρ' ἠΰκομον πολυήρατον εἶδος ἔχουσαν.   315
Ὣς ἔφαθ'· ἡ δὲ Ζηνὶ κελαινεφέϊ Κρονίωνι
πείθετο καὶ τὸ μεσσηγὺ διέδραμεν ὦκα πόδεσσιν.
Ἵκετο δὲ πτολίεθρον Ἐλευσῖνος θυοέσσης,
εὗρεν δ' ἐν νηῷ Δημήτερα κυανόπεπλον,
καί μιν φωνήσασ' ἔπεα πτερόεντα προσηύδα·   320
Δήμητερ, καλέει σε πατὴρ Ζεὺς ἄφθιτα εἰδὼς
ἐλθέμεναι μετὰ φῦλα θεῶν αἰειγενετάων.
Ἀλλ' ἴθι, μηδ' ἀτέλεστον ἐμὸν ἔπος ἐκ Διὸς ἔστω.
Ὣς φάτο λισσομένη· τῆς δ' οὐκ ἐπεπείθετο θυμός.
Αὖτις ἔπειτα ‹πατὴρ› μάκαρας θεοὺς αἰὲν ἐόντας   325

2. A DEMÉTER

a todos o pai impelia, um a um. Alternadamente, os que
iam chamavam-na e ofereciam-lhe muitos belíssimos dons
e honras, as que ela preferisse escolher entre os imortais.
Mas, nenhum era capaz de persuadir as entranhas e o espírito
da mãe irritada no ânimo; ela duramente repelia suas palavras.   330
Dizia que jamais subiria ao perfumado Olimpo*
e que jamais faria brotar o fruto na terra,
antes que visse com seus olhos a filha de belos olhos.
Depois que o baritonante, longividente Zeus, ouviu isso,
enviou, para o Érebo*, o Argifonte* de bastão dourado,   335
a fim de que, seduzindo Hades* com brandas palavras,
conduzisse a pura Perséfone* da treva nevoenta
para a luz junto aos deuses, a fim de que sua mãe,
vendo-a com os próprios olhos, pusesse fim à cólera.
Hermes não desobedeceu. Rápido, arremessou-se sob o covil da terra   340
com impetuosidade, deixando a sede Olímpia*.
Encontrou o senhor da casa no seu interior,
deitado no leito com a veneranda esposa, que
muito contrariada agia, com saudade da mãe. Ela [sc. Deméter], contra
 [as intoleráveis
ações dos deuses bem-aventurados, tramava terrível   345
plano. Colocando-se perto dele, falou-lhe o duro Argifonte*:
"Hades* de escuros cabelos, que reina sobre os
mortos, Zeus pai mandou-me conduzir a nobre
Perséfone* desde o Érebo*, a fim de que sua mãe, vendo-a
com os próprios olhos, faça parar a cólera e o ressentimento terrível   350

2. ΕΙΣ ΔΗΜΗΤΡΑΝ

πάντας ἐπιπροΐαλλεν· ἀμοιβηδὶς δὲ κιόντες
κίκλησκον καὶ πολλὰ δίδον περικαλλέα δῶρα
τιμάς θ', ἅς κε βόλοιτο μετ' ἀθανάτοισιν ἑλέσθαι·
ἀλλ' οὔ τις πεῖσαι δύνατο φρένας ἠδὲ νόημα
θυμῷ χωομένης, στερεῶς δ' ἠναίνετο μύθους.   330
Οὐ μὲν γάρ ποτε φάσκε θυώδεος Οὐλύμποιο
πρίν γ' ἐπιβήσεσθαι, οὐ πρὶν γῆς καρπὸν
ἀνήσειν, πρὶν ἴδοι ὀφθαλμοῖσιν ἑὴν εὐώπιδα κούρην.
Αὐτὰρ ἐπεὶ τό γ' ἄκουσε βαρύκτυπος εὐρύοπα Ζεὺς
εἰς Ἔρεβος πέμψε χρυσόρραπιν Ἀργειφόντην,   335
ὄφρ' Ἀΐδην μαλακοῖσι παραιφάμενος ἐπέεσσιν
ἁγνὴν Περσεφόνειαν ἀπὸ ζόφου ἠερόεντος
ἐς φάος ἐξαγάγοι μετὰ δαίμονας, ὄφρα ἑ μήτηρ
ὀφθαλμοῖσιν ἰδοῦσα μεταλήξειε χόλοιο.
Ἑρμῆς δ' οὐκ ἀπίθησεν· ἄφαρ δ' ὑπὸ κεύθεα γαίης   340
ἐσσυμένως κατόρουσε λιπὼν ἕδος Οὐλύμποιο.
Τέτμε δὲ τόν γε ἄνακτα δόμων ἔντοσθεν ἐόντα
 ἥμενον ἐν λεχέεσσι σὺν αἰδοίῃ παρακοίτι,
πόλλ' ἀεκαζομένῃ μητρὸς πόθῳ· ἡ δ' ἐπ' ἀτλήτοις
ἔργοις θεῶν μακάρων ‹δεινὴν› μητίσετο βουλήν.   345
Ἀγχοῦ δ' ἱστάμενος προσέφη κρατὺς Ἀργειφόντης·
Ἄιδη κυανοχαῖτα, καταφθιμένοισιν ἀνάσσων,
Ζεύς με πατὴρ ἤνωγεν ἀγαυὴν Περσεφόνειαν
ἐξαγαγεῖν Ἐρέβεσφιν μετὰ σφέας, ὄφρα ἑ μήτηρ
ὀφθαλμοῖσιν ἰδοῦσα χόλου καὶ μήνιος αἰνῆς   350

2. A DEMÉTER

contra os imortais. Ela trama a grande ação
de destruir a amena grei dos homens nascidos do chão,
ocultando a semente sob a terra, destruindo inteiramente as
honras dos imortais. Ela sustém terrível cólera e nem com os deuses
se mistura, mas longe, no interior do seu perfumado templo,   355
permanece, habitando a rochosa cidadela de Elêusis*."
Assim falou. Aidoneu*, senhor dos mortos, sorriu com as
sobrancelhas e não desobedeceu às ordens de Zeus Rei.
E rapidamente ordenou à prudente Perséfone*:
"Vai, Perséfone*, para junto de tua mãe de escuro manto,   360
mantendo em teu peito suave e favorável ânimo,
e não te apavores excessivamente em vão.
Não serei para ti, entre os imortais, inconveniente esposo,
eu que sou o próprio irmão de Zeus pai. Quando aqui estiveres,
serás a senhora de todos quantos vivem e se movem,   365
e terás entre os imortais as maiores honras.
Sempre haverá castigo aos que te injustiçarem,
aos que não apaziguarem teu furor com sacrifícios,
celebrando-te santamente, fazendo-te oferendas dignas."
Assim falou. A prudentíssima Perséfone* exultou   370
e prontamente pulou de alegria. Mas ele,
escondido, deu-lhe para comer um grão de romã doce como o mel,
após espreitar ao redor,[26] a fim de que ela não permanecesse para
sempre lá junto da veneranda Deméter de escuro manto.
Aidoneu*, comandante de muitos seres, arreou,   375

---

26. Para verificar se Hermes não havia percebido o truque, talvez?

2. ΕΙΣ ΔΗΜΗΤΡΑΝ

ἀθανάτοις παύσειεν· ἐπεὶ μέγα μήδεται ἔργον
φθῖσαι φῦλ' ἀμενηνὰ χαμαιγενέων ἀνθρώπων
σπέρμ' ὑπὸ γῆς κρύπτουσα, καταφθινύθουσα δὲ τιμὰς
ἀθανάτων· ἡ δ' αἰνὸν ἔχει χόλον, οὐδὲ θεοῖσι
μίσγεται, ἀλλ' ἀπάνευθε θυώδεος ἔνδοθι νηοῦ   355
ἧσται, Ἐλευσῖνος κραναὸν πτολίεθρον ἔχουσα.
Ὣς φάτο· μείδησεν δὲ ἄναξ ἐνέρων Ἀϊδωνεὺς
ὀφρύσιν, οὐδ' ἀπίθησε Διὸς βασιλῆος ἐφετμῆς.
Ἐσσυμένως δ' ἐκέλευσε δαΐφρονι Περσεφονείῃ·
Ἔρχεο, Περσεφόνη, παρὰ μητέρα κυανόπεπλον,   360
ἤπιον ἐν στήθεσσι μένος καὶ θυμὸν ἔχουσα,
μηδέ τι δυσθύμαινε λίην περιώσιον ἄλλων.
Οὔ τοι ἐν ἀθανάτοισιν ἀεικὴς ἔσσομ' ἀκοίτης,
αὐτοκασίγνητος πατρὸς Διός· ἔνθα δ' ἐοῦσα
δεσπόσσεις πάντων, ὁπόσα ζώει τε καὶ ἕρπει,   365
τιμὰς δὲ σχήσεισθα μετ' ἀθανάτοισι μεγίστας.
Τῶν δ' ἀδικησάντων τίσις ἔσσεται ἤματα πάντα,
οἵ κεν μὴ θυσίαισι τεὸν μένος ἱλάσκωνται
εὐαγέως ἔρδοντες, ἐναίσιμα δῶρα τελοῦντες.
Ὣς φάτο· γήθησεν δὲ περίφρων Περσεφόνεια,   370
καρπαλίμως δ' ἀνόρουσ' ὑπὸ χάρματος· αὐτὰρ ὅ γ' αὐτὸς
ῥοιῆς κόκκον ἔδωκε φαγεῖν μελιηδέα λάθρῃ
ἀμφὶ ἓ νωμήσας, ἵνα μὴ μένοι ἤματα πάντα
αὖθι παρ' αἰδοίῃ Δημήτερι κυανοπέπλῳ.
Ἵππους δὲ προπάροιθεν ὑπὸ χρυσέοισιν ὄχεσφιν   375

2. A DEMÉTER

na frente das douradas carruagens, os cavalos
imortais. Ela subiu na carruagem, junto ao duro Argifonte*
que, segurando as rédeas e o chicote com as mãos,
movia os animais através dos paços. A parelha não compelida voava.
Rapidamente concluíram o longo caminho; nem o mar,   380
nem a água dos rios, nem os vales verdejantes,
e nem os píncaros detiveram a vivacidade dos cavalos
imortais, mas indo sobre eles cortavam a funda névoa.
O condutor parou onde permanecia a bem coroada Deméter,
na frente do perfumado templo. Ao vê-los, ela precipitou-se   385
descendo como uma mênade* a montanha sombria na floresta.
Perséfone* vindo de outro lado. . . . .
de sua mãe descendo. . . . . saltou
para correr. . . . .
e a ela.   390
. . . .
parando. . . . . "Filha, não
de qualquer modo contra mim. . . . . do
alimento? Fala. . . . .
assim pois subirias à superfície[27].   395
e junto a mim e a teu pai Cronida* de nuvens
sombrias habitarias, honrada por todos os imortais.
Mas, se tu voares de novo, indo sob o covil da terra,
lá morarás a terceira parte do tempo, por ano,[28]
e as duas outras junto a mim e aos outros imortais.[29]   400

---

27. Deduz-se, a partir dos versos seguintes, que Deméter pergunta à filha se comera alguma coisa no Hades*. Para ficar no Olimpo* para sempre, era necessário que Perséfone* não tivesse comido nada (ver Malhadas & Carvalho, 1970, ad loc.).
28. Esse período corresponde ao inverno, quando as plantas e flores dos climas frios "morrem" e nada cresce.
29. O tema dos vv. 399-400 se repete nos vv. 446-7 e 464-5.

2. ΕΙΣ ΔΗΜΗΤΡΑΝ

ἔντυεν ἀθανάτους πολυσημάντωρ Ἀϊδωνεύς.
Ἡ δ' ὀχέων ἐπέβη, παρὰ δὲ κρατὺς Ἀργειφόντης
ἡνία καὶ μάστιγα λαβὼν μετὰ χερσὶ φίλῃσι
σεῦε διὲκ μεγάρων· τὼ δ' οὐκ ἄκοντε πετέσθην.
Ῥίμφα δὲ μακρὰ κέλευθα διήνυσαν, οὐδὲ θάλασσα   380
οὔθ' ὕδωρ ποταμῶν οὔτ' ἄγκεα ποιήεντα
ἵππων ἀθανάτων οὔτ' ἄκριες ἔσχεθον ὁρμήν,
ἀλλ' ὑπὲρ αὐτάων βαθὺν ἠέρα τέμνον ἰόντες.
Στῆσε δ' ἄγων ὅθι μίμνεν ἐϋστέφανος Δημήτηρ,
νηοῖο προπάροιθε θυώδεος· ἡ δὲ ἰδοῦσα   385
ἤϊξ' ἠΰτε μαινὰς ὄρος κάτα δάσκιον ὕλῃ.
Περσεφόνη δ' ἑτέρω‹θεν›. . . . .[30]
μητρὸς ἑῆς κατ. . . . .
ἆλτο θέει‹ν›. . . . .
τῇ δὲ.   390
α. . . . .
πα‹υ›ομ‹ένη›. . . . .
Τέκνον, μή ῥά τί μοι. . . . .
βρώμης; ἐξαύδα. . . . .
ὣς μὲν γάρ κ' ἀνιοῦσα π.   395
καὶ παρ' ἐμοὶ καὶ πατρὶ κελ[αινεφέϊ Κρονίωνι][31]
ναιετάοις, πάντεσσι τετιμ[ένη ἀθανάτοι]σιν.
Εἰ δέ, πτᾶσα πάλιν ‹σύ γ'› ἰοῦσ' ὑπ[ὸ κεύθεσι γαίης]
οἰκήσεις ὠρέων τρίτατον μέρ[ος εἰς ἐνιαυτόν,]
τὰς δὲ δύω παρ' ἐμοί τε καὶ [ἄλλοις ἀθανάτοισιν.]   400

---

30. No *Leidensis* 32.3. há uma grande lacuna em forma de cunha entre os vv. 387 e 404.
31. Os vv. 396-404 foram reconstituídos pelo segundo escriba do *Leidensis* 32.2.

2. A DEMÉTER

Quando a terra se cobrir de odoríferas flores
primaveris, de todas as espécies, da treva nevoenta de
novo subirás, para grande espanto dos deuses e dos homens mortais.
. . . .   403a
Por qual dolo te enganou o enérgico Hospedeiro de muitos?"
Por sua vez a belíssima Perséfone* em sua face falou: 405
"Pois bem, mãe, eu te direi a verdade toda:[32]
Quando o benfazejo Hermes, rápido mensageiro,
veio de junto do pai Cronida* e dos outros filhos de Urano*,
para me tirar do Érebo, a fim de que tu vendo-me com teus olhos
pusesse fim à cólera e ao ressentimento terrível contra os imortais,   410
logo pulei de alegria. Mas ele, escondido,
lançou-me um grão de romã, alimento doce como o
mel, e, contrariada e à força, coagiu-me a comê-lo.
Como ele me raptou mediante a sólida astúcia do Cronida*
meu pai e partiu, me levando sob o covil da terra,   415
eu te falarei, e te relatarei tudo o que me perguntas.
Pelo prado muito sedutor, nós
todas, Leucipe, Faino, Electra,
Iante,[33] Mélita, Iaca, Ródia, Calírroe,
Melóbosis, Tique, Ocírroe de olhos de pétala,   420
Criseide, Ianira, Acasta, Admeta,
Ródopa, Pluto, a sedutora Calipso,
Estige*, Urânia, a graciosa Galaxaura,
Palas, estimuladora do combate,[34] e a frecheira Ártemis,
brincávamos e com as mãos colhíamos misturadas flores
[encantadoras: 425

---

32. São essas as primeiras palavras pronunciadas por Perséfone no *hino*.
33. Os vv. 418-23 constituem um *Catálogo de Oceânides* (cf. Hes. *Th.* 349-61).
34. I.e., a deusa Palas Atena.

2. ΕΙΣ ΔΗΜΗΤΡΑΝ

Ὁππότε δ' ἄνθεσι γαῖ' εὐώδε[σιν] εἰαρινο[ῖσι]
παντοδαποῖς θάλλει, τότ' ἀπὸ ζόφου ἠερόεντος
αὖτις ἄνει μέγα θαῦμα θεοῖς θνητοῖς τ' ἀνθρώποις.
. . . . .³⁵   403a
καὶ τίνι σ' ἐξαπάτησε δόλῳ κρατερ[ὸς Πολυδ]έγμων;
Τὴν δ' αὖ Περσεφόνη περικαλλὴς ἀντίον ηὔδα·   405
Τοιγὰρ ἐγώ σοι, μῆτερ, ἐρέω νημερτέα πάντα·
εὖτέ μοι Ἑρμῆς ἦ[λθ]' ἐριούνιος ἄγγελος ὠκὺς πὰρ
πατέρος Κρονίδαο καὶ ἄλλων Οὐρανιώνων
ἐλθεῖν ἐξ Ἐρέβευς, ἵνα μ' ὀφθαλμοῖσιν ἰδοῦσα
λήξαις ἀθανάτοισι χόλου καὶ μήνιος αἰνῆς,   410
αὐτίκ' ἐγὼν ἀνόρουσ' ὑπὸ χάρματος· αὐτὰρ ὁ λάθρῃ
ἔμβαλέ μοι ῥοιῆς κόκκον, μελιηδέ' ἐδωδήν,
ἄκουσαν δὲ βίῃ με προσηνάγκασσε πάσασθαι. Ὡς
δέ μ' ἀναρπάξας Κρονίδεω πυκινὴν διὰ μῆτιν
ᾤχετο, πατρὸς ἐμοῖο, φέρων ὑπὸ κεύθεα γαίης,   415
ἐξερέω, καὶ πάντα διΐξομαι ὡς ἐρεείνεις.
Ἡμεῖς μὲν μάλα πᾶσαι ἀν' ἱμερτὸν λειμῶνα,
Λευκίππη Φαινώ τε καὶ Ἠλέκτρη καὶ Ἰάνθη,
καὶ Μελίτη Ἰάχη τε Ῥόδειά τε Καλλιρόη τε,
Μηλόβοσίς τε Τύχη τε καὶ Ὠκυρόη καλυκῶπις,   420
Χρυσηΐς τ' Ἰάνειρά τ' Ἀκάστη τ' Ἀδμήτη τε,
καὶ Ῥοδόπη Πλουτώ τε καὶ ἱμερόεσσα Καλυψώ,
καὶ Στὺξ Οὐρανίη τε Γαλαξαύρη τ' ἐρατεινή,
Παλλάς τ' ἐγρεμάχη καὶ Ἄρτεμις ἰοχέαιρα,
παίζομεν ἠδ' ἄνθεα δρέπομεν χείρεσσ' ἐρόεντα,   425

---

35. Lacuna.

2. A DEMÉTER

croco afável, lírios, jacinto,
botões de rosa, lis, prodígio de ser visto,
e um narciso, que a vasta terra fez nascer como
açafrão. Quando eu, contente, as colhia, a terra por baixo
cedeu e por ali irrompeu o enérgico senhor, Hospedeiro de muitos.   430
E foi, levando-me sob a terra nos seus carros
dourados, muito contrariada e, então, gritei alto com a voz.
Ainda que aflita, anuncio-te essa verdade toda."
Assim, o dia inteiro, mãe e filha, mantendo o ânimo concorde,
alegravam completamente o coração e o ânimo uma da outra,   435
cercando-se de afeto, e o ânimo delas parou de doer,
pois recebiam e davam, uma para outra, grandes
alegrias. Perto delas veio Hécate* de clara mantilha,
e cercou a filha da pura Deméter de muito afeto.
Desde então essa senhora se fez sua servidora e companheira.   440
Entre elas, o baritonante, longividente Zeus fez chegar a mensageira
Reia* de belos cabelos, para conduzir Deméter de escuro
manto para junto da grei dos deuses; prometeu dar-lhe as honras,
as que ela escolhesse entre os deuses imortais.
Acenou que sua filha, do ano que evolui,   445
permaneceria a terceira parte sob a treva nevoenta,
e as duas outras junto à mãe e aos outros imortais.
Assim falou. A deusa não desobedeceu às mensagens de Zeus.
E impetuosamente precipitou-se dos cimos do Olimpo*,
e veio para Rárion,[36] seio nutriz do campo outrora,   450

---

36. Dizia-se em épocas tardias que ali, perto do santuário de Elêusis, foi plantada e colhida a primeira safra agrícola (Cashford & Richardson, 2003, p. 153); para outro ponto de vista, ver Athanassakis, p. 78.

2. ΕΙΣ ΔΗΜΗΤΡΑΝ

μίγδα κρόκον τ' ἀγανὸν καὶ ἀγαλλίδας ἠδ' ὑάκινθον,
καὶ ῥοδέας κάλυκας καὶ λείρια, θαῦμα ἰδέσθαι,
νάρκισσόν θ', ὃν ἔφυσ' ὥς περ κρόκον εὐρεῖα χθών.
Αὐτὰρ ἐγὼ δρεπόμην περὶ χάρματι, γαῖα δ' ἔνερθε
χώρησεν, τῇ δ' ἔκθορ' ἄναξ κρατερὸς Πολυδέγμων.   430
Βῆ δὲ φέρων ὑπὸ γαῖαν ἐν ἅρμασι χρυσείοισι, πόλλ'
ἀεκαζομένην, ἐβόησα δ' ἄρ' ὄρθια φωνῇ. Ταῦτά τοι
ἀχνυμένη περ ἀληθέα πάντ' ἀγορεύω. Ὣς τότε μὲν
πρόπαν ἦμαρ ὁμόφρονα θυμὸν ἔχουσαι
πολλὰ μάλ' ἀλλήλων κραδίην καὶ θυμὸν ἴαινον   435
 ἀμφαγαπαζόμεναι, ἀχέων δ' ἀπεπαύετο θυμός,
γηθοσύνας δὲ δέχοντο παρ' ἀλλήλων ἔδιδόν τε.
Τῇσιν δ' ἐγγύθεν ἦλθ' Ἑκάτη λιπαροκρήδεμνος,
πολλὰ δ' ἄρ' ἀμφαγάπησε κόρην Δημήτερος ἁγνῆς·
ἐκ τοῦ οἱ πρόπολος καὶ ὀπάων ἔπλετ' ἄνασσα.   440
Ταῖς δὲ μετάγγελον ἧκε βαρύκτυπος εὐρύοπα Ζεὺς
Ῥείην ἠΰκομον Δημήτερα κυανόπεπλον
ἀξέμεναι μετὰ φῦλα θεῶν, ὑπέδεκτο δὲ τιμὰς
δωσέμεν, ἅς κεν ἕλοιτο μετ' ἀθανάτοισι θεοῖσι·
νεῦσε δέ οἱ κούρην ἔτεος περιτελλομένοιο   445
τὴν τριτάτην μὲν μοῖραν ὑπὸ ζόφον ἠερόεντα,
τὰς δὲ δύω παρὰ μητρὶ καὶ ἄλλοις ἀθανάτοισιν.
Ὣς ἔφατ'· οὐδ' ἀπίθησε θεὰ Διὸς ἀγγελιάων.
Ἐσσυμένως δ' ἤϊξε κατ' Οὐλύμποιο καρήνων,
εἰς δ' ἄρα Ῥάριον ἷξε, φερέσβιον οὖθαρ ἀρούρης   450

2. A DEMÉTER

porém, agora, nada nutriz, mas inativa,
desprovida de folhas, pois escondia a cevada branca
por desígnio de Deméter de belos tornozelos. Mas em seguida,
quando a primavera crescesse, devia, de uma vez,
[colmar alongadas espigas
e então, em seu solo, opulentas fileiras   455
ficariam carregadas de espigas de trigo, que seriam atadas em feixes.
Ali primeiro desceu ela, do ar infinito.
Com alegria, uma viu a outra e ficaram alegres no
ânimo. Disse-lhe assim Reia* de clara mantilha:
"Vem, filha, o baritonante e longividente Zeus te chama   460
para ires junto à grei dos deuses, e prometeu dar-te honras,
as que quiseres entre os deuses imortais.
Concordou que tua filha, do ano que evolui,
permaneça a terceira parte sob a treva nevoenta
e as duas outras junto a ti e aos outros imortais.   465
Ele disse que assim será feito e acenou com a cabeça.
Vamos, minha filha, obedece, e não
fique furiosa com o Cronida* de nuvens sombrias;
faze crescer logo o fruto nutriz para os homens."
Assim falou. A bem coroada Deméter não desobedeceu   470
e fez logo brotar dos campos fecundos o fruto.
Toda a vasta terra ficou carregada de folhas e
flores. Depois, ela foi aos reis justiceiros e mostrou
a Triptólemo, a Diocles domador de cavalos,
a Eumolpo forte e a Celeu, o guia de povos,   475

2. ΕΙΣ ΔΗΜΗΤΡΑΝ

τὸ πρίν, ἀτὰρ τότε γ' οὔ τι φερέσβιον, ἀλλὰ ἔκηλον
Εἱστήκει πανάφυλλον· ἔκευθε δ' ἄρα κρῖ λευκὸν
μήδεσι Δήμητρος καλλισφύρου· αὐτὰρ ἔπειτα
μέλλεν ἄφαρ ταναοῖσι κομήσειν ἀσταχύεσσιν,
ἦρος ἀεξομένοιο, πέδῳ δ' ἄρα πίονες ὄγμοι   455
βρισέμεν ἀσταχύων, τὰ δ' ἐν ἐλλεδανοῖσι δεδέσθαι.
Ἔνθ' ἐπέβη πρώτιστον ἀπ' αἰθέρος ἀτρυγέτοιο·
ἀσπασίως δ' ἴδον ἀλλήλας, κεχάρηντο δὲ θυμῷ.
Τὴν δ' ὧδε προσέειπε Ῥέη λιπαροκρήδεμνος·
Δεῦρο, τέκος, καλέει σε βαρύκτυπος εὐρύοπα Ζεὺς   460
ἐλθέμεναι μετὰ φῦλα θεῶν, ὑπέδεκτο δὲ τιμὰς
[δωσέμεν, ἅς κ' ἐθέλησθα] μετ' ἀθανάτοισι θεοῖσι.[37]
[Νεῦσε δέ σοι κούρην ἔτεος π]εριτελλομένοιο
[τὴν τριτάτην μὲν μοῖραν ὑπὸ ζόφον ἠ]ερόεντα,
‹τὰς δὲ δύω παρὰ σοί τε καὶ ἄλλοις› ἀθανάτοισιν.   465
[ὥς ἄρ' ἔφη τελέ]εσθαι· ἑῷ δ' ἐπένευσε κάρητι.
[Ἀλλ' ἴθι, τέκνον] ἐμόν, καὶ πείθεο, μηδέ τι
λίην ἀ[ζηχὲς μεν]έαινε κελαινεφέϊ Κρονίωνι·
α[ἶψα δὲ κα]ρπὸν ἄεξε φερέσβιον ἀνθρώποισιν.
Ὣ[ς ἔφατ'· οὐ]δ' ἀπίθησεν ἐϋστέφανος Δημήτηρ,   470
αἶψα δὲ καρπὸν ἀνῆκεν ἀρουράων ἐριβώλων.
Πᾶσα δὲ φύλλοισίν τε καὶ ἄνθεσιν εὐρεῖα χθὼν
ἔβρισ'· ἡ δὲ κιοῦσα θεμιστοπόλοις βασιλεῦσι
δεῖξε, Τριπτολέμῳ τε Διοκλεῖ τε πληξίππῳ,
Εὐμόλπου τε βίη Κελεῷ θ' ἡγήτορι λαῶν,   475

---

37. As conjeturas dos vv. 462-4 e 466-70 são do segundo escriba do *Leidensis* 33.2 (v. nota 31, p.259); a reconstituição do v. 465 é de Ruhnken (1780, ad loc.).

2. A DEMÉTER

o cumprimento dos seus mistérios sagrados, e indicou os
belos ritos a Triptólemo, a Polixeno e, além deles, a Diocles,
ritos augustos, que não se pode violar, nem investigar,
nem divulgar, pois um grande temor pelas deusas detém a voz.
Feliz quem dentre os homens supraterrâneos os viu. 480
Mas o não iniciado e o não participante nos mistérios
sagrados, jamais tem destino igual, ainda que pereça sob a
treva bolorenta. Depois que ensinou tudo, a diva entre as deusas
caminhou para ir à reunião junto aos outros deuses no Olimpo*.
Ali [sc. as duas deusas] habitam junto a Zeus frui-raios, 485
augustas e venerandas. Muito feliz é a quem, dentre os homens
supraterrâneos, elas, de boa vontade, dedicam
amizade. Enviam prontamente à sua grande casa,
ao seu lar, Pluto,[38] que dá riqueza aos homens mortais.
Vamos, vós que tendes a perfumada região de Elêusis*, 490
Paros* banhada pelas ondas e Antrona[39] pedregosa —
tu, Deo, soberana de esplêndidos dons, senhora trazedora das
estações, e tua filha, belíssima Perséfone —
de boa vontade, em troca do meu canto, dai-me vida aprazível.
Depois me lembrarei de ti e de outro canto. 495

---

38. Personificação da riqueza, associada inicialmente à abundância das colheitas. Por isso, Pluto era considerado um filho de Deméter. Mais tarde, passou a representar a riqueza em geral (ver a comédia *Pluto*, de Aristófanes).
39. Localidade costeira da Ftiódida (Tessália), situada diante do extremo noroeste da ilha da Eubeia. Havia, ali, um santuário consagrado a Deméter.

2. ΕΙΣ ΔΗΜΗΤΡΑΝ

δρησμοσύνην θ' ἱερῶν καὶ ἐπέφραδεν ὄργια πᾶσι,
Τριπτολέμῳ τε Πολυξείνῳ ‹τ᾽›, ἐπὶ τοῖς δὲ Διοκλεῖ,
σεμνά, τά τ' οὔ πως ἔστι παρεξ[ίμ]εν οὔ[τε] πυθέσθαι,
οὔτ' ἀχέειν· μέγα γάρ τι θεῶν σέβας ἰσχάνει αὐδήν.
Ὄλβιος ὃς τάδ' ὄπωπεν ἐπιχθονίων ἀνθρώπων·   480
ὃς δ' ἀτελὴς ἱερῶν, ὅς τ' ἄμμορος, οὔ ποθ' ὁμοίων
αἶσαν ἔχει φθίμενός περ ὑπὸ ζόφῳ εὐρώεντι.
Αὐτὰρ ἐπεὶ δὴ πάνθ' ὑπεθήκατο δῖα θεάων,
βάν ῥ' ἴμεν Οὔλυμπόνδε θεῶν μεθ' ὁμήγυριν ἄλλων.
Ἔνθα δὲ ναιετάουσι παραὶ Διὶ τερπικεραύνῳ   485
σεμναί τ' αἰδοῖαί τε· μέγ' ὄλβιος ὅν τιν' ἐκεῖναι
προφρονέως φίλωνται ἐπιχθονίων ἀνθρώπων·
αἶψα δέ οἱ πέμπουσιν ἐφέστιον ἐς μέγα δῶμα
Πλοῦτον, ὃς ἀνθρώποις ἄφενος θνητοῖσι δίδωσιν.
Ἀλλ' ἄγ' Ἐλευσῖνος θυοέσσης δῆμον ἔχουσαι   490
καὶ Πάρον ἀμφιρύτην Ἄντρωνά τε πετρήεντα,
πότνια ἀγλαόδωρ' ὡρηφόρε Δηοῖ ἄνασσα,
αὐτὴ καὶ κούρη περικαλλὴς Περσεφόνεια,
πρόφρονες ἀντ' ᾠδῆς βίοτον θυμήρε' ὀπάζειν·
αὐτὰρ ἐγὼ καὶ σεῖο καὶ ἄλλης μνήσομ' ἀοιδῆς.   495

h.Hom. 13: A Deméter

trad. Maria Lúcia G. Massi

A Deméter de belos cabelos, deusa augusta, começo a
entoar, e a sua filha, a belíssima Perséfone*.[40]
Alegra-te, deusa, proteja esta cidade e comande o canto.

---

[40]. Cf. vv. 1-2 do longo hino a Deméter (*h.Cer.*).

13. Εἰς Δημήτραν

Δήμητρ' ἠΰκομον σεμνὴν θεὰν ἄρχομ' ἀείδειν,
αὐτὴν καὶ κούρην, περικαλλέα Περσεφόνειαν.
Χαῖρε, θεά, καὶ τήνδε σάου πόλιν, ἄρχε δ' ἀοιδῆς.

DEMÉTER
E OS MISTÉRIOS ELEUSINOS[1]

Sílvia M. S. de Carvalho

Introdução

O longo hino a Deméter, embora atribuído comumente a Homero por ser de gênero épico e de técnica de composição análoga à obra homérica (Malhadas e Moura Neves, p.37, n.1), é de autoria desconhecida. Humbert parece admitir que se trata de uma obra bastante antiga, concordando em linhas gerais com a opinião de Noack (1927), que admite o ano de 610 a.C. para a sua composição. Jeanmaire (p.65) é de opinião de que foi composto ao tempo de Pisístrato, entre 560 e 527 a.C., aproximadamente.[2]

A partir do VI século a.C., acompanhando as reformas democráticas de Clístenes, aumentou a importância de certas sacerdotisas que se tornam verdadeiros magistrados (Vernant, 1965, p.163; idem, 1972, p.67-72). À medida que, com o aparecimento da pólis, se nota uma estatização da religião,[3] os cultos rústicos, que conservavam traços arcaicos, devem ter acentuado seu caráter de mistérios e, como aconteceu em Elêusis*, tomado para

---

1. Texto baseado em trabalho anteriormente publicado (ver Malhadas e Carvalho, 1970), revisto e atualizado por Wilson A. Ribeiro Jr. especialmente para esta edição. Algumas notas explicativas foram adicionadas às notas da autora.
2. Ver também *Introdução*, p.61.
3. A "apolinização" dos cultos, poder-se-ia dizer. O processo foi assim resumido por Childe (1960, p.215-6): "... quando os castelos micênicos foram desocupados por seus modelos mortais, os homéricos deuses deixaram o Olimpo* terreno e desapareceram no Céu. A natureza, desprovida de deuses, ficou livre para a ciência, de um lado, e de outro para as forças mágicas mais vagas, controladas pela antiga gente dos Campos e pelas novas tribos bárbaras. Dos velhos ritos mágicos nasceram religiões de mistério... (que)... proporcionaram uma ideologia às massas camponesas sem posses, mineiros e escravos, prometendo-lhes a salvação...".

si uma missão salvacionista.[4] Os tiranos realmente procuraram incentivar o culto das divindades mais populares, como o era o de Dioniso, o jovem deus que aparece associado às deusas eleusinas. Assim é que, a partir de Pisístrato, quatro grandes festas passaram a ser realizadas em honra a Dioniso: as *dionísias rurais* (dezembro), as *leneias* (janeiro-fevereiro), as *antestérias* (fevereiro-março) e as *grandes dionísias*, ou *dionísias urbanas* (março-abril).[5] É possível também que trechos do hino sejam de composição bem antiga, e que ele se tenha tornado mais conhecido, numa nova versão, justamente no tempo de Pisístrato.

O *h.Cer.* não é o único hino dedicado a Deméter que se conhece. Os míticos poetas Pânfos e Museu teriam composto, cada um, um *hino a Deméter*,[6] assim como Arquíloco de Paros (Sch. Ar. Av. 1764), durante o século VII a.C. Parece que Telesilla, poetisa natural de Argos,[7] escreveu também um hino à Grande Mãe, identificada com Deméter (Des Places, 1969, p.156). Há também um pequeno *hino a Deméter* em nossa coleção (*h.Hom.* 13)[8] e outro,

---

4. Na realidade, não se trata (como pode transparecer da leitura de Childe, *supra*) de uma salvação tão só individual. Essa caracterizará um período posterior, já de desagregação. Inicialmente, os mistérios implicam uma missão civilizadora, "tanto que não são aceitos neles assassinos ou os que têm as mãos impuras" nem os que não entendem o dialeto ático. A maioria das histórias (Kerényi, 1952, p.241) mostra Triptólemo, tendo recebido os cereais, partindo através do mundo para distribuir entre os homens o dom da Deusa. Eles, se ainda eram guerreiros, deveriam assim abandonar os costumes selvagens dos homens primitivos que ainda não conheciam o pão. A vida civilizada e pacífica, sem sacrifícios sangrentos, é, portanto, o ideal santo que o eleusino deve propagar como forma de salvação da humanidade. "Na realidade, a deusa Deméter, ao dar aos homens a agricultura e os Mistérios, não lhes concedeu dois dons diferentes, pois a agricultura faz parte dos mistérios" (Magnien, p.74).
5. As Grandes Dionísias foram organizadas pelo próprio Pisístrato e, na mesma época, os cultos dionisíacos foram também incentivados em Naxos*, pelo tirano Lígdamis (c. 550-525 a.C.), amigo de Pisístrato (Jeanmaire, p.38 e p.222). Des Places (1969, p.89) nos diz que as *antestérias* eram festas das almas, antes de se integrarem ao culto de Dioniso, e muito antigas na Grécia.
6. Ver *Introdução*, p.47.
7. Nasceu por volta de 510 a.C.; restam pouquíssimos fragmentos de sua obra.
8. Para Jean Humbert (p.40), ele é mais recente do que o hino longo, talvez mesmo posterior a Calímaco.

mais recente, de Calímaco, que descreve cerimônias religiosas de Alexandria (Callim. *Cer.*). Conhece-se também um hino órfico a Deméter (Orph. *H.* 40), baseado numa versão do mito Deméter-Perséfone*, diferente da homérica; sua composição parece datar dos séculos II-IV da Era Cristã.

Para Scheffer (1943), o culto a Deméter é particularmente antigo na Arcádia* e na Messênia. No hino órfico a Deméter se alude à grande deusa habitando as grutas sagradas de Elêusis*, e já os antigos (entre eles Heródoto, citado por Magnien) ligavam os mistérios à Grécia anterior à chegada dos dórios* e a Creta*. Sabe-se hoje que, após uma hegemonia de Cnossos*, durante a qual os cretenses dominavam com sua frota mercante ilhas e costas do mar Egeu, fundando colônias em alguns pontos (as *Minoa*), os aqueus* – que acabaram por dominar toda a Grécia – começaram suas conquistas externas, destruindo Cnossos* por volta de 1400 a.C. Os aqueus* adaptaram à língua grega os sinais gráficos cretenses e a linear B* tornou-se, assim, a escrita micênica que se perderia depois, com as "invasões dóricas*". A influência cretense deve ter sido, portanto, muito grande, mesmo na literatura, pois, "a partir dos estudos de A. Meillet, supõe-se que o próprio verso homérico, o hexâmetro* dactílico, seja um metro cretense" (Malhadas e Moura Neves, 1976, p.6). Jeanmaire informa, por sua vez, que os ditirambos[9] foram inovações musicais levadas de Creta* para Esparta por Taletas (Jeanmaire, p.234), possivelmente no final do século VII a.C.

As ligações do culto eleusino com Creta* foram notadas, há tempos, por muitos autores. Humbert acha que se pode admitir que havia em Elêusis* um culto rústico a duas Deusas, de início anônimas, culto este que continuou os ritos agrários da Creta* minoica que, por sua vez, apresentavam também um aspecto funerário. É certo também que "tanto no caso dos ritos como no das divindades, cada civilização, cada época deve ter acrescentado algo, desde o antigo tempo das divindades anônimas até

---

9. Ver *Introdução*, n.7, p.42.

Íaco, o último a chegar" (Humbert, p.29-31).[10] Entre os elementos que aparecem no próprio Hino e que parecem atestar a antiguidade e um simbolismo que lembra Creta*, destacam-se:

1. O próprio nome Elêusis* ("o Vindo"), que Humbert associa ao nome da cidade cretense de Eleuterna (p.28)[11] e Jung e Kerényi (1968) ao de Ilítia*, a deusa dos nascimentos que, segundo esse autor, era venerada em Agrai[12] e cujo culto, espalhado em Creta*, no Egeu e no Peloponeso*, parece ter tido importância maior nos tempos pré-helênicos. Também o nome da deusa parece, a Jung e Kerényi (1968), pré-helênico.

2. O nome da deusa-filha, Perséfone*, é tido igualmente como pré-helênico pelos autores que tratam da questão. Ele tem correlação com Perses, nome do pai de Hécate*, deusa que tem um papel importante no mito, conforme mostra o hino, e que pertence à geração dos deuses pré-olímpicos. Perses nasceu de Euríbia, "a de coração de ferro",[13] e de Crio, um dos titãs*; é irmão de Astreu,[14] "o estrelado", e de Palas, marido da oceânide Estige*; esses três irmãos se assemelhavam aos titãs* (Kerényi, 1952, p.37). Estige* é, ao mesmo tempo, o nome do rio infernal

---

10. Sobre Íaco, ver n.136, p.323. Quanto ao fato de o culto de Íaco – nome dado a Dioniso nos cultos eleusinos – ser mais recente, ver Sousa (1973).
11. Segundo Picard (1948, p.184), em Eleuterna era venerado Eleuter, filho de Cometa. Segundo Graves (1961, p.157), Elcuses era filho de Daeira (também um epônimo de Deméter). Daeira, filha de Oceano, teria sido identificada com Afrodite, a Deusa-Pombo minoana, "a sábia que veio do mar", e que emergia todos os anos, com a virgindade renovada, do lago de Pafos, em Chipre. Repare-se na concordância do simbolismo: Deméter, segundo o relato que faz às filhas de Celeu, também veio do mar. Uma das variantes do nome de Perséfone, *Perséfassa* faz pensar que ela tenha sido uma Deusa-Pombo, o que se reforçaria se, como supomos, ela estivesse associada às Plêiades (o ciclo anual de seu desaparecimento coincide com o dessa constelação), pois as Plêiades eram as "pombas" (Buffière, 1956, p.207-8).
12. Um dos distritos de Atenas, situado na parte leste da pólis.
13. Filha de Gaia e de Ponto*.
14. O nome lembra o de Astéria, filha do titã* Céu e da titânide* Febe, que desposou Perses e foi mãe de Hécate (Hes. *Th.* v.409-13).

que envolve o inferno nove vezes com suas ondas e o nome de uma das companheiras de Perséfone*, mencionadas no *h.Cer.* Para Hesíodo, Estige* é a mais proeminente das oceânides* (*Th.* v.361). Perséfone*, ou Coré*, é filha de Zeus e Deméter, tal qual admite o culto eleusino (Hes. *Th.* 911-2); outra versão lhe dá, por mãe, a própria Estige*, representando talvez um outro aspecto de Deméter, a Deméter Negra, mas essa versão é estranha a Elêusis*.[15] Kerényi (1952, cap.14 e p.228) aponta ainda conexões do nome Perséfone* com Perses, Perseu e Perseida.[16] Perses é identificado com o próprio Hades* em Lerna; ele também usa o capuz que torna invisível (Jung e Kerényi, 1968, p.177-8). Medusa*, a Górgona de cabelos de serpentes e olhar petrificante, foi decapitada pelo herói Perseu, filho de Zeus e Dânae. Medusa*, no entanto, estava grávida, por obra de Posídon; quando Perseu a decapitou, do sangue da ferida surgiu Crisaor, brandindo uma espada de ouro, e Pégaso, o cavalo alado.[17] Medusa* parece ser um alter ego maléfico e aterrador de Perséfone*, e foi Kerényi (1952, p.52-3) quem notou o paralelismo entre os mitos de Perséfone* e de Medusa*, que foi surpreendida por Posídon num campo de flores, como

---

15. "Zeus passa por ter concebido com ela [sc. Deméter] a rainha dos infernos, Perséfone" (Kerényi, 1952, p.37, baseado no Pseudo-Apolodoro; ver também Diel, 1952, p.254). Observe-se, contudo, que existe uma conexão muito grande entre Estige (rio e oceânide) e Coré. Na *titanomaquia*, Estige foi a primeira a dar seu apoio a Zeus e, como recompensa, recebeu a honra de ser o testemunho dos juramentos divinos. O imortal que quebrar uma promessa feita pelas águas de Estige ficará privado por um ano de alimento divino e viverá isolado dos deuses por nove anos, só voltando no décimo (Hes. *Th.* 794-806).
16. Perseida, "filha de Perses", é um epíteto de Hécate (Kerényi, 1952, p.43) e também o nome de uma oceânide* (Hes. *Th.* 336).
17. Cremos que esse tipo de mito procura valorizar ou institucionalizar um novo tipo de vida, uma nova sociedade; o "monstro" morto representa o passado. Nesse caso, tratar-se-ia da valorização de uma vida mais livre, mais senhorial, a do guerreiro cavaleiro, simbolizado pela espada (que por sinal foi inventada em Creta) de ouro e pelo cavalo alado, em oposição a uma vida presa à terra, representada pelas serpentes da cabeça de Medusa, animais ctônicos, rastejantes... e ligadas, por sua vez, também a Deméter: são serpentes que puxam o carro da deusa à procura da filha (Diel, 1952, p.263) – elas levam, portanto, ao inframundo.

o local em que se encontrava Perséfone*, por ocasião do rapto. A cabeça da Górgona, que Perséfone* enviou a Odisseu*, quando ele desceu aos infernos (*Od.* 11.634-5), seria assim, de certa forma, um outro aspecto da própria Coré*. Quanto à oceânide Perseida, ela se uniu a Hélio, o sol, e deu-lhe os seguintes filhos (Hes. *Th.* v.956-62): Eetes, rei da Cólquida, pai da feiticeira Medeia;[18] a feiticeira Circe;[19] Perses, rei de Táuris,[20] e Pasífae, esposa de Minos, rei de Creta*. Pasífae certa vez apaixonou-se por um touro e conseguiu se unir a ele, dentro de uma vaca artificial, construída por Dédalo (Picard, 1948, p.144); o produto dessa união, o Minotauro, tinha corpo de homem e cabeça de touro, e se chamava Astérion.[21] Lévêque (1967, p.83) não titubeia em considerar Perséfone* um nome cretense e parece-nos, de resto, existir certa semelhança entre esse nome e Pasífae. Ademais, é "notável que, entre os gregos, o acesso aos Campos Elíseos – morada dos bem-aventurados – onde reina, de resto, uma deusa cretense, Perséfone*, estivesse subordinado ao julgamento de dois deuses cretenses, Minos e Radamante (Idem, p.45). Krappe (1952, p.116-7) considera Perséfone* uma antiga deusa lunar e aponta, igualmente, a correlação do seu nome com o de Perseida, mulher de Hélio, o sol, e mãe de Pasífae e ainda com o de Perses, pai de Hécate*. Por fim, é possível também que Perséfone*, deusa ligada às flores e a um fruto, a romã, tenha ligações com a *perseia* (gr. περσέα), árvore frutífera egípcia cuja espécie parece extinta e que se reproduz pelas sementes, às vezes identificadas erroneamente com o pessegueiro; o fruto da árvore era o *perseion* (gr. πέρσειον). A romeira (ou granadeiro) é de provável origem

---

18. Ver *Medeia*, tragédia de Eurípides. A Cólquida ficava, segundo os antigos, na atual República da Geórgia, a leste do Mar Negro e próxima da Cordilheira do Cáucaso.
19. Ver o livro X da *Odisseia* de [Homero].
20. Sobre os tauros, ver n.11, p.206-7. Em algumas tradições tardias, provavelmente devido a uma confusão com Perses, filho do titã* Crio e de Euríbia, esse irmão de Eetes é considerado pai de Hécate*.
21. Esse nome é dado também a outro filho do rei Minos (Picard, 1948, p.197).

hindu, mas conhecida desde tempos remotos no Egito, onde seu fruto era, como em outras regiões quentes e secas, muito apreciado e tão importante complemento alimentar quanto o figo.[22] Teria a romeira substituído e ultrapassado em importância outra árvore frutífera hoje desaparecida, talvez selvagem ou de plantio mais difícil?

3. Das flores mencionadas no hino, as rosas, os jacintos, os crocos, os lírios e, a mais importante delas, a flor "proibida", o narciso, parecem ter tido uma importância grande já em tempos pré-helênicos. Léveque (1967, p.31) acha que as palavras ῥόδον ("rosa"), ὑάκινθος ("jacinto"),[23] νάρκισσος ("narciso"), λείριον ("lírio"), tal qual σιτίον ("trigo", o cereal de Deméter), οἴνη ("vinha"), ἐλαία ("oliveira"),[24] e ἔλαιον ("azeite") foram tiradas do dialeto dos pelágios.[25]

---

22. O figo parece igualmente ter sido, na Grécia Antiga, um fruto sagrado. Na procissão dos iniciados nos cultos eleusinos, entre Atenas e Elêusis, um dos pontos de parada era justamente uma figueira sagrada. Na verdade, tanto nas civilizações arcaicas, quanto entre os "primitivos", em geral, dificilmente um fruto da terra que tenha ou tenha tido importância para o grupo, tem caráter profano.
23. Jacinto é também um herói do tipo Átis, Adônis ou Dioniso. Jacinto foi amado e morto inadvertidamente por Apolo; era venerado em Tarento e em outras cidades dórias. As rosas e as violetas estão também associadas ao culto de Dioniso (Jeanmaire, p.234) e ao de outros deuses (as violetas ao culto de Átis, na Ásia Menor, por exemplo).
24. A oliveira, que Héracles trouxe do Jardim das Hespérides, figura como árvore de Atenas, mas ela parece ter relação igualmente com Deméter (Duchemin, 1955, p.178). É à sombra das oliveiras que a soberana se assenta, na beira do Poço das Virgens, onde a encontram as filhas de Celeu. As oliveiras são ainda mencionadas especialmente no *h.Cer.* como se elas, mais do que qualquer outra planta ou árvore, deveriam ter ouvido os gritos de socorro de Perséfone – "nem as oliveiras os ouviram" (v.23). O comentário de Humbert (p.42, n.1) a esta passagem é de as ninfas das árvores (nem mortais nem imortais, segundo *h.Ven.* v.256-61) constituírem a terceira classe de seres (ao lado dos mortais e dos imortais) a não ouvir o grito da filha de Deméter. Mas nesse caso não haveria necessidade de se especificar a árvore. Talvez a oliveira tenha sido a árvore de Deméter, antes de ser a árvore de Atena.
25. Waltz (1947, p.118 ss.) menciona essas flores todas e mais a tulipa como típicas da civilização creto-micênica.

4. O açafrão é mencionado em mais de uma passagem (*h.Cer.* versos 6, 178, 426 e 428). É verdade que apenas uma das variedades de "crocos" corresponde ao açafrão (é o *Crocus sativus*, de flores purpúreas, brancas ou lilases, uma das espécies que florescem no outono. Compara-se à cor da flor do açafrão os cabelos das filhas do rei Celeu (v.178) e a flor maravilhosa, o narciso (v.428).[26] Trata-se apenas de uma comparação mas, como nos mitos as comparações não são gratuitas, pode-se lembrar que o açafrão era uma planta altamente valorizada em Creta*. Segundo Magnien (p.205), na procissão do 13 *boedromion**,

> ... no momento em que eles passam do território ateniense ao território de Elêusis*, os *mystes*[27] têm a mão direita e o pé esquerdo atados com pequenas faixas cor de açafrão.[28] Como a palavra grega para açafrão é *crocos*, e como existia ainda no tempo de Pausânias um palácio real de Crocon, perto dos lagos *Rheitoi*, supôs-se que a cerimônia é dirigida pelos crocônidas.[29]

Humbert (p.27) observa que se pode aproximar o uso das fitas com a colheita ritual do açafrão, representada nos afrescos de Cnossos*.[30] Em Creta*, o açafrão era usado para tingimento dos tecidos de linho, cujo plantio era muito importante. Usava-se tingi-los também da cor da flor de açafrão (púrpura), com o *Murex* (Waltz, 1947, p.118).[31] Na Grécia, em tempos

---

26. Humbert (p.56, n.1) opina que a comparação se deve talvez ao fato de o narciso do *hino* ser uma subespécie chamada de "Constantinopla", que tem flores amarelas. Sobre o narciso, ver adiante.
27. Gr. μύστης, "iniciado". Daí vêm as palavras portuguesas "mistério" (cerimônia religiosa ou ritual acessível apenas aos iniciados) e "místico" (coisa que se refere aos mistérios).
28. Píndaro chama Deméter de "a de pés de púrpura" (Duchemin, 1955, p.257).
29. Descendentes de Crocon, filho de Triptólemo ou filho ou genro de Celeu.
30. Humbert se refere ao afresco do Palácio de Cnossos conhecido por "O colhedor de Açafrão", datado possivelmente de 1700-1450 a.C. A data recuada deste afresco – a maioria deles é posterior a 1550 a.C. – se baseia na cor vermelha do fundo ("vermelho pompeiano") e na cor branca das flores, combinação comum na decoração da cerâmica minoica do século XVII a.C.
31. *Murex brandaris* e *Murex trunculus*, duas espécies de moluscos comuns do litoral de Tiro, Fenícia. Do muco da glândula hipobrânquica dos moluscos era ex-

remotos, era cor real; o peplo cerimonial das jovens "ursas" de Brauron, em um ritual dedicado a Ártemis,[32] deusa caçadora que partilha muitos atributos com Hécate*, era tingido com açafrão.

5. Os dois santuários citados no final do hino (*h.Cer.* 491), ao lado de Elêusis*, são, como observa Humbert (p.58, n.2), "Antrona, na Tessália* e Paros*, habitat pré-helênico e colônia cretense".

6. Deméter recusa a cadeira requintada que lhe oferece Metanira e aceita o assento maciço, aparentemente uma banqueta simples, que Iambe recobre com uma pele. Nos palácios da Creta* minoica, pequenas salas reservadas ao culto tinham, no fundo, uma banqueta sobre a qual se acumulavam oferendas (Lévêque, 1967, p.44). Picard (1948, p.142), ao descrever o mobiliário sagrado da Creta* pré-helênica, se refere a cofres sagrados que se tornaram portáteis, mas sobre os quais as duas deusas se assentavam na ocasião do culto. As banquetas rituais só são encontradas normalmente em Creta*. Em Asine,[33] uma banqueta dessas era reservada aos ídolos e aos vasos sagrados. Em Delos*, no *letoon*, havia uma banqueta no exterior e no antigo *heraion*[34] de Cíntia, templo erguido por voltas de 700 a.C., havia uma banqueta análoga (Picard, 1948, p.177). Será possível que o assento oferecido a Deméter por Iambe seja a tal banqueta, lembrança dessa arcaica tradição cretense do culto?

Outros elementos dizem respeito aos mitos de Dioniso-Zagreu,[35] a que o *h.Cer.* não se refere, e suas correlações com

---

traída uma tintura púrpura, de grande renome durante a Antiguidade, usada comumente para tingir vestes destinadas a pessoas de alta posição social.
32. Deusa, aliás, a que Des Places (1969, p.14) se refere como cretense.
33. Localidade do Peloponeso, importante durante o Período Micênico.
34. O *letoon* é um templo dedicado a Leto*; o *heraion*, a Hera.
35. Ver o ensaio do cap.9.

outros mitos cretenses, como por exemplo os amores de Deméter e Jasão em Creta*, os amores de Teseu e Ariadne, e o epíteto de Dioniso, *Brômio* ("o que ruge"). O epíteto dionisíaco lembra, além do tigre, o touro, animal venerado em Creta*, com quem Dioniso aparece por vezes associado. Segundo Jeanmaire (p.50), os argivos chamavam Dioniso de βουγενής, "nascido do touro", e na Élida ele era chamado de "Touro Honorável" (idem, p.45).[36]

Deméter, seus atributos e seus avatares

Deméter é a deusa da vegetação (a Deméter χλόη, como era chamada nos séculos VI e V a.C.) e do trigo (Des Places, 1969, p.48), que é a sua caracterização dominante em Elêusis*. No *h.Cer.*, como já foi dito, as oliveiras parecem igualmente associadas à deusa (Lévêque, 1967, p.83).

Quanto à sua associação com animais, a ligação com o cavalo, quando ocorre, parece bem tardia, e na época da composição do *h.Cer.* provavelmente não existia. Des Places (1969, p. 50) diz que o epíteto Ἵππια, "equina" só qualifica Demeter após 92 a.C. Introduzido pelos jônios,[37] o cavalo era desconhecido até a época do Minoico Recente III, c.1400-1100 a.C. (Lévêque, 1967, p.36). É verdade que Hades*, seu opositor, que lhe toma a filha, aparece no Hino e em versões mais recentes como condutor de um carro puxado por "cavalos imortais" (*h.Cer.* 17) e, em outras versões, de cor negra.

Posídon, irmão de Aidoneu*,[38] persegue Deméter em um mito da Arcádia*, que não é levado em conta nos mistérios eleusinos, apesar de neles Posídon ter também seu culto (Magnien, p.86).

---

36. Ver também o capítulo *Pré-Histoire de Dionysos*, no livro de Jeanmaire, e o capítulo *Lendas Cretenses*, do livro de Picard (1948), além das observações recentes de Sousa (1973) e de Lesky (1971, p.62-7).
37. Ver nota do v.147 do *h.Ap.*
38. "Hades, Posídon, irmãos muito parecidos, identificam-se um com o outro nos confins de seus domínios. Nas trevas eles se confundem" (Godel, 1960, p.202).

Durante a busca desesperada por Perséfone*, Deméter é perseguida por Posídon, transformado em cavalo, e é sob a forma desse animal que o deus se une a ela, transformada por sua vez em jumenta.[39] O fruto dessa união é uma deusa negra, chamada tão somente Δέσποινα, "Senhora", pois não se pode pronunciar seu nome, e/ou, conforme outras versões, o cavalo Árion (ver Godel, 1960, p.202 e Magnien, p.86). Em jumentas também se transformam duas das *miníadas* (Jeanmaire, p.283). O mito das *miníadas* é do ciclo de Dioniso e assim, de certa forma, tem ligação também com o ciclo de Deméter, embora não pertença às crenças eleusinas. Tentaremos, contudo, mostrar em que consiste a correlação. É preciso lembrar ainda que a Deméter de Figaleia[40] é representada com cabeça de cavalo e que a Erínia*, que é bem a imagem de uma Deméter enlutada, disposta a se vingar de tudo e de todos, é mãe de cavalos famosos (Jeanmaire, idem).[41]

Deméter se uniu também a Iásion, mito de que a união com o rei Celeu, dramatizada em Elêusis* pelo hierofante e pela basilina, é uma réplica.[42] Percebe-se que essa união de uma deusa com um mortal, "em um campo três vezes revolvido" (Hes. *Th.* 971), é, de certa forma, a contrapartida da união de Sêmele* com Zeus. Em ambos os mitos,[43] o parceiro mortal é fulminado por Zeus, morto portanto pelo fogo celeste.

---

39. O onagro, asno selvagem, e seu congênere domesticado eram conhecidos há muito tempo em Creta. O asno é o animal de carga mais antigo que se conhece (Childe, 1960, p.81).
40. Localidade da Élida, a oeste de Megalópolis e Licosura.
41. Vimos que uma espécie de alter ego terrificante de Perséfone, a Medusa, também dá origem, ao morrer, a um cavalo famoso, Pégaso.
42. Jeanmaire (p.51), citando Aristóteles, descreve essa união ritual da Basilina, esposa do Arconte-Basileu ("arconte-rei") de Atenas, com Dioniso, como um rito religioso da Atenas do século IV a.C. O Arconte-Basileu dirigia os sacrifícios, supervisionava os Mistérios e, o que não deixa de ter sentido no mito de Perséfone, tomava conta dos órfãos e também das viúvas que, após a morte do marido, declaravam-se grávidas.
43. No caso de Iásion, é a versão de Dioniso de Halicarnasso, a que se refere Magnien (p.48).

DEMÉTER E OS MISTÉRIOS ELEUSINOS

A bebida consagrada a Deméter é o κυκεών, de composição descrita pelo *h.Cer.*: água, farinha[44] e poejo (v.209). Em outra versão, trata-se de água, farinha e papoula (Magnien, p.87). A papoula é uma planta associada a Deméter porque simboliza o sono e o esquecimento – no caso, o esquecimento do ressentimento da deusa, pelo rapto da filha. O poejo é até hoje uma planta muito importante na medicina popular e certamente já o era entre os antigos gregos.[45] Quanto a outros atributos de Deméter, o Hino só se refere às tochas, empunhadas também por Hécate*.[46] Alguns instrumentos musicais, no entanto, também estão associados a seu culto nos mistérios eleusinos: entre outros, os címbalos e as castanholas. Trata-se, aliás, dos mesmos instrumentos dos ditirambos de Dioniso *Brômio*, em que a música é interrompida por gritos rituais (Jeanmaire, p.241 e Lesky, 1971, p.53). As castanholas são dadas por Ellmerich (1973, p.43)

Fig. 8.2 *Tocador de címbalos*. Estatueta de bronze da Fenícia, provavelmente do I milênio a.C. Desenho de P. Sellier.

---

44. Da água e farinha se faz, naturalmente, o pão.
45. O poejo (*Mentha pulegium*) é muito usado em nossa medicina rústica (Araújo, 1961, p.189). Nas receitas coletadas pela Cadeira de Antropologia da UNESP-Araraquara, o poejo aparece principalmente como remédio contra dor de barriga e lombrigas, e às vezes também contra dor de estômago, insônia e tosse. É bem provável que o poejo tenha algo a ver com o bom remédio que Deméter diz conhecer (v.229), antídoto melhor que o "perce-bois" (na tradução de Humbert), espécie de inseto que ataca a madeira, e que Humbert crê corresponder a vermes intestinais das crianças (p.49, n.1). Vide também a nota do v.229.
46. Hécate tem um papel importante no Hino e seu parentesco com Perséfone já foi assinalado *supra*. Ela é a deusa portadora de tochas e, a partir do Período Greco-romano, também divindade lunar, o que a distingue da caçadora Ártemis, a qual, contudo, recebe também o epíteto de Hécate, tal qual seu irmão Apolo. Pela genealogia de Hesíodo, Hécate seria tia materna dos irmãos arqueiros. Godel (1960, p.190 ss.) diz que se deve distinguir a Hécate μονοπρόσωπος ("de uma só face"), provavelmente com atributos mais semelhantes aos que ela tem como προθύραια ("que fica diante da porta"), protetora das mulheres no parto, da Tripla Hécate, deusa dos sonhos infernais, que mora nas trevas e que vagueia durante a noite com as almas mortas, acompanhadas pelo uivar dos cães. Segundo Porfírio (apud Buffière, 1956, n.436), ela recebe também os nomes de "cavalo, touro, leoa ou cadela". Ela é chamada ainda de Hécate χθόνια, a "subterrânea", e de ἐνόδια ("deusa dos caminhos"), sendo-lhe erguida, no cruzamento de três caminhos, uma estátua tripla ou formada de três máscaras de madeira sobre um poste (Kerényi, 1952, p.38; Des Places, 1969, p.55).

como de origem fenícia*.[47] Quanto aos címbalos, parece ser também de origem oriental e deve ter entrado na Grécia acompanhando o culto de Cibele*, Dioniso e Deméter. Eram dois pratos globoides de metal (cobre, bronze), que o tocador segurava em cada mão e batia, ritmicamente, um ao outro (figura 8.2, p.281). Aliás, Magnien (p.136) aponta as virtudes demoníacas que se atribuía ao bronze na Grécia Antiga. Batia-se no bronze para afastar as más influências, ou por ocasião de eclipses ou de morte de um personagem importante. Magnien (p.86) refere-se a outro rito em que Deméter é evocada retinindo os címbalos e batendo os tamborins, à procura de Perséfone*. Por causa desse barulho, ela teria sido chamada de Ἀχαία, "a ruidosa".

Repare-se que esses instrumentos são tocados justamente enquanto a deusa está à procura de sua filha, e mesmo h.Cer. não deixa dúvidas sobre a imensa cólera divina durante essa busca. Terrível deveria ser o aspecto da deusa, qual Erínia* disposta a destruir toda a vida no planeta.[48] Os instrumentos das trevas exprimem este furor. Mas há também outra correlação: Perséfone* tem realmente, por seu desaparecimento periódico, uma característica comum às divindades "lunares".[49] Os instrumentos das trevas, como lembra Lévi-Strauss (1964, p.350), citando

---

47. O instrumento, preso aos dedos, é composto de duas peças côncavas, a de som agudo, chamada "fêmea", e a de som grave, chamada "macho". Esse detalhe não é sem significação, pois o rapto de Perséfone é a disjunção de duas mulheres (mãe e filha) e uma tentativa de conjunção, para sempre, da filha com Hades.
48. Lévi-Strauss (1964, p.333, n.1) observou, a respeito de um mito warrau, indígenas que habitam notadamente o delta do Rio Orinoco, na Venezuela, que certos barulhos "demoníacos" (no caso do mito, pancadas dos demônios da floresta contra as árvores) poderiam muito bem ser associados ao barulho que a onça faz, ao andar. Ele se apoiou certamente no Dicionário dos Animais do Brasil (Von Ihering, 1941), em que esse barulho é comparado ao de castanholas. Claro está que não vamos generalizar, afirmando que as castanholas surgem assim, exprimindo sempre a presença de espíritos em fúria, mas no caso de Deméter essa ligação pode existir.
49. Não é questão de identificar Perséfone, necessariamente, com Selene, a lua: constelações e planetas também desaparecem periodicamente no céu. Sobre as deusas gregas identificadas com a lua, ver cap.22.

Van Gennep, têm uma função análoga, na literatura cristã, à que têm as matracas de madeira num rito de renovação do fogo chinês, de origem muito remota. A extinção dos fogos "terrestres" anunciada pelas matracas inicia o período de três dias em que se come frio; o fogo novo, "celeste", é obtido do sol através de um espelho[50] ou de um pedaço de cristal. Isto nos leva a mais uma analogia: a do *charivari,* rito assinalado tanto entre indígenas da América, como em populações camponesas do Velho Mundo[51] por ocasião dos eclipses de sol ou lua. Os "instrumentos das trevas" seriam assim apetrechos produzindo sons descontínuos, empregados por ocasião dos desaparecimentos ou eclipses de luzeiros celestes. Segundo uma versão (Magnien, p.86), Zeus envia à deusa as Cárites* e as Musas que dançam para a enlutada, com o mesmo efeito dos trejeitos de Iambe: a deusa ri e recebe das Musas uma flauta. A flauta, diz Magnien (p.270), é empregada nos mistérios, acompanha o delírio místico e a cítara* reconduz a alma ao repouso (Glover, 1944, p.105).

Embora na época em que foi escrito o longo hino a Deméter essa representação já tivesse caído no esquecimento, Deméter teria sido representada outrora por um porco, animal que lhe é sacrificado pelos iniciandos nos mistérios.[52] Ligado ao culto de

---

50. Seria interessante pesquisar a simbologia do espelho, que está nos mitos de Dioniso-Zagreu, em mitos com certa analogia com o de Perséfone (Perseu e Medusa) e mesmo em mitologias tão distantes da grega, como é a mexicana (v.g. Tezcatlipoca, o senhor do espelho fumegante...).
51. Ver Lubbock (1943, p.155-7). O autor cita, entre outros, o exemplo dos habitantes de Sumatra que fazem ruídos estrepitosos com vários instrumentos, para que um dos astros não devore o outro, por ocasião dos eclipses. Cita também, segundo Lafitau, os caribes que tocam matracas nessas ocasiões... Ver, a respeito do Velho Mundo, Thompson (1972) e Gauvard e Gokalp (1974).
52. Vide, além de Magnien e Des Places (1969), Van Gennep (1909, p.90), que já chama a atenção para a analogia entre esse sacrifício em Elêusis e a importância dos porcos como vítimas sacrificiais na Melanésia. Heródoto, citado por Magnien (p.54), dizia que os egípcios sacrificavam igualmente porcos a Sêmele, divindade com características análogas às de Deméter-Perséfone, mãe do Dioniso tebano. Sêmele seria, segundo Diel (1952, p.272) corruptela de Thémélé-Terra.

Deméter e Perséfone* aparece o de Zeus Euboleu,[53] fundamentado no mito do pastor de porcos Euboleu, tragado, juntamente com a sua manada, pelo mesmo abismo em que desapareceu Perséfone*.[54] Os ritos consistiam em sacrifícios de porcos, arrojados nos abismos dedicados a Deméter e a Perséfone*. Após quatro meses, em um segundo estágio do ritual, os restos decompostos das vítimas eram resgatados por mulheres, que desciam para tanto a lugares "inacessíveis" (Des Places, 1969, p.99-100), e depositados nos altares, para que os fiéis os pudessem misturar às sementes e, assim, obter uma boa colheita.

Os ritos assim descritos por Des Places correspondem, segundo o autor, às *esquirofórias* (1º estágio) e às *tesmofórias* (2º estágio) áticas, as quais, diz, não devem ser confundidas com festas de distribuição geográfica mais ampla, também chamadas "tesmofórias", igualmente dedicadas às deusas e de participação igualmente vetada aos homens, cujos ritos o autor, contudo, não descreve. Além da Arcádia*, as Tesmofórias eram realizadas na Sicília, Rodes, Creta* e Cirene.

Não sabemos se em Creta* e na civilização minoica em geral o culto à deusa mãe já refletia a sua associação à criação de pequenos animais domésticos.[55] Na civilização cretomicênica, contudo, o congênere selvagem do porco, o javali, parece ter tido certa importância como caça, e parece que esta importância se refletiu nas crenças religiosas e no ritual em geral. Assim, Kitto

---

53. O Zeus ctoniano, isto é, Hades* (Godel, 1960, p.205).
54. Um hino órfico cita Euboleu (ou Êubolo) como filho da própria Deméter, nascido quando ela errava pela Terra, à procura de Perséfone (Magnien, p.89)
55. Picard (1948, p.115) refere-se a moedas de Cidônia (Creta), cunhadas com a imagem de um menino (o menino divino, certamente), sendo lambido por uma cadela. Associam-se ao Zeus cretense também a cabra, animal doméstico típico de regiões montanhosas, e a abelha, que está ligada ao touro, provavelmente pelo mesmo motivo de sua ligação com o leão, na história de Sansão: o crânio do animal morto pode servir como recipiente natural para abrigar uma colmeia (*Juízes* 14.5-9), o que deve estar ligado ao mito de origem da apicultura. Leroy-Gourhan (1945, p.11) observa, realmente, que a domesticação da abelha se dá por um único passe categórico, que é a fixação do enxame num recipiente que sirva de colmeia.

(1959, p.40-1, figura 17) reproduz uma cena de caça ao javali e [Homero] se refere a um capacete guarnecido de dentes de javali (*Il.* 10.261-5), de que se encontrou uma amostra num túmulo de Micenas* (Lêvéque, 1967, p.48). Deve-se lembrar também que um dos trabalhos de Héracles foi o de matar o javali de Erimanto.

Em Creta*, a Grande Deusa é associada frequentemente à arvore, e sua representação como Senhora dos Animais é muito comum. Podemos também deduzir que, devido à importância da caça e domesticação dos bovinos em Creta*, a tendência aí seria da associação de divindades femininas, predominantemente, ao culto do touro. Na Grécia, aparentemente, apenas a Beócia tinha pastos ideais para a criação de vacas.[56] A divindade feminina parece ter desempenhado em tempos remotos, em Creta* e na civilização minoica, o papel de mãe ou companheira humana de um deus-touro. Parece que os touros da Creta* eram selvagens, de uma espécie muito robusta[57] e, antes de serem domesticados, eram evidentemente caçados. No simbolismo dos caçadores, é frequente um dualismo sexual, em que a caça, elemento a ser subjugado pelo caçador, tem conotação feminina, enquanto está sendo perseguida, morta e manipulada pelo homem.[58] A contrapartida ritual é oferecida pela imagem da mulher possuída e às vezes dilacerada pelo animal.[59] É provável que essa representação se baseie em parte na observação dos costumes animais e sua eventual aplicação na técnica da caça, sendo dramatizada como uma retribuição do mundo humano para com o animal.[60] A caça ao touro selvagem se fazia, em Creta*, com a utilização de

---

56. Beócia significa, segundo Kitto (1959, p.35), "país de vacas".
57. *Uri*, a mesma que deu seu nome a um dos cantões suíços.
58. Esse simbolismo, como se depreende dos estudos de Reichel-Dolmatoff (1968), pode ser generalizado para muitas tribos caçadoras.
59. Veja-se, por exemplo, a atitude ameaçadora das feras que ladeiam a Grande Deusa, representada em um vaso beócio, reproduzido por Lêvèque (1967, p.112, figura 19). Na p.113 (figura 20), também procedente da Beócia, há uma estatueta de barro representando a "Senhora dos animais", datada do século VIII a.C.
60. A dança nupcial do macho para atrair e conquistar a fêmea não teria sugerido ao caçador, em grande parte, a magia de caça?

uma fêmea como chamariz; os touros eram caçados com redes (Cottrell, 1987, p.202 e prancha 24). É possível que esta seja uma das razões por que as divindades mais arcaicas são geralmente femininas (elas procedem do horizonte ideológico da caça, que as idealiza como vítimas de compensação com o mundo animal e assim as transforma em divindades-dema). E é possível que esta seja também uma das razões por que em Creta* as mulheres figuravam ao lado dos homens como toureiras, num período em que as atividades nômades já haviam sido abandonadas.[61]

Em Cotrell (1987, prancha 25), há uma representação do esporte que os arqueólogos chamam de "salto do touro". O touro avançando em direção ao atleta sugere o sacrifício deste, sacrifício que só é evitado (quando o é)[62] pela agilidade da suposta vítima. Compreende-se que essa atividade (que finalmente na Espanha moderna se tornou tão só um esporte) deve ter se desenvolvido a partir de uma iniciação religiosa, caráter que ainda tinha com toda certeza em Creta*, como bem o percebeu Eudoro de Sousa (1973, p.14 ss.).

Outra representação que parece provir de um horizonte, em certo sentido mais longínquo ainda, o da coleta, é a divindade--serpente, ctônica porque o réptil é o dono das cavernas, das profundidades,[63] ligada à árvore porque é capaz de nela subir para se alimentar de ovos de aves e passarinhos novos, constituindo assim uma competidora (por vezes mortal) para o ho-

---

61. É sabido que as representações religiosas resistem mais às inovações e, evidentemente, mais ainda se já existe um reinado teocrático, como no caso de Creta.
62. Não seria a imagem da morte sob a forma de um chifre pontudo de touro (os cornos de consagração eram elementos rituais também na Grécia micênica) que fez [Homero] dar à Noite, como forma metafórica de morte, o epíteto θοή, "aguda", "pontuda" (Il. 10.394, 12.463 etc.)? Segundo Buffière (1956, p.214-8), "Heráclito", autor que viveu no século I d.C. e escreveu uma obra intitulada Allegoriae (ou Quaestiones Homericae), pensava que [Homero] conhecia a esfericidade da Terra e a forma (pontuda) da sombra dela (Alegoria 45.3.).
63. Essas profundidades e inframundos têm uma certa analogia com os grandes odores (de vinho, de azeite ou mel), nos quais, vazios, talvez não fosse difícil encontrar alguma cobra alojada.

mem que coleta.⁶⁴ A deusa das serpentes cretense conjuga-se assim com as informações que se tem de que em Creta* os primeiros templos naturais ou lugares de oferendas eram grutas ou cavernas.⁶⁵ O culto à serpente ainda está presente nas *tesmofórias* e outras festas áticas descritas *supra*, pois, ao se fazer o resgate das carnes dos porcos já diláceradas parcialmente pelas serpentes, as mulheres levavam pequenas estatuetas representando ofídios ou falos que eram "trocadas" pela carne podre. A identificação da serpente e do falo é conhecida e talvez não seja errado supor que ambos eram símbolos de morte e ressurreição, morte e fecundidade. O alimento subtraído às serpentes, de onde lhes viria a energia para sua própria reprodução, era assim substituído por uma "reprodução mágica". Importante é que, se serpente e falo se identificam, então os porcos deveriam ser concebidos como o elemento feminino.⁶⁶

Parece que a criação de porcos era uma atividade econômica importante na Grécia micênica.⁶⁷ Seria portanto natural que, antes da agricultura dos cereais ter adquirido uma importância maior,⁶⁸ os porcos fossem símbolo de riqueza, de abundância, como fonte de vida, mais ainda por serem animais extremamente férteis eles próprios. Aliás, esse simbolismo se encontra na

---

64. Homem e mulher – embora, numa maior proporção de bandos, é o homem quem sobe às árvores.
65. Como a gruta do Monte Ida e a gruta de Dicte (gruta-santuário de Psychro), explorada por Hogarth em 1900 (Cottrell, 1987, p.165). Sobre a importância das grutas, ver também Buffière, 1956, p.429.
66. Parece que, juntamente com os porcos, eram jogadas "certas representações do sexo feminino", pois Magnien (p.84) informa que "des femmes descendent, ramenent les chairs des porcs et certaines représentations du sexe féménin...".
67. A *Odisseia* menciona, no canto 14, que Eumeu, o guardador de porcos de Ulisses, entre os escravos era seu homem de confiança. O cargo, consequentemente, também deve ter sido de grande importância na época.
68. "A civilização que se desenvolveu nos sítios arqueológicos do Neolítico é essencialmente agrícola e pastoril... A charrua é desconhecida; os Neolíticos são, portanto, horticultores, e não lavradores... Entre os animais domésticos são as ovelhas, as cabras e os porcos os mais comuns. Estes últimos desempenham um papel mais importante do que na Grécia ulterior, por causa da extensão das florestas..." (Lévêque, 1967, p.21, grifo nosso).

Europa, desde a Idade Média até nossos dias. Nas pequenas propriedades, ou melhor, nos minifúndios, nas regiões mais pobres, ter sempre ao menos um porco a engordar, é motivo de orgulho e ostentação.[69] Seu abate e consumo constituem-se em festa. Uma expressão usada na Suíça alemã, "Du häscht Schwain", isto é, "Du hast Schwein", "Du hast ein Schwein" ("tu tens porco", "tu tens um porco") traduz-se como "tu tens sorte", e a imagem do porquinho (ao lado do trevo, do limpa-chaminés, da ferradura) aparece com frequência nos cartões de boas-festas, como portadores dos votos de felicidade e prosperidade.

Se os porcos das *esquirofórias* e *tesmofórias* áticas eram uma arcaica representação de Deméter ofertada à Serpente ou ao deus ctônico, ela foi na Grécia, em época mais remota, uma deusa da fecundidade animal, antes de o ser da fecundidade vegetal (do trigo, da oliveira), e a passagem de uma representação à outra fica clara no rito descrito, pois as carnes dos porcos sacrificados serviam afinal de fertilizante às sementes que eram lançadas à terra em novembro,[70] e que passavam o inverno nas profundidades, embora num nível menos profundo que a Deméter-suína e sua filha ou alter ego "espiritual", esposa de Hades*.

Essa identificação não invalida, contudo, a ideia de Deméter estar em oposição ao porco, por este devastar as plantações de trigo, o cereal que constitui sua dádiva aos homens. Sacrifica-se "um bode a Baco, porque este animal come as folhas de parreira" (Tringali, 1975, p.43). Contudo, bode e vinha, matador e vítima sacrificial,[71] são, em todos os sacrifícios cruentos, apenas dois aspectos ou dois momentos da mesma entidade. Jensen (1954, p.201) faz a mesma observação a respeito do deus asteca

---

69. Como na região montanhosa da Galícia (informação pessoal).
70. "Quando tiverem caído as Pleiades, as Híadas e a força de Órion, semeio, antes das chuvas frias do inverno" (Hes. *Op.* 383-5).
71. No caso aqui tratado, poder-se-ia dizer: o trigo, vítima sacrificada ao porco, e porco, vítima sacrificada a Deméter-Perséfone e estas, por sua vez, vítimas sacrificadas a Hades, se identificariam assim (inclusive com a própria morte... Hades, caso os mistérios eleusinos não se propusessem a resgatá-las com outro tipo de sacrifício de que se tratará mais adiante).

Xipe-Totec, divindade que é simultaneamente o sacerdote que sacrifica e o próprio esfolado (Des Places, 1969, p.378).[72]

Perséfone*, a flor e o fruto

É possível opor duas ações de Perséfone*, a que precede a permanência dela no Hades* e a que a encerra. A tentação que é representada pela flor sobre a qual se inclina no intuito de colhê-la, fazendo com que os abismos se abram para ela, corresponde à tentação representada pela romã que Aidoneu* lhe oferece sorrateiramente antes do resgate por Hermes. Ela não resiste a nenhuma das duas, quebrando assim, aparentemente, dois tabus.

Cremos que as flores representaram inicialmente o papel de primícias dos Deuses, muito antes de se tornarem objetos de adorno pessoal. Não seria aliás de estranhar se, tratando-se de flores de árvores frutíferas principalmente, sobre elas tivessem pesado também tabus,[73] pois primitivos caçadores-coletores têm nas frutas silvestres um importante complemento do regime alimentar, e colher uma flor equivale, obviamente, a sacrifi-

---

72. O autor nota, ademais, que σφάγια ("vítima", geralmente estrangulada) se associa ao quase sinônimo ἱερά ("sagrada") que corresponde por sua vez ao verbo θύω ("matar sacrificando").
73. Tratando-se de flores, sem especificação, encontramos ao menos uma sugestão neste sentido, nos mais conhecidos contos europeus: Chapeuzinho Vermelho afasta-se do caminho menos perigoso para colher flores. Em *A Bela e a Fera*, o caráter de violação de tabu se torna mais patente. No mesmo momento em que o pai colhe a flor (trata-se de uma rosa) para satisfazer o pedido da Bela, defronta-se com a Morte na figura da Fera. É interessante notar que, o pedido da Bela, aparentemente tão modesto (quando comparado aos de suas irmãs), é, no entanto, o único cuja satisfação implica uma violência direta contra a Natureza. Até mesmo em *A Branca de Neve* se encontra ao menos sugerida uma plausível infração de tabu, na ordem que lhe dá a madrasta de colher sete flores de cores diferentes, cuja contrapartida é a ordem dada ao caçador para imolar a princesinha.

car um fruto. Há, portanto, uma lógica na atitude dos indígenas americanos que, com poucas exceções, não colhem flores.[74]

Como o mel representou um alimento muito importante para vários povos pré-agricultores,[75] aventamos a hipótese de que, em tempos remotos da humanidade, colher flores dos campos constituísse, em muitas regiões, tabu. Num dos raros mitos sul-americanos em que flores são mencionadas, a personagem que se desvia de seu caminho para colhê-las, é punida, tal qual Perséfone*.[76] Tal qual, aliás, Chapeuzinho Vermelho e outras personagens de contos infantis, em que geralmente a ação parece denotar, já não propriamente a quebra de um tabu, mas, ao menos, uma atitude desatenta, irresponsável, imatura enfim.

Não sabemos se o narciso era, em tempos remotos, uma flor proibida na Grécia. O *h.Cer.* apresenta-o como uma flor "maravilhosa", com uma fascinação sobrenatural, um fascínio semelhante ao do *Edelweiss* dos Alpes, que deu origem a tantas histórias nefastas. É o brilho da flor que o hino ressalta, como indicativo do sobrenatural. Da mesma forma Deméter, ao entrar na casa de Celeu, expande em torno de si uma claridade divina. Lévêque (1967, p.24 ss.) sugere mesmo que a palavra Deus esteja aparentada com a raiz indo-europeia que significa "brilhante" (ver cap.23). Aliás, é no brilho do relâmpago que Zeus se mostra a Sêmele*, a pedido dela, "sob o seu verdadeiro aspecto".

O narciso é ainda comparado, quanto à cor, à flor do açafrão, como já vimos, e, quanto ao seu formato, ao bulbo, que designa também o alho. Mesmo se tratando de uma comparação entre

---

74. É verdade que na América Central, em uma civilização complexa como a dos Astecas e dos Maias, as flores eram cultivadas e altamente valorizadas; assim, uma das finalidades principais de seu cultivo era servirem de oferenda aos deuses.
75. Aristóteles dedica diversos parágrafos aos "costumes das abelhas" no tratado *Historia Animalium* (*História dos Animais*), o que mostra sua importância na Grécia Antiga.
76. E o castigo imediato é uma picada de abelha. Trata-se de um mito *tenetehara** sobre os gêmeos Maira-yra e Mikura-yra, recolhido por Wagley e Galvão (Leopoldi, 1973). Ver também cap.16, p.459.

formas, ela provavelmente não é gratuita.[77] Como notaram Malhadas e Sarian (1978), o alho tinha um importante papel nas purificações: segundo Harpócrates, os homens que se encarregavam de retirar as impurezas das encruzilhadas dedicadas a Hécate* carregavam uma coroa de alho.

Na mitologia grega, o narciso representa a alienação do mundo circundante pela involução do interesse sobre si mesmo.[78] Essa alienação do mundo e esse enclausuramento espiritual só é permitido ao homem, nos tempos da formação da pólis. Da mulher, embora enclausurada, especialmente no gineceu, exige-se uma preocupação voltada "para fora", para a família, para os outros. Perséfone* se encontra numa posição intermediária: ela não é, evidentemente, uma donzela grega típica, embora seja identificada em algumas ocasiões com Héstia, a deusa virgem do lar,[79] também não é bem uma deusa do Olimpo*, pois aparece mais associada às ninfas*,[80] à natureza. Mas ela é indubitavelmente uma representante do sexo feminino. Assim sendo, se é que o narciso, além de simbolizar o êxtase (que ocorre igualmente na união mística com o deus), também, por sua

---

77. Há uma variedade de narciso, *N. bulbocodium*, que tem flores relativamente grandes e de cor amarelo brilhante. Talvez seja a flor do mito. O alho tem, na medicina popular e no folclore europeu, uma importância bem definida e é bem conhecido seu papel de condimento. Afinal, ele evita ou protela a deterioração da carne e, por analogia, afasta a morte. Era crença comum na Europa, por exemplo, o alho proteger contra os "vampiros", que não suportariam seu cheiro, e era por isso colocado em portas, janelas e outras aberturas das casas.
78. Segundo a lenda, o jovem Narciso, ao beber água junto a uma fonte, viu sua bela imagem refletida e caiu em êxtase (νάρκη). Desesperado, fere-se e morre; depois, foi transformado nessa flor.
79. Consultar Vernant (1965, p.97) sobre Héstia, Hermes e sua simbologia. Perséfone deveria ser uma Héstia (a filha virgem junto à lareira de sua casa, junto à mãe). Hermes representa o oposto: é ele que leva para longe, é ele que leva as almas ao Hades (como *psicopompo*). No caso de Perséfone, por outras dessas ambiguidades do mito, ele é o elo, o mensageiro dos deuses que leva Coré de volta à sua mãe.
80. Suas companheiras são as Oceânides e, segundo uma versão que vimos anteriormente, ela seria filha, não de Deméter (uma deusa), mas de Estige (uma das oceânides) e de Zeus.

forma, sugere, ao menos, uma participação no simbolismo do alho: colhê-lo poderia corresponder justamente à escolha do autossacrifício (união com o deus, purificando os "pecados do mundo").[81] Na realidade, toda a ação posterior de Deméter é de revolta contra o rito sacrificial em que a mulher é a vítima. A tendência é, como já dissemos (e apesar do fato de os mistérios eleusinos não serem vedados às mulheres), a de substituir, com o advento da pólis, o sacrifício ritual da mulher, definitivamente, pela ritualização do sacrifício masculino, reservando-se aos homens, com exclusividade cada vez maior, o sacerdócio.

O texto sugere também uma segunda interpretação. Admitindo-se que a planta, sendo mágica, tivesse uma função especial em antigos ritos de prevenção contra a morte (tal qual o alho), e admitindo-se que Perséfone*, como ninfa* ou deusa, não estivesse sujeita à morte, o ato de colher a planta como se fosse um brinquedo (e é isso que o texto sugere) aparece como uma leviandade, uma imprudência, já que ela não precisaria de nenhuma proteção contra a morte. Tal qual a *Fera* do conto de Perrault, Aidoneu* aparece para "colher" a ninfa* como ela colheu a flor (não é por simples acaso que o adjetivo "de tez fresca como um botão de rosa" designa Perséfone* na sequência). Se Perséfone* reconheceu a planta como mágica, o comportamento incorreto, aparentemente, transformou-a em mortal.

Mais de um nível de interpretação também existe para a segunda ação de Perséfone*, esta no Hades*:

a) Em primeiro lugar, Perséfone* é apresentada como inconformada, revoltada em seu leito conjugal, mas ela aceita finalmente o alimento das mãos de seu esposo. Ora, aceitar alimento de alguém é comungar com esse alguém, é aceitar um pacto.[82]

---

81. Note-se que a operação, provavelmente já bastante laica, de retirar as impurezas das encruzilhadas, é efetuada por homens e não por mulheres.
82. Entre os chamados "primitivos" isto é uma regra muito generalizada, refletindo-se em vários mitos. Em um mito *warrau*, por exemplo, um per-

b) A romã era um símbolo de fertilidade na Grécia Antiga, atributo de Hera e de Afrodite, respectivamente, a deusa da união conjugal e a deusa do amor.[83] Perséfone* parece, assim, ter aceitado de bom grado o seu destino. Esta interpretação seria reforçada caso a romã tivesse sido também, na Grécia Antiga (o que é provável), um símbolo de felicidade, como ela o é na tradição popular de hoje.[84]

c) Comer um fruto, assim como comer mel nos mitos indígenas sul-americanos,[85] tem uma conotação sexual. Gula e lascívia são, conforme mostra Lévi-Strauss (1967, p.209-10) em sua análise dos mitos, equivalentes ou intercambiáveis. Perséfone* consentiu, portanto, em tornar-se esposa de Aidoneu*.[86]

d) Os deuses, tal qual os mortos, não comem o que comem os humanos, e a romã, além de ser um alimento dos humanos, é uma planta medicinal.[87]

---

sonagem é tomado de loucura após ter participado de um banquete dos espíritos da mata. (Koch-Grünberg, 1920, p.28). Consequências igualmente sinistras tem, para um herói *kaxinawá* (população indígena do Acre, sul do Amazonas e leste do Peru), aceitar o convite de estranhos para comer (mito sobre a origem da lua, analisado por Lévi-Strauss (1968, p.76).

83. Ver Chevalier e Gheerbrant (1973). O mesmo simbolismo é dado pelo *Dictionnaire* em relação à Guerra do Vietnã: "de acordo com uma lenda vietnamita, a granada se abre e deixa vir cem filhos".
84. Informação pessoal. Como a romã não é americana, esse simbolismo deve ser igualmente originário do Velho Mundo, em que, aparentemente (vide nota anterior), teve ampla distribuição.
85. "... a jovem louca por mel" de Lévi-Strauss (1967, p.140 ss.; 1968, p.221 ss.).
86. Em certas versões, o fruto dessa união foi Plutão, sinônimo de riqueza. O *h.Cer.* se refere a ele rapidamente, no final. O dogma central dos mistérios órficos, o mito de Dioniso-Zagreu devorado pelos Titãs e o luto de sua mãe Perséfone, mostra um nível possivelmente mais arcaico do mito, assim como apresenta igualmente Perséfone como mãe.
87. A romeira (*Punica Granatum L.*) é assinalada por Le Cointe (1947) como originária do Egito ou da Pérsia; ela dá frutos menores no clima tropical que em clima temperado. Chá de romã verde e chá de casca de romã de vês, são usados na medicina popular do estado de São Paulo (levantamento feito por

Segundo o mito, Perséfone* rompeu o jejum imposto como lei no Hades*; qualquer criatura que infringisse essa lei não poderia retornar ao mundo dos vivos. Por outro lado, detalhe pouco notado ou mesmo ignorado, o ato de comer evidentemente "ressuscita" Perséfone*... uma das ambivalências ou ambiguidades tão típicas do mito! Da mesma forma, comendo a romã, símbolo da fertilidade, Perséfone* aceita seu destino, como já foi sugerido, e ao mesmo tempo furta-se ao sacrifício total, continuando a existir como fonte de vida.[88] Como notou Gusdorf (1979, p.48), toda expressão do sagrado aparece como bipolar.

O SACRIFÍCIO DE PERSÉFONE* E A TRANSFORMAÇÃO DO CULTO

Qual a significação de o animal poder tomar o lugar da divindade, sendo ao mesmo tempo sua personificação e sua vítima? Qual a razão da equivalência entre sacrifício e salvação? Diel (1952, p.82.) nos diz que "o fato de que o homem a ser sacrificado é substituído por um animal indica, ao mesmo tempo, a purificação dos costumes,[89] que corresponde à transformação evolutiva dos caçadores em pastores". A observação parece correta e essa transformação se operou na Grécia já em tempos Pré-helênicos; posteriormente, com a invasão aqueia* e seu domí-

---

Ravagnani, 1978); é remédio contra dor de barriga. Araújo (1961, p.189) assinalou o uso de chá em casa para gargarejo, nas dores de garganta.

88. Alguns acreditam que a romã (ou congêneres que tivessem tido uma importância econômica análoga, conforme a localidade) representou no Velho Mundo, particularmente nas regiões quentes e secas das vizinhanças do Mediterrâneo, o mesmo papel que representou a pupunha (ou congêneres) na América tropical, como alimento de populações pré-agricultores. Ao menos o grande paralelismo dos mitos da romã e da pupunha parecem indicá-lo. Assim como na lenda de Jurupari (versão Stradelli) a mãe do herói é fecundada pelo sumo da pupunha, no mito de Átis ele é filho da princesa Nana (outro nome da Grande Deusa da Ásia Menor), fecundada pelo fruto da romeira (ou do amendoeiro, segundo outra versão – ver Kerényi, 1952, p.89-90). Não faltam mitos paralelos, inclusive no Popol-Vuh dos Maias.
89. Claro que não se deve falar em "purificação" de costumes.

nio sobre Creta*, uma sociedade de guerreiros[90] conquistadores substitui a sociedade mais sedentária, mais pacífica da Creta* minoica.[91]

Ainda que transformações mais profundas se verificassem na época da assim chamada "invasão dórica*", o período de conquistas e de atos de pirataria, de saques de cidades, se inaugura (ou se reinstala)[92] no Egeu com os aqueus*, e a mulher se torna um objeto de circulação entre homens. Como observa Vernant (1965, p.112-3, n.64),

> ... a mulher é o elemento desse comércio. Seu papel é o de selar uma aliança entre grupos antagonistas. Ela pode representar tanto um resgate como pode servir para encerrar uma vingança... é móvel como eles [os objetos que passam a representar valores de circulação] e ela, como eles, se torna o objeto dos presentes, das trocas e dos raptos.

Assim sendo, cremos que se pode dizer que, em certo sentido, a mulher se "dessacraliza", isto é, se a união sexual é um comércio, como diz Vernant (1965, p.104), este comércio ou troca caracterizava, no apogeu da civilização palaciana, mais as re-

---

90. "O mundo grego de então organizava-se em reinos, como os de Micenas, Tirinto, Pilos, Argos. Eram independentes e rivais uns dos outros, mas, quando unidos por objetivos comuns, reconheciam a hegemonia de Micenas. Um exemplo é a tomada de Troia, na qual todos os aqueus admitem a chefia de Agamêmnon" (Malhadas e Moura Neves, 1976, p.6).
91. Parece que o domínio cretense sobre o Egeu foi mais econômico do que militar. Quanto aos aqueus*, Schachermeyr (1953, p.32) nota que, com a adoção do carro de guerra, por volta de 1580 a.C., surgiu uma sociedade de cavaleiros, com estratégia própria, contatos maiores com Creta e com o Oriente, e uma religião senhorial, com deuses olímpicos.
92. Segundo Tucídides (1.4), o rei Minos havia suprimido a pirataria nos mares. Evidentemente, no período áureo da assim chamada "talassocracia cretense", Creta estava, ao menos, a salvo da pirataria. Quanto aos aqueus*, há evidências que os identificam com os Aḫḫiyawa, que figuravam entre os *povos do mar*, que intentaram uma frustrada invasão do Egito na segunda metade do século XII a.C.; havia, aliás, entre os *povos do mar*, mercenários conhecidos por *dardana*, possivelmente "dardânidas", i.e., habitantes da cidade de Troia (Vermeule, p.272-4).

lações rituais entre o grupo e as divindades, o que explicaria a predominância das divindades-dema femininas.[93] Como no mito só o sacrifício da vida diviniza, compreende-se que o sacerdócio feminino surge como "atenuação" de uma situação de entrega real ou sacrifício real da mulher à divindade ou ao animal que a encarna.

Que houve primitivamente sacrifícios humanos em Creta*, parece confirmado pela conhecida lenda da entrega de sete moças e sete rapazes ao Minotauro e pela ritualização do sacrifício ao touro que representam as tauromaquias, também efetuadas por mulheres. Além do mais, o sacrifício de mulheres a divindades e a substituição desse sacrifício por relações sexuais das sacerdotisas com animais sagrados (o que, aliás, sugere o mito de Pasífae) eram elementos comuns à religião das civilizações do Mediterrâneo Oriental entre 3000 e 1500 a.C., civilizações de que Creta* compartilha as características.[94]

E o sacrifício da mulher nos parece já em si um substituto do sacrifício de crianças (comum em sociedades nômades de caçadores-coletores ou em sociedades de sedentarização recente). A mulher grávida devorada ou fulminada pelo raio (a mulher entregue à onça dos nossos índios ou a Sêmele* grega) com o resgate da prole (os gêmeos míticos dos Tupi agricultores ou o Dioniso tebano gestado na coxa de Zeus) não parece indicar essa substituição? De qualquer forma, Dioniso-Zagreu é um menino que ainda brinca, que é surpreendido, despedaçado e devorado pelos titãs* (Kerényi, 1952, p.251) e as *miníades*, filhas do rei

---

93. Sobre as divindades-dema, ver Carvalho (1979, p.359) e Sousa (1973, p.17).
94. Segundo Childe (1960), a partir de 2300 a.C., essas importantes organizações estatais e sistemas econômicos desintegraram-se. Childe aponta certas inovações técnicas e especializações (como a do ferreiro), e particularmente o uso do carro nas guerras, como os fatores que deram um predomínio aos homens, cortando as bases do matriarcado. Talvez se devesse falar antes de reinos teocráticos, baseados em linhagens reais, do que em matriarcado propriamente dito. Neles não só o rei era a encarnação do Estado e do deus, ao mesmo tempo concebido como bode expiatório e salvador do povo, como também a rainha, evidentemente, e mesmo príncipes, princesas, desempenhavam funções rituais de paredros da divindade.

de Orcômeno* (Beócia) que se negaram ao culto de Dioniso (o Dioniso rústico ou trácio), são castigadas por ele com a loucura e sacrificam-lhe, estraçalhado, um de seus próprios filhos (Kerényi, 1952, p.257). O "sacerdócio" dionisíaco lhes teria poupado, portanto, a criança. Nos próprios cultos eleusinos, em tempos históricos, um menino ou menina, espécie de mascote sagrado, representava a pólis junto às divindades (Vernant, 1965, p.106; Magnien, p.170). Embora esse devotamento fosse altamente valorizado, ele não esconde a ritualização de um sacrifício.[95] Lembramos que um aspecto muito antigo, que aparece no mito de Dioniso, é o de menino divino perseguido, que se refugia no mar (Jeanmaire, p.75). Em Elêusis*, o rito de iniciação repete, em 16 *boedromion**, exatamente essa cena: é a purificação do mar, seguida, justamente, de oferta de flores a Dioniso, no 17 *boedromion** (Magnien, p.204).

De qualquer modo, voltando ao tema do *h.Cer.*, é oportuno lembrar que, nos sacrifícios humanos, a pena religiosa na Grécia era a precipitação (Gernet, 1968, p.291). E Perséfone* desaparece justamente em um precipício. No hino, é o narciso que provoca a vertigem que fará Perséfone* cair, por assim dizer, nos braços de Hades*. Mas há outra forma de provocar essa vertigem, prelúdio da morte que está presente em ritos sacrificiais de outros povos[96] e que, a nosso ver, se desloca em Elêusis* para outro abis-

---

95. Tanto Gernet (1968, p.27) como Jeanmaire (1970, p.255) acreditam que o animal substituiu como vítima sacrificial a vítima humana. Há relatos de verdadeiros sacrifícios humanos, particularmente em regiões limítrofes da Grécia com o que, para eles, era considerado o mundo bárbaro. Assim, Pausânias se refere ao sacrifício de crianças ao menino divino Palaimon (Jeanmaire, p.93); Jeanmaire refere-se também (p.217) a um sacrifício de um casal de jovens exigido, todos os anos, por Ártemis Triclária.
96. Aliás também presente em outros mitos do ciclo de Dioniso. Sêmele, grávida, dança descalça (ver Jeanmaire, 1970, p.347) e no coribantismo das mênades* a dança traz o êxtase para a união com o deus. É a mania ritualmente orientada. Talvez se pudesse ver no detalhe de Perséfone estar brincando em meio às Oceânides também uma alusão à dança. As Oceânides não lembram ondas no mar que dançam? Naturalmente, tal qual a dança conduz à morte, ela conduz à vida (mesmo porque no mito sacrificial ambas se equivalem, do que decorre toda a bipolaridade dos mitos). Assim, em uma das versões são

mo (talvez apenas o "duplo" do abismo das planícies nisianas): o poço de Calicoro (Kitto, 1959, p.264-5).[97] No quinto dia dos mistérios de Elêusis*, diz Godel (1960, p.217), dançou-se, envolvendo aos poucos, o poço... uma dança em círculo que se estreita, ou em espiral. O que significava o rito? O que representa a espiral da dança?

Picard (1948, p.171) diz que a famosa tumba do morto de Haghia Triada (Creta*) tem a fachada decorada com uma espiral. Representa ela o caminho para o além? Como se chega a esse inframundo (Hades* ou Tártaro* – para os gregos localizados mais profundamente ainda) e que Hesíodo representa como um jarro com boca estreita (Th. 727)?[98] Nove dias e nove noites, diz o poeta, levaria um pedaço de bronze, caindo, para lá chegar no décimo dia (Th. 721-6). Mas se alguém quer descer a um precipício "são e salvo", terá que descer pelas bordas, em espiral... Jensen (1954, p.110) comenta danças do labirinto (em espiral) entre os *kayan* de Bornéu, danças que teriam a função de facilitar a entrada no reino dos mortos. Entre os gregos, Magnien (p.162) refere-se a cerimônias em que há uma dança, um volteio "como os astros em torno da Terra", em torno do recém-nascido, nas Amfidromias, dos esposos em torno da lareira e do sacrificador em torno da vítima.[99] Facilitar a entrada de um ser no mundo dos mortos não é, ao mesmo tempo, expulsá-lo

---

nove dançantes, Moiras, Horas, Ninfas (cada uma correspondendo aos dias que leva o trajeto), que reconduzem Perséfone à luz (Kerényi, 1952, p.241). Assim, a dança também pode ser considerada como fonte de cura.

97. Na figura 81, Kitto mostra uma bela foto do poço, assinalando, contudo, o nome *Callirrhoé*.
98. Lembramos que em grandes jarros (*pithoi*) se inhumavam crianças, não só na Grécia Antiga, como também em outras regiões e em civilizações distantes de lá, no tempo e no espaço, como a cultura *diaguita* (populações indígenas do noroeste da Argentina e do norte do Chile), tratando-se presumivelmente de vítimas sacrificiais.
99. Cerimônias em que o recém-nascido é lavado em um tripé, vasilhame em que Penteu foi cozido e ressuscitado por Hermes. Observa Duchemin (1955, p.160, n.3) que muitos mitos têm por tema a ressurreição em tripé. É curioso que ao assar no espeto (modo usual do preparo dos alimentos dos nômades pré-agricultores), que foi a maneira como os Titãs devoraram Dioniso-

do mundo dos vivos? Assim ocorre no mito da sociedade secreta dos *wapulane*[100] em que se dança em torno da divindade-dema, apertando o cerco até que ela é empurrada para dentro de uma fossa e enterrada. Se as analogias, no caso, são válidas, o poço das Virgens, junto ao qual se assenta Deméter enlutada, é realmente símbolo do precipício nisiano, e a dança descrita possivelmente dramatizava o sacrifício de Coré*.[101] Se Deméter deve esquecer a perda de Perséfone*, nada mais coerente do que exigir (como ela o faz) que o templo que manda erguer seja localizado em um nível acima do poço sagrado.

Em geral, diz Picard (1948, p.241), certas deusas micênicas continuaram a habitar, como nos tempos cretenses, os palácios e as casas, e era assim que, já por tradição, elas tinham função de padroeiras de senhores e protetoras de heróis. Neste sentido, seu papel se acentuou e particularizou. Em sociedades guerreiras, porém, como bem o percebemos através de [Homero], a morte nos campos de batalha passa a ser idealizada como autossacrifício e revestida de uma religiosidade que rivaliza e chega a comprometer os cultos locais.[102] Posteriormente, à medida que o Estado desenvolve seu poder, com a formação da pólis, ele anexará os cultos locais (familiares) mais importantes.[103]

-Zagreu, opõe-se um cozer em vaso de barro (do sedentário) como forma de ressurreição.

100. Povos indígenas do oeste da Ilha Seram, no arquipélago indonésico. Ver Peuckert (1951, p.337).

101. Em terras de poucos rios, fontes, poços, já comumente sagrados por representarem uma ligação com o inframundo, são especialmente valorizados e constituem mesmo, por vezes, lugares de sacrifícios. Assim, por exemplo, o poço de Chichén-Itzá, no período da dominação dos Itzá no Yucatã.

102. Basta lembrar que a *Ilíada* gira em torno do problema da honra, da vaidade do herói que não consegue abdicar dos sacrifícios devidos a si próprio, por ele próprio ser uma vítima em potencial, com sua vida breve de guerreiro. Quem nega a Aquiles sua parte é Agamêmnon (e aí há o nível humano dos conflitos de hierarquia), mas quem nega Criseida a Agamêmnon é um deus. Em tempos de paz, jamais uma divindade teria que reivindicar assim para si sua parte, pois cada culto local giraria em torno do poder político local.

103. Assim, em tempos mais recentes, o Hierofante, diretor dos mistérios eleusinos, era da estirpe dos Eumólpidas.

A arquitetura e disposição dos lugares de culto acompanham essas mudanças. Divindades do inframundo que em Creta*, nos primeiros tempos, e nos cultos rústicos da Grécia, têm como lugares de sacrifício cavernas e precipícios, passam por cultos palacianos e caseiros, antes de se instalarem em um templo em uma acrópole. Deméter exige, após a interferência de Metanira, que se lhe construa um templo isolado do palácio. Descobriu-se, informa Picard (1948, p.239), que, em Elêusis*, o *telestérion*, templo das duas deusas, foi edificado sobre uma construção mais antiga já dedicada ao culto e zelosamente destacada do palácio. Picard descreve detalhadamente os restos dessa construção, que comportava também um *mégaron**.

Das grutas naturais, os mais antigos lugares de adoração, os cultos passam aos palácios reais da Creta* minoica. Cremos que os cultos mais secretos[104] continuavam a se desenrolar no palácio, complexo arquitetônico que deve ter sugerido a ideia que se fez posteriormente de labirinto, em salas internas e de difícil acesso, reservadas apenas aos sacerdotes. Cisternas ainda afundadas no solo, fossas abertas no chão (às vezes chamadas ἐσχάρα ou βόθρος na Grécia, onde aparecem como altares baixos nos locais de culto mais antigos, inclusive em Elêusis*) lembram o caráter ctoniano, agrícola e funerário do culto. Cerimônias públicas, mas igualmente de caráter religioso, tinham lugar nos grandes pátios centrais de Cnossos*, Mália e Festo e giravam em torno do Touro (Sousa, 1973, p.15 ss.).

Nos tempos micênicos, quando aos poucos (Vernant, 1972, p.82) o fracasso da soberania destaca o mito do rito, o *mégaron** deve ter constituído um substituto modesto demais para esse grande pátio central cretense. Nos tempos homéricos, os reis ou senhores locais estavam muito longe de exercer o poder político

---

104. Agrários e funerários, talvez, como o sugere Picard (1948, p.142), dirigidos por sociedades secretas ou por uma classe sacerdotal assistindo e controlando ao mesmo tempo a realeza.

de um rei Minos,[105] e é em torno de oráculos famosos, de lugares de adoração de divindades que congregassem fiéis oriundos também de outras localidades gregas, que foram-se ampliando as construções até constituírem santuários famosos como o de Elêusis*.

Assim, o lugar de culto passa da caverna, do abismo, ao palácio, ao culto familiar, e deste ao templo em acrópole. Repare-se que estas etapas correspondem, no longo hino a Deméter, justamente ao poço sagrado, à sala no interior do palácio de Celeu e no templo que a deusa mandou construir.

Os níveis de relações

Cremos que se pode distinguir no longo hino a Deméter quatro relatos paralelos, encaixados uns nos outros, cujas estruturas se completam, tecendo uma teia de reciprocidades que tendem a uma compensação ou um equilíbrio geral.

a) O rapto de Perséfone* e o ciclo das estações (episódios referentes a Perséfone* e ao comportamento dela);
b) a reação de Deméter ao rapto da filha e suas decisões;
c) o relato inventado que Deméter faz às filhas de Celeu;
d) os acontecimentos envolvendo Demofonte.

---

105. O rei, nos estados teocráticos, reúne geralmente as funções de soberano e supremo-sacerdote, quando não é tido como encarnação do próprio deus. Parsons (1969) mostra as analogias e diferenças dessas concepções no Antigo Egito, Mesopotâmia, entre os Hebreus e outros povos. Vernant (1972, p.20) refere-se a uma tradição de que o rei Minos, de nove em nove anos, teria de renovar seu contato direto com Zeus (para os Gregos, de resto, seu pai). "Há motivos para crer que, pelo menos em Cnossos, *Minos* era título do rei e nome do touro" (Sousa, 1973, p.17). Se assim é, esse "contato com Zeus" nada mais é do que a dramatização, pelo soberano, do mito central dos mistérios cretenses, implicando provavelmente um "contato direto" também (ou antigamente tão só) com a Grande Deusa.

a) Primeiro nível

Perséfone* aparece como vítima expiatória ou "dom" de compensação que o pai dos deuses acede em conceder ao irmão, a quem coube a glória (um pouco duvidosa) de reinar sobre os mortos. Mas esses mortos são evidentemente a humanidade passada, sem a qual não haveria necessidade de existir um Hades*. Não se trata, portanto, apenas de uma compensação entre os dois deuses; ela representa igualmente uma concessão à humanidade, embora pretérita. Durante algum tempo, os mortos terão por soberana a personificação da primavera, da juventude, do renascimento, da própria vida. Embora dentro da concepção do Hades* pelos gregos da época de que data o hino fosse discutível que os seus habitantes tivessem condições de usufruir ou regozijar-se com esse privilégio, temos que admitir que, ao lado de Aidoneu*, os mortos são os receptores desse dom de Zeus.

Naturalmente, a consequência lógica dessa descida da própria personificação da vida aos infernos é a instalação da morte sobre a Terra (inverno). Levando em conta a marcha aparente do sol, não é de estranhar a concepção de um mundo subterrâneo inverso do nosso; quando aqui é dia, lá é noite e vice-versa. Assim se pode supor, em uma concepção mais arcaica, que o rapto de Perséfone* resultaria em um Hades* frio e gelado durante apenas dois terços do ano, enquanto a vida e o calor nele se refugiariam durante o último terço.

O ciclo das estações é, de qualquer forma, concebido como uma interação, uma relação da compensação, consentida por Zeus, entre este mundo e o mundo subterrâneo, entre os vivos e os mortos, entre a vida e a morte. Mas a vítima sacrificial dessa compensação é a própria Natureza, ou uma parcela dela. O papel de Hécate*, seguindo Perséfone* aos infernos e precedendo-a, em sua volta, na primavera, representa possivelmente alguma conjunção de astros, talvez o desaparecimento e ascensão de uma estrela ou de um planeta. É possível que, em tempos remotos, Hécate* fosse identificada com um dos planetas internos, talvez com Vênus, pelo fato de seguir Perséfone* no ocaso e precedê-la na ascensão. Talvez Perséfone* fosse identificada primeiramente com as Plêiades, estrelas da constelação do Touro. Lembremos que o Touro era a personificação do Dioniso cretense, e que as Híades, estrelas da mesma constelação, eram tidas como as amas de Dioniso (Jeanmaire, p.50).

b) Segundo nível

Um outro nível de compensação se estabelece, a seguir, pela reação da deusa-mãe Deméter, a deusa por excelência das plantas cultivadas, do alimento vegetal de que depende a humanidade. Deméter, cuja filha é sacrificada a Aidoneu*, o senhor do sofrimento e dos que sofrem, revolta-se contra seus irmãos e, mais ainda, ao que parece, revolta-se contra Zeus, que consentira no rapto. Afastando-se dos outros deuses, deixa o Olimpo*, encaminha-se justamente ao mundo intermediário, o mundo dos homens, situado entre os deuses e os mortos, aparentemente para selar com estes uma aliança. E é efetivamente essa aliança, a instituição dos mistérios eleusinos, que o hino celebra. Mas essa instituição corresponde mesmo a uma série de compensações que mantêm uma relação estrutural inversa com o nível "A" (sequência do rapto de Perséfone*).

A descida da deusa-filha aos infernos provoca, portanto, uma descida de sua mãe do Olimpo* à Terra, e Deméter só consentirá em voltar à morada dos deuses após a liberação de Perséfone*, durante pelo menos dois terços do ano, isto é, após a volta de Perséfone* à Terra. O encontro entre mãe e filha se dá, não no Olimpo*, a montanha supraterrestre, mas diante do templo de Deméter, em uma colina de Elêusis*.

Pode-se mesmo dizer que o luto de Deméter se exterioriza em sua recusa de continuar deusa: abandona o Olimpo*, não mais se banha (prática comum durante o luto, afinal água é símbolo de vida), recusa-se a ingerir o alimento dos deuses (néctar*, ambrosia*), aceita das mãos de mortais uma mistura de farinha, água e poejo tenro, segundo a receita que ela mesma ensina à sua anfitriã Metanira. Ingerindo vegetais e água, dir-se-ia que

Deméter se torna endófaga*. Na realidade, ela passa a exigir, após a perda da filha, uma compensação pelas suas dádivas aos mortais.

É notória, nessa sequência, a revolta do elemento feminino contra o masculino (no nível do divino), a revolta da Natureza contra os deuses masculinos comprometidos com a morte e o culto dos mortos (Zeus que fulmina e Aidoneu*). Ademais, a deusa os exclui de suas relações, que agora mantém diretamente com os mortais, pois os deuses a decepcionaram. Esse isolamento de Deméter, que inicialmente em nada parece afetar a vida do Olimpo*, acaba por provocar um impasse, quando as relações entre a deusa e os mortais se deterioram, em virtude da revolta de Metanira, e Deméter ameaça exterminar a humanidade pela fome.

Em mais de uma mitologia, os deuses necessitam tanto da adoração de suas criaturas quanto estas de seus favores. Deuses e homens são interdependentes, como tudo no cosmo. As relações são de troca, de reciprocidade, e os deuses não sobrevivem sem as ofertas sacrificiais dos mortais.[106] Ao favor concedido por Zeus (pelo Olimpo*) aos mortos (ou a seu representante, Aidoneu*) corresponde portanto um desfavor de Deméter aos vivos, e o ciclo ameaça fechar-se, atingindo o próprio Olimpo* e Zeus, a causa primeira.

c) Terceiro nível

Um terceiro nível de relações, desta vez num sentido horizontal, entre os gregos e outros povos, representa o relato possivelmente inverídico de Deméter às filhas de Celeu. Refletindo uma situação histórica de contato entre os povos do Mediterrâ-

---

106. Esta mesma concepção se encontra no Popol-Vuh maia, segundo o qual uma primeira geração de homens de madeira foi destruída porque "não tinham nenhuma sabedoria, nenhuma recordação de seus construtores, de seus formadores; andavam, caminhavam sem objetivo; não se davam conta dos espíritos do céu; por isso decaíram" (ver Asturias e Mendoza, 1927, p.19).

neo, apresenta-se no mito, intencionalmente como fantasiosa, como a lembrar que as realidades do homem são apenas aparências mascarando verdades mais profundas (as verdades do mito). A realidade humana, portanto, ao ser "captada" pelo mito ("a realidade absoluta"), é apresentada como fantasia.

Em parte, como se verá adiante, o relato traça um paralelo, no nível humano, da sequência do nível "A", pois os raptores (piratas) são do sexo masculino, as guerras se fazem entre homens e, portanto, os saques e raptos representam "dons" ou trocas entre o elemento masculino. A vítima é ainda uma mulher, dessa vez não uma jovem destinada a ser esposa, mas uma idosa, comprometida com os trabalhos domésticos. No nível humano, portanto, a deusa teria as mesmas queixas que tem contra os deuses: a vítima, entre os homens, também é mulher. Para as filhas de Celeu, que a consolam e lhe aconselham resignação, formadas que estão pelos padrões de comportamento feminino grego, tudo é desígnio divino.

O relato de Deméter começa pela "revelação" de seu nome: "Dós é meu nome". Embora, como ressalta Humbert (p.45, n.1), Dós tenha sido comprovado como nome próprio e comum, e tenha servido, ainda segundo o tradutor da edição francesa, para estabelecer a medida do verso, é significativo que se trate de uma palavra com a mesma raiz do verbo "dar".[107] Pode-se deduzir que a presença de Deméter em Elêusis* se justifica, primeiro, para exigir que se dê algo a ela, para que ela então dê algo (o trigo) à humanidade. Acaso Creta*, pátria que ela menciona como sua, não exigia outrora, conforme o mito de Teseu e do Minotauro, tributos dos gregos?[108]

Segundo Deméter, raptada pelos piratas, uma vez em solo continental, é em Tórico que ela foge, recusando-se a tomar parte no banquete oferecido por seus captores – uma atitude de que não

---

107. Δώς, "generosa", é também um epíteto de Deméter.
108. De qualquer modo, o suposto nome da Deusa, que sugere que lhe deem uma compensação, introduz o quarto nível de relações, a sequência de Deméter e Demofonte.

foi capaz a filha adolescente e imprudente, apesar de o hino lhe atribuir prudência, imediatamente antes de relatar o episódio da romã (v.370 ss.). O saque e rapto de mulheres era comum na Grécia Arcaica. A *Ilíada* mostra como as donzelas raptadas eram bens, poder-se-ia dizer mesmo, troféus valorizados pelos heróis (por exemplo, Aquiles e Briseida; Agamêmnon e Criseida). Há, pois, um paralelismo entre as maneiras de compensação (as "trocas", ainda que de "reciprocidade negativa") correntes entre os povos e as das esferas de relacionamento deuses-homens-mortos-natureza. Tendo-se em conta a "desmilitarização"[109] da vida nessa época (comparada à retratada pela *Ilíada*), é possível distinguir, no mito como um todo, uma condenação desse tipo de "compensação". Aliás, como já observamos, a ideologia eleusina é a da vida pacífica que os místicos têm por missão divulgar.

Assim como, entre o Olimpo* (sua morada "real") e o Hades* (o reino do raptor), Deméter escolhe o meio-termo (o mundo humano) para refúgio, na história por ela inventada, Creta* aparece como morada valorizada (capital da civilização "superior" de cujos esplendores os gregos sempre guardam vagas lembranças), tida como nobre pátria do culto à Deusa Mãe, enquanto a pátria dos raptores, embora não identificada, é pela deusa rejeitada como se fora o Hades*. Elêusis* é o meio-termo (não é Creta*, mas também não é o mundo bárbaro) onde se erguerá o templo de Deméter. Na realidade, sua ligação com Atenas* a garantirá, com o desenvolvimento do poderio naval desta última, contra os ataques de piratas.

Percebe-se assim que as relações entre as diversas regiões do Egeu ou de lugares mais longínquos, as condicionam a uma escala de valores superiores, correspondentes a "pátrias culturais"

---

109. Pelo menos na Grécia continental. Nas colônias do Egeu, os "pioneiros" daqueles tempos devem ter estado constantemente alertas para garantir as terras colonizadas às margens do mar, na foz dos rios, fazendo aí escravos de ambos os sexos, durante os conflitos. A Ática passou a ter cada vez mais escravos: da Trácia (em maior número), da Síria, da Cária, Ilíria... Ver relação publicada por Glover (1944, p.102), referente a uma época posterior ao *h.Cer.* (últimas décadas do século V a.C.).

ou "berços de civilização" (o caso de Creta*) e são associados ao Olimpo*. Os valores inferiores correspondem à pátria de inimigos (piratas) e são associados ao mundo dos mortos.[110]

A menção de Deméter a essas relações com outros povos, ainda que fantasiosa, tem uma função importante no hino, que é a de "entrelaçar" os vários níveis de trocas e mostrar que vitórias e derrotas no campo humano, longe de serem questões que só dizem respeito aos homens, estão inseridas em uma teia muito mais ampla, cósmica, de reciprocidade, e devem ser gratificadas ou compensadas, em outros níveis.

d) Quarto nível

O quarto nível de relações é, na realidade, o que restabelecerá o equilíbrio rompido. As relações da deusa com as filhas de Celeu são completamente laicas, como a história que ela lhes conta. As quatro moças são jovens, conformadas à educação costumeira da mulher grega: "Calidice, Clisidice, a encantadora Demo e Calítoe, que era a primogênita" (v.109-10). São elas que cuidam de Demofonte quando Deméter, irritada pela incompreensão de Metanira e pela preocupação com a sorte do filho que lhe havia confiado, o devolve à mãe, depositando-o no chão. Sob certo aspecto, elas poderiam representar a educação laica do mancebo na época. Não parece o mito afirmar que, apesar da boa vontade, do valor das jovens, nada se pode comparar à educação religiosa, à iniciação nos mistérios divinos?

Por outro lado, quanto à Calítoe, que o hino salienta justamente como a mais velha, cremos que se pode ver no seu nome

---

110. As regiões mais distantes, nos mitos arcaicos, se confundem e se identificam mesmo como os infernos, como já mostrou Sousa (1973). Também entre os Canacos, melanésios da Nova Caledônia, Leenhardt (1961, p.66 ss.) notou que eles localizavam o mundo dos deuses ou dos antepassados numa ilha distante, como a "Terra sem males" dos índios *guarani* da América do Sul. Os nativos das ilhas Salomão tomaram a chegada de um navio de Sidney por um retorno de seus antepassados da ilha de Suné, e os *nenemas* (sul da Melanésia) acreditam em aldeias submarinas, morada dos mortos.

uma alusão à instituição do sacerdócio feminino. Calítoe é uma variante do nome de Calitia, heroína do *Foronis*,[111] identificada com Io, primeira sacerdotisa do *heraion* de Argos. Embora Io não pertença ao ciclo mítico de Dioniso, ela pode ser considerada (ver Jeanmaire, p.208) o modelo das *tíades*. Tia é o nome da primeira devota de Dioniso (idem, p.178), daí o nome *tíades*. Tia, por sua vez, provavelmente tem relação com o verbo θύω, "sacrificar". Pode-se ainda perguntar se a partícula "toé" não teria algo a ver com o verbo "correr". Se lembrarmos que, no mito, as amas de Dioniso são perseguidas por Licurgo e que existia, no culto do Dioniso rústico, uma cerimônia em que o sacerdote do deus, mascarado, saía em perseguição às mênades*, a hipótese torna-se plausível. O nome da outra, Clisidice, também sugere o sacerdócio, ao menos se a palavra tem (como suspeitamos) algo a ver com a palavra κλείς, "chave". É que a sacerdotisa de um templo é uma κλειδοῦχος, "porta-chaves", como mostra Jeanmaire (p.60): "o templo é um edifício fechado, que se abre com uma chave; ao templo está vinculada uma sacerdotisa, uma *cleidouchos* (guardiã da chave), que é uma princesa da família real". Quanto ao significado de Calidice, não há dúvida de que se trata de "justiça bela", "retidão de caráter". Demo, "povo", completa o quarteto de substitutas da deusa, também chamada por sinal Caligênia ("a da bela progenitora" – ver Scheffer, 1943, p.70). Cremos que a versão do *h.Cer.* quanto às filhas de Metanira é mais recente que a referida por Pausânias (1.38.3), justamente por mencionar uma "Demo" entre as outras três. Se nossa interpretação estiver certa, o nome de uma (Calítoe) evoca o sacerdócio mais arcaico, o de outra (Clisidice), uma função exercida nos tempos em que o hino foi escrito, por uma moça de família nobre (ou princesa), o da terceira, Demo, a moça do povo a quem a iniciação em Elêusis* está aberta e, finalmente, o de Calidice, a qualidade moral exigida de todas elas.

---

111. Poema do ciclo épico sobre as origens argivas; dele restam apenas meia dúzia de fragmentos. Data e autor desconhecidos.

O contraditório, típico dos mitos, se mostra, contudo, no fato de que, aconselhando resignação à estrangeira, as quatro moças a introduzem justamente no palácio onde ela, como se verá, tentará compensar-se pela perda da filha. No momento em que ela transpõe o portal do palácio de Celeu, inicia-se o ritual que o culto eleusino revive nos grandes mistérios: Deméter exige dos vivos uma compensação. Após a epifania do portal, que assinala o caráter sagrado dos acontecimentos seguintes, um impasse estabelece-se entre ela e Metanira. A mediação entre a divindade e a mortal é efetuada através de uma personagem que, quanto à educação, está justamente mais próxima da Natureza: uma serva,[112] Iambe.

A MEDIAÇÃO DE IAMBE E A FUNÇÃO SOCIAL DO RISO

Iambe é a serva que consegue introduzir a descontinuidade na imobilidade e mutismo da deusa (Deméter), mergulhada em sua dor pela perda de Perséfone*. Aparentemente existe ligação entre esta personagem e a palavra homônima que designa certo tipo de verso. Esta ligação deve ser buscada no fato de que o metro iâmbico é usado em poemas satíricos, em gêneros mais leves que o épico, dele destoando como o comportamento de Iambe destoa da atmosfera pesada, trágica, que envolve a deusa, constrangendo suas anfitriãs na sequência da chegada à casa de Celeu. Tanto assim que o termo ἰαμβίζω tem o sentido de "perseguir alguém com versos iâmbicos", isto é, com gracejos, zombarias e sátiras. E é o que faz Iambe, provocando finalmente o riso e despertando o bom humor da deusa.

Não é incomum, na mitologia, que os gestos engraçados e mesmo grotescos de um personagem tenham a função de aliviar

---

112. É preciso lembrar que, apesar de a iniciação aos mistérios eleusinos implicar um certo elitismo, "também escravos encontram nos cultos dionisíacos um lugar que lhes é recusado normalmente" (Vernant, 1965, p.269).

a tensão.[113] Provocar o riso de um personagem mítico tem um sentido equivalente a "abrir" o personagem e em alguns mitos sul-americanos a vítima que ri é devorada: "por essa razão, talvez, assim como os *Caiapó*, os homens *Guarayu* desprezam o riso, o qual consideram um comportamento feminino" (Lévi-Strauss, 1964, p.130; ver também p.128-141).[114]

O luto permitido e institucionalizado pelas culturas não pode durar indefinidamente; tem que ser quebrado e essa quebra aparece por vezes também institucionalizada. Creio que é a maneira de se poder compreender a introdução de certas cenas e personagens cômicos em muitas cerimônias especificamente funerárias.[115] A tristeza de Deméter, como que voltada para a morte, cria um impasse, uma ausência de comunicação. Iambe é, portanto, o elemento mediador que, lançando mão do cômico, restabelece a comunicação entre a deusa e os mortais. Embora o hino se refira apenas à comicidade dos gestos de Iambe, a tradição parece atribuir-lhes certa obscenidade. Rayor (2004, p.111) menciona que são brincadeiras relacionadas a uma deusa da fertilidade; Humbert (p.48, n.1) chega a falar em "dança do ventre".

Seria possível também que Iambe correspondesse estruturalmente a Sesara, uma das filhas de Celeu relacionadas por Pausânias (ver Humbert, p.44, n.1). Segundo Pausânias (1.38.3),

---

113. Esta é também uma das mais importantes funções admitidas pela psicanálise; ver, por exemplo, Kris (1968, p.158 ss). Segundo Bergson (1946, p.32), o riso e a emoção são incompatíveis: "o cômico exige algo assim como uma momentânea anestesia do coração, para dirigir-se à inteligência pura". Para Lalo (1948, p.77), finalmente, "diz-se que o riso desarma".
114. Os *caiapós* são povos indígenas que vivem ao sul da bacia amazônica, ao longo do rio Xingu e tributários, nos estados do Mato Grosso e Pará. Os *guarayus* fazem parte do tronco guarani e vivem na parte centro-ocidental da Bolívia.
115. Aliás, nos mitos de instituição de cerimônias funerárias entre os nossos índios, às vezes o herói cultural dá instruções no sentido de a manifestação da tristeza não durar demais. Assim, o "Oyne" dos *Kobéwa* (povo do alto Rio Negro) teria sido instituído por Kuwai com a expressa recomendação de chorarem só por curto tempo. A licenciosidade de mulheres velhas durante uma fase do ritual em que elas são atacadas por homens empunhando figuras faliformes parece corresponder a essa descontinuidade que o cômico ou o obsceno introduz (ver Goldman, 1963, p.221 e p.231).

que invoca a autoridade do mítico poeta Pânfos e de [Homero], as filhas de Celeu eram Diogênia, "geração dos deuses", Paméropе (de μέροψ, "mortal", daí "a única", "absoluta", "que engendra mortais") e Sesara, cujo nome provavelmente tem algo a ver com σαίρω, "limpar", "sacudir", "ranger os dentes", "rir", "abrir-se" ou com σαίνω "acariciar" ("abanar o rabo"), "acalmar", "perturbar", o que dá igualmente a ideia de uma mediação entre a geração de deusas e a geração de mortais, e não deixa de corresponder aproximadamente ao tipo de comportamento da serva Iambe.

Iambe é substituída, em outra versão, por Baubo. Na versão dada por Kerényi (1952, p.284), nas planícies rarianas (v.450), entre Atenas* e Elêusis*, Deméter encontra homens saídos da terra: Baubo ("ventre"), a mulher; Disaules, que tem um pequeno sítio que mal dá para viver, e seus filhos Triptólemo, "o tríplice guerreiro", que guarda os bois, Eumolpo, "o que canta bem", que guarda os carneiros, e Eubuleu,[116] cujos porcos haviam caído no mesmo abismo que Perséfone* e que, por isso, soube informar Deméter do paradeiro da filha. A mulher oferece uma bebida à deusa, que a recusa. Baubo suspende então a roupa e mostra o ventre disforme, dentro do qual se vê rir Iaco, o menino divino. O gesto provoca o riso de Deméter que aceita, em seguida, a bebida. Outra tradição menciona ainda Baubo como Mênade, uma das três descendentes de Cadmo, procuradas em Tebas* para inaugurar os cultos dionisíacos na cidade jônica de Agnésia do Meandro (Jeanmaire, p.198).

O RESTABELECIMENTO RITUAL DO EQUILÍBRIO CÓSMICO

O quarto nível de relações, entre Deméter e os habitantes de Elêusis*, obedece a um esquema estrutural paralelo e inverso ao nível "A" (o do rapto de Perséfone*) e representa a parte que toca

---

116. No culto órfico, Eubuleu é chamado de "o bom conselheiro" (Scheffer, 1943, p.62).

ao mundo humano (que afinal, como já ficou dito, é responsável pela existência do Hades*) na compensação exigida por Deméter.

No primeiro nível, o dom (a vítima sacrificial) é uma parte da natureza e feminina; no quarto nível, é humana e masculina (Demofonte).

No primeiro nível, a transação se faz (pois Zeus a consente) entre divindades masculinas (o deus supremo dos Destinos e o deus dos mortos), entre o ser e o não ser, entre a vida e a morte. No quarto nível, a transação se faz entre seres femininos (uma deusa e uma mortal).

No primeiro nível, o mais poderoso dos deuses, Zeus, consente no rapto, enquanto a mãe de Perséfone* nem mesmo é consultada e só após uma desesperada busca se inteira do destino da filha. No quarto nível, a mãe não só consente em entregar o filho à deusa, como ainda é Metanira que convida Deméter a aceitá-lo, prometendo-lhe recompensas para dele cuidar.

Talvez possa parecer estranho afirmar que Demofonte é, como Perséfone*, uma vítima sacrificial e identificar o papel de Deméter ao de Aidoneu*, mas a iniciação nos mistérios eleusinos, como toda iniciação, implicava um rito de morte, e esta "morte", no caso, ocorre justamente com a entrega do menino à deusa. E é compreensível que a vítima exigida seja um menino, pois assim se fará uma compensação entre masculino e feminino (não só entre sociedade humana e divina, mas do Cosmos: princípio Ying/Yang).

A reação dos raptados é também inversa: Perséfone* tem medo e grita[117] (embora ninguém, nem as oliveiras, a escute); enquanto que Demofonte não demonstra medo e se conserva silente (embora pudesse ser facilmente ouvido). Ao contrário de Perséfone* (levada por Aidoneu* para muito longe, para os abismos), Demofonte é entregue à deusa e criado no próprio palácio paterno. Cresce

---

117. Comportamento, aliás, esperado como padrão feminino, assim como o comportamento esperado pelo herói ou vítima masculina será o estoicismo. Isso mostra que o mito pode parecer "feminista" e a mulher continua sendo apresentada como a parte fraca, pouco responsável.

"de um salto", isto é, com rapidez sobrenatural. Esse crescimento maravilhoso aparece em inúmeros mitos de iniciação e tem lógica no fato de que a iniciação e os ritos iniciatórios masculinos em geral, nas sociedades mais simples, ocorrem na puberdade ou depois (as de Elêusis*, na idade adulta). Implicando morte e ressurreição, é evidente que o "recém-nascido" terá que crescer muito rapidamente para atingir logo o tamanho que já tinha antes da iniciação. Levando em conta esse crescimento maravilhoso, pode-se perguntar se o mito não nos apresenta um esquema de inversão do ideal grego de educação para moças e rapazes – o ideal de Héstia opondo-se ao ideal de Hermes – a educação no gineceu opondo-se à educação fora de casa, ao menos para um rapaz crescido, de mais de sete anos. O inverso dessa educação é representado justamente por Perséfone* (a moça raptada e levada para longe dos seus) e por Demofonte (o rapaz enclausurado no palácio do próprio pai). Aparentemente, essa última solução, apesar da irritação de Deméter com a interferência de Metanira ou, justamente, porque no lar sempre a presença da mãe seria um elemento perturbador, não é ainda a correta do ponto de vista ritual e só se torna ideal com a construção do templo.

Perséfone* e Demofonte aceitam ser alimentados pelos amos a que foram entregues. Mas, enquanto Perséfone*, no reino dos mortos, aceita um alimento dos vivos (a romã), Demofonte aceita um "alimento dos mortos" ou um "antialimento", como diria Lévi-Strauss. Na realidade, Demofonte "não recebe o seio nem qualquer outro alimento". Deméter esfrega o corpo dele com ambrosia* e a substância, apesar de ser conhecida hoje como o "manjar dos deuses", era na realidade a substância com que eram tratados cadáveres nos ritos funerários.[118] Ser alimentado pelo hálito da deusa sugere evidentemente também um processo algo diferente,[119] assim como a cama ardente em que Deméter

---

118. Chevalier e Gheerbrant (1973): "on en répand sur le corps des morts pour les protéger de la corruption".
119. Em alguns mitos sul-americanos, a personagem da história é aquecida pelo hálito de animais, lambida por eles ou levada por eles para longe. Em outros,

o esconde. Símbolo de purificação, o fogo é, na realidade, um veículo muito antigo de autoimolação (tanto para os sacerdotes maias e astecas como para os brâmanes).

O batismo pelo fogo fazia parte dos mistérios eleusinos[120] e, naturalmente, sem a interferência de Metanira, Demofonte realmente se tornaria um deus, o que equivale a dizer que não seria um simples iniciado, mas permaneceria para sempre do "lado de lá", embora não no Hades* (o sacrifício diviniza). Assim, pode-se dizer que Demofonte voltou a ser alimentado porque Deméter se recusou a continuar a "antialimentá-lo", tornando-o assim novamente mortal, embora esta volta ao mundo humano não lhe tenha causado nenhum prazer, diferentemente do que passou com Perséfone*.

A atitude das duas mães também é diferente; Metanira, que recebe seu filho de volta (deposto na terra[121] de cima para bai-

---

se esconde no bico de um animal. Até mesmo o menino Jesus, depositado na manjedoura (para indicar seu sacrifício futuro), é aquecido pelo hálito de uma vaca. Quanto a Deméter, é preciso lembrar que, apesar da piedosa correção da Píndaro (ver Duchemin, 1955, p.157-8), a versão tradicional do mito de Pélops mostra uma Deméter canibal, única entre as divindades presentes ao festim de Tântalo, que devora um dos bocados macabros, justamente a espádua do herói, que terá que ser substituída por uma de marfim (segundo Gernet, 1968, p.186).

120. Demofonte, cujo nome, para Kerényi (1952, p.240), é Δημοφόν, "matador de povos", tal qual Triptólemo é o "tríplice guerreiro", se transforma assim num Δημοφόων, "luz do povo", na tocha ardente que ilumina as trevas na procura por Perséfone. Por outro lado, o trigo se transforma em pão pela sua "morte" no fogo.

121. Vernant (1965, p.133 ss.) chama a atenção para o significado dessas deposições súbitas no solo. A nereida Tétis também fracassa na tentativa de imortalizar Aquiles nas chamas, porque Peleu (o pai) grita de horror, tal qual Metanira. Parece, assim, que nos tempos homéricos o destino do homem como guerreiro substitui justamente o autossacrifício religioso, enquanto em Elêusis se propõe o processo contrário (de guerreiro a sacerdote). E se na lenda de Aquiles é o parceiro masculino que se opõe ao sacrifício efetivo (o homem quer ver seu filho como guerreiro famoso), no caso de Demofonte, é a mãe que, como mulher, não compreende os desígnios mais elevados dos deuses. O predomínio dos homens faz com que, mesmo no culto da maior das deusas, as mulheres sejam representadas como pouco esclarecidas, materialistas (Metanira) e como imprudentes (se analisarmos mais profundamente

DEMÉTER E OS MISTÉRIOS ELEUSINOS

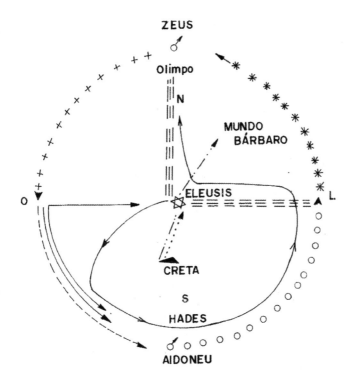

Fig. 8.3 Dinâmica dos mistérios eleusinos. Desenho original de Sílvia M. S. de Carvalho, 1970.

- - - - trajeto de Perséfone raptada
+ + + + trajeto de Perséfone deixando o Olimpo
——— buscas de Deméter e Hécate
_____ buscas de Deméter sobre a terra
·····→ Deméter raptada pelos piratas
·-·-·→ trajeto dos piratas
☆---→ ritos eleusinos: Demofonte ♂ substitui Perséfone ♀ como vítima sacrificial
oooo volta de Perséfone (fim do inverno)
===== volta de Deméter ao Olimpo (Deméter deixa de ser endófaga*, torna a aceitar os alimentos dos deuses e deixa o trigo aos homens...

xo), fica imóvel e silenciosa, Deméter, ao receber de volta a filha (que sobe das profundezas), salta como uma mênade*. Teríamos, assim, um ciclo de trocas rituais, que pode ser esquematizado conforme a figura 8.3, p.315.

Resta saber o que dá o mundo bárbaro para compensar o rapto de Deméter. Afinal, o rapto da deusa parece representar (antes da instituição dos ritos eleusinos) justamente o nível humano desse relato de trocas entre deuses, em que a vítima é a deusa Natureza.

Acreditamos que a retribuição efetiva, real, já era, na época do hino, constituída pelo trigo e pelos escravos.

No século IV a.C., pelo menos, a quantidade de cereais importados pela Ática é quatro vezes maior do que a produção doméstica. Os atenienses adquirem os cereais de que necessitam à custa, principalmente, da prata do Láurion, no extremo sul da Ática, as minas mais ricas da Antiguidade, exploradas pela mão de obra escrava (Childe, 1960, p.204 ss.).

Glover (1944, p.102) informa que os serviços "domésticos" (a que se destinava Deméter, em seu disfarce) eram feitos principalmente por mulheres trácias. O mito parece apresentar, assim, o emprego dessas escravas, vindas de uma região ainda considerada bárbara, como uma compensação justa. Aliás, só a partir dos filósofos estoicos a escravidão passou a ser encarada como antinatural. Embora os ensinamentos de Elêusis* condenassem a guerra (e consequentemente os saques e os raptos) e ainda que os cultos dionisíacos estivessem abertos aos escravos, isto não implica uma condenação da escravidão. O desenvolvimento do comércio e o aparecimento da moeda sancionam a compra de escravos como legítima e natural.

---

o comportamento da "prudente" Perséfone). Ainda sobre a exposição de recém-nascidos, ver Vernant (1952, p.135, n.154).

Onde os mistérios dionisíacos não foram aceitos

Como já foi dito, a missão de Elêusis* é transformar uma humanidade guerreira, assassina, bárbara, em uma humanidade pacífica, que usufrui de alimento abundante – civilizada, enfim. E isto seria conseguido através do trigo (como base de alimentação) e através dos cultos religiosos.

Parece-nos que nas áreas chamadas "dóricas*" o militarismo e sua ideologia preservaram-se bem mais do que em outras regiões, principalmente nas de povoamento jônico. Se a missão de Elêusis* é pacifista, ela realmente não poderia encontrar adeptos em Esparta, por exemplo, onde a religião, mais do que em outros lugares, é naturalmente estatal. Essa sociedade guerreira, "profundamente igualitária", não pode se representar em mitos como o de Perséfone*, nos quais o iniciado se propõe a ser a vítima, no lugar da mulher. Lévêque (1967, p.87 ss.) mostra que ela se volta toda para a iniciação guerreira que, segundo ele, baseado em Estrabão, implica em tornar-se escudeiro de um amante, um guerreiro mais velho por quem é raptado. Ganimedes*,[122] portanto, e não Demofonte.

Parece que na ideologia espartana também não há "crianças divinas" a salvar. O infanticídio já não se fundamentava em mitos religiosos. Sua finalidade de preservar a eugenia dos "iguais" parece muito consciente: a sociedade, desta vez, sabe em bloco que ela sacrifica a si mesma. As mulheres espartanas estão em pé de igualdade com os homens e nenhum mito precisa compensar uma situação subalterna. Se alguma Metanira espartana se revoltasse, por acaso, com o sacrifício do filho, a revolta não seria contra nenhuma deusa, mas contra as leis do Estado.

Entre os "iguais", ao menos, parece que surgem tendências democratizantes apenas em tempos tardios, divergentes da orientação patriótica e ortodoxa. Ágis de Esparta é do século III a.C., e foi enforcado em 240 a.C. por ter querido modificar o

---

122. Ver *h.Ven.* 202-17.

regime com uma distribuição das terras que incluiria os *periecos* (Beer, 1932, p.47-51).

Sacrifícios em campos de batalhas são não só normais, como desejados ou instituídos pelo compromisso de lutar até a morte. Sacrifícios rituais (muito provavelmente com veleidades religiosas, além de religiosidade patriótica) também ocorriam em tempos de paz. Trata-se de "raids" organizados contra os *hilotas*, costume também conhecido por *criptia*. Os chefes dos jovens enviavam, de tempos em tempos, para o campo, aqui e ali, aqueles que passavam por serem os mais inteligentes, sem deixar que levassem outra coisa a não ser punhais e os víveres necessários. Durante o dia, os jovens, dispersos em lugares encobertos, se mantinham escondidos e repousavam; com a descida da noite, assaltavam e esganavam nos caminhos os hilotas que conseguiam surpreender. Frequentemente também matavam os mais fortes deles nos campos (Ducat, 1974, p.1454).

Esses "raids" faziam parte, aparentemente, do treinamento militar, tinham a função política de manter o domínio pela violência e pelo terror. Nisso pareciam-se com as sociedades secretas dos homens-leopardos africanas (Krader, 1970, p.69-70), lembrando os sacrifícios humanos feitos a carnívoros, cuja existência, em tempos remotos, parecem atestar os mitos de Licurgo, o legislador espartano,[123] e de Dólon, o lobo, espião troiano morto por Odisseu* e Diomedes durante a Guerra de Troia* (*Il.* 10.330-40).[124]

Não se trata, contudo, de "mania divina" (como nos mitos dionisíacos), em que personagens em êxtase, como as próprias mênades*, sacrificam tudo o que atravessa seu caminho. A *criptia* tem uma vítima bem determinada: o *hilota*, membro da classe dominada e desprezada. E ela continuará excluída da "socieda-

---

[123]. Ver Plut. *Lyc*. É muito significativo, aliás, que Licurgo, homônimo de outro personagem mítico, Licurgo, o rei da Trácia inimigo de Dioniso, tenha sido apontado por Heráclito do Ponto (apud Ducat, 1974, p.1455) como introdutor da *criptia* em Esparta.

[124]. O espião Dólon estava vestido com uma pele de lobo cinzento e trazia na cabeça (como a indicar o fracasso de sua missão) uma boina de pele de fuinha (animal que em muitos mitos simboliza a morte).

de espartana", igualitária nos costumes, na distribuição dos recursos e no seu consumo, mas parasitando as outras classes que são produtoras. Na realidade, não há muita preocupação, após a conquista das férteis planícies vizinhas, em aumentar os recursos alimentícios. A população espartana tende, com o tempo, a diminuir cada vez mais, e o aumento dos hilotas, aparentemente, era resolvido, não só pela *criptia*, como talvez também por massacres coletivos.[125]

Segundo Mumford (1965, p.159), enquanto em Creta* e na Grécia em geral se passa de uma cultura de cevada (e de cerveja) para uma de trigo, em Esparta ele realmente não suplantou a cevada. As *sissitias*, famosas refeições comunais espartanas, consistiam de cevada, vinho, queijo e figos (Vernant, 1972, p.47), o que faz supor que o trigo não teve para os espartanos o mesmo significado religioso que teve na Ática e nas áreas de povoamento jônico.

O militarismo dórico* e a consequente ideologia guerreira são os fatores responsáveis também pelos costumes funerários diferentes, introduzidos na Grécia. Como notou Eudoro de Sousa (1973, p.70), é de se estranhar o fato de os dóricos* incinerarem seus mortos, quando a sua procedência parece ter sido a Europa central e ocidental, justamente a região dos campos de urnas, sendo possivelmente descendentes de povos que enterravam seus mortos em urnas. No alto Rio Negro, no entanto, fenômeno semelhante ocorreu com a invasão de uma tribo *aruak*, os *tariana*. O mito da instituição da cremação dos mortos é atribuído a Jurupari, o herói cultural, reformador de costumes, em nome do qual parecem ter ocorrido verdadeiras guerras santas no Uaupés.[126]

Na realidade, a cremação de cadáveres se torna uma necessidade nos campos de batalha e é comum entre povos nômades que não têm uma "terra santa", um "solo pátrio" que possa as-

---

125. Tem-se notícias de ao menos um grande massacre de hilotas, ocorrido em 425 a.C. (Ducat, 1974, p.1451).
126. No alto Rio Negro e na bacia do rio Uaupés e seus afluentes, no extremo noroeste do estado do Amazonas, vivem diversas etnias indígenas.

segurar um descanso seguro aos mortos. Incineração e mesmo endofagia* aparecem então, com frequência, institucionalizadas – isto é, sacralizadas pelo mito.

Sugerimos, pois, que a maior permanência do militarismo entre os gregos dórios*, particularmente entre os espartanos, que se fecharam em casta mais que os outros, é responsável pela não penetração dos cultos dionisíacos em geral, e mesmo pela perseguição movida contra eles.

Quem é Dioniso em Elêusis*?

O longo hino a Deméter não menciona, nem uma só vez, o nome de Dioniso. Somente nos versos finais há uma invocação a "Pluto que dá a riqueza" (v.489).[127] Em uma das versões míticas, Pluto é filho de Perséfone* e Hades* – a riqueza vem dos mortos, portanto. Essa ideologia parece ter surgido com a agricultura e, talvez mais ainda, com a arboricultura. A maioria das árvores realmente demora a dar frutos, e assim pode ocorrer que quem as plantou, antes de vê-las frutificar, seja colhido por Aidoneu*. Assim se forma a ideia (estranha aos caçadores) de que é o trabalho pretérito, o trabalho dos mortos que assegura a continuidade do sustento dos vivos.

Nos mistérios eleusinos comemorava-se um nascimento místico, anunciado pelo hierofante, logo após a dramatização da hierogamia de Zeus com Deméter, em que esta última é representada pela sacerdotisa e o Cronida* pelo próprio hierofante (Des Places, 1969, p.212): "a augusta Brimó[128] deu à luz o sagrado

---

127. Ver nota correspondente a esse verso, na tradução do *h.Cer.*
128. Como já foi observado (ver n.38, p.279), Posídon e Hades se confundem nas trevas. Parece que isso fica mais patente quando se observa como Ulisses chega ao país dos Cimérios (*Od.* 11.13-4): "e ela [sc. a nau] atingiu os confins de Oceano de águas profundas./Lá ficam a região e a pólis dos guerreiros Cimérios". Além disso, o mês ateniense dedicado a Posídon (*posideon*) corresponde justamente ao início do inverno (dezembro-janeiro), quando o mar se torna perigoso à navegação. Outra alusão nesse sentido se encontra no

Brimó, a Forte deu à luz o Forte". Trata-se do filho de Deméter ou do de Perséfone*?

Parece que Reia*, Deméter e Perséfone* são três aspectos diferentes da mesma divindade. Kerényi (1952, p.116), baseado em um fragmento dos poemas órficos*, diz que Reia*, depois de ter sido a mãe de Zeus, transformou-se em Deméter (isto é, em sua própria filha), irmã-esposa de Zeus, de quem conceberá Perséfone*. Pode-se dizer assim que a tríade Reia*-Deméter-Perséfone* (mãe, esposa e filha) corresponde, no mito, a uma tríade de irmãos: Zeus, Posídon e Hades*.[129] Os três deuses se unem às três deusas com uma característica bastante constante: o fruto da união tende a ser estéril. Em um dos casos (Deméter e Posídon), uma deusa-filha negra, cujo nome não pode ser falado, lembra muito a personificação da morte. Estéril é também o mestiço do

Fig. 8.4 *Deméter, Triptólemo e Perséfone**. As inscrições ao lado das figuram dizem, respectivamente ΔΕΜΕΤΡΕ, ΤΡΙΠΠΤΟΛΕΜΟΣ e ΦΕΡΟΦΑΤΤΑ. São formas arcaicas do nome dos personagens, no antigo dialeto ático. Skýphos ático de figuras vermelhas de Macron, encontrado em Cápua. Desenho de P. Sellier. Data: c. 480-470 a.C.

---

hino de Telesila de Argos (apud Des Places, 1969, p.156). A poetisa põe na boca da Grande Deusa a seguinte resposta a Zeus: "não, eu não voltarei para junto dos deuses, se eu não receber minha parte, primeiro a metade do céu, depois a metade da terra, e do mar a terça parte". Ora, o mar, rugindo bravio no inverno chuvoso e triste, lembra o Hades e coincide aproximadamente com o período que Perséfone permanece com Aidoneu. E é no inverno, também, que tinham lugar as abstenções sexuais, ao menos no Orfismo. Pode-se presumir que assim fosse também nos cultos eleusinos, pois os Grandes Mistérios começavam no equinócio de outono, no mês *boedromion**. Nas *tesmofórias* (outubro) começavam as sementeiras (Scheffer, 1943, p.54 e p.67).

129. Observe-se que, na *criptia*, matava-se por estrangulamento.

acasalamento das duas espécies de animais, em que Deméter e Posídon se transformam (ver cap.21).

Além disso, há indícios de que o burro já tinha, em tempos micênicos, uma importância religiosa que, suspeitamos, deve estar ligada justamente ao sacerdócio. A figura 21.2 (p.510) reproduz o conhecido afresco de Micenas*, mostrando uma procissão de personagens com cabeças de burro. Pode-se lembrar também as obras do grego Luciano (*Lúcio, ou o asno*) e do romano Apuleio (*O asno de ouro*), ambas do século II d.C., que podem ter se inspirado em tradições bem arcaicas. Em Apuleio, o asno aparece associado ao sacerdócio da deusa egípcia Ísis, muito popular no Período Greco-romano.

Em Elêusis*, segundo Des Places (1969, p.212), Brimó, o Forte, é a espiga de trigo. E, como uma das máximas dos ensinamentos eleusinos era "partilha e não sufocação" (Magnien, p.125),[130] percebe-se que no fundo de toda a ideologia está o ideal de uma distribuição equitativa do alimento:[131] Pluto só dará uma continuidade satisfatória à vida humana, se for distribuído como o corpo de Dioniso, como o trigo que, em uma das fases das cerimônias eleusinas, era distribuído também.[132]

Com o aumento da população, a consequente emigração e a fundação das colônias, se por um lado a Grécia passa a importar trigo das regiões do Mar Negro, por outro, a necessidade de importá-lo deve ter despertado uma preocupação com a sua possível falta. Assim que Elêusis* não se advoga tão só a missão sagrada de difundir o plantio do trigo, mas também a de compensar o aumento da vida (da natalidade), com os períodos de abstinência sexual dos devotos. A iniciação na dignidade maior de hierofante implicava mesmo uma esterilização do sacerdote,[133] o

---

130. Essa aspiração corresponde igualmente à evolução da democracia ateniense (Vernant, 1972, p.68 ss.).
131. Essa distribuição parece coincidir com um festival denominado *Aloa* (Scheffer, 1943, p.65).
132. Westermarck (1935, v.2, p.148) diz que o hierofante e os outros sacerdotes de Deméter lavavam o corpo com o sumo de cicuta "para matar suas paixões".
133. Como o de Átis, na Ásia Menor (Kerényi, 1952, p.88 ss.).

que equivale, por assim dizer, à castração ritual que encontramos em outros cultos.[134] Compreende-se assim que o ser divino que nasce, imediatamente após a hierogamia eleusina, pode ser tanto uma espiga de trigo, como um falo (Magnien, p.235):

> Os eleusinos, é verdade, mostram primeiro aos ἐπόπτης[135] não o falo, mas uma espiga de trigo, venerável produto da natureza, cujo nome só merece respeito. Só depois eles explicam que a espiga simboliza o falo, e que o falo simboliza outras coisas. O sacrilégio, no entanto, por mais obscurecido que seja pelo simbolismo, subsiste.

Afinal, apesar de tudo, Deméter sempre foi uma devoradora de homens.

O "suicídio genético", a autoimolação sacerdotal equivale, ao menos na simbologia religiosa, a colaborar na melhor distribuição do alimento, tanto quanto dedicar-se à plantação de trigo. Triptólemo, que substitui Demofonte em épocas mais recentes, é representado em seu carro, recebendo das deusas o trigo que deverá propagar pelo mundo (figura 8.4, p.321). Triptólemo ensina a maneira de atrelar os bois, lavrar e semear a terra. Além disso, o λῖκνον – a cesta mística[136] de Íaco[137] – é uma espécie de peneira de trigo (Magnien, p.115). Compreende-se, assim, que Demofonte, tal qual Triptólemo, dedicando-se às deusas, transforma-se

---

134. Lit. "os que contemplam". Nos mistérios de Elêusis, eram os iniciados de mais alto grau.
135. Recipiente essencial em todos os rituais de mistérios. Consistia em um vaso ou uma cesta coberta, dentro do qual ficavam os objetos sagrados que deviam permanecer escondidos dos olhos dos profanos e cuja revelação aos iniciados era o objetivo do ritual.
136. O deus que dirige a procissão dos iniciados nos mistérios de Elêusis. Suas relações com Deméter, Perséfone e Dioniso, objeto de diversas tradições, são complexas.
137. Será que não estará aí mesmo a explicação de uma velha crença europeia (entre os bascos, por exemplo, segundo Baroja, 1948, p.23), de que a pessoa que passar debaixo do arco-íris (Íris, a mensageira dos deuses, também presente no hino a Deméter, que propõe tréguas e alianças) mudará de sexo?

no alimento sagrado, nova versão de Dioniso despedaçado: "Dioniso segue o mesmo ciclo que o iniciado" (Magnien, p.241).

Assim, por um enfoque mais global do mito relatado pelo longo hino a Deméter, o da instituição dos mistérios eleusinos, perceber-se-á que a solução proposta para os conflitos oriundos do rapto de Perséfone* é a compensação oferecida pelo iniciando masculino, com o seu autossacrifício. "Dioniso, na qualidade de vítima, é precisamente o retrato masculino de Perséfone*" (Jung e Kerényi, 1968, p.194). E o sacerdote de Perséfone*/Deméter, se ele se propõe a tomar o lugar das Deusas no sacrifício, de certa forma assume um status feminino. "Em Feneos, na Arcádia*, o sacerdote de Deméter usava em determinadas cerimônias a máscara da deusa" (Lesky, 1971, p.49). Bastide (1959, p.1) já notara essa característica do sacerdócio: "o rei mágico dos Ashantis é decorado como mulher; o sacerdote sacrificial dos congos é chamado *grande mãe*; os sacerdotes cretenses vestiam, nos seus dramas litúrgicos, as roupagens rituais das sacerdotisas; todos os principais deuses do oriente, que são frequentemente deuses castrados, Osíris, Átis, Adônis, Jacinto, Agdistis, Dioniso, aparecem sempre nos mitos como deuses efeminados – e muitos ritos de seus cultos secretos são ritos de metamorfose de sexo".[138] Com a instituição de um sacerdócio masculino, o elemento feminino tende a ser recusado como vítima sacrificial,[139]

---

138. Quanto à mulher, naturalmente, como em Elêusis ela é igualmente admitida ao sacerdócio e representa o papel importantíssimo da própria Deméter no mistério maior, o da hierogamia, é claro que ainda se poderia ver nesta hierogamia um sacrifício semelhante ao de Perséfone. Não é por simples acaso que a prostituição religiosa substitui a imolação efetiva da mulher em muitos cultos. A respeito da prostituição religiosa, ver Westermarck (1935, v.1, p.229-59).
139. Quanto a estes, os grandes iniciados, como o foi Demofonte, recebem da deusa, diz o hino, um privilégio muito pouco compreensível, pois o texto só se refere às lutas futuras dos habitantes de Elêusis. É sugerido que o privilégio consiste em que a carne de sua carne não tomará parte nessas lutas fratricidas, pois estes grandes iniciados abdicaram de sua sobrevivência genética. Para outra explicação, ver v.267, nota.

assim como a guerra e qualquer sacrifício de vidas humanas passam a ser condenados.

A dedicação ao cultivo do trigo e a uma vida "pura", regrada, casta mesmo para os mais devotos, deverá restabelecer o equilíbrio cósmico, ao mesmo tempo que garantirá aos seus seguidores felicidade e prosperidade.

Esta parece ter sido a mensagem de Elêusis*, espelhada no longo hino a Deméter.

Fig. 9.1 *Dioniso e os piratas-golfinhos*. Interior de cálice ático de figuras negras de Exéquias, encontrado em Vulci. Data: c. 530 a.C.

9.
Dioniso, deus do vinho e do êxtase místico

Fernando B. Santos
Sílvia M. S. de Carvalho

ΕΙΣ ΔΙΟΝΥΣΟΝ
In Bacchum

h.Hom. 1A-D, com 63 versos (fragmentado);
h.Hom. 7, com 59 versos (= h.Bacch.);
h.Hom. 26, com 11 versos.

h.Hom. 1: A Dioniso

trad. Fernando B. dos Santos

1A

]...[
Pois, uns, em Dracanon,[1] a ti, outros em Ícaro[2] cheia de vento
dizem, outros em Naxos*, divina raça, cabrito,
e outros que, sobre o Alfeu*, rio de profunda correnteza,
Sêmele* te gerou com Zeus ama-raio,   5
outros ainda de Tebas*, Senhor, te dizem ser,
enganando-se; a ti gerava o pai dos homens e dos deuses
muito longe dos homens, oculto de Hera, a de alvos braços.
Há uma Nisa*, altíssima montanha, florida na selva
longe da Fenícia*, quase nas correntezas do Egito.   10
ali nenhum dos homens articuladores atravessa com nau
pois não há um porto, um ancoradouro para onduladas naus,
mas a eles uma rocha íngreme percorre por toda a parte,
alta, e belas brotam muitas coisas agradáveis
      ... ocupa profund ...   15
      ... forçou [espalh ?] ...
      ]...[
      ... do ruíd...
      ]...[
      ]...[20
      ]...[
      ... na palma ...
      ... amorosos costumes ...
      ... sob carv...

---

1. Localização geográfica controvertida; possivelmente, um cabo da ilha de Cós (ver Allen-Sikes[2], ad loc.).
2. Variante de *Icária*, nome de uma ilha do arquipélago das Cíclades* situada a sudoeste de Samos.

1. Εἰς Διόνυσον

1Α[3]

]παπαθ[
οἵ μὲν γὰρ Δρακάνῳ σ', οἵ δ' Ἰκάρῳ ἠνεμοέσσῃ
φᾶσ', οἵ δ' ἐν Νάξῳ, δῖον γένος Εἰραφιῶτα,
οἵ δέ σ' ἐπ' Ἀλφειῷ ποταμῷ βαθυδινήεντι
{κυσαμένην Σεμέλην τεκέειν Διὶ τερπικεραύνῳ},   5
ἄλλοι δ' ἐν Θήβῃσιν ἄναξ σε λέγουσι γενέσθαι,
ψευδόμενοι· σὲ δ' ἔτικτε πατὴρ ἀνδρῶν τε θεῶν τε
πολλὸν ἀπ' ἀνθρώπων, κρύπτων λευκώλενον Ἥρην.
ἔστι δέ τις Νύση ὕπατον ὄρος, ἀνθέον ὕλῃ
τηλοῦ Φοινίκης, σχεδὸν Αἰγύπτοιο ῥοάων·   10
ἔνθ' οὔ τις σὺν νηῒ] περ[ᾷι] μερόπων ἀνθρώπων·
ἀλλά οἱ ἠλίβα]τος πέτρη περιδέδρομε πάντῃ
ὑψηλή, τά τε κα]λὰ φύει μενοεικέα πολλά
    ] κατέχει βαθυτ[...]πλο[15
    ] τετανυ...[
    ].. τεκα[
    α]πὸ φλοίσ[β
    ]κτον ἀποβλ[
    ].την πε[20
    ]πολων ν..[
    ]ι παλάμῃ δα[
    ]ων ἔρατοι νομο[ί
    ] ὑπὸ δρυδιο[

---

3. Fontes: P. Genav. 432, Diod. Sic. 3.66.3 e 1.15.7, Sch. Ap. Rhod 2.1211.

1. A DIONISO

1B

com seus próprios cachos negros balançando

1C[4]

... queres. Que outra coisa poderia sofrer?
Enlouqueci eu mesmo, de ...
    ... por si mesmo deixou ...
    ... como suspeitaram eternamente ...
lançou em inquebrantáveis elos tartáreos*, enganando-te.   5
Quem, querida, poderia te livrar? Um cintura dolorosa
por todo o lado circunda teu corpo; contudo ele, de outro modo,
nem se lembrando da ordem nem das preces,
uma decisão inabalável em seu coração planejou.
Um filho cruel, irmã, pariste;   10
tendo maquinado, e sendo coxo ...
... diante de pés bo[ns ...
    ]...[
    ... te teu ...
    ... e... amigo ...   15
    ... irado... em ...
se o adularmos, o coração de ferro amolece um pouco.
Há, pois, dois filhos nossos úteis para tuas tarefas,
de sábia inteligência. Há um Ares,
que a rápida lança segurava, mantenedor do escudo guerreiro   20

---

4. Zeus dirige-se a Hera (West, p.29). O fragmento 1C apresenta, aparentemente, uma versão do episódio conhecido por "retorno de Hefesto ao Olimpo". De todos os deuses enviados para convencê-lo a voltar (Ares, inclusive – ver *h.Hom.* 1c.19), Dioniso foi o único bem-sucedido. Ver cap.12.

1. ΕΙΣ ΔΙΟΝΥΣΟΝ

1B[5]

αὐτῇσι σταφυλῇσι μελαίνῃσιν κομόωντες

1C[6]

ἐθέ]λεισ· τί δ' ἂν ἄ.λλο πά.[θοι
ἀασάμη[ν δὲ καὶ αὐτός, ἀπ[
  ][.] αὐτόματος λίπεν[
  ]ως [εἰ]κάζουσιν ἀειγε[
ἔμβα]λε Ταρταρίῃσιν ἀλυκτ[οπέδῃσι δολώσας.   5
τίς σ[ε, φίλη, λύσειεν; ἐπιζώ[στρη δ' ἀλεγεινή
πάν]τοθεν [ἀμ]φιβέβηκε τ[εὸν δέμας· αὐτὰρ ὅ γ' ἄλλως
οὔτ' ἄ]ρ' ἐφη]μοσύ]νης μεμν[ημένος οὔτε λιτάων
βουλὴ]ν ἀστυ[φέλι]κτον ἑῷ σ[υμφράσσατο θυμῷ.
ὠμό]ν, ἀδελ[φειή,] τέκες υἱέα·   10
τεχ]νήεις [καὶ] χωλὸς ἐὼν.[
      ]ς πρό[σθε π]οδῶν ἀγαθ[
      ]μενω[...]τεεις κοτε[
      ]υ̣ μη[....]ων σε τεὸς [
      ]ο καὶ [..]έουσα φιλο[15
      ]σι χωομε[ν.] καὶ μ[
Θυμὸ]ν ἄρ' εἰσώμεσθα σιδήρ[εον εἴ τι μαλάξει.
δοιοὶ] γὰρ πάρεασι τεοῖς [καμάτοισιν ἀρωγοί
υἱέες] ἡμέτεροι πινυτόφ[ρονες· ἔστι μὲν Ἄρης,
ὅς θοὸ]ν ἔγχος ἀνέσχε τα[λαύρινος πολεμιστής   20

---
5. Fonte: Crates, apud Ath. 653b, ἐν τοῖς ὕμνοις τοῖς ἀρχαίοις.
6. Fonte: P. Oxy. 670.

1. A DIONISO

... viu o e balanç...
e há também um Dioniso, ...
Que, no entanto, contra mim não levante disputa [sc. Hefesto], do contrário
    [sob relâmpagos nossos ele virá, golpeado de não bela forma.
    ... de suaves ...   25
      ... esse rapaz ...

1D

"e eles hão de erigir estátuas muitas nos templos.
Como cortaram em três,[7] a ti, de qualquer forma em três anos sucessivos
os homens hão de realizar perfeitas hecatombes."[8]
Falou e com cíanas sobrancelhas anuiu o Cronida*:
as longas cabeleiras flutuavam ambrosíacas da real   5
cabeça imortal, grandemente vibrou o Olimpo*,
Assim falando consentiu com sua cabeça o astuto Zeus.
Sê propício, cabrito, louco por mulheres,[9] nós, os cantores a ti
cantamos começando e terminando, nem em algum momento é possível
de ti esquecer de um sacro canto lembrar.   10
E tu assim, salve, Dioniso cabrito,
com mãe Sêmele*, a que, no entanto, chamam Tione*.

---

7. Provável alusão ao mito de Dioniso Zagreu e ao despedaçamento do deus (Allen-Sikes[2], ad loc.; Humbert, p.177; Athanassakis, p.72). Evelyn-White (p.287) e Cashford e Richardson (2003, p.150), por outro lado, atribuem a menção a versos da parte perdida do *hino*.
8. Evelyn-White (p.287, n.2) acredita que Zeus está, aqui, falando de Sêmele. Rayor (2004, p.106, n.10-1) propôs que o festival mencionado por ele se refere a Sêmele, e não a Dioniso.
9. Referência velada às mênades* do cortejo dionisíaco.

1. ΕΙΣ ΔΙΟΝΥΣΟΝ

]ην ἰδέε[ιν] καὶ παλ[
ἔστι δὲ] καὶ Διόνυσος, ε[
αὐτὰρ] ἐμοὶ μὴ δῆριν ἐγει[ρέτω· ἤ τε κεραυνοῖς
εἶσι]ν ὑφ' ἡμετέροις πε[πληγμένος οὐ κατὰ κόσμον.
       ]ασθε γλυκερῶν επ[25
       ]εως πάϊς οὗτος ἐμο[

1D[10]

"καί οἱ ἀναστήσουσιν ἀγάλματα πόλλ' ἐνὶ νηοῖς,
ὡς δὲ † τά μὲν τριάσοὶ πάντως † τριετηρίσιν αἰεί
ἄνθρωποι ῥέξουσι τεληέσσας ἑκατόμβας."
ἦ, καὶ κυανέῃσιν ἐπ' ὀφρύσι νεῦσε Κρονίων·
ἀμβρόσιαι δ' ἄρα χαῖται ἐπερρώσαντο ἄνακτος   5
κρατὸς ἀπ' ἀθανάτοιο, μέγαν δ' ἐλέλιξεν Ὄλυμπον.
{ὣς εἰπὼν ἐκέλευσε καρήατι μητίετα Ζεύς.}
ἴληθ', Εἰραφιῶτα γυναιμανές· οἱ δέ σ' ἀοιδοί
ᾄδομεν ἀρχόμενοι λήγοντές τ'· οὐδέ πῃ ἔστιν
σεῖ' ἐπιληθομένον ἱερῆς μεμνῆσθαι ἀοιδῆς.   10
{καὶ σὺ μὲν οὕτω χαῖρε, Διώνυσ' εἰραφιῶτα,
σὺν μητρὶ Σεμέλῃ, ἥν περ καλέουσι Θυώνην.}

---

10. Fonte: *Leidensis* 33.2.

h.Hom. 7: A Dioniso[11]

trad. Fernando B. Santos

Acerca de Dioniso, filho de Sêmele* mui ilustre,
lembrar-me-ei de como surgiu na praia do mar infecundo,
sobre um promontório saliente, semelhante a um jovem rapaz
adolescente; belas, agitavam-se em volta madeixas
cíanas,[12] e um manto em torno tinha dos robustos ombros,   5
purpúreo. Rapidamente homens de uma nau de bons bancos,
piratas, avançaram rapidamente pelo mar vinoso,
Tirrenos;[13] conduzia-os um mau destino; eles, que quando o viram,
acenaram uns aos outros, rapidamente saltaram, prontamente
                                                [agarrando-o,
acomodaram-se na sua nau, alegrados no coração.   10
Pois, ele parecia ser um filho dos reis alimentados
por Zeus, e queriam em correntes atar dolorosas.
a ele, não detinham as correntes, e os liames para longe caíam
de suas mãos e de seus pés;[14] e ele, sorrindo, sentava-se
com olhos cíanos; o piloto percebendo,   15
logo aos seus companheiros chamou dizendo:
Insensatos, que deus é este que encadeais, tendo capturado,
poderoso? Nem pode transportá-lo uma nau benfeita.
Será, então, que é Zeus este, ou o de arco-de-prata Apolo,
ou Posídon, já que não é igual a homens   20

---

11. Uma versão preliminar desta tradução foi publicada anteriormente (Santos, 2003).
12. Gr. κύανος, "azul-escuro", "azul quase negro".
13. Os *tirrenos* (ou *tirsenos*) não eram gregos e ocuparam, em tempos remotos, a Trácia (Hdt. 1.57 e 1.94), algumas ilhas do Egeu, notadamente Lemnos, e Atenas (Thuc. 4.109). Tinham reputação de piratas e, mais tarde, foram associados (erroneamente) aos etruscos da península italiana. Para um panorama das teorias sobre a origem dos etruscos, ver obras de Pallottino, 1947 e 1975.
14. Cf. Eur. *Bacch.* 447.

7. Εἰς Διόνυσον

Ἀμφὶ Διώνυσον Σεμέλης ἐρικυδέος υἱὸν
μνήσομαι, ὡς ἐφάνη παρὰ θῖν' ἁλὸς ἀτρυγέτοιο
ἀκτῇ ἐπὶ προβλῆτι νεηνίῃ ἀνδρὶ ἐοικὼς
πρωθήβῃ· καλαὶ δὲ περισσείοντο ἔθειραι
κυάνεαι, φᾶρος δὲ περὶ στιβαροῖς ἔχεν ὤμοις   5
πορφύρεον· τάχα δ' ἄνδρες ἐϋσσέλμου ἀπὸ νηὸς
ληϊσταὶ προγένοντο θοῶς ἐπὶ οἴνοπα πόντον
Τυρσηνοί· τοὺς δ' ἦγε κακὸς μόρος· οἱ δὲ ἰδόντες
νεῦσαν ἐς ἀλλήλους, τάχα δ' ἔκθορον, αἶψα δ' ἑλόντες
εἷσαν ἐπὶ σφετέρης νηὸς κεχαρημένοι ἦτορ.   10
Υἱὸν γάρ μιν ἔφαντο διοτρεφέων βασιλήων
εἶναι, καὶ δεσμοῖς ἔθελον δεῖν ἀργαλέοισι.
Τὸν δ' οὐκ ἴσχανε δεσμά, λύγοι δ' ἀπὸ τηλόσ' ἔπιπτον
χειρῶν ἠδὲ ποδῶν· ὁ δὲ μειδιάων ἐκάθητο
ὄμμασι κυανέοισι, κυβερνήτης δὲ νοήσας   15
αὐτίκα οἷς ἑτάροισιν ἐκέκλετο φώνησέν τε·
Δαιμόνιοι τίνα τόνδε θεὸν δεσμεύεθ' ἑλόντες
καρτερόν; οὐδὲ φέρειν δύναταί μιν νηῦς εὐεργής.
Ἢ γὰρ Ζεὺς ὅδε γ' ἐστὶν ἢ ἀργυρότοξος Ἀπόλλων
ἠὲ Ποσειδάων· ἐπεὶ οὐ θνητοῖσι βροτοῖσιν   20

7. A DIONISO

mortais, mas aos deuses os que têm os palácios Olímpios?
Vamos, a ele deixemos na terra firme negra
logo, não lanceis sobre ele as mãos, para que não, um pouco irado,
levante dolorosos ventos e furacão imenso.
Assim falou; a ele, o guia com odiosa palavra dirigiu-se: 25
Insensato, olha um vento favorável, e ao mesmo tempo, iça a vela da nau,
todos os acessórios pegando; desse, ao contrário,
[os homens hão de se ocupar.
Espero que ele há de chegar ou ao Egito, ou a Chipre*,
ou até os Hiperbóreos,[15] ou mais longe; no fim
então dirá quem são os seus amigos e os bens todos 30
e seus irmãos, já que um *daimon* o lançou em nós.
Assim falando, içou mastro e vela da nau;
um vento soprou no meio da vela, em volta as cordas
esticaram; rapidamente apareceram-lhes prodigiosas obras.
Vinho primeiramente sobre a rápida nau negra, 35
suave bebida, jorrava fragrante, levantava-se um perfume
ambrosíaco; estupor tomou todos os nautas quando viram.
Logo uma videira junto à vela estendeu-se
altíssima ali e aqui, suspendiam-se muitos
cachos; em volta do mastro, negra, enroscava-se uma hera 40
com flores, luxuriante; por cima gracioso fruto brotava;
todas as cavilhas tinham coroas;[16] os que viam
a nau já então, em seguida ao piloto rogavam
a terra aproximar. E ele, para eles um leão, surgiu na parte mais alta
da nau, terrível. Fortemente urrava. No meio, então, 45

---

15. Povo lendário, situado pelos antigos no extremo norte das terras conhecidas, associados em geral a Apolo, que os visitava durante o inverno. Píndaro (*Ol.* 3.11-34 e *Pyth.* 10.29-46) considerava sua terra e seu modo de vida verdadeiramente idílico.
16. Cf. vv.38-42 com a cena do vaso de figuras negras de Exéquias, p.326.

7. ΕΙΣ ΔΙΟΝΥΣΟΝ

εἴκελος, ἀλλὰ θεοῖς οἳ Ὀλύμπια δώματ' ἔχουσιν.
Ἀλλ' ἄγετ' αὐτὸν ἀφῶμεν ἐπ' ἠπείροιο μελαίνης
αὐτίκα, μηδ' ἐπὶ χεῖρας ἰάλλετε μή τι χολωθεὶς
ὄρσῃ ἀργαλέους τ' ἀνέμους καὶ λαίλαπα πολλήν.
Ὣς φάτο· τὸν δ' ἀρχὸς στυγερῷ ἠνίπαπε μύθῳ·   25
δαιμόνι' οὖρον ὅρα, ἅμα δ' ἱστίον ἕλκεο νηὸς
σύμπανθ' ὅπλα λαβών· ὅδε δ' αὖτ' ἄνδρεσσι μελήσει.
Ἔλπομαι ἢ Αἴγυπτον ἀφίξεται ἢ ὅ γε Κύπρον
ἢ ἐς Ὑπερβορέους ἢ ἑκαστέρω· ἐς δὲ τελευτὴν
ἔκ ποτ' ἐρεῖ αὐτοῦ τε φίλους καὶ κτήματα πάντα   30
οὕς τε κασιγνήτους, ἐπεὶ ἡμῖν ἔμβαλε δαίμων.
Ὣς εἰπὼν ἱστόν τε καὶ ἱστίον ἕλκετο νηός·
ἔμπνευσεν δ' ἄνεμος μέσον ἱστίον, ἀμφὶ δ' ἄρ' ὅπλα
καττάνυσαν· τάχα δέ σφιν ἐφαίνετο θαυματὰ ἔργα.
Οἶνος μὲν πρώτιστα θοὴν ἀνὰ νῆα μέλαιναν   35
ἡδύποτος κελάρυζ' εὐώδης, ὤρνυτο δ' ὀδμὴ
ἀμβροσίη· ναύτας δὲ τάφος λάβε πάντας ἰδόντας.
αὐτίκα δ' ἀκρότατον παρὰ ἱστίον ἐξετανύσθη
ἄμπελος ἔνθα καὶ ἔνθα, κατεκρημνῶντο δὲ πολλοὶ
βότρυες· ἀμφ' ἱστὸν δὲ μέλας εἱλίσσετο κισσὸς   40
ἄνθεσι τηλεθάων, χαρίεις δ' ἐπὶ καρπὸς ὀρώρει·
πάντες δὲ σκαλμοὶ στεφάνους ἔχον· οἱ δὲ ἰδόντες
νῆ' ἤδη τότ' ἔπειτα κυβερνήτην ἐκέλευον
γῇ πελάαν· ὁ δ' ἄρα σφι λέων γένετ' ἔνδοθι νηὸς
δεινὸς ἐπ' ἀκροτάτης, μέγα δ' ἔβραχεν, ἐν δ' ἄρα μέσσῃ 45

7. A DIONISO

uma ursa fez de pescoço peludo, sinais mostrando;
no alto colocou-se enfurecida, e o leão sobre extremo do convés,
terrível, com olhar ameaçador.[17] Eles indo à proa temiam,
em volta do piloto, que comedida emoção mantinha,
colocavam-se amedrontados. Ele [sc. o leão], subitamente, avançando   50
pegou o guia; os outros, escapando para fora do mau destino,
todos em conjunto lançaram-se, depois do que viram, ao mar divino,
e golfinhos tornaram-se. Apiedando-se do piloto,
conservou-o, fê-lo feliz e disse uma palavra:
"Coragem, † divino Hecátor †, agradável a meu coração,   55
sou eu Dioniso, o que grita alto, ao qual gerou a mãe
Cadmeia Sêmele* a Zeus em amor unida".
Salve, rebento de Sêmele* de bela face; nem, em momento algum, é possível,
de ti esquecendo, ornar um doce canto.

---

17. Cf. Eur. *Bacch.* 1018-9.

7. ΕΙΣ ΔΙΟΝΥΣΟΝ

ἄρκτον ἐποίησεν λασιαύχενα σήματα φαίνων·
ἂν δ' ἔστη μεμαυῖα, λέων δ' ἐπὶ σέλματος ἄκρου
εινὸν ὑπόδρα ἰδών· οἱ δ' εἰς πρύμνην ἐφόβηθεν,
ἀμφὶ κυβερνήτην δὲ σαόφρονα θυμὸν ἔχοντα
ἔσταν ἄρ' ἐκπληγέντες· ὁ δ' ἐξαπίνης ἐπορούσας   50
ἀρχὸν ἕλ', οἱ δὲ θύραζε κακὸν μόρον ἐξαλύοντες
πάντες ὁμῶς πήδησαν ἐπεὶ ἴδον εἰς ἅλα δῖαν,
δελφῖνες δ' ἐγένοντο· Κυβερνήτην δ' ἐλεήσας
ἔσχεθε καί μιν ἔθηκε πανόλβιον εἶπέ τε μῦθον·
Θάρσει † δῖ' ἑκάτωρ †[18] τῷ ἐμῷ κεχαρισμένε θυμῷ·   55
εἰμὶ δ' ἐγὼ Διόνυσος ἐρίβρομος ὃν τέκε μήτηρ
Καδμηῒς Σεμέλη Διὸς ἐν φιλότητι μιγεῖσα.
Χαῖρε τέκος Σεμέλης εὐώπιδος· οὐδέ πῃ ἔστι
σεῖό γε ληθόμενον γλυκερὴν κοσμῆσαι ἀοιδήν.

---

18. Passagem obscura e controvertida, objeto de muitas conjeturas. Tanto Allen-Sikes[2] como Humbert e West aceitam a grafia acima.

h.Hom. 26: A Dioniso

trad. Fernando B. Santos

A Dioniso coroado de hera, o que grita alto, comece eu a cantar,
esplêndido filho de Zeus e da mui ilustre Sêmele*,
ao qual alimentavam as ninfas* de belas mechas, do pai rei
recebendo-o, em seus seios e com cuidado, criavam-no
nas cavidades de Nisa*; e ele crescia pela vontade do pai   5
na caverna perfumada, contando entre o número dos imortais.
E depois que este muito hineado as deusas alimentaram,
daí então frequentava no fundo as silvestres grutas,
com hera e louro recoberto; elas ao mesmo tempo o seguiam,
as ninfas*, e ele ia à frente; um ruído enchia a inefável selva.   10
E tu assim salve, ó abundante em cachos, Dioniso:
dá-nos que alegres cheguemos de novo às estações,
e depois das destas estações, por muitos anos.

26. Εἰς Διόνυσον

Κισσοκόμην Διόνυσον ἐρίβρομον ἄρχομ' ἀείδειν
Ζηνὸς καὶ Σεμέλης ἐρικυδέος ἀγλαὸν υἱόν,
ὃν τρέφον ἠΰκομοι νύμφαι παρὰ πατρὸς ἄνακτος
δεξάμεναι κόλποισι καὶ ἐνδυκέως ἀτίταλλον
Νύσης ἐν γυάλοις· ὁ δ' ἀέξετο πατρὸς ἕκητι   5
ἄντρῳ ἐν εὐώδει μεταρίθμιος ἀθανάτοισιν.
Αὐτὰρ ἐπειδὴ τόνδε θεαὶ πολύυμνον ἔθρεψαν,
δὴ τότε φοιτίζεσκε καθ' ὑλήεντας ἐναύλους
κισσῷ καὶ δάφνῃ πεπυκασμένος· αἱ δ' ἅμ' ἕποντο
νύμφαι, ὁ δ' ἐξηγεῖτο· βρόμος δ' ἔχεν ἄσπετον ὕλην.   10
Καὶ σὺ μὲν οὕτω χαῖρε πολυστάφυλ' ὦ Διόνυσε·
δὸς δ' ἡμᾶς χαίροντας ἐς ὥρας αὖτις ἱκέσθαι,
ἐκ δ' αὖθ' ὡράων εἰς τοὺς πολλοὺς ἐνιαυτούς.

DIONISO

Sílvia M. S. de Carvalho

O mais longo dos hinos a Dioniso aqui traduzidos (*h.Hom.* 7 = *h. Bacch.*) conta em detalhes a conhecida passagem do rapto do deus pelos piratas tirrenos, que frequentemente se vê representada em vasos gregos. Jeanmaire dedica a Dioniso um de seus melhores estudos; mais recentemente, Marcel Detienne (1986) fez um bom apanhado das tradições referentes a Dioniso.

Deus vindo de fora da Grécia e estrangeiro à religião de família, Dioniso não era cultuado na cidade, mas, a partir do século VI a.C., seu culto passou a ter grande importância na Ática, sendo cultuado como um *daimon* ou deus da árvore (Jeanmaire, p.12). O nome de sua mãe, Sêmele*, não é grego. Jeanmaire (p.333) o aproxima de Zemlja ("Terra", nas línguas eslavas) e de Zemyna ("deusa Terra", em lituano).

Grávida de Zeus, Sêmele* dança, de pés descalços, e o filho nonato também dança e canta em seu ventre. E era essa maneira de dançar freneticamente (*coribantismo*) que era ressaltada ao se honrar Sêmele* no "festival das mulheres selvagens", durante as *leneias* (cap.8), quando um jovem touro, representando Dioniso, era sacrificado a ela. Dividido em nove pedaços, um deles era queimado, os outros consumidos crus pelos oficiantes. Segundo Graves (p.57-8), Sêmele* é explicada como uma das manifestações de Selene, a lua, e nove era o número tradicional do sacerdócio orgiástico das sacerdotisas lunares.

Sabendo que Sêmele* estava grávida de Zeus, a ciumenta Hera fez com que a rival pedisse a Zeus que ele lhe prometesse não recusar um desejo seu, e ele acaba assim obrigado a se mostrar em sua forma-essência verdadeira: Sêmele* foi fulminada pelo raio, mas Dioniso foi salvo por Zeus, recolhido por Hermes e entregue a Ino, uma das irmãs de Sêmele*, filha do rei Cadmo de Tebas*. Hera não desistiu e enlouqueceu Ino e seu marido Átamas, que mataram seus filhos; Ino, a seguir, afogou-se. Mais uma vez, Dioniso foi salvo, transformado em bode e levado por Hermes às ninfas* de Nisa*, na Ásia. É por isso que um dos hinos a Dioniso o louva como "cabrito" (*h.Hom.* 1).

Mas Dioniso é também invocado como "honorável touro" na Élida*, junto ao mar ou como Dioniso *Bugênio*, isto é, "nascido do touro" (Jeanmaire, p.45 e 50).[1] Jeanmaire refere ainda que o mais antigo testemunho do nome Dioniso é *Dionysiclès*, o que se traduz em lídio "Bakifalis", o que remete a Baco, epíteto grego de Dioniso e também nome latino do deus.

Segundo o Pseudo-Apolodoro e Apolônio de Rodes (Graves, p.56), ao ser salvo por Hermes, Dioniso – então com seis meses de gestação – é colocado dentro da coxa de Zeus, onde permaneceu mais três meses, para depois nascer, e daí ser chamado de "nascido duas vezes". Além disso, Dioniso é omadios (gr. ὠμάδιος, "comedor de carne crua"), e *antroporrestes* (gr. ἀνθρωπορραίστης, "esmagador de homens"), em Tenedo. Jeanmaire (p.229) informa que testemunhos dignos de fé obrigam a admitir que, ainda no IV século a.C., a celebração do culto a Dioniso no Monte Liceu* era acompanhada de antropofagia ritual, com consumação da carne de uma criança sacrificada,[2] e supõe que nesses ritos orgiásticos os participantes eram possuídos por um espírito animal, ou tomados por um sentimento de participação à essência de uma raça de carniceiros – leopardo, pantera –, animais consagrados a Dioniso (p.262).

Conta a tradição que Dioniso resgatou a mãe do Hades*, e lhe deu um novo nome: Tione*, a "extasiada delirante" (*h.Hom.* 1A.12; ver Kerényi, 1952, p.255). Depois, ele foi a Tebas*, a cidade de Sêmele*; mas o rei tebano Penteu, neto de Cadmo, opõe-se à nova religião. Sob a influência do deus, as mulheres (inclusive Agave, a mãe do rei) saem da cidade, tornando-se bacantes, que Penteu pretende combater. Já perturbado por Dioniso, ele se disfarça de mulher e vai até a floresta para presenciar o que ele julga serem orgias de Afrodite. Sua mãe o vê na forma de um animal

---

1. Cf. Eur. *Bacch.* 918-24.
2. Sobre os sacrifícios humanos no Monte Liceu, ver notas do cap.23.

selvagem (leão) e, tomada da loucura dionisíaca, o dilacera.[3] O culto de Dioniso se espalhou pela Grécia, mas as filhas do rei de Orcômeno* não aderiram ao culto, para não abandonar as tarefas domésticas. Dioniso enlouqueceu-as e elas acabam por matar seus próprios filhos.

Deus do ilusionismo, Dioniso ainda teria enlouquecido muitos outros que não o trataram com o devido respeito. Segundo o Pseudo-Apolodoro, Licurgo matou um de seus filhos, pensando cortar cepa de vinha (Detienne, 1986, p.29). E o próprio vinho puro (dádiva do deus) enlouqueceu os participantes de um banquete de Icário,[4] o qual é levado à morte, juntamente com a sua filha Erígone, que se enforca, e a cadela Maira (idem, p.54).

Os símbolos de Dioniso são o pião (gr. στρόβιλος), que simboliza o coração do deus, bolas, ossinhos (jogo de crianças, também usado para adivinhação), a matraca (gr. ρόμβος), o sistro, o espelho e os pomos de ouro das Hespérides (Jeanmaire, p.388).

Esses símbolos remetem ao mito de Zagreu, divindade cretense identificada posteriormente com Dioniso. Zagreu seria filho de Zeus e Perséfone*, antes de ela ser raptada por Hades*. Zeus encarregou os filhos de Reia*, os curetes cretenses, de cuidarem do menino na caverna do Monte Ida*. Mas os titãs*, seus inimigos, esperaram os curetes dormirem e, pintados de branco (com gesso ou cal), atraíram o menino, distraindo-o com os brinquedos acima mencionados, a que Godel (1960, p.38) ainda acrescenta uma pelota de lã, uma pinha e um boneco articulado. Zagreu, ao perceber que os titãs* tentavam agarrá-lo, se transformou sucessivamente em Zeus com roupa de cabra, em Crono* fazendo chuva, num leão, num cavalo, numa serpente com chifres, num tigre e num touro. É nesse momento que os titãs* o seguraram pelos chifres e pelos pés, despedaçaram-no (gr. σπαραγμός) com os dentes e o devoraram (Graves, p.118). Segundo tradição posterior, Atena salvou o coração de Zagreu,

---

3. Esse é, resumidamente, o argumento de *As Bacantes*, tragédia de Eurípides, representada pela primeira vez nas Grandes Dionísias de Atenas, em 405 a.C.
4. Ateniense que hospedou Dioniso, quando o deus levou a vinha à Ática.

DIONISO

Fig. 9.2 *Dioniso e os piratas*. Xilogravura de Bolognino Zaltieri, 1971.

Apolo juntou os membros dele no ônfalo de Delfos*, e os titãs* foram fulminados pelo raio de Zeus. De suas cinzas nasceram os seres humanos (Godel, 1960, p.38). Talvez se possa reconhecer nessa sequência de transformações um mito de instituição do sacrifício do touro, que tanta importância teve na Anatólia e cujas influências foram fortes em Creta*.

Por outro lado, Dioniso é o mais itinerante dos deuses, e é em uma de suas viagens que se insere o episódio com os piratas. Nômade, é tido como estrangeiro e ilusionista, o que nos leva a pensar outra vez na permanência – ou deveríamos dizer, na reirrupção? – de traços xamanísticos (ressemantizados).

Reichel-Dolmatoff (1986) relata um mito *kogi*,[5] no qual Bunkase, um índio comum, consegue se transformar em animais caçados pelas onças, e o xamã (Noánase) vê os homens como alimentos vegetais que ele, em transe, isto é, transformado em onça, devora. Essa visão do mundo, em que o indivíduo que consegue penetrar no outro mundo vê o nosso às avessas, é confirmada hoje pelos etnólogos das sociedades indígenas amazônicas.

---

5. Os *kogi* (ou *Kogui*) – nome que, em sua linguagem, significa "jaguar" – são povos indígenas sul-americanos que vivem em Sierra Nevada de Santa Marta, Colômbia.

Nestas sociedades, pensa-se que os animais, isto é, os espíritos animais, veem os outros seres e os seres humanos como nós os vemos a eles, frequentemente como alimentos a serem devorados. É o que Viveiros de Castro (2002) vem chamando "perspectivismo". Parece, pois, algo semelhante ao que acontece aos vitimados pela "mania divina", sendo que os espíritos animais que vêm se vingar (ou, melhor dito, que vêm reequilibrar as perdas sofridas por causa dos caçadores), irrompem na comunidade sempre como "o estranho", "o estrangeiro" de um outro mundo.

Fig. 10 *Os Dióscuros*. Reverso de tetradracma de prata do rei Eucrátides, da Bactriana. A inscrição ΒΑΣΙΛΕΩΣ ΜΕΓΑΛΟΥ ΕΥΚΡΑΤΙΔΟΥ, em um alfabeto grego arcaico, significa "do grande rei Eucrátides". Data: 171-145 a.C.

10.
Dióscuros, protetores dos necessitados

Edvanda B. Rosa
Sílvia M. S. de Carvalho

ΕΙΣ ΔΙΟΣΚΟΥΡΟΥΣ
In Dioscuros

h.Hom. 33, com 19 versos;

h.Hom. 17, com 5 versos.

h.Hom. 33: Aos Dióscuros

trad. Edvanda B. da Rosa

Musas de vivo olhar, entoai vossos cantos aos filhos de Zeus,
Tindáridas*, prole ilustre de Leda de belos pés,
Castor domador de cavalos e o irrepreensível Polideuces;
no sopé do cimo do grandioso Monte Taigeto*,
em íntimos amores unida ao Cronida* ajuntador de nuvens   5
gerou filhos para salvação dos habitantes da terra
e de suas velozes naus, quando com fúria se precipitam
as tempestades hibernais no mar inclemente. De dentro das naus
invocam suplicantes os filhos do grande Zeus
com brancos carneiros, dirigindo-se para a extremidade   10
da popa. Forte vendaval e espuma do mar
provocam a submersão do navio; surgem eles de súbito
e com asas farfalhantes se lançam através do éter.[1]
Em breve acalmam a tempestade dos terríveis ventos,
e aplainam a espuma das brancas ondas do alto-mar,   15
bom augúrio para os marinheiros, sem esforço para eles. Vendo isso,
eles se alegram com o fim de seu penoso trabalho.
Salve, Tindáridas*, cavaleiros de rápidos corcéis,
‹e› lembrar-me-ei de vós em meu próximo canto.

---

1. Essa referência às asas dos Dióscuros é única na literatura grega; os gêmeos são comumente imaginados no ar, a cavalo ou em uma carruagem de ouro (v.18; Eur. *Hel.* 1495-6; Pind. Pyth. 5.10). Para Leigh (1998, p.97), trata-se de uma metáfora, relacionada à rapidez de seu deslocamento pelo ar, o que estaria demonstrado por suas representações iconográficas, com as capas ao vento (ver *LIMC*, s.v.). Em geral, os Dióscuros identificam-se com os obscuros Cabiros da Samotrácia, pois ambos eram cognominados θεοὶ μεγάλοι, "grandes deuses", e protegiam os marinheiros em apuros (v.13-17). Os dois eram associados ao fogo-de-santelmo, luz azulada que às vezes aparece no mastro dos navios, gerada por fenômenos elétricos das tempestades.

33. Εἰς Διοσκούρους

Ἀμφὶ Διὸς κούρους ἑλικώπιδες ἔσπετε Μοῦσαι
Τυνδαρίδας Λήδης καλλισφύρου ἀγλαὰ τέκνα,
Κάστορά θ' ἱππόδαμον καὶ ἀμώμητον Πολυδεύκεα,
τοὺς ὑπὸ Ταϋγέτου κορυφῇ ὄρεος μεγάλοιο
μιχθεῖσ' ἐν φιλότητι κελαινεφέϊ Κρονίωνι   5
σωτῆρας τέκε παῖδας ἐπιχθονίων ἀνθρώπων
ὠκυπόρων τε νεῶν, ὅτε τε σπέρχωσιν ἄελλαι
χειμέριαι κατὰ πόντον ἀμείλιχον· οἱ δ' ἀπὸ νηῶν
εὐχόμενοι καλέουσι Διὸς κούρους μεγάλοιο
ἄρνεσσιν λευκοῖσιν ἐπ' ἀκρωτήρια βάντες   10
πρύμνης· τὴν δ' ἄνεμός τε μέγας καὶ κῦμα θαλάσσης
θῆκαν ὑποβρυχίην, οἱ δ' ἐξαπίνης ἐφάνησαν
ξουθῇσι πτερύγεσσι δι' αἰθέρος ἀΐξαντες,
αὐτίκα δ' ἀργαλέων ἀνέμων κατέπαυσαν ἀέλλας,
κύματα δ' ἐστόρεσαν λευκῆς ἁλὸς ἐν πελάγεσσι,   15
ναύταις σήματα καλ' ἄπονα σφίσιν· οἱ δὲ ἰδόντες
γήθησαν, παύσαντο δ' ὀϊζυροῖο πόνοιο.
Χαίρετε, Τυνδαρίδαι ταχέων ἐπιβήτορες ἵππων·
αὐτὰρ ἐγὼν ὑμέων ‹τε› καὶ ἄλλης μνήσομ' ἀοιδῆς.

h.Hom. 17: Aos Dióscuros

trad. Edvanda B. da Rosa

Canta, Musa harmoniosa, Castor e Polideuces,
Tindáridas* de Zeus Olímpio nascidos.
Ao pé do Monte Taigeto* gerou-os Leda augusta,
às ocultas subjugada pelo Cronida* ajuntador de nuvens.
Salve, Tindáridas*, cavaleiros das rápidas montarias.   5

17. Εἰς Διοσκούρους

Κάστορα καὶ Πολυδεύκε' ἀείσεο Μοῦσα λίγεια,
Τυνδαρίδας οἳ Ζηνὸς Ὀλυμπίου ἐξεγένοντο·
τοὺς ὑπὸ Ταϋγέτου κορυφῆς τέκε πότνια Λήδη
λάθρη ὑποδμηθεῖσα κελαινεφέϊ Κρονίωνι.
Χαίρετε Τυνδαρίδαι, ταχέων ἐπιβήτορες ἵππων.   5

DIÓSCUROS

Sílvia M. S. de Carvalho

Os Dióscuros são heróis-deuses da Lacônia*, filhos de Leda, mulher do rei espartano Tíndaro, e de Zeus, que se uniu a Leda na forma de cisne. Outras versões falam de uma união de Zeus com Nêmesis*, cujo ovo teria sido colocado por Hermes no colo de Leda. De qualquer maneira, do ovo nasceram – como filhos de Leda – Helena, Clitemnestra, Castor e Polideuces (Pólux). Como Tíndaro também dormiu com Leda na mesma noite, há uma versão que menciona o nascimento de Clitemnestra juntamente com Helena, de um segundo ovo. E, segundo Píndaro e o Pseudo-Apolodoro (Graves, p.207), Helena e Polideuces eram filhos de Zeus, enquanto Castor e Clitemnestra eram filhos de Tíndaro.

Assim, os Dióscuros são gêmeos desiguais, como tantos outros gêmeos míticos, não só da Grécia,[1] mas também de outras civilizações antigas[2] e das mitologias de muitos povos indígenas americanos.[3] Na América, são heróis da aurora do mundo, heróis civilizadores e mesmo criadores da humanidade.[4] A mãe deles é sacrificada antes mesmo de nascerem – nos mitos tupis, pelas Onças – e os filhos, a que também se procura sacrificar, escapam da morte e conseguem sobreviver para modificar o mundo.

No plano da vida real, gêmeos eram sacrificados. Nos tempos em que a humanidade era caçadora-coletora e nomadizava

---

1. Como, por exemplo, Héracles e Íficles*, filhos de Zeus/Anfitrião.
2. V.g., os gêmeos Mês′lam-ta-è-a e Lugal-gir-ra, da Mesopotâmia (Dhorme, 1949, p.81), e os gêmeos Ashvins, da Índia Antiga.
3. Os gêmeos dos povos tupi, que se transformam, ao fim de suas aventuras, em sol e lua, são, entre os *tenetehara**, Mair-Mimi (filhos de Mair-Onça, sol) e Mikur-Mimi (filho de Micura ou Gambá, lua). Ver também cap.16, p.459.
4. No caso dos gêmeos tupis, criadores da humanidade, pode-se interpretar o sol como princípio eterno (representando a continuidade da espécie) e lua como representando os ciclos de vida e morte, isto é, a intermitência.

constantemente sobre o seu território, evidentemente era praticamente impossível uma mãe assumir gêmeos para criar. Nessas sociedades, a mãe tinha que amamentar o filho até cinco anos ou mais, uma vez que não havia leite animal disponível, como entre os criadores de gado, e nem papinhas e alimentos cozidos; e os alimentos crus ou assados não podiam nutrir uma criança muito pequena. Há também, naturalmente, um outro fator: ter duas crianças de uma vez só era uma espécie de *desmedida* (gr. ὕβρις) e era também muito mais característico de alguns dos grandes predadores: onças, lobos e ursos têm geralmente dois filhotes em cada parto. Além disso, em referência aos Dióscuros, a Héracles e Íficles*, e aos gêmeos míticos sul-americanos, o relato implica adultério. Parece que, nascendo gêmeos, pressupunha-se que tivesse ocorrido adultério. Também na Grécia, gêmeos eram frequentemente expostos, assim como nos mitos de Antíope, de Tiro, de Pélias e de Neleu (Brelich, 1978, p.297).

Numa das batalhas de que teriam tomado parte contra dois outros gêmeos, Idas e Linceu,[5] Castor foi ferido de morte. Polideuces, inconformado de perder o irmão, teria solicitado a Zeus dividir sua imortalidade com o seu gêmeo, e assim os dois teriam vidas intermitentes. De fato, Polideuces e Castor voltam ao céu astral, anualmente, após um período de ocultação. Atitude curiosamente semelhante tem Mikur-Mimi em relação ao irmão gêmeo: ao se encontrarem com Mair, Mair-Mimi enfrenta o pai, ameaçando-o de morte, caso ele não reconheça a Mikur--Mimi também como filho.

Castor, mortal (herói) e Polideuces, olímpico (deus), eram guerreiros e também cavaleiros. Polideuces era tido como o inventor do emprego de cães na caça, enquanto Castor teria inventado a caça a cavalo.

---

5. Ver n.7, p.518.

Fig. 11 *Alcioneu, Atena, Gaia e Nice**. Detalhe do friso da *gigantomaquia*, leste, Grande Altar de Zeus em Pérgamo. Data: 190-150 a.C.

11.
Gaia, mãe de todos

Wilson A. Ribeiro Jr.
Flávia R. Marquetti

ΕΙΣ ΓΗΝ ΜΗΤΕΡΑ ΠΑΝΤΩΝ
In Tellurem matrem omnium

h.Hom. 30, com 19 versos.

h.Hom. 30: A Gaia

trad. Wilson A. Ribeiro Jr.

Eu cantarei Gaia, a mãe de todos, a de firmes fundações,
a mais antiga, a que alimenta tantos quantos vivem nela:
os que percorrem o solo, o mar e também
os que voam. Todos se alimentam de sua riqueza.[1]
Através de ti, belas crianças e belos frutos se formam,   5
senhora, e a ti cabe dar e tirar a vida
dos homens mortais. Feliz é aquele que honras,
bondosamente, com teu sopro; para ele tudo vem em abundância,
a terra que dá vida fica carregada de grãos; nos campos,
os rebanhos prosperam e a casa se enche de riquezas.   10
Eles governam com justiça uma cidade
de belas mulheres, e muita riqueza e abundância os acompanham;
seus filhos exultam de alegre juventude,
suas filhas dançam, com o coração alegre, coros
multifloros, saltando sobre as delicadas flores da relva.   15
Eis o que acontece a aqueles que tu honras, deusa augusta,
                                  [divindade benfazeja!
Salve, mãe dos deuses,[2] esposa do estrelado Urano*;
concede-me bondosamente, por este canto, vida aprazível.
A seguir, eu me lembrarei de ti e também de outro canto.

---

1. Cf. Soph. *Ant.* 338-43.
2. Ver, *Introdução* (p.63-4), sobre a frequente identificação entre Gaia, Reia e Deméter.

30. Εἰς Γῆν[3]

Γαῖαν παμμήτειραν ἀείσομαι ἠϋθέμεθλον
πρεσβίστην, ἣ φέρβει ἐπὶ χθονὶ πάνθ' ὁπόσ' ἐστίν·
ἠμὲν ὅσα χθόνα δῖαν ἐπέρχεται ἠδ' ὅσα πόντον
ἠδ' ὅσα πωτῶνται, τάδε φέρβεται ἐκ σέθεν ὄλβου.
Ἐκ σέο δ' εὔπαιδές τε καὶ εὔκαρποι τελέθουσι   5
πότνια, σεῦ δ' ἔχεται δοῦναι βίον ἠδ' ἀφελέσθαι
θνητοῖς ἀνθρώποισιν· ὁ δ' ὄλβιος ὅν κε σὺ θυμῷ
πρόφρων τιμήσῃς· τῷ τ' ἄφθονα πάντα πάρεστι.
βρίθει μέν σφιν ἄρουρα φερέσβιος, ἠδὲ κατ' ἀγροὺς
κτήνεσιν εὐθηνεῖ, οἶκος δ' ἐμπίπλαται ἐσθλῶν·   10
αὐτοὶ δ' εὐνομίῃσι πόλιν κάτα καλλιγύναικα
κοιρανέουσ', ὄλβος δὲ πολὺς καὶ πλοῦτος ὀπηδεῖ·
παῖδες δ' εὐφροσύνῃ νεοθηλέϊ κυδιόωσι,
παρθενικαί τε χοροῖς φερεσανθέσιν εὔφρονι θυμῷ
παίζουσαι σκαίρουσι κατ' ἄνθεα μαλθακὰ ποίης,   15
οὕς κε σὺ τιμήσῃς σεμνὴ θεὰ ἄφθονε δαῖμον.
Χαῖρε θεῶν μήτηρ, ἄλοχ' Οὐρανοῦ ἀστερόεντος,
πρόφρων δ' ἀντ' ᾠδῆς βίοτον θυμήρε' ὄπαζε·
αὐτὰρ ἐγὼ καὶ σεῖο καὶ ἄλλης μνήσομ' ἀοιδῆς.

---

3. Título alternativo em alguns manuscritos: Εἰς Γῆν μητέρα πάντων, "à Terra, mãe de todos".

GAIA

Flávia R. Marquetti

Gaia, Geia ou, ainda, Gê é a Terra, concebida como elemento primordial de que descendem as raças divinas. Esposa de Urano*, o céu, que ela mesma gerou sem o auxílio de qualquer elemento masculino, ela é a grande nutriz, o feminino com maiúscula, a "Grande Deusa", a Terra Mãe original, cultuada desde o Paleolítico* e o Neolítico*. Como informa Loraux (1991, p.47-8), ela se multiplicou, tornando-se universalmente presente, desde a Anatólia até a Grécia, e da Grécia ao Japão, passando pela África profunda.

Gaia simboliza o feminino e é uma "metáfora da mãe humana", reduzida à ideia de nutriz, de seio maternal. Daí sua associação, ou fusão, com outras deusas mães, como Deméter, a doadora das colheitas (v.7-10), Têmis*, patrona da justiça e de todo acordo duradouro (v.11), Cibele*, a Senhora dos Animais, ou ainda Perséfone*, divindade ctônica que recebe os mortos em seu seio.

Entre os gregos, Gaia é a mãe dos deuses, a avó venerável que engendrou não só Urano*, mas também as Montanhas e Ponto*,[1] a personificação masculina do elemento marinho. De sua união com Urano* nasceram deuses primordiais: os *titãs**, as *titânides**, os *ciclopes**, os *Hecatônquiros**[2] e muitos outros deuses. Gaia uniu-se ainda com Ponto*, com Tártaro*, com Posídon e com Oceano*, gerando inúmeras outras divindades.

Inspiradora de vários oráculos, Gaia possuía os segredos dos Destinos (*h.Ap.*, 238, nota) e seus oráculos eram os mais antigos

---

1. Ponto representa as águas primordiais, separadas da terra no momento da criação. Em Hesíodo, Gaia se separa em três partes, sem união amorosa, e parte dela dá origem a Urano, o céu, e a Ponto, "infecunda planície de ondas" (*Th.* 126-32).
2. Consultar, no *Glossário*, as entradas sobre Urano* e Gaia*.

da terra, guardados por serpentes. O mais conhecido deles foi o de Pitô* (Delfos*), cuja serpente, Píton, foi morta por Apolo ao se apossar do santuário da deusa (*h.Ap.* 300-4 e 356-74; Sissa, 1987, p.66-75).

O culto a Gaia é anterior às cidades e à economia urbana, é um culto eminentemente agrário, dos primórdios da vida rural. As mais antigas referências ao seu culto estão na *Ilíada* (3.104 e 278; 15.36 e 19.259). Gaia era invocada nos juramentos e uma ovelha negra era sacrificada a ela. Diversas póleis tinham templos e altares dedicados à deusa: Atenas, Esparta, Delfos*, Olímpia e muitas outras.

Fig. 12 *A forja de Vulcano* (nome romano de Hefesto).
Óleo sobre tela de Diego Velásquez. Data: 1630.

12.
HEFESTO, DEUS DO FOGO

Edvanda B. Rosa
Sílvia M. S. de Carvalho

ΕΙΣ ΗΦΑΙΣΤΟΝ
In Volcanum

h.Hom. 20, com 8 versos.

h.Hom. 20: A Hefesto

trad. Edvanda B. Rosa

Musa melodiosa, canta a Hefesto, de talento notável,
que com Atena de olhos brilhantes obras admiráveis
ensinou aos homens que povoam a terra, eles que outrora
habitavam em antros nas montanhas, como animais.
Agora, instruídos para o trabalho por Hefesto, célebre artesão,   5
com facilidade levam vida tranquila o ano todo,
em casas por eles próprios construídas.
Sê-nos propício, Hefesto! Dá-nos excelência e riqueza.

20. Εἰς Ἥφαιστον

Ἥφαιστον κλυτόμητιν ἀείδεο Μοῦσα λίγεια,
ὃς μετ' Ἀθηναίης γλαυκώπιδος ἀγλαὰ ἔργα
ἀνθρώπους ἐδίδαξεν ἐπὶ χθονός, οἳ τὸ πάρος περ
ἄντροις ναιετάασκον ἐν οὔρεσιν ἠΰτε θῆρες.
νῦν δὲ δι' Ἥφαιστον κλυτοτέχνην ἔργα δαέντες   5
ῥηϊδίως αἰῶνα τελεσφόρον εἰς ἐνιαυτὸν
εὔκηλοι διάγουσιν ἐνὶ σφετέροισι δόμοισιν.
Ἀλλ' ἵληθ' Ἥφαιστε· δίδου δ' ἀρετήν τε καὶ ὄλβον.

HEFESTO

Sílvia M. S. de Carvalho

Hefesto é a única divindade grega com defeito físico: ele é manco; Brelich (1978, p.354) observa que heróis mancos abundam nas mitologias. De fato, mancos e pernetas aparecem com frequência nas mitologias indígenas, tanto da América do Norte, como da Central e do Sul. Trata-se geralmente de entidades ligadas à terra, opinião também aceita por Lévi-Strauss na análise que fez do mito de Édipo.[1] E o deus (ou titã*) artesão por excelência partilha, por isso, com Atena, templos na Ática. Aliás, é ele quem golpeia o crânio de Zeus para que ela nasça (Otto, 1968, p.58).

Hefesto é arremessado do Olimpo* por sua própria mãe, Hera,[2] e cresce sob os cuidados da nereida Tétis* (*h.Ap.* 316-20). Hera o readmite no Olimpo* e o casa com Afrodite. Essa readmissão de Hefesto no Olimpo* constitui um dos mais populares episódios da mitologia grega. Pausânias (1.20.8) e diversas cenas pintadas nos vasos gregos[3] contam que, para se vingar, Hefesto enviou à mãe um belíssimo trono de ouro; ao sentar-se nele, Hera ficou presa por cadeias invisíveis, impossíveis de quebrar ou desenlaçar (ver *Od.* 8.274-5), cujo segredo só Hefesto conhecia. Foram enviados diversos deuses para tentar convencer Hefesto a soltar a mãe, e ele se manteve irredutível. Quando Dioniso foi enviado, o deus recorreu a um subterfúgio: primei-

---

1. O estudo que Lévi-Strauss fez do mito de Édipo para ilustrar o método estrutural na análise de mitos tornou-se clássico. Ver Lévi-Strauss (1981).
2. A *Ilíada* considera Hefesto filho de Hera e de Zeus (*Il.* 1.571-3); a *Teogonia* hesiódica (927-8) e o longo hino a Apolo (*h.Ap.* 316-7), por outro lado, dão Hefesto como filho de Hera, apenas; ela o teria gerado οὐ φιλότητι μιγεῖσα, "não unida em amor" (Hes. *Th.* 928).
3. Ver, entre outras, a cena do *skýphos* ático de figuras vermelhas do "Kleophon Painter", de 430-420 a.C., conservado no Toledo Museum of Art, Toledo, Estados Unidos, disponível em www.theoi.com/Gallery/K7.1B.html.

ro embebedou Hefesto com vinho e depois conseguiu levá-lo ao Olimpo*, no dorso de uma mula ou amparado por um sátiro (ele não conseguia parar em pé).[4]

Segundo outra tradição, Hefesto foi arremessado novamente lá de cima, desta vez por Zeus, ao defender Hera durante uma briga com o marido (*Il.* 1.590-4). Versões mais tardias informam que, na queda, quebrou as duas pernas. Novamente readmitido ao Olimpo*, só conseguia andar com muletas de ouro.

Entre os povos da África, a casta dos ferreiros era cercada de mistérios. Eram tidos como feiticeiros, implicando a fundição do ferro em sacrifícios humanos. Considerado *sacer*, perigoso, impuro, o ferreiro vivia de certa forma excluído do mundo humano (Makarius, 1968). Talvez isso possa explicar os banimentos de Hefesto do Olimpo*.

A metalurgia chega à Grécia das ilhas do Egeu e, provavelmente, é essa a razão da tradição que cita uma gruta de Lemnos* como local onde Tétis* e Eurínome[5] esconderam Hefesto. Em Lemnos*, no Monte Mosquilo, assim como em Lípari, fontes atiravam um jato de gás asfáltico. Hefesto tinha um *atelier* nessas montanhas (Graves, p.86 ss.).

---

4. Esse episódio, conhecido por "o retorno de Hefesto", parece ser o tema do fragmento c do *h.Hom.* 1 *a Dioniso*. Ver cap.9.
5. Uma das *oceânides*, filhas de Oceano* e Tétis.

Fig. 13.1 *A carruagem de Hélio*. Detalhe de vaso de figuras vermelhas. Data provável: 400-350 a.C.

13.
Hélio, deus-sol

Wilson A. Ribeiro Jr.

ΕΙΣ ΗΛΙΟΝ
In Solem

h.Hom. 31, com 19 versos.

h.Hom. 31: A Hélio

trad. Wilson A. Ribeiro Jr.

A seguir, ó filha de Zeus, Musa Calíope, começa a cantar
Hélio, o radiante, que Eurifáessa de olhos de bovina[1]
deu à luz para o filho de Gaia e do estrelado Urano*,
pois Hipérion* se casou com a ilustríssima Eurifáessa,
sua própria irmã, que pôs no mundo, para ele, belas crianças: 5
Eos*, de róseos braços, Selene, de belas tranças,
e o incansável Hélio, semelhante aos imortais,
que traz luz aos mortais e aos deuses imortais,
em sua carruagem.[2] Ele olha, terrível, com os dois olhos
que saem do capacete de ouro; os raios luminosos a partir dele   10
cintilam, radiantes, fora das têmporas; os lados do rosto,
luminosos, delineiam graciosamente, a partir da cabeça, a face que
brilha de longe; uma bela veste, finamente trabalhada em volta do corpo,
brilha em uma rajada de vento; e por garanhões [ele é conduzido].   14
E então, depois de permanecer [...], a carruagem com jugo de ouro e os
⟨   [cavalos ele   15
. . . .   15a
conduz, ⟨inefável⟩, através do céu, rumo a Oceano*.
Salve, meu Senhor! Concede-me, bondosamente, uma vida agradável ao
coração.
E, tendo começado por ti, cantarei a raça dos homens semidivinos
dotados de voz, cujas façanhas os deuses mostraram aos mortais.

---

1. "Olhos de bovina" é um epíteto associado, em geral, à deusa Hera.
2. Gr. ἵπποις, lit. "cavalos". Aqui, o vocábulo tem o sentido homérico de "carruagem e cavalos" (ver Allen-Sikes e Humbert, *ad loc.*).

31. Εἰς Ἥλιον

Ἥλιον ὑμνεῖν αὖτε Διὸς τέκος ἄρχεο Μοῦσα
Καλλιόπη φαέθοντα, τὸν Εὐρυφάεσσα βοῶπις
γείνατο Γαίης παιδὶ καὶ Οὐρανοῦ ἀστερόεντος·
γῆμε γὰρ Εὐρυφάεσσαν ἀγακλειτὴν Ὑπερίων
αὐτοκασιγνήτην, ἥ οἱ τέκε κάλλιμα τέκνα 5
Ἠῶ τε ῥοδόπηχυν ἐϋπλόκαμόν τε Σελήνην
Ἠέλιόν τ' ἀκάμαντ' ἐπιείκελον ἀθανάτοισιν,
ὃς φαίνει θνητοῖσι καὶ ἀθανάτοισι θεοῖσιν
ἵπποις ἐμβεβαώς· σμερδνὸν δ' ὅ γε δέρκεται ὄσσοις
χρυσῆς ἐκ κόρυθος, λαμπραὶ δ' ἀκτῖνες ἀπ' αὐτοῦ 10
αἰγλῆεν στίλβουσι, παρὰ κροτάφων τε παρειαὶ
λαμπραὶ ἀπὸ κρατὸς χαρίεν κατέχουσι πρόσωπον
τηλαυγές· καλὸν δὲ περὶ χροΐ λάμπεται ἔσθος
λεπτουργὲς πνοιῇ ἀνέμων, ὑπὸ δ' ἄρσενες ἵπποι
ἔνθ' ἄρ' ὅ γε στήσας χρυσόζυγον ἅρμα καὶ ἵππους 15
. . . .[3] 15a
⟨θεσπέσιος⟩ πέμπῃσι δι' οὐρανοῦ Ὠκεανόνδε.
Χαῖρε ἄναξ, πρόφρων δὲ βίον θυμήρε' ὄπαζε·
ἐκ σέο δ' ἀρξάμενος κλήσω μερόπων γένος ἀνδρῶν
ἡμιθέων ὧν ἔργα θεοὶ θνητοῖσιν ἔδειξαν.

---

3. Allen-Sikes preconizam, aqui, a presença de uma lacuna e fazem uma reconstituição conjetural baseada em expressões relacionadas do hino 3 *a Apolo* (ver cap.2) e do hino *a Selene* (ver cap.22): αὖτοθι παύεται ἄκρου ἐπ' οὐρανοῦ, εἰσόκεν αὖτις, "ele para no ponto mais alto do céu até que, de novo".

HÉLIO[1]

Wilson A. Ribeiro Jr.

Para os gregos, Hélio era o sol personificado. Divindade "menor", afastada do tradicional panteão olímpico de doze deuses*, era, no entanto, cultuado desde longa data em Corinto, Sicíon, Olímpia e diversas outras póleis do Peloponeso* (Paus. *passim*). Seu santuário mais famoso e mais importante, sem dúvida, foi o da ilha de Rodes, onde existiu, entre 280 e 220 a.C., o "Colosso de Rodes", gigantesca estátua de Hélio,[2] considerada uma das maravilhas do mundo antigo (Burkert, 1993). A menção de Píndaro (*Ol.* 7.58-72) ao deus e ao papel de seus descendentes no povoamento da ilha recua a data do culto pelo menos à primeira metade do século V a.C.

O CURSO DO SOL NO HINO *A HÉLIO*

Depois da invocação (v.1-2), o autor nomeia Hélio e apresenta a genealogia do deus (v.2-6). Em todas as fontes conhecidas, o pai de Hélio é o titã* Hipérion*, "o que está em cima", a mãe é a titânide* Teia, "a divina", e seus irmãos são Eos*, a aurora, e Selene, a lua (Hes. *Th.*, 371-4 e Apollod. 1. 2.2 Frazer). O hino é o único texto que dá o nome de Euriáessa, "a que brilha de longe", à mãe do deus. É possível que esse nome seja apenas uma hipóstase da lua (Humbert, p.247, n.1); Píndaro, porém, pelo menos dois séculos antes do hino, deu à titânide* Tia o epíteto πολυώνυμος, "a de muitos nomes", e pontuou que os homens dão, graças a ela,

---

1. Texto baseado na Comunicação apresentada durante o IV Congresso Nacional de Estudos Clássicos em Ouro Preto, MG, na Sessão de Comunicações Coordenadas *Reflexos do Paleolítico e Neolítico nos Hinos Homéricos*, em 6 de agosto de 2001.
2. A estátua, em bronze, é tradicionalmente atribuída ao escultor Cares de Lindos, que viveu no início do século III a.C.

grande valor ao ouro (Pind. *Isthm*. 1.5.1) – dourado e brilhante como o sol. É bem mais provável, portanto, que Píndaro e o poeta do hino conhecessem um mito alternativo, que se perdeu, sobre a ascendência de Hélio e seus irmãos.[3]

Uma particularidade estranha do *hino* é a acentuada inferioridade do *status* divino de Hélio, que o epíteto ἐπιείκελον ἀθανάτοισιν, "semelhante aos imortais", dá a entender (v.7); nos poemas homéricos, esse epíteto acompanha habitualmente os heróis ou semideuses. É bem verdade que Hélio, certa vez, teve medo das flechas de Héracles (Apollod. 2.5.10), mas daí a considerá-lo menos que imortal é um tanto exagerado. O próprio autor do hino assinala que Hipérion*, o pai de Hélio, era filho de duas divindades primordiais, Urano* e Gaia* (v.2-3); assim, é mais razoável imaginar que a fórmula homérica foi utilizada mecanicamente, isto é, sem outras considerações (Humbert, p.247, n.2). Outra explicação poderia ser a de um certo exagero poético da posição nitidamente subalterna de Hélio no panteão grego. Para se vingar dos companheiros de Odisseu*, por exemplo, ele teve que pedir a intervenção de Zeus (*Od*. 12.353-65). E a ajuda recebida não foi, certamente, decorrência da ameaça de Hélio de se mudar para o Hades* (*Od*. 12.371-83). O próprio Zeus ordenou-lhe, em outra oportunidade, que ele parasse de brilhar, e foi atendido (Apollod. 1.6.1).

Quanto ao aspecto antropomórfico, o deus é mostrado como um homem jovem (sem barba) que brilha; de sua cabeça saem raios luminosos (ἀκτῖνες), e ele conduz uma carruagem puxada por cavalos ao longo da abóbada celeste (9;14-6);[4] as vestes esvoaçantes sugerem grande velocidade (v.14-6). É notável a semelhança entre a descrição e as mais conhecidas representações artísticas de Hélio.[5] Embora o hino não dê detalhes da atrela-

---

3. Ver, no cap.22, uma breve discussão sobre as relações entre o deus-sol, a deusa-lua e sua genealogia.
4. Ver também *h.Cer.* 62-3 e *h.Hom.* 28.13-4.
5. Exemplos típicos são dois vasos áticos de figuras vermelhas, atualmente no *The British Museum* de Londres, datados de 435 e 400-350 a.C. (um deles é o mostrado na p.368), uma métopa do templo de Atena em Troia, atualmente

gem, as imagens do deus mostram que a carruagem de Hélio é uma quadriga puxada por cavalos alados (*h.Merc.* 68-9); Píndaro relata que os cavalos respiravam fogo (Pind. *Ol.* 7.71). Kerényi (1993, v.1, p.149) acredita que, primitivamente, Hélio era conduzido por touros; a leitura atenta do verso da *Ilíada* em que ele se baseou (*Il.* 16.779), porém, não apoia tal hipótese. Em ἦμος δ' Ἡέλιος μετενίσετο βουλυτόνδε, a palavra Ἡέλιος está no nominativo e βουλυτόνδε,[6] no acusativo; os dois vocábulos não podem, consequentemente, ser traduzidos de forma predicativa. A tradução mais adequada do verso seria mais ou menos esta: "mas, quando Hélio se aproximava da hora em que os bois são soltos" (βουλυτόν = βοῦς, "boi" + λυτός, adjetivo verbal de λύω, = "que pode ser solto").

A descrição do trajeto da carruagem de Hélio durante o dia, nos v.14-15, está um pouco prejudicada por uma lacuna no texto, mas, em linhas gerais, confere com outras fontes. O deus-sol inicia seu curso no oriente, ao amanhecer; surge no horizonte logo depois de Eos*, a aurora; atravessa o céu em sua carruagem, ao longo do dia, rumo ao ocidente e, ao cair da noite, desaparece na terra das Hespérides, além do rio Oceano*. Mas o hino não conta que, à noite, o deus repousa em um leito alado que o leva confortavelmente acima das águas de Oceano*, de volta ao oriente (Mimn. *Fr.* 10); em outras versões, ele é transportado em uma taça de ouro que flutua (Ath. 11.38-9; Apollod. 2.5.10; figura 13.2, p.375). Esse pequeno descanso não combina, evidentemente, com o epíteto homérico ἀκάμας, "incansável" (*Il.* 18.239), mencionado em nosso hino (v.7).

Esse epíteto e outros atributos do deus (v.2, v.7-8 e v.10) remontam pelo menos à época dos poemas homéricos. Na *Ilíada*,

---

no *Staatliche Museen Antikenmuseen* de Berlim, datada do início do século III a.C. O aspecto frontal dos cavalos da carruagem estão também conservados em uma métopa de calcáreo do templo E de Selinunte, dedicado a Hera e datado de 460-450 a.C. Há, ainda, um grande número de moedas com a "efígie radiada" de Hélio, cunhadas notadamente em Rodes durante o Período Helenístico.

6. Ou βουλυτὸν δὲ, conforme a edição consultada da *Ilíada*.

HÉLIO

Fig. 13.2 *Héracles na taça de Hélio*. Interior de taça de figuras vermelhas ao estilo de Douris, de Vulci. Data: 500-460 a.C. Desenho de P. Sellier.

a visão de Hélio é aguçada (*Il*. 8.480; 14.340); na *Odisseia*, ele é "o que dá luz aos mortais" (*Od*. 10.138) e é, além disso, um rico proprietário de gado bovino (*Od*. 12.260-4; 19.265).

O autor do hino não menciona, porém, outros dois atributos importantes. Hélio é o "olho que tudo vê" (*Od*. 11.109; *h.Cer*. 62; Aesch. *Cho*. 920 e *PV* 94), aquele que tudo sabe e, portanto, pode revelar o que aconteceu às escondidas. Graças à sua interferência, por exemplo, o deus Hefesto tomou ciência da infidelidade de Afrodite (*Od*. 8.271) e a deusa Deméter descobriu o paradeiro da filha Perséfone*, raptada por Hades* (*h.Cer*. 22-7). A luz de Hélio é, também, capaz de excitar a imaginação (Ar. *Thesm*. 65).

Outra interessante propriedade, não mencionada, é a capacidade de cura de Hélio: Órion, cego,[7] recuperou a visão em decorrência da simples exposição aos raios solares (Apollod. 1.1.33). Essa relação entre o sol e as doenças, à primeira vista totalmente mítica,[8] não era estranha aos médicos gregos. Um tratado hipocrático do final do século V a.C., por exemplo, credita ao clima – em grande parte determinado pelo calor do sol – as características físicas e psíquicas das pessoas, e também a predisposição a

---

7. Gigantesco caçador, filho de Posídon. Tentou violentar a filha do rei Enópion, que o cegou enquanto dormia, embriagado. Foi um dos amores de Eos, a aurora, e perseguia constantemente as ninfas do séquito de Ártemis e foi, finalmente, morto pela deusa e transformado em constelação.
8. Note-se, por outro lado, o efeito dos raios de Hélio na serpente Píton (*h.Ap*. 371).

certas doenças. Aconselha, inclusive, o estudo das evoluções do sol (ἡλίου τροπαί) antes da escolha de certos tratamentos[9] (Hp. *Aër.* 11). O leigo Pausânias concorda (7.23.8): é o curso do sol (τὸν ἡλιακὸν δρόμον) que traz saúde à humanidade.

Finalmente, o autor do *hino* fez uma associação que, no entanto, não passou desapercebida ao filósofo-poeta-médico Empédocles de Acragás, durante o século V a.C. No *Fr.* 40, conservado por Plutarco,[10] a luz do sol foi comparada a dardos pontiagudos, através de um raro epíteto: Ἥλιος ὀξυβελὴς, "Hélio de agudo dardejar".

Origem do mito de Hélio

A procedência de alguns mitos gregos pode ser identificada com certo grau de confiabilidade. Afrodite, Deméter e Ártemis, por exemplo, eram originalmente deusas-mães paleolíticas (Marquetti, 2001); os mitos de Pélops e Cadmo refletem antigos movimentos populacionais oriundos da Ásia Ocidental; o episódio de Teseu e do Minotauro evoca, obviamente, a cultura minoica da Idade do Bronze*; Adônis era reconhecidamente de origem semita (Apollod. 3.14.4 Frazer); e Zeus foi trazido à Grécia pelos imigrantes indo-europeus (Sergent, 1990).

Hélio deve ter sido divinizado pelo homem durante o Paleolítico*, a mais recuada etapa de desenvolvimento cultural da humanidade. O sol é um dos mais conspícuos componentes do mundo natural, com o qual o homem paleolítico* tinha contato íntimo, direto, constante; visível e ofuscante, longínquo e intocável, não é possível olhar diretamente para ele durante muito tempo. O brilho ofuscante e a impossibilidade de ser contemplado diretamente são, para o homem, características divinas.

---

9. Modernamente, sabe-se que a incidência de deficiência de vitamina D e de síndromes depressivas é maior nos países do hemisfério norte, onde os meses nublados são mais numerosos.
10. *Da face no disco da lua*, 920c.

Lembremos, por exemplo, no contexto dos hinos homéricos, o comportamento de Anquises diante de Afrodite, ao se conscientizar de que estava diante de uma deusa: ela é mais brilhante do que a chama do sol (*h.Ven.* 86), e Anquises evita olhar diretamente para ela (*h.Ven.* 182). O sol é também "imortal", pois atravessa diariamente e quase constantemente o firmamento, geração após geração.

Formas diferenciadas de adoração ao sol podem datar do Neolítico*, quando as comunidades humanas agropastoris se tornaram dependentes diretas do clima e das estações, determinados pela luz e pelo calor do sol. Mas é mais provável que o disco solar, força natural desde sempre bem visível no alto do céu e responsável pela vida na Terra (Mimn. *Fr.* 10; Aesch. *Ag.* 630 e *Eum.* 920), tenha sido divinizado anteriormente, durante o Paleolítico*. Os bárbaros germânicos, por exemplo, que em pleno século I a.C. ainda se ocupavam apenas da caça e da guerra, cultuavam somente divindades "que podiam ver" – o sol, Vulcano[11] e a lua (Caes. *B.Gall.* 7.21.2-3). Povos paleolíticos* modernos, como os índios norte-americanos *arapaho, cheyenne* e *sioux oglala*, até o início do século XX, no solstício de verão, dançavam até a exaustão no ritual conhecido como "dança do sol". A finalidade aparente era absorver o poder e a energia do disco solar.

A cultura grega formou-se no final do Bronze Antigo*, a partir da mistura entre as comunidades neolíticas da península balcânica e os imigrantes indo-europeus. Tanto umas como as outras devem ter contribuído para o mito de Hélio, tal qual era conhecido pelos gregos dos Períodos Clássico e Helenístico. Déchelette (1909, p.313) e, mais recentemente, Goodison (2001, p.78) encontraram evidências de um culto ao sol em Chalandriani (Siros), na época do Cicládico Antigo II.[12] Mas há dois componentes do mito que se ajustam às características naturais do sol e se prestam, particularmente, à vinculação entre o sol e o mun-

---

11. Nome romano de Hefesto. Ver *Glossário*.
12. Etapa cultural da Idade do Bronze* das Cíclades*. Data aproximada: 2650 e 2400 a.C.

do paleolítico*: o carro do sol e os raios do deus-sol, associados a dardos de ponta aguda em pelo menos uma fonte (Emp. *Fr.* 40).

As evidências serão apresentadas, a seguir, em ordem cronológica inversa, partindo do Período Arcaico e recuando, etapa por etapa, até o Paleolítico*.

Sobrevivências das antigas comunidades de caçadores no mito de Hélio

As mais antigas menções ao carro solar na Grécia datam do Período Arcaico, mais especificamente do século VII a.C.: um fragmento de Mimnermo (Mimn. *Fr.* 10), o longo *Hino a Deméter* (h.Cer. 88-90) e o mais longo dos hinos a Hermes (h.Merc. 68-9). Imagens antigas de Hélio em vasos[13] mostram, também, o deus dirigindo uma biga atrelada a cavalos alados. A ausência da carruagem de Hélio nos poemas homéricos e na *Teogonia* hesiódica, datada de 700 a.C., aproximadamente, parecem situar a incorporação da carruagem ao mitologema do deus, com boa probabilidade, na primeira metade do século VII a.C.

Essa época foi notável, entre outras coisas, pelo intenso intercâmbio comercial e cultural entre as comunidades gregas e semitas da Sírio-Palestina. As três póleis da ilha de Rodes, o mais importante centro de culto ao sol em território grego, estavam envolvidas nesse intercâmbio. Do lado semita, os pequenos reinos arameus da Síria, subordinados politicamente aos assírios e culturalmente à Mesopotâmia, eram os mais importantes. A Mesopotâmia é uma região de longa tradição mítica, à qual os gregos tiveram acesso através da Sírio-Palestina, e é razoável especular que o conceito da carruagem solar dos gregos tenha

---

13. Um lécito ático de figuras negras e fundo branco, atribuído ao "Gela Painter" (Boston, Museum of Fine Arts, 520-500 a.C.), e um vaso ático de figuras vermelhas, atribuído ao "Leningrad Painter" (Detroit, Institute of Arts, 470-465 a.C.).

vindo dessa região.[14] O mais antigo estrato cultural mesopotâmico, o sumeriano, assinala desde 2500 a.C. a presença de Utu, o deus-sol. Shamash, seu correspondente semita na época dos assírios (séculos X a VII a.C.), que como Hélio tudo via lá do alto, era também símbolo supremo da justiça e patrono da adivinhação. De dia, ele se deslocava em sua carruagem; à noite, diferentemente de seu colega grego, não repousava: viajava por baixo da terra até retornar ao oriente (Lamas, 1972).

Mitos solares semelhantes ao de Hélio eram, em diferentes graus, parte da mitografia primitiva de muitos povos indo-europeus (Sergent, 1990; Burkert, 1993). Alguns arqueólogos recuam a diferenciação da cultura indo-europeia a uma data remota, cerca de 6000 a.C.; outros, mais conservadores ou mais prudentes, estimam uma data posterior, por volta de 3000 a.C. (Cardoso, 1994, p.98). De qualquer modo, os indo-europeus mais antigos integraram, certamente, uma cultura paleolítica razoavelmente homogênea, e é nessa época recuada da vida do homem que devemos procurar a origem de algumas das propriedades míticas dos raios solares.

A imagem dos raios de sol emergindo dos lados da cabeça de Hélio (v.10-11) evoca nitidamente o lançamento de flechas. Na famosa "estela dos abutres", do rei acadiano Naram-Sin, arco, flechas, lanças e inimigos vencidos foram nitidamente associados ao rei e ao deus-sol.[15] O sol, assim como as flechas, pedras e outras armas, era capaz de ferir e matar de longe (Aesch. PV 22-3; Hdt. 3.124-5). Outra boa evidência da comparabilidade entre raios solares e flechas é a progressiva assimilação de Hélio, a partir do século V a.C., ao deus Apolo (Paus. 7.23.8; Burkert,

---

14. Outras culturas antigas da Europa também conceberam o trajeto do sol sobre uma carruagem puxada por cavalos. Na Dinamarca, em 1902, foi encontrada uma pequena carruagem de bronze, atrelada a um cavalo e encimada por um disco solar, datada de 1800-1600 a.C. (Copenhagen, Nationalmuseet). Gomes (2006) encontrou evidências de um culto solar nas comunidades do fim da Idade do Bronze de Portugal.
15. Relevo de calcário encontrado em Susa (Paris, *Musée du Louvre*). Data: c. 2250 a.C.

1993).¹⁶ Apolo se relacionava indubitavelmente com a luminosidade e a claridade (Tringali, 1987); seu "arco de prata", assim como o de um caçador, lançava flechas e "feria de longe" (*Il.* 1.43--52 e 455-7, *h.Ap.* 229 etc.). Não é improvável que a semelhança entre os raios de Hélio e as flechas de Apolo remonte a uma época tão antiga quanto as primeiras comunidades caçadoras da Europa e da Ásia Ocidental, entre as quais estavam, certamente, algumas comunidades indo-europeias primitivas.

O etnólogo e arqueólogo alemão Leo Viktor Frobenius (1873--1938) teve, em 1905, um esclarecedor contato com povos caçadores da África equatorial, na época conhecidos por "pigmeus". Dois deles, que acompanhavam a expedição, só empreenderam uma caçada depois de realizar um ritual secreto. Desenharam um antílope em uma clareira e, ao amanhecer, ao mesmo tempo que uma mulher fazia uma prece e os primeiros raios de sol atingiam o desenho, um dos caçadores cravou uma flecha no pescoço do animal desenhado. Mais tarde, os dois caçadores voltaram trazendo um antílope abatido com uma flechada no pescoço.

Esse ritual, conservado por uma comunidade paleolítica africana que sobreviveu até os tempos modernos, combina com a representação de animais atingidos por flechas ou dardos nas cavernas ocupadas durante o final do Paleolítico* europeu.¹⁷ Campbell (1992, p.244-5), depois de analisar o relato de Frobenius, comenta:

> O ponto crucial da cerimônia dos pigmeus era que o rito tinha de ser realizado ao amanhecer, devendo a flecha atingir o antílope precisamente quando ele era atingido por um raio de sol. Porque o sol é, em todas as

---

16. A mais antiga identificação entre Hélio e Apolo é um fragmento do *Faetonte* (Fr. 781 Kannicht), tragédia perdida de Eurípides, representada provavelmente entre 427 e 409 a.C. Segundo Parker (2004), "a identificação do Sol com Apolo era familiar no século V a.C., mas não se tornou canônica até muito depois".
17. V.g. a pintura mural dos bisontes no "salão negro" da Gruta de Niaux, França. Data aproximada: 13000-11000 a.C.

mitologias da caça, um grande caçador. (...) por analogia: o sol é o caçador, o raio de sol é a flecha.

As evidências, portanto, se acumulam. É lícito concluirmos que Hélio, o deus-sol dos gregos, é um divino e poderoso caçador, respeitado e cultuado desde o Paleolítico*, e que fere de longe. Não é gratuita, consequentemente, a associação de Hélio com Apolo, o deus arqueiro de pontaria infalível que, com suas flechas, pode matar ou curar, da mesma forma que o deus-sol.

Fig. 14 *Hera*. Detalhe de cálice ático de fundo branco e figuras vermelhas atribuído ao "Sabouroff Painter", de Vulci. Data: c. 470 a.C.

14.
Hera, deusa das mulheres

Wilson A. Ribeiro Jr.
Flávia R. Marquetti

ΕΙΣ ΗΡΑΝ
In Junonem

h.Hom. 12, com 5 versos.

h.Hom. 12: A Hera

trad. Wilson A. Ribeiro Jr.

Eu canto Hera do trono dourado, a quem Reia* criou,
rainha dos imortais, a de maior beleza,
irmã e esposa do retumbante Zeus,
a gloriosa, que todos os bem-aventurados do alto Olimpo*
veneram e estimam como a Zeus, o que se compraz com o raio.   5

12. Εἰς Ἥραν

Ἥρην ἀείδω χρυσόθρονον ἣν τέκε Ῥείη,
ἀθανάτων[1] βασίλειαν ὑπείροχον εἶδος ἔχουσαν
Ζηνὸς ἐριγδούποιο κασιγνήτην ἄλοχόν τε
κυδρήν, ἣν πάντες μάκαρες κατὰ μακρὸν Ὄλυμπον
ἁζόμενοι τίουσιν ὁμῶς Διὶ τερπικεραύνῳ.   5

---

1. Evelyn-White e West. Manuscritos da família Ω, Allen-Sikes[2] e Humbert: ἀθανάτην.

HERA

Flávia R. Marquetti

Filha de Crono* e Reia*, irmã e esposa legítima de Zeus, Hera é a deusa protetora do casamento. Ciumenta e vingativa, são inúmeras as histórias que envolvem Hera e as amantes e os filhos ilegítimos de Zeus; uma das mais conhecidas é a de Leto* (ver *h.Ap.* 25-119). De sua união com Zeus nasceram Ares, deus da guerra, Ilítia*, a deusa que preside o parto, e Hebe*, deusa da juventude.

Já Hefesto, deus do fogo, pode ter sido gerado por Hera sem a participação de Zeus ou de qualquer outro deus macho. Hera o concebeu sozinha, despeitada pelo nascimento de Atena, que Zeus pusera no mundo sem o auxílio de nenhuma mulher (Hes. *Th.* 927-9). Apesar de ser muito difundida essa explicação para o nascimento de Hefesto, Loraux (1991, p.58-61)[1] sugere uma outra leitura para essa geração espontânea. Hera, como outras deusas pré-helênicas, ao ser incorporada ao panteão olímpico, é reagrupada em torno da paternidade e poder de Zeus. Submetida a um poder patriarcal, Hera, herdeira das Grandes Deusas-Terra, Gaia e Reia*, é a única a protestar contra o fim da cumplicidade das mães e de seus filhos mais novos, que aceitam o pai como mais forte.[2]

A substituição do pai pelo filho, mais jovem e vigoroso, junto da Grande Mãe, fazia parte dos antigos rituais da Deusa Mãe, quando o antigo consorte, já debilitado e incapaz de fecundar a deusa, era substituído (morto) pelo jovem amante, forte e viril. Tanto um, como o outro, eram filhos da deusa.

O nascimento de Hefesto é, portanto, um retorno ao mundo arcaico do antepassado Urano*, do nascimento por cissiparida-

---

1. Ver também Devereux (1982, p.165-204).
2. Vale lembrar que Urano* foi destronado por Crono*, e este por Zeus, ambos filhos caçulas que, aliados às mães, impõem o desejo delas aos respectivos pais.

de apenas da mãe. Hera retorna às fontes da maternidade toda-poderosa da Grande Mãe. O filho de Hera, por prodigioso que seja, repete o passado, mas o repete mal: pode-se ver nele apenas o eco de um período em que o feminino subjugava o masculino.

O espectro da mãe solitária manteve-se na Grécia, não menos que o espectro da mãe sem amor. As *parthenoi*[3] retornam ao início, quando a fêmea gerou o primeiro macho, a fim de formar com ele o primeiro par amoroso. É por essa razão que se observa nos relatos tirados de um mistério em honra de Hera a existência de um rito, no curso do qual a imagem cultual da deusa (*xoanon*) era banhada na fonte *Kanathos*, perto de Náuplia, devolvendo-lhe a virgindade. Devereux (1982, p.67-91) discute essa retomada da virgindade de Hera, que a tornaria uma παρθένος, tal qual Atena e Ártemis, concluindo que este ritual não recupera a virgindade anatômica da deusa, mas sim o poder absoluto que as mães possuíam anteriormente. Longe de prepará-la para um reencontro com Zeus, o banho de Hera é uma forma de purificação que lhe devolve a liberdade, tira-a do jugo de Zeus-Pai e lhe confere o estatuto anterior, de jovem celibatária, livre, senhora de seus desejos e de seu corpo.

Hera encobre, portanto, reminiscências arcaicas de seus poderes ancestrais; bem ou mal, ela assumiu o *status* de esposa de Zeus. Se ela é uma "deusa de prestígio", não deve essa posição nem a seus talentos de Deusa Mãe, nem verdadeiramente ao terror que, como mãe terrível, inspira a Zeus, pois é ela que sempre cede diante dele. Para iludi-lo, ela não tem outro recurso senão lhe provocar o desejo, do qual somente Afrodite é a senhora. Ao unir-se a seu esposo, Hera desvia, astutamente, por algum tempo, a vigilância do pai, fazendo valer os desígnios da mãe.

Hera espelha, assim, uma perpétua contradição, no mito, com o passado que ela reivindica e, no cotidiano do culto, como protetora dos casamentos que são o futuro da cidade dos pais.

---

3. Gr. παρθένοι, geralmente traduzido por "virgens". Aqui, não pode ser tomado no sentido atual do termo e refere-se apenas às jovens, defloradas ou não, não submetidas à autoridade de um marido.

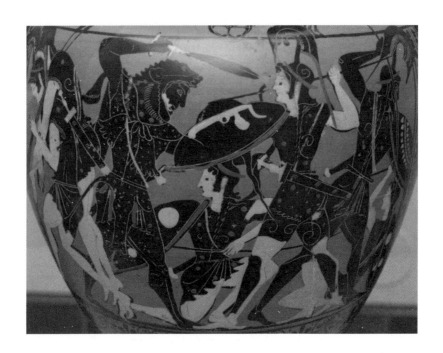

Fig. 15.1 *Héracles e as amazonas*. Detalhe de cálice ático de figuras negras do Grupo de Leagros, Vulci. Data: c. 470 a.C.

15.
Héracles, matador de monstros

Wilson A. Ribeiro Jr.
Sílvia M. S. de Carvalho

ΕΙΣ ΗΡΑΚΛΕΑ
In Herculem

h.Hom. 15, com 9 versos.

h.Hom. 15: A Héracles

trad. Wilson A. Ribeiro Jr.

A Héracles, filho de Zeus, vou cantar, ao maior e melhor
dentre os que vivem sobre a terra, nascido em Tebas* de belos coros
de Alcmena, unida ao Cronida* de escuras nuvens,
a ele que, antes, por terras e mares indescritíveis
vagueou, a mando do Senhor Euristeu,   5
realizou com sua força muitas façanhas extraordinárias,[1]
e agora habita alegre uma bela morada,
o nevoso Olimpo*, e tem [sc. por esposa] Hebe* de belos tornozelos.
Salve, meu Senhor, filho de Zeus! Dá-me excelência e prosperidade.

---

1. Variante do *Leidensis* 32.2:
    vagueou, sofreu, combatendo ‹e›, com sua força,   5
    muitas façanhas arrojadas ele realizou, extraordinários trabalhos.

15. Εἰς Ἡρακλέα[2]

Ἡρακλέα Διὸς υἱὸν ἀείσομαι, ὃν μέγ' ἄριστον
γείνατ' ἐπιχθονίων Θήβης ἔνι καλλιχόροισιν
Ἀλκμήνη μιχθεῖσα κελαινεφέϊ Κρονίωνι·
ὅς πρὶν μὲν κατὰ γαῖαν ἀθέσφατον ἠδὲ θάλασσαν
πλαζόμενος πομπῇσιν ὕπ' Εὐρυσθῆος ἄνακτος[3]   5
πολλὰ μὲν αὐτὸς ἔρεξεν ἀτάσθαλα, πολλὰ δ' ἀνέτλη·
νῦν δ' ἤδη κατὰ καλὸν ἕδος νιφόεντος Ὀλύμπου
ναίει τερπόμενος καὶ ἔχει καλλίσφυρον Ἥβην
Χαῖρε ἄναξ Διὸς υἱέ· δίδου δ' ἀρετήν τε καὶ ὄλβον.

---

2. Título alternativo, em alguns manuscritos: εἰς Ἡρακλέα λεοντόθυμον, "a Héracles coração de leão".
3. Variante do *Leidensis* 32.2, com uma conjetura de Humbert:
    πλαζόμενος πημαίνετ' ἀεθλεύων ‹δὲ› κραταιῶς,   5
    πολλὰ μὲν αὐτὸς ἔρεξεν ἀτάσθαλα, ἔξοχα ἔργα·

HÉRACLES[1]

Sílvia M. S. de Carvalho

O nome de Héracles pode ser decomposto em Ἥρα e κλέος, i.e., "glória de Hera" (p.87, n.256). Contudo, além do herói dórico*, outra entidade mítica era conhecida por esse nome: o Héracles de Creta*, o mais velho dos cinco dáctilos[2] do Monte Ida*, os quais foram encarregados de educar Zeus menino (p.364).

Quanto ao Héracles grego, uma das tradições mais conhecidas relata que Zeus, apaixonado por Alcmena, teria tomado a forma de seu marido, Anfitrião, da família real de Tirinto.[3] Héracles seria, portanto, o filho divino que resultou dessa união, enquanto o seu gêmeo, Íficles*, o filho humano, gerado na mesma noite pela união de Alcmena com o pai terrestre, Anfitrião.[4] Jourdain-Annequin ressalta como paradoxal a descrição do herói que,

---

1. Esta análise foi baseada exclusivamente no *doctorat d'état* de Colette Jourdain-Annequin (1989). Dificilmente se encontrará pesquisador que tenha levado em conta tantas informações e versões quanto essa estudiosa. Ela seguiu, basicamente, Pausânias, Apolodoro e Diodoro Sículo, além de muitos outros autores que estudaram a arqueologia, a religião, os ritos e as tradições do Mediterrâneo como um todo. E, o que é importante, ela conseguiu demonstrar o dinamismo e a contínua ressemantização dos mitos, assim como a convergência de muitas tradições antigas que remontam, quando não ao Paleolítico, ao Neolítico e ao Período Micênico. Todas as páginas indicadas no presente ensaio fazem referência, portanto, a esse texto.
2. Entidades sobrenaturais de origem cretense ou frígia, aparentados aos curetes (ver ensaio do cap.9), e que faziam parte do cortejo de Reia-Cibele.
3. Sítio da Argólida, ocupado desde o Neolítico. No Período Micênico, entre 1400 e 1200 a.C., era uma cidadela com um grande palácio micênico, cercado de muralhas gigantescas. Escavada pela primeira vez por Heinrich Schliemann em 1884-1885.
4. Queremos lembrar que, entre os esquimós, conhecia-se um rito de hospitalidade em que o anfitrião, isto é, o dono da casa (ou do iglu) oferecia sua esposa para dormir com o visitante estrangeiro, tido como vindo de longe, de fora do mundo e, portanto, divino. A mesma ideia está presente no costume da prostituição religiosa na Grécia Arcaica, e é bem possível que um rito análogo ao dos esquimós existisse outrora no Peloponeso*.

HÉRACLES

por um lado, aparece como civilizador e, por outro, é retratado como bruto, peludo como um bicho, que agita as orelhas, faz um ruído assustador ao comer, prefere comer carne crua (como se fosse um animal selvagem), um beberrão inveterado, com força física excepcional e supermacho (p.301).[5] Segundo ela, é preciso procurar em Argos as raízes do culto heracleano na Grécia. O herói está, aí, ligado a uma das divindades mais poderosas da Grécia: Hera, de quem Héracles teria sido o paredro (*h.Hom. 23 a Zeus*, cap.23, v.3, nota), como herdeiro, por seu passado aqueu* da realeza sagrada que remonta aos tempos cretenses e micênicos (p.655). O *heraion*[6] de Argos foi, durante muito tempo, o ponto focal da Argólida. A região era habitada desde a pré-história pois se descobriu, sobre a mesma colina, um estabelecimento neolítico*, a uma hora de Micenas* e a duas de Argos. Pausânias viu o templo, as ruínas do templo anterior e uma estátua da deusa que, segundo ele, era obra de Policleto,[7] e uma outra estátua muito antiga, em madeira de pereira selvagem (p.514). Hera teria tido, em Argos, funções semelhantes às de Ártemis como senhora dos animais; a arqueologia revela grande dinamismo nessa região, pelo menos nos tempos micênicos (p.318).

É no Peloponeso* que se desenrolam os principais feitos iniciais de Héracles. O primeiro leão que ele mata, ainda em Argos, é o leão do Monte Citéron,[8] que atacava o gado de seu pai Anfi-

---

5. Talvez se possa entender melhor essa aparente contradição fazendo um paralelo com mitos indígenas americanos. O ciclo mítico *winnebago* de Hare, por exemplo (ver Radin, 1956), apresenta a mesma contradição: é a própria avó do herói que o descreve como "horrível". É preciso considerar que, vencedor/matador do leão, uma de suas primeiras façanhas, e revestido com a pele do leão vencido, Héracles se torna, por um arcaico simbolismo de identificação, ele próprio um leão, uma fera.
6. Nome corrente dos templos dedicados a Hera.
7. Célebre escultor e bronzista de Argos, floresceu na segunda metade do século V a.C. Consta que essa estátua de Hera era *criselefantina*, i.e., feita de ouro e marfim.
8. Monte situado a sudoeste de Tebas, entre a Beócia e a Ática. A célebre batalha de Plateia (agosto de 479 a.C.), em que os gregos venceram os persas, ocorreu em região próxima.

HÉRACLES

trião (p.62). A seguir, de acordo com Diodoro Sículo, venceu o leão de Nemeia, a hidra de Lerna,[9] capturou o javali do Erimanto, a corça de chifres de ouro, exterminou as aves carnívoras do lago Estinfale[10] e limpou as cavalariças do rei Augias (p.303).[11] Anfitrião fora obrigado a fugir para Tebas* (p.360), e Héracles matou o tirano Ergino, fazendo de Tebas* a sua pátria adotiva (p.304). E a essa série de aventuras na Grécia continental Diodoro acrescenta a captura do touro de Creta*, o touro amado por Pasífae,[12] livrando ainda Héracles essa ilha dos animais ferozes (p.304 e p.307).

Héracles é também identificado com Melqart, um deus fenício de Tiro (p.51-2). Pode-se traçar, igualmente, paralelos entre Héracles e o egípcio Bés,[13] representado em Chipre*, entre Héracles e o sumeriano Gilgamesh[14] e entre Héracles e o babilônico Nergal[15] (p.61-2). No caso de Melqart, o sincretismo é explícito (Hdt. 2.44): a divindade é Héracles-Melqart, deus protetor da dinastia fenícia* da cidade cipriota de Cítio (p.150), com santuário na colina de Bamboula, cuja construção foi iniciada no período Cipro-geométrico III (c. 850-750 a.C.).[16] Também o deus Sandas,

---

9. Serpente gigantesca, de várias cabeças.
10. Fica alguns quilômetros a oeste de Nemeia, nordeste do Peloponeso*.
11. Lendário rei de Élis, cidade situada na região noroeste do Peloponeso*.
12. Ver cap.20, p.504; cap.22, p.520-1 e cap.8, p.275.
13. Deus egípcio autóctone ou importado da Núbia, originalmente representado com face de leão. Era um protetor das casa, defensor do bem e inimigo de tudo o que é mau.
14. Lendário herói sumeriano que teria realizado feitos extraordinários. Acredita-se que ele realmente existiu, e reinou na cidadela sumeriana de Uruk por volta de 2700 a.C. Chegou aos dias atuais um poema épico, a Epopeia de Gilgamesh, que relata seus numerosos feitos e seu encontro com os deuses.
15. Complexa divindade babilônica, ligada ora ao sol, ora ao mundo subterrâneo, ora à guerra e à pestilência. Assim como o Ares grego, em épocas tardias foi associado pelos astrólogos ao planeta Marte (cap.4).
16. Sobre o sincretismo entre Héracles e Melqart, ver Bonnet (1988). Os poucos conhecimentos disponíveis sobre Melqart, deus protetor da cidade de Tiro, não indicam semelhanças específicas de atributos e mitos entre ele e Héracles. A associação se deve, aparentemente, ao fato de Héracles ser cultuado, também, em templos dedicados a Melqart, notadamente um perto de Gades

HÉRACLES

Fig. 15.2 *Héracles amamentado por Hera*. Cena gravada no verso de um espelho etrusco de bronze. Data: século VI a.C. (?) Desenho de P. Sellier.

da Cilícia, associado a leões, foi identificado com Héracles em dois textos (p.169). Em um outro caso, uma lenda romana do ciclo de Gerion[17] – o qual, na Itália e principalmente na Etrúria, era conhecido pelo nome de *Cerun* – substitui Héracles por um pastor chamado Garanus ou Racaranus (p.281).

Fora do mundo grego, Héracles é representado nu, imberbe, apoiado em sua clava, em inúmeros espelhos etruscos (p.361 ss.), juntamente com Turms, o Hermes etrusco, e com Vilae, o correspondente etrusco de Iolau. Iolau, sobrinho e companheiro de Héracles em suas aventuras, seria um dos ἐρώμενος de Héracles[18] – o mais importante deles (p.359 e p.368-9).

Héracles teria sido perseguido por Hera por ser fruto de uma das muitas infidelidades conjugais do marido. Mas Jourdain-

---

(moderna Cádiz). Estrabon (3.5.2-3 e 3.5.5-6) informa que havia dois enormes pilares de bronze dentro desse templo, erroneamente considerados por muitos os verdadeiros "Pilares de Héracles", antigo nome do estreito de Gibraltar.

17. Gérion é personagem de um dos trabalhos de Héracles (*infra*, p.398).
18. Do verbo grego ἐράω (= ἐρῶ), "ser tomado de amor". O relacionamento de amizade/amor entre homens, na Grécia Antiga, era muito complexo; compreendia, em geral, um homem mais velho e experiente, e um rapaz. Na terminologia tradicional, usa-se ἐραστής, "o que ama com paixão" para designar o homem mais velho, e ἐρώμενος, "o homem amado", para designar o mais novo. Um bom panorama inicial sobre o tema está em Dover (1994).

-Annequin chama atenção para o fato de que os trabalhos penosos e perigosos a que Héracles é submetido podem ser lidos também como rituais de iniciação, de sacrifícios impostos pela deusa a seu paredro e, como os reis arcaicos, Héracles é finalmente sacrificado (ver Frazer, 1982). Além disso, no final de tantos sacrifícios, Héracles é compensado com a imortalidade, recebendo Hebe como esposa e se torna, portanto, genro de Hera (p.403). Iniciado nos mistérios eleusinos, seu segundo nascimento (como deus) é representado por pinturas que o mostram, novamente menino, amamentado por Hera (figura 15.2). E o próprio nome do herói sugere que se trata de alguém que passou pelas provas para se tornar a "glória de Hera".

Para Apolodoro, contudo, é Hera que provoca o acesso de loucura em Héracles, após a derrota dos mínios.[19] E é nesse acesso de loucura que ele mata seus próprios filhos (os que teve com Mégara) e dois filhos de Íficles*, seu irmão. Exilado para Tirinto, Héracles é sentenciado pelo oráculo a servir seu primo Euristeu durante doze anos (p.462). É um período de escravidão, pois ele deve servir sem nada receber em troca. Diferente será a servidão junto à rainha Ônfale, como se verá adiante.

Diodoro Sículo se refere à instituição dos jogos olímpicos em honra a Zeus, por Héracles, e à participação do herói em dois episódios fundamentais: a luta dos deuses contra os *gigantes**,[20] de que a luta contra os *centauros** (p.304) parece uma duplicação, e a libertação de Prometeu.[21] Héracles estava estreitamente

---

19. Lendário povo da Beócia. Segundo a lenda, eles teriam imposto aos tebanos um tributo de cem bois por ano, mas Héracles sobrepujou-os e exigiu que pagassem aos tebanos, como tributo, o dobro (p.480). Ver Apollod. 2.4.11.
20. Os *gigantes*, filhos tardios de Urano* e Gaia*, atacaram os deuses olímpicos e tentaram sobrepujá-los, mas foram vencidos. Ver *Glossário*, entrada sobre Urano*.
21. Zeus lhe impôs terrível castigo, por ter dado o fogo aos homens e tê-lo enganado na partilha dos sacrifícios oferecidos aos deuses (Hes. *Th.* 535-69). Acorrentado eternamente a uma montanha do Cáucaso, um abutre vinha diariamente devorar o fígado de Prometeu, que se regenerava durante a noite. Héracles libertou Prometeu séculos ou milênios mais tarde, com a anuência de Zeus (ver *Prometeu acorrentado*, tragédia de Ésquilo, e Hes. *Th.* 521-34).

ligado aos jogos pan-helênicos celebrados no santuário de Zeus em Olímpia. Pausânias descreve a importância dessa associação do herói com os exercícios dos atletas e dos efebos, tanto em Élis como no Altis[22] de Olímpia, mas há também menção ao Héracles cretense (p.363-4).[23]

A seguir, Diodoro relata as aventuras de Héracles em terras longínquas (p.305): ao norte, ele doma os cavalos de Diomedes, que se alimentavam de carne humana; a leste, ele se opõe às Amazonas (ver figura 15.1, p.388), que contrariavam as normas da sociedade grega; a oeste, captura os bois de Gerion e busca os pomos de ouro do jardim da Hespérides. Estes últimos episódios são também o ponto focal da análise de Jourdain-Annequin.[24] A autora ressalta que Héracles está ligado aos limites ocidentais do mundo então conhecido, assim como Dioniso está ligado aos limites orientais (p.91). Isso não quer dizer que Héracles não se faça presente também no leste do Mediterrâneo.

O limite ocidental da terra conhecida[25] sempre foi, na imaginação da maior parte dos povos, um lugar associado à morte, pois é no ocidente que o sol morre todos os dias, deixando o mundo às escuras. Onde o sol se põe deve existir uma passagem para o mundo dos mortos[26] e somente o sol, a lua e as estrelas, que representam as almas dos que se eternizaram, segundo crenças que também existiram na Grécia Arcaica, conseguem

---

22. Nome tradicional de uma grande área do santuário de Zeus, em Olímpia, onde eram celebrados os jogos.
23. Há, em Creta, uma lenda convergente sobre a instituição dos jogos olímpicos. O homônimo do herói, o dáctilo Héracles, teria convencido seus irmãos a se exercitarem nas corridas a fim de ver quem conseguiria ganhar um prêmio. Por isso se lhe atribuiu, em algumas tradições, a glória de ter inventado os jogos (p.364).
24. Conforme o título de sua obra, *Héraclès aux portes du Soir*.
25. Em 200 a.C., a atual Cirenaica marcava o limite ocidental do mundo conhecido. Para muitos, aparentemente, a Espanha parecia longe demais, e assim situavam os feitos de Héracles no Épiro, que fica no extremo noroeste da península balcânica (p.91-2).
26. "Quem se interessa em achar o caminho até os limites da terra, só poderá seguir o do sol" (Sousa, 1975, p.21).

"dar a volta por baixo" e renascer no Oriente. Mas há também outras "passagens" para o Hades*: as fontes de águas quentes eram tidas como "as bocas dos Infernos" (p.526) e junto delas era frequente o culto a Gerion: "as campinas de Gerion e as de Hades* são vizinhas... ou são as mesmas" (p.525). Daí a associação entre Héracles e a morte. Jourdain-Annequin aponta ainda outras "predisposições infernais" do herói, as plantas heracleanas (a oliveira e a papoula branca), suas relações com as fontes, os rios, a riqueza e a fecundidade de origem infernal, as lutas contra monstros infernais... (p.520). Além disso, é Héracles quem traz Alceste e Teseu de volta do Hades* (p.23).[27]

A expedição de Héracles à "ilha vermelha" de Gerião (a ilha de Gades ou ilha do Sol), que os antigos chamavam *Eritia* (Apollod. 2.5.10 Frazer), tinha por finalidade roubar o gado de Gerion. O roteiro dessa viagem difere nos relatos de Diodoro Sículo (séc. I a.C.) e do Pseudo-Apolodoro (séc. II d.C.), mas nos dois relatos (p.254) é essa longa expedição que abarca a passagem por toda península ibérica e sul da França, passando pelos Alpes, para depois percorrer a Itália toda até a Sicília, e de lá voltando para o norte, a fim de reentrar na Grécia. No relato de Apolodoro, Héracles, incomodado com o brilho ou com o calor do sol, ameaça Hélio com o seu arco e este, admirado da coragem do herói, lhe dá a "taça" de ouro com a qual Héracles vai até Eritia (figura 13.2, p.375) e dentro da qual ele volta também a Tartessos[28] (p.224). Apolodoro relata também que Euristeu exigiu, além do roubo dos bois de Gerion e dos pomos de ouro do Jardim das Hespérides, que Héracles descesse aos infernos para trazer Cérbero. Gerião, lembrado como tricéfalo por Hesíodo (Th. 287), é descrito como possuindo três corpos unidos na altura do ventre. Os

---

27. Alceste ofereceu-se para morrer no lugar do marido, Admeto, amigo de Héracles. O herói lutou com Tânato, a morte, e conseguiu trazê-la de volta (ver *Alceste*, tragédia de Eurípides). Teseu estava preso no Hades* por ter entrado lá para raptar (sem sucesso) a deusa Perséfone; Héracles resgatou-o.
28. Região costeira da península ibérica, mais ou menos na atual Andaluzia, famosa pelo comércio do estanho (ver. Hdt. 1.163 e 4.152; Str. 3.2.13).

bois são de cor púrpura e guardados por Euritíon, com a ajuda de Ortro, um cão de duas cabeças (p.251). Na volta, Hera dispersa parte dos bois nas montanhas da Trácia[29] e Héracles junta o que sobrou para levar a Euristeu. No texto de Diodoro, Héracles tem que enfrentar os três filhos do rei da Ibéria, Crisaor – pai de Gerião, segundo Hesíodo (*Th.* 287) –, cada um comandando três armadas (p.521).

Por que os bois de Gerião são bois dos mortos? Os que Hermes roubou são de Apolo (*h.Ap.*), e os das aventuras de Ulisses* (*Od.* 12.260-398), de Hélio? É possível que também nessa questão uma aproximação com mitos indígenas esclareça alguma coisa (ver ensaio sobre Hermes, p.456). Os três mitos de roubo de gado representam, contudo, contextos ideológicos diferentes. As vacas de Hélio protestam, mesmo depois de mortas e esquartejadas, denunciando violentamente o sacrilégio (p.510). As diferenças entre Hermes e Héracles serão vistas adiante.

Na mesma região ocidental, no "fim do mundo", eventualmente na Líbia ou junto a Gibraltar, os gregos localizavam o Jardim das Hespérides,[30] com seus pomos de ouro. Os frutos teriam sido um presente de Gaia a Zeus, na ocasião de seu casamento com Hera. A deusa plantou-os no "Jardim dos deuses", perto do Monte Atlas, guardado pelas Hespérides. Os filhos de Atlas* tinham, no entanto, o costume de roubar os frutos e, assim, Hera teria colocado uma enorme serpente-dragão para guardar o jardim (p.540). Apolodoro conta que foi Nereu* quem ensinou a Héracles onde encontrar o Jardim das Hespérides (p.22). Há três versões dessa façanha de Héracles: a) Héracles matou o dragão e roubou os frutos; b) a conselho de Prometeu, o herói pediu que Atlas* buscasse os frutos, enquanto ele o substituía e sustentava

---

29. Onde o gado se tornará selvagem, como os ἄφετα, lit. "animais que pastam em liberdade", i.e., livres do trabalho, geralmente reservados ao sacrifício (p.86, n.225). Povos africanos históricos, criadores de gado, costumavam soltar o animal nos rituais de sacrifício, fazê-lo correr e finalmente sacrificá-lo, como se se tratasse de uma caçada.
30. Ninfas* do entardecer, filhas de Nix, a Noite.

o Céu;[31] c) as próprias Hespérides deram os frutos a Héracles, esta uma versão mais recente (p.542). Jourdain-Annequin ressalta o paralelo desse mito com os mitos da "árvore da vida", que aparecem em várias mitologias, e não só as indo-europeias. O fato de serem de ouro parece estar relacionado a um simbolismo de que o ouro, enquanto "incorruptível", representava a imortalidade. Mais tarde, Héracles entregou os pomos a Atena, que os teria devolvido ao "Jardim dos deuses" (p.545-8).

Depois dessa expedição Héracles foi vendido à rainha Ônfale. Êurito, rei da Ecália,[32] recusou a Héracles a mão de sua filha Iole, e Héracles mata o irmão dela, Ífito, porque ele tentou reconquistar seus bois, pensando que Héracles os teria roubado para se vingar da afronta recebida. Héracles adoece e consulta o oráculo, passagem em que o herói luta com Apolo pela posse do tripé. Apolo lhe impõe ser vendido e trabalhar como escravo por três anos. O preço da venda reverteria para o pai de Ifito ou para os seus filhos, como compensação. Segundo Apolodoro, Hermes foi o encarregado do leilão; segundo Diodoro Sículo, foi um dos amigos do herói; de qualquer modo, ele passa para o serviço de Ônfale, rainha da Lídia, que lhe impõe algumas tarefas. Com vestimentas femininas, Héracles tece lã, mas também captura os Cércopes, arruaceiros da Gália, reencontra o corpo de Ícaro e coloca um fim às sevícias a que Sileu submetia os estrangeiros, fazendo-os trabalhar nas suas vinhas. Segundo uma versão, Ônfale acaba sabendo quem é seu escravo, liberta-o e se casa com ele, tendo dele um filho chamado Lamos; e Héracles teria tido também um filho com uma escrava, durante a sua servidão (p.450-1). A autora observa que o Oriente oferece, justamente na vida real daqueles tempos, exemplos de dependência temporária, e que a duração da servidão era geralmente definida *a priori* (p.453).

---

31. Pode-se considerar acertada a sugestão de Jourdain-Annequin de que as colunas do céu que Atlas sustenta seriam as mesmas "colunas de Hércules" (p.20-1).
32. A localização da Ecália é, até hoje, muito controversa.

HÉRACLES

A luta contra Sileu não é a única que Héracles empreende para salvar estrangeiros de maus-tratos ou da morte. Ao passar pelo Egito, na viagem ao Ocidente, ao "fim do mundo", ele matou Busiris,[33] o rei egípcio que sacrificava os estrangeiros que chegavam ao Egito. Aliás, segundo Macróbio, Héracles teria transformado as Saturnais romanas, eliminando o sacrifício humano e substituindo-o pelo de um animal (p.637). Essas empresas "civilizadoras" correspondem naturalmente a uma situação colonial, como nota a autora, de comércio intenso pelo Mediterrâneo, e a uma Grécia que se baseava havia tempos no trabalho escravo. Héracles é, ainda, um mediador entre homens livres e escravos, pois ele mesmo foi, temporariamente, escravizado: seus cultos eram abertos também aos escravos.

Depois de ter matado Gerion, juntamente com seu pastor Euritíon e o cão Ortro, Héracles tomou o caminho de volta, com o gado, atravessando a Ibéria onde, segundo Apolodoro, recompensa com alguns bois um rei que o hospedara e, depois, a França de hoje. Ainda segundo Diodoro, fundou Alésia, no território dos celtas, atravessou os Alpes, tornando essa passagem mais segura e, no país dos Lígures,[34] matou dois filhos de Posídon, que queriam roubar-lhe o gado. Passou pela região de Roma (Tirrênia) e, já no sul da Itália, em Régio, um dos bois escapou-lhe e chegou à Sicília a nado, fazendo com que o herói deixasse Hefes-

---

33. Busiris é justamente dessa "estirpe" mitológica de povos de "ideologia paleolítica" (Viveiros de Castro, 2002), que percebiam a necessidade de compensações da comunidade humana para com a Natureza, pagando a morte dos animais com a morte de seres humanos, sacrificados a um "senhor do mundo exterior" na forma de um carnívoro perigoso. Como Pausânias, no século II d.C. ainda viu na ilha ou península da Lacônia*, de um lado uma estátua de Héracles e, do outro, um retrato de Licurgo, o Homem-Lobo, "*souvenir de ces confréries de Lycanthropes*" (p.355), seria o caso de se perguntar se Héracles, em época bastante remota, era pensado como um herói que já se opunha a sacrifícios humanos, i.e., que representava uma parte da população (a de criadores de gado) que já não entendia a lógica desses sacrifícios. E é o que parece (ver comentários a respeito de Zeus *Liceu* no cap.23).
34. Os antigos *lígures* estavam relacionados a construções megalíticas e ocupavam, na Antiguidade, o norte da Itália (região atualmente conhecida por Ligúria) e partes do sul da França.

to a guardar os bois e fosse buscar o touro no extremo ocidental da ilha, onde o rei Érix havia juntado o animal a seu rebanho. Héracles teve que lutar com ele, venceu-o e ganhou seu reino, que deixou aos nativos, com a condição de que, quando um descendente seu pedisse, eles o devolveriam.[35]

Na Itália, Héracles aparece associado a Deméter e Perséfone*. Ele teria estabelecido em Siracusa, no extremo sul da Itália, o culto das duas deusas. Também em Metaponto,[36] Héracles está associado a elas. Na Itália, as funções heracleanas parecem ser apotropaicas, de proteção à agricultura, garantindo a abundância (p.484). De fato, em Crotona ele caça as moscas, em Metaponto destrói gafanhotos e, entre Régio e Locros, afasta as cigarras, que roem as raízes das árvores. De resto, já as primeiras façanhas de Héracles, na própria Grécia, tinham por meta a proteção do gado: o leão de Nemeia e a hidra de Lerna atacavam o gado (p.480). Por isso, Jourdain-Annequin aponta muito corretamente para a oposição de Héracles ao ἀγρός[37] hostil e à ἐσχατίη.[38] Héracles está do lado da pólis, da χώρα[39] (p.314). De fato, como defensor da agricultura e do pastoreio, como colonizador,[40] representando a Grécia em oposição ao que os gregos designavam como "barbárie", ele é a expressão de uma ideologia que chamaríamos de neolítica, dos agricultores, em oposição à paleolítica, dos caçadores-coletores. Nessa ideologia, as florestas em dimi-

---

35. Isso teria ocorrido muitas gerações depois, quando Dório, o Lacedemônio, chegou à Sicília e fundou Heracleia naquela região. A pólis, mais tarde, foi arrasada pelos Cartagineses, segundo Diodoro Sículo (p.258).
36. No litoral sul da península italiana, no Golfo de Tarento.
37. Lit. "campo", i.e., campo cultivado.
38. Lit. "limite", "extremidade do campo". Logo depois da terra cultivada que cercava as póleis e aldeias havia uma faixa de terra não cultivada, uma espécie de reserva (a ἐσχατίη ou ἐσχατιά), às vezes utilizada para pastagens. Era, portanto, um espaço intermediário entre a terra cultivada e a floresta ou montanha situada além do núcleo urbano. Ver Glotz, 1926.
39. Lit. "espaço de terra delimitado e ocupado"; refere-se, habitualmente, à parte do solo ocupada por uma pólis, uma região ou um país.
40. Jourdain-Annequin ressalta, com muito acerto, que Diodoro Sículo se apoia no relato de Héracles como colonizador para justificar as conquistas de César nessas regiões então "novamente barbarizadas".

nuição, cedendo lugar aos campos cultivados e às pastagens, se tornavam "perigosas", com suas feras carnívoras, e até mesmo com os animais inofensivos, mas que poderiam vir a comer as plantações, como o fazem os gafanhotos, representados no mito do Peloponeso* da corça de chifres de ouro, apanhada por Héracles em um de seus primeiros trabalhos.

Contudo, como a autora ressalta e demonstra muito bem, os mitos sofrem uma contínua ressemantização. Em suas origens, por exemplo, o culto fenício de Héracles-Melqart, cuja dispersão provavelmente se fez a partir de Chipre* (p.146), tinha por principal meta a proteção dos navegantes, dos comerciantes e das minas de cobre.

Fig. 16.1 *Hermes*. Detalhe de lécito ático de figuras vermelhas atribuído ao "Tithonos Painter". Data: 480-470 a.C.

16.
Hermes, *trickster* e mensageiro dos deuses

Maria Celeste C. Dezotti
Sílvia M. S. de Carvalho

ΕΙΣ ΕΡΜΗΝ
In Mercurium

h.Hom. 4, com 580 versos (= h.Merc.);

h.Hom. 18, com 12 versos.

h.Hom. 4: A Hermes[1]

trad. Maria Celeste C. Dezotti

Hineia a Hermes, Musa, filho de Zeus e de Maia*,
protetor de Cilene* e de Arcádia* rica em rebanhos,
mensageiro dos imortais, benfazejo, a quem gerou Maia*,
em amor com Zeus unida, ninfa* de belas tranças,
recatada. Dos ditosos deuses ela fugiu ao convívio,   5
alojando-se no interior de umbrosa gruta; lá o Cronida*
com a ninfa* de belas tranças se unia, noite alta,
enquanto suave sono dominava Hera de alvos braços,
às ocultas dos imortais deuses e dos mortais humanos.
Mas quando do grande Zeus o desígnio se cumpria   10
(então para ela já se fixara no céu o décimo mês),[2]
trouxe à luz e obras insignes se produziram:
nesse dia ela pariu um filho industrioso, trapaceiro,
ladrão, tangedor de bois, portador de sonhos,
vigia da noite, guardião da porta,[3] que logo devia   15
exibir afamados feitos entre os deuses imortais.
Nascido ao alvorecer, ao meio dia tocava cítara*
e ao entardecer furtou bois do arqueiro Apolo.
No quarto dia[4] da primeira parte,[5] Maia* augusta o pariu.
E tão logo saltou do seio imortal da mãe,   20

---

1. Uma tradução preliminar deste *hino* foi apresentada na conferência "O hino homérico a Hermes", durante a VII Semana de Estudos Clássicos de Araraquara, 1992.
2. O décimo mês, no calendário lunar adotado pelos antigos gregos, equivale à décima lua nova. A lua nova marcava o início de um novo mês.
3. Uma imagem de Hermes era comumente colocada do lado de fora das portas, para proteção (Hermes Πύλαιος, "o que está diante da porta"). Assim, Hermes protegia o exterior da casa, e Héstia, o interior (ver *h.Hom.* 29). Ver Gernet (1951).
4. O quarto dia era considerado um dia de sorte (Rayor, 2004, p.128).
5. Segundo Humbert (p.119, n.3), o texto faz referência a uma divisão bipartida do mês. Além dessa forma, os gregos podiam contar os dias do mês como um todo, do 1º ao 29º ou 30º, ou dividi-lo em três períodos de dez dias cada (cf. Hes. *Op.* 764-821, especialmente os vv. 792, 774 e 785).

4. Εἰς Ἑρμῆν

Ἑρμῆν ὕμνει, Μοῦσα, Διὸς καὶ Μαιάδος υἱόν,
Κυλλήνης μεδέοντα καὶ Ἀρκαδίης πολυμήλου,
ἄγγελον ἀθανάτων ἐριούνιον, ὃν τέκε Μαῖα,
νύμφη ἐϋπλόκαμος, Διὸς ἐν φιλότητι μιγεῖσα
αἰδοίη· μακάρων δὲ θεῶν ἠλεύαθ' ὅμιλον   5
ἄντρον ἔσω ναίουσα παλίσκιον, ἔνθα Κρονίων
νύμφῃ ἐϋπλοκάμῳ μισγέσκετο νυκτὸς ἀμολγῷ,
ὄφρα κατὰ γλυκὺς ὕπνος ἔχοι λευκώλενον Ἥρην,
λήθων ἀθανάτους τε θεοὺς θνητούς τ' ἀνθρώπους.
Ἀλλ' ὅτε δὴ μεγάλοιο Διὸς νόος ἐξετελεῖτο,   10
(τῇ δ' ἤδη δέκατος μεὶς οὐρανῷ ἐστήρικτο)
εἴς τε φόως ἄγαγεν ἀρίσημά τε ἔργα τέτυκτο,
καὶ τότ' ἐγείνατο παῖδα πολύτροπον, αἱμυλομήτην,
λῃϊστῆρ', ἐλατῆρα βοῶν, ἡγήτορ' ὀνείρων,
νυκτὸς ὀπωπητῆρα, πυληδόκον, ὃς τάχ' ἔμελλεν   15
ἀμφανέειν κλυτὰ ἔργα μετ' ἀθανάτοισι θεοῖσιν.
Ἠῷος γεγονὼς μέσῳ ἤματι ἐγκιθάριζεν,
ἑσπέριος βοῦς κλέψεν ἑκηβόλου Ἀπόλλωνος,
τετράδι τῇ προτέρῃ, τῇ μιν τέκε πότνια Μαῖα.
Ὅς καὶ ἐπεὶ δὴ μητρὸς ἀπ' ἀθανάτων θόρε γυίων, 20

4. A HERMES

não ficou muito tempo em repouso no sagrado berço;
mas, num salto, saiu em busca dos bois de Apolo,
transpondo a soleira da gruta de elevado teto.
Ao encontrar aí uma tartaruga, conseguiu imensa prosperidade:
Hermes foi o primeiro a fazer da tartaruga um cantor.[6] 25
Foi quando ela surgiu-lhe à entrada do pátio,
pascendo, defronte à morada, viçosa erva,
a mover gingante as patas. O benfazejo filho de Zeus
sorriu, com o olhar atento, e em seguida pôs-se a falar:
"É um trunfo de grande valor! Não devo desprezá-lo! 30
Salve, amável beldade, cadência da dança, colega de festim,
bem-vinda aparição! De onde saiu este belo brinquedo?
És uma carcaça furta-cor, tartaruga que vive nos montes!
Vou pegar-te e levar para casa; uma certa serventia terás para mim,
não farei pouco de ti. E serás tu a primeira a servir-me. 35
É melhor ficar em casa, pois além da porta é nocivo.[7]
Sim, de fato, proteção contra feitiços maléficos serás
em vida; mas, se morresses, poderias cantar bem bonito!"
Assim, então, falou e, tomando-a com as duas mãos,
voltou para dentro da casa, levando o amável brinquedo. 40
Lá virou-a de costas e com um ponteiro de ferro fosco
escavou a medula da tartaruga montês.[8]
Como quando agudo pensamento invade o peito
de um homem, a quem assediam constantes cuidados,
ou quando volteiam do olhar raios luzentes, 45
assim palavra e ato juntos tramava o glorioso Hermes.
Cortou, então, na medida, hastes de caniço e fixou-as
ao longo do dorso, prendendo as pontas no casco da tartaruga.

---

6. Ironia: a tartaruga é um dos mais silenciosos animais da natureza.
7. Verso idêntico a Hes. *Op.* 365, mas citado em franco tom de ironia.
8. Hermes dá morte à tartaruga para fabricar, com o casco, a cítara* (v.17), também referida como fórminx* (v.64). Na carcaça ele dispõe hastes de diferentes tamanhos, conforme a forma circular, que produziam os diferentes tons (v.47-8).

4. ΕΙΣ ΕΡΜΗΝ

οὐκέτι δηρὸν ἔκειτο μένων ἱερῷ ἐνὶ λίκνῳ,
ἀλλ' ὅ γ' ἀναΐξας ζήτει βόας Ἀπόλλωνος,
οὐδὸν ὑπερβαίνων ὑψηρεφέος ἄντροιο.
Ἔνθα χέλυν εὑρὼν ἐκτήσατο μυρίον ὄλβον·
Ἑρμῆς τοι πρώτιστα χέλυν τεκτήνατ' ἀοιδόν,   25
ἥ ῥά οἱ ἀντεβόλησεν ἐπ' αὐλείῃσι θύρῃσι,
βοσκομένη προπάροιθε δόμων ἐριθηλέα ποίην,
σαῦλα ποσὶν βαίνουσα· Διὸς δ' ἐριούνιος υἱὸς
ἀθρήσας ἐγέλασσε, καὶ αὐτίκα μῦθον ἔειπε·
Σύμβολον ἤδη μοι μέγ' ὀνήσιμον· οὐκ ὀνοτάζω.   30
Χαῖρε, φυὴν ἐρόεσσα, χοροιτύπε, δαιτὸς ἑταίρη,
ἀσπασίη προφανεῖσα· πόθεν τόδε καλὸν ἄθυρμα;
Αἰόλον ὄστρακόν ἐσσι, χέλυς ὄρεσι ζώουσα.
Ἀλλ' οἴσω σ' εἰς δῶμα λαβών· ὄφελός τί μοι ἔσσῃ,
οὐδ' ἀποτιμήσω· σὺ δέ με πρώτιστον ὀνήσεις.   35
Οἴκοι βέλτερον εἶναι, ἐπεὶ βλαβερὸν τὸ θύρηφιν·
ἦ γὰρ ἐπηλυσίης πολυπήμονος ἔσσεαι ἔχμα,
ζώουσ'· ἢν δὲ θάνῃς, τότε κεν μάλα καλὸν ἀείδοις.
Ὣς ἄρ' ἔφη, καὶ χερσὶν ἅμ' ἀμφοτέρῃσιν ἀείρας
ἂψ εἴσω κίε δῶμα φέρων ἐρατεινὸν ἄθυρμα.   40
Ἔνθ' ἀναπηλήσας γλυφάνῳ πολιοῖο σιδήρου
αἰῶν' ἐξετόρησεν ὀρεσκῴοιο χελώνης.
Ὡς δ' ὁπότ' ὠκὺ νόημα διὰ στέρνοιο περήσῃ
ἀνέρος, ὅν τε θαμιναὶ ἐπιστρωφῶσι μέριμναι,
ἢ ὅτε δινηθῶσιν ἀπ' ὀφθαλμῶν ἀμαρυγαί,   45
ὣς ἅμ' ἔπος τε καὶ ἔργον ἐμήδετο κύδιμος Ἑρμῆς.
Πῆξε δ' ἄρ' ἐν μέτροισι ταμὼν δόνακας καλάμοιο,
πειρήνας διὰ νῶτα διὰ ῥινοῖο χελώνης.

4. A HERMES

Com sua perícia, estendeu em volta uma pele de boi,
colocou dois braços, por cima ajustando uma trave, 50
e estendeu sete afinadas cordas de tripas de ovelhas.
Depois que fabricou, diligente, o amável brinquedo,[9]
com um plectro fez vibrar cada parte; em suas mãos, ela
ressoou formidável.[10] E o deus acompanhava com belo canto,
improvisando, para teste – como rapazes 55
juvenis que se excedem em zombarias, nos festins;
falava de Zeus Cronida* e de Maia* de belas sandálias,
como outrora se confinavam em amoroso convívio,
e citava, nome por nome, sua renomada estirpe.
E gloriava as servas e a reluzente morada da ninfa*, 60
e as trípodes da casa e os resistentes caldeirões.
E tais assuntos ia cantando, enquanto outros em sua mente rolaram.
Diligente, foi depositar no sagrado berço
aquela oca fórminx*. E, ávido de carnes,
saltou do oloroso mégaron* para uma atalaia, 65
revolvendo na alma dolo abrupto, feito homens
malandros que vagueiam em horas de negra noite.
Hélio mergulhava da terra para o Oceano*
com seu carro e cavalos,[11] e logo Hermes
chegava apressado aos umbrosos montes da Piéria*. 70
Lá viviam vacas imortais dos deuses ditosos,[12] em cercados,
pascendo prados intactos, apetecíveis.
Então o filho de Maia*, o vigilante Argifonte*,
do rebanho separou cinquenta bois de sonoros mugidos.

---

9. A técnica está corretíssima. Sobre a construção da antiga lira grega, ver Anderson (1994, p.54-5).
10. Os v.47-54 contêm a mais antiga menção à construção de uma lira e à lira de sete cordas. Alguns exemplares da Idade do Bronze foram encontrados pelos arqueólogos, mas os gregos tradicionalmente atribuíam sua invenção ao poeta Terpandro (séc. VII a.C.).
11. Para o trajeto do deus-sol Hélio durante a noite, ver cap.13.
12. Nos v.18 e v.22, no entanto, o autor especificou que as vacas pertenciam a Apolo.

4. ΕΙΣ ΕΡΜΗΝ

Ἀμφὶ δὲ δέρμα τάνυσσε βοὸς πραπίδεσσιν ἑῇσι,
καὶ πήχεις ἐνέθηκ', ἐπὶ δὲ ζυγὸν ἤραρεν ἀμφοῖν, 50
ἑπτὰ δὲ συμφώνους ὀΐων ἐτανύσσατο χορδάς.
Αὐτὰρ ἐπειδὴ τεῦξε φέρων ἐρατεινὸν ἄθυρμα,
πλήκτρῳ ἐπειρήτιζε κατὰ μέρος· ἡ δ' ὑπὸ χειρὸς
σμερδαλέον κονάβησε· θεὸς δ' ὑπὸ καλὸν ἄειδεν
ἐξ αὐτοσχεδίης πειρώμενος, ἠΰτε κοῦροι 55
ἡβηταὶ θαλίῃσι παραιβόλα κερτομέουσιν,
ἀμφὶ Δία Κρονίδην καὶ Μαιάδα καλλιπέδιλον,
ὡς πάρος ὠρίζεσκον ἑταιρείῃ φιλότητι,
ἥν τ' αὐτοῦ γενεὴν ὀνομακλυτὸν ἐξονομάζων.
Ἀμφιπόλους τε γέραιρε καὶ ἀγλαὰ δώματα νύμφης, 60
καὶ τρίποδας κατὰ οἶκον ἐπηετανούς τε λέβητας.
Καὶ τὰ μὲν οὖν ἤειδε, τὰ δὲ φρεσὶν ἄλλα μενοίνα·
καὶ τὴν μὲν κατέθηκε φέρων ἱερῷ ἐνὶ λίκνῳ
φόρμιγγα γλαφυρήν· ὁ δ' ἄρα κρειῶν ἐρατίζων
ἆλτο κατὰ σκοπιὴν εὐώδεος ἐκ μεγάροιο, 65
ὁρμαίνων δόλον αἰπὺν ἐνὶ φρεσίν, οἷά τε φῶτες
φηληταὶ διέπουσι μελαίνης νυκτὸς ἐν ὥρῃ.
Ἠέλιος μὲν ἔδυνε κατὰ χθονὸς Ὠκεανόνδε
αὐτοῖσίν θ' ἵπποισι καὶ ἅρμασιν, αὐτὰρ ἄρ' Ἑρμῆς
Πιερίης ἀφίκανε θέων ὄρεα σκιόεντα, 70
ἔνθα θεῶν μακάρων βόες ἄμβροτοι αὖλιν ἔχεσκον,
βοσκόμεναι λειμῶνας ἀκηρασίους ἐρατεινούς.
Τῶν τότε Μαιάδος υἱός, ἐΰσκοπος Ἀργειφόντης,
πεντήκοντ' ἀγέλης ἀπετάμνετο βοῦς ἐριμύκους.

4. A HERMES

E pelo terreno arenoso de um desvio ia tangendo-os, 75
invertendo as pegadas. Não descuidou de sua arte matreira:
em sentido oposto dispôs os cascos, os da frente para trás
e os de trás para frente, indo ele próprio de modo contrário.[13]
Em seguida, lançou suas sandálias nas areias do mar;
teceu outras, esquisitas e impensadas – obra espantosa! – 80
entrelaçando tamariz e ramos parecidos com mirto.
Depois de entrançar uma braçada de ramagens novas,
sem incômodo aos pés amarrou essas leves sandálias
com as folhagens e tudo, as que o glorioso Argifonte*
colhera, tentando driblar a marcha para fora da Piéria*, 85
como a suavizar por seus próprios meios uma longa rota.
Mas um velho que amanhava o vinhedo florente notou-o
a dirigir-se à planície, pela relvosa campina do Onquesto*.
Dirigiu-lhe a palavra primeiro o filho de Maia* magnífica:
"Ó velho, que mondas tuas plantas, de ombros vergados, 90
por certo terás vinho abundante, quando isso tudo produzir.
Então, se viste, faça-te de cego, e de surdo, se ouviste,
e cala-te, a menos que sofra algum dano tua propriedade".
Falou e pôs-se a tanger as robustas cabeças dos bois.
E inúmeros montes umbrosos e desfiladeiros ressoantes 95
e planícies florentes o glorioso Hermes transpôs.
Findava a escuridão protetora, noite divina,
em sua parte maior, e logo nascia a alvorada das lides;
acabava de chegar ao seu posto a divina Selene,
filha do senhor Palas, nascido de Megamedes.[14] 100

---

13. A matreirice de Hermes consiste em fazer os bois andarem de marcha a ré, enquanto ele próprio seguia normalmente, para que as marcas no caminho não coincidissem.
14. Esse Palas, filho de Megamedes, não é mencionado em nenhum outro texto conhecido. Conhecemos Palas, filho do titã* Crio, irmão de Astreu e Perses (Hes. *Th.* 375-8). Para a confusa genealogia de Selene, ver cap.22.

4. ΕΙΣ ΕΡΜΗΝ

Πλανοδίας δ' ἤλαυνε διὰ ψαμαθώδεα χῶρον, 75
ἴχνι' ἀποστρέψας· δολίης δ' οὐ λήθετο τέχνης
ἀντία ποιήσας ὁπλάς, τὰς πρόσθεν ὄπισθεν,
τὰς δ' ὄπιθεν πρόσθεν, κατὰ δ' ἔμπαλιν αὐτὸς ἔβαινε.
σάνδαλα δ' αὐτίκα ῥιψὶν ἐπὶ ψαμάθοις ἁλίῃσιν
ἄφραστ' ἠδ' ἀνόητα διέπλεκε, θαυματὰ ἔργα, 80
συμμίσγων μυρίκας καὶ μυρσινοειδέας ὄζους.
τῶν τότε συνδήσας νεοθηλέαν ἀγκάλῳ ὥρην
ἀβλαβέως ὑπὸ ποσσὶν ἐδήσατο σάνδαλα κοῦφα
αὐτοῖσιν πετάλοισι, τὰ κύδιμος Ἀργειφόντης
ἔσπασε Πιερίηθεν ὁδοιπορίην ἀλεείνων, 85
οἷά τ' ἐπειγόμενος δολιχὴν ὁδόν, αὐτοτροπήσας.
τὸν δὲ γέρων ἐνόησε δέμων ἀνθοῦσαν ἀλωὴν
ἱέμενον πεδίον δὲ δι' Ὀγχηστὸν λεχεποίην·
τὸν πρότερος προσέφη Μαίης ἐρικυδέος υἱός·
ὦ γέρον ὅς τε φυτὰ σκάπτεις ἐπικαμπύλος ὤμους, 90
ἦ πολυοινήσεις εὖτ' ἂν τάδε πάντα φέρῃσι
καί τε ἰδὼν μὴ ἰδὼν εἶναι καὶ κωφὸς ἀκούσας,
καὶ σιγᾶν, ὅτε μή τι καταβλάπτῃ τὸ σὸν αὐτοῦ.
Τόσσον φὰς συνέσευε βοῶν ἴφθιμα κάρηνα.
πολλὰ δ' ὄρη σκιόεντα καὶ αὐλῶνας κελαδεινοὺς 95
καὶ πεδί' ἀνθεμόεντα διήλασε κύδιμος Ἑρμῆς.
ὀρφναίη δ' ἐπίκουρος ἐπαύετο δαιμονίη νὺξ
ἡ πλείων, τάχα δ' ὄρθρος ἐγίγνετο δημιοεργός·
ἡ δὲ νέον σκοπιὴν προσεβήσατο δῖα Σελήνη
Πάλλαντος θυγάτηρ Μεγαμηδεΐδαο ἄνακτος, 100

4. A HERMES

Então, para o rio Alfeu* o valente filho de Zeus
conduziu de Febo* Apolo os bois de larga testa.
Indômitos, iam eles para um estábulo de alto teto,
ao encontro de gamelas diante de prados magníficos.
Lá, de ervas nutriu bem os bois de sonoros mugidos   105
e tocou-os para o estábulo, todos em conjunto,
a ruminarem lótus e orvalhada junça.
Depois foi juntando muita lenha e perseguia a arte do fogo
com um belo galho de loureiro; num graveto de romã ia rolando
o galho ajustado na palma da mão – e brotou um sopro quente!   110
Hermes foi o primeiro a inventar o pau de fogo e o fogo.[15]
Em funda cova acomodou lenha seca em quantidade,
colhida em feixes fartos; e começou a brilhar uma chama,
lançando longe fagulhas do fogo bem aceso.
Enquanto fazia arder o fogo a força do ilustre Hefesto,   115
ele arrastou para fora vacas de fundos mugidos e chifres recurvos,
duas delas, para junto do fogo – força ele tinha enorme! –,
e pelo cangote a ambas arrojou-as ao chão, arquejantes.
Varou-lhes, depois, a medula, e desvirou-as, rolando-as.
E seguia, de obra em obra: picou carnes cheias de gorduras   120
que ia assando, trespassadas em espetos de madeira,
as carnes junto com o lombo honorífico[16] e o negro sangue
retido nas tripas; e tudo isso permanecia ali no chão.
As peles, porém, ele estendeu em uma rocha bem ríspida
e desde então até hoje lá estão elas, antiquíssimas,   125

---

15. Esse é o mais antigo texto grego a descrever a produção de fogo pelo atrito de pedaços de madeira. Ver também Theophr. *Hist. Pl.* 5.9.6.
16. Nesse sacrifício, o νῶτα γεράσμια merece destaque. Depois de assadas, as duas vacas serão divididas em doze partes (v.128) e a cada uma Hermes acrescenta, como γέρας (v.129), um pedaço do "lombo honorífico" (cf. *Od.* 4.65-67, em que Menelau oferece a Telêmaco e ao filho de Nestor o seu próprio γέρας, um suculento pedaço de lombo de boi.

4. ΕΙΣ ΕΡΜΗΝ

τῆμος ἐπ' Ἀλφειὸν ποταμὸν Διὸς ἄλκιμος υἱὸς
Φοίβου Ἀπόλλωνος βοῦς ἤλασεν εὐρυμετώπους.
Ἀδμῆτες δ' ἵκανον ἐς αὔλιον ὑψιμέλαθρον
καὶ ληνοὺς προπάροιθεν ἀριπρεπέος λειμῶνος.
Ἔνθ' ἐπεὶ εὖ βοτάνης ἐπεφόρβει βοῦς ἐριμύκους, 105
καὶ τὰς μὲν συνέλασσεν ἐς αὔλιον ἀθρόας οὔσας,
λωτὸν ἐρεπτομένας ἠδ' ἑρσήεντα κύπειρον·
σὺν δ' ἐφόρει ξύλα πολλά, πυρὸς δ' ἐπεμαίετο τέχνην
δάφνης ἀγλαὸν ὄζον ἑλών· ἐν δ' ἴλλεψε σιδείῳ
ἄρμενον ἐν παλάμῃ, ἄμπνυτο δὲ θερμὸς ἀϋτμή· 110
Ἑρμῆς τοι πρώτιστα πυρήϊα πῦρ τ' ἀνέδωκε.
Πολλὰ δὲ κάγκανα κᾶλα κατουδαίῳ ἐνὶ βόθρῳ
οὖλα λαβὼν ἐπέθηκεν ἐπηετανά, λάμπετο δὲ φλὸξ
τηλόσε φῦζαν ἰεῖσα πυρὸς μέγα δαιομένοιο.
Ὄφρα δὲ πῦρ ἀνέκαιε βίη κλυτοῦ Ἡφαίστοιο, 115
τόφρα δ' ὑποβρύχιας ἕλικας βοῦς εἷλκε θύραζε
δοιὰς ἄγχι πυρός (δύναμις δέ οἱ ἔπλετο πολλή),
ἀμφοτέρας δ' ἐπὶ νῶτα χαμαὶ βάλε φυσιοώσας·
ἐγκλίνων δ' ἐκύλινδε δι' αἰῶνας τετορήσας.
Ἔργῳ δ' ἔργον ὄπαζε ταμὼν κρέα πίονα δημῷ·· 120
ὤπτα δ' ἀμφ' ὀβελοῖσι πεπαρμένα δουρατέοισι,
σάρκας ὁμοῦ καὶ νῶτα γεράσμια καὶ μέλαν αἷμα
ἐργμένον ἐν χολάδεσσι· τὰ δ' αὐτοῦ κεῖτ' ἐπὶ χώρης.
Ῥινοὺς δ' ἐξετάνυσσε καταστυφέλῃ ἐνὶ πέτρῃ,
ὡς ἔτι νῦν τὰ μέτασσα πολυχρόνιοι πεφύασι, 125

4. A HERMES

tanto tempo depois, e inseparáveis; prosseguindo,
Hermes prazenteiro retirou do fogo as nédias obras,
e sobre lisa superfície cortou doze partes, designadas
por sorteio, e a cada uma conferiu honraria perfeita.[17]
Da carne consagrada o glorioso Hermes sentiu desejo.   130
Perturbava-o, embora fosse ele um imortal, o aroma
suave; mas nem assim seu nobre coração aceitava,
apesar de muito querer, que sua sacra garganta as engolisse.[18]
Em vez disso, guardou-as no estábulo de elevado teto,
gorduras e carnes muitas, e logo pendurou-as no alto,   135
troféu do recente furto; a seguir, colheu porções de lenha
e domou ao bafo do fogo patas e cabeças inteiras.
Depois de tudo executar devidamente, deus que era,
lançou suas sandálias no Alfeu* de turbilhões profundos,
extinguiu o braseiro e a encobrir de areia a cinza negra   140
passou toda a noite. E o belo brilho de Selene resplendia.
Tornou aos divinos cimos de Cilene* logo depois
pela manhã, sem que ninguém lhe surgisse no longo caminho,
nenhum deus ditoso, nenhum mortal humano;
nem mesmo cães ladraram. E o benfazejo Hermes filho de Zeus   145
esgueirou-se oblíquo pela fechadura do mégaron*,
feito névoa, como uma brisa de outono.
Foi reto para o templo opulento da gruta,[19]
avançando a passo manso, sem pisar ruidoso o chão.
Num ímpeto, foi para o berço o glorioso Hermes: 150

---

17. Essas "doze partes" são, aparentemente, uma referência aos doze deuses olímpicos*, cultuados em Olímpia, perto do rio Alfeu* (ver *Introdução*, p.54). Estranha-se o fato de que essas listas de deuses, embora um pouco variáveis, tinham Hermes em quase todas.
18. Dos sacrifícios, cabem aos deuses a gordura, os ossos e o odor da carne; aos homens, a ingestão da carne cozida. Ver Hes. *Th*. 535-61. e Ar. *Av*. 1232-3 e 1517-8.
19. Na época de Pausânias, o templo de Hermes no topo do Monte Cilene* já estava em ruínas (8.17.1); não havia nenhuma gruta por perto.

4. ΕΙΣ ΕΡΜΗΝ

δηρὸν δὴ μετὰ ταῦτα καὶ ἄκριτον αὐτὰρ ἔπειτα
Ἑρμῆς χαρμόφρων εἰρύσατο πίονα ἔργα
λείῳ ἐπὶ πλαταμῶνι καὶ ἔσχισε δώδεκα μοίρας
κληροπαλεῖς, τέλεον δὲ γέρας προσέθηκεν ἑκάστῃ.
Ἔνθ' ὁσίης κρεάων ἠράσσατο κύδιμος Ἑρμῆς·   130
ὀδμὴ γάρ μιν ἔτειρε καὶ ἀθάνατόν περ ἐόντα
ἡδεῖ'· ἀλλ' οὐδ' ὥς ἐπείθετο θυμὸς ἀγήνωρ,
καί τε μάλ' ἱμείροντι, περῆν' ἱερῆς κατὰ δειρῆς.
Ἀλλὰ τὰ μὲν κατέθηκεν ἐς αὔλιον ὑψιμέλαθρον,
δημὸν καὶ κρέα πολλά, μετήορα δ' αἶψ' ἀνάειρε,   135
σῆμα νέης φωρῆς· ἐπὶ δὲ ξύλα κάγκαν' ἀείρας
οὐλόποδ' οὐλοκάρηνα πυρὸς κατεδάμνατ' ἀϋτμῇ.
Αὐτὰρ ἐπεὶ δὴ πάντα κατὰ χρέος ἤνυσε δαίμων,
σάνδαλα μὲν προέηκεν ἐς Ἀλφειὸν βαθυδίνην,
ἀνθρακιὴν δ' ἐμάρανε, κόνιν δ' ἀμάθυνε μέλαιναν   140
παννύχιος· καλὸν δὲ φόως κατέλαμπε Σελήνης.
Κυλλήνης δ' αἶψ' αὖτις ἀφίκετο δῖα κάρηνα
ὄρθριος, οὐδέ τίς οἱ δολιχῆς ὁδοῦ ἀντεβόλησεν
οὔτε θεῶν μακάρων οὔτε θνητῶν ἀνθρώπων,
οὐδὲ κύνες λελάκοντο· Διὸς δ' ἐριούνιος Ἑρμῆς   145
δοχμωθεὶς μεγάροιο διὰ κλήϊθρον ἔδυνεν,
αὔρῃ ὀπωρινῇ ἐναλίγκιος, ἠΰτ' ὀμίχλη.
Ἰθύσας δ' ἄντρου ἐξίκετο πίονα νηόν,
ἦκα ποσὶ προβιβῶν· οὐ γὰρ κτύπεν ὥς περ ἐπ' οὔδει.
Ἐσσυμένως δ' ἄρα λίκνον ἐπῴχετο κύδιμος Ἑρμῆς·   150

4. A HERMES

com a faixa envolta nos ombros, como criança
inocente a brincar com um pano à volta dos joelhos
ficou deitado, mantendo à esquerda a amável tartaruga.
Mas da mãe, uma deusa, o deus não escapou à atenção e ela disse:
"Como é que chegas, matreiro, assim a tal hora da noite, 155
trajando impudência? E de onde? Neste instante pressinto que tu,
com as costas envoltas de inextricáveis liames,
transporás a porta da frente sob as mãos do filho de Leto*,
do contrário, diligente levarás, por montes e vales, vida malandra.
Dana-te! O pai te plantou como grande inquietude 160
para mortais humanos e para deuses imortais!".
Então Hermes retrucou-lhe palavras interesseiras:
"Minha mãe, por que me atingir assim como a criança
inocente, cujo coração raramente conhece maldades,
medrosa, e que se assusta ante as ameaças da mãe? 165
Pois sim, vou trilhar uma arte, uma que seja a melhor,
para permanente sustento meu e teu; dentre os deuses
imortais, nós dois, privados de dons e de alimento,
aqui, assim, não suportaremos ficar, como determinas tu.
Melhor todos os dias com os imortais ter convívio 170
rico, próspero, opulento, do que aqui em casa
ficar de cócoras, nesta gruta sombria; quanto à honra,
também eu alcançarei a sacralidade que Apolo tem.
Se não ma conceder meu pai, nesse caso eu mesmo
me empenharei – eu posso! – em ser chefe de gatunos. 175

4. ΕΙΣ ΕΡΜΗΝ

σπάργανον ἀμφ' ὤμοις εἰλυμένος, ἠΰτε τέκνον
νήπιον, ἐν παλάμῃσι περ' ἰγνύσι λαῖφος ἀθύρων,
κεῖτο, χέλυν ἐρατὴν ἐπ' ἀριστερὰ χειρὸς ἐέργων.
Μητέρα δ' οὐκ ἄρ' ἔληθε θεὰν θεός, εἶπέ τε μῦθον·
Τίπτε σύ, ποικιλομῆτα, πόθεν τάδε νυκτὸς ἐν ὥρῃ   155
ἔρχῃ, ἀναιδείην ἐπιειμένε; Νῦν σε μάλ' οἴω
δύσμαχ', ἀμήχανα δεσμὰ περὶ πλευρῇσιν ἔχοντα,
Λητοΐδου ὑπὸ χερσὶ διὲκ προθύροιο περήσειν,
ἢ σὲ φέροντα μεταξὺ κατ' ἄγκεα φηλητεύσειν.
Ἔρρε πάλιν· μεγάλην σε πατὴρ ἐφύτευσε μέριμναν   160
θνητοῖς ἀνθρώποισι καὶ ἀθανάτοισι θεοῖσι.
Τὴν δ' Ἑρμῆς μύθοισιν ἀμείβετο κερδαλέοισι·
Μῆτερ ἐμή, τί με ταῦτα † τιτύσκεαι † ἠΰτε τέκνον
νήπιον, ὃς μάλα παῦρα μετὰ φρεσὶν αἴσυλα οἶδεν,[20]
ταρβαλέον, καὶ μητρὸς ὑπαιδείδοικεν ἐνιπάς;   165
Αὐτὰρ ἐγὼ τέχνης ἐπιβήσομαι ἥ τις ἀρίστη,
βουκολέων ἐμὲ καὶ σὲ διαμπερές· οὐδὲ θεοῖσι
νῶϊ μετ' ἀθανάτοισιν ἀδώρητοι καὶ ἄπαστοι[21]
αὐτοῦ τῇδε μένοντες ἀνεξόμεθ', ὡς σὺ κελεύεις.
Βέλτερον ἤματα πάντα μετ' ἀθανάτοις ὀαρίζειν   170
πλούσιον, ἀφνειόν, πολυλήϊον, ἢ κατὰ δῶμα
ἄντρῳ ἐν ἠερόεντι θαασσέμεν· ἀμφὶ δὲ τιμῆς,
κἀγὼ τῆς ὁσίης ἐπιβήσομαι ἧς περ Ἀπόλλων.
Εἰ δέ κε μὴ δώῃσι πατὴρ ἐμός, ἤτοι ἐγώ γε
πειρήσω, δύναμαι, φηλητέων ὄρχαμος εἶναι.   175

---

20. μάλα... οἶδεν conforme Allen-Sikes[2] e West, que seguem a leitura de quase todos os manuscritos das famílias Ψ e Φ. Humbert optou pela leitura do *Leidensis* 32.2: μάλα πολλὰ ἐνὶ φρεσίν ἄρμενα οἶδεν.
21. ἄπαστοι: foi seguida a leitura do *Leidensis* 32.2 e de alguns manuscritos das famílias Ψ e Φ. Allen-Sikes[2], Humbert e West preferiram ἄλιστοι.

4. A HERMES

E se for ao meu encalço o filho de Leto* magnífica,
um outro dano maior creio que o surpreenderá:
pois irei a Pitô* arrombar a sua grande morada;
de lá, pilhas de tripés esplêndidos e de caldeirões
saquearei, e ouro, e pilhas de ferro polido   180
e muito tecido; tu poderás ver, se quiseres".
Assim, com tais palavras entre si dialogavam
o filho de Zeus porta-égide* e Maia* augusta.
E Eos*, filha da manhã, portadora da luz aos mortais,
erguia-se do Oceano* de fundas correntes, enquanto Apolo   185
vinha chegando a Onquesto*, o muito amável bosque
sagrado do estrondoso Treme-terra;[22] lá, encontrou
um velho abrutalhado que podava junto à via a sebe da vinha.
A ele falou primeiro o filho de Leto* magnífica:
"Ó velho que ceifas a sarça do herboso Onquesto*,   190
aqui venho da Piéria*, à procura do meu gado
– todas fêmeas, todos de chifres recurvos –
tirados do rebanho; o touro pascia só, longe dos outros,
um negro. E cães de olhar alerta seguiam atrás; eram
quatro, feito pessoas com um mesmo pensar. Eles restaram,   195
tanto os cães como o touro – o que é de espantar!
Elas, porém, pouco depois do pôr do sol, se foram
de um prado macio, abandonando doce pastagem.
Diz para mim, ó velho vivido, se acaso viste
um varão a seguir estrada conduzindo essas vacas".   200

---

22. I.e., Posídon (ver cap.21).

4. ΕΙΣ ΕΡΜΗΝ

Εἰ δέ μ' ἐρευνήσει Λητοῦς ἐρικυδέος υἱός,
ἄλλο τί οἱ καὶ μεῖζον ὀΐομαι ἀντιβολήσειν.
Εἶμι γὰρ ἐς Πυθῶνα μέγαν δόμον ἀντιτορήσων·
ἔνθεν ἅλις τρίποδας περικαλλέας ἠδὲ λέβητας
πορθήσω καὶ χρυσόν, ἅλις τ' αἴθωνα σίδηρον   180
καὶ πολλὴν ἐσθῆτα· σὺ δ' ὄψεαι, αἴ κ' ἐθέλησθα.
Ὣς οἱ μέν ῥ' ἐπέεσσι πρὸς ἀλλήλους ἀγόρευον
υἱός τ' αἰγιόχοιο Διὸς καὶ πότνια Μαῖα.
Ἠὼς δ' ἠριγένεια φόως θνητοῖσι φέρουσα
ὤρνυτ' ἀπ' Ὠκεανοῖο βαθυρρόου, αὐτὰρ Ἀπόλλων   185
Ὀγχηστόνδ' ἀφίκανε κιών, πολυήρατον ἄλσος
ἁγνὸν ἐρισφαράγου Γαιηόχου· ἔνθα γέροντα
κνώδαλον εὗρε τέμοντα παρὲξ ὁδοῦ ἕρκος ἀλωῆς.
Τὸν πρότερος προσέφη Λητοῦς ἐρικυδέος υἱός·
Ὦ γέρον Ὀγχηστοῖο βατοδρόπε ποιήεντος,   190
βοῦς ἀπὸ Πιερίης διζήμενος ἐνθάδ' ἱκάνω,
– πάσας θηλείας, πάσας κεράεσσιν ἑλικτάς –
ἐξ ἀγέλης· ὁ δὲ ταῦρος ἐβόσκετο μοῦνος ἀπ' ἄλλων
κυάνεος· χαροποὶ δὲ κύνες κατόπισθεν ἕποντο
τέσσαρες, ἠΰτε φῶτες ὁμόφρονες. Οἱ μὲν ἔλειφθεν   195
οἵ τε κύνες ὅ τε ταῦρος – ὃ δὴ πέρι θαῦμα τέτυκται·
ταὶ δ' ἔβαν ἠελίοιο νέον καταδυομένοιο
ἐκ μαλακοῦ λειμῶνος, ἀπὸ γλυκεροῖο νομοῖο.
Ταῦτά μοι εἰπέ, γεραιὲ παλαιγενές, εἴ που ὄπωπας
ἀνέρα ταῖσδ' ἐπὶ βουσὶ διαπρήσσοντα κέλευθον.   200

4. A HERMES

Em resposta, proferiu-lhe o velho tais palavras:
"Amigo, tudo quanto os olhos podem ver é custoso
dizer; muitos são os caminheiros que fazem este caminho,
uns tencionando muitos males, outros com nobres intenções,
transitam; é difícil reconhecer cada um deles.   205
Mas eu, o dia inteiro, até que o sol se pôs,
estive a mondar em volta o outeiro do pomar de vinha.
Mas pareceu-me, meu caro, que um menino – não sei se vi bem
quem era o menino que seguia com bois de belos chifres;
era novo, tinha uma vara, caminhava em zigue-zague e   210
fazia-os ir de ré, mantendo as cabeças de frente para ele".
Disse o velho. Ouvido o relato, pôs-se ligeiro a caminho [sc. Apolo].
Então notou um pássaro de asas estendidas, e soube logo[23]
que o gatuno era nascido, a criança de Zeus Cronida*.
Num ímpeto, apressou o passo o senhor Apolo, filho de Zeus,   215
à diviníssima Pilos*, em busca dos bois de patas torsantes.
Uma névoa purpúrea encobria-lhe os largos ombros.
Nas pegadas atentou o Arqueiro e disse estas palavras:
"Deuses! Grande assombro este que vejo com meus olhos!
Estas pegadas são mesmo de bois de chifres retos,   220
mas estão invertidas, de volta ao prado de asfódelos!
Mas estes passos não são nem de homem, nem de mulher,
nem de lobos cinzentos, nem de ursos, nem de leões!
Nem penso que sejam de um Centauro* de peludo colo,
que dá tão prodigiosas passadas com pés ligeiros;   225

---

23. O voo dos pássaros era um dos sinais mais valorizados pelos adivinhos gregos para a revelação dos desígnios divinos. É irônico que o onisciente Apolo (v.467), deus da adivinhação e da profecia, patrono do célebre oráculo de Delfos, tenha recorrido a uma simples ave para descobrir o ladrão de suas vacas.

4. ΕΙΣ ΕΡΜΗΝ

Τὸν δ' ὁ γέρων μύθοισιν ἀμειβόμενος προσέειπεν·
Ὦ φίλος, ἀργαλέον μὲν ὅσ' ὀφθαλμοῖσιν ἴδοιτο
πάντα λέγειν· πολλοὶ γὰρ ὁδὸν πρήσσουσιν ὁδῖται,
τῶν οἱ μὲν κακὰ πολλὰ μεμαότες, οἱ δὲ μάλ' ἐσθλά,
φοιτῶσιν· χαλεπὸν δὲ δαήμεναί ἐστιν ἕκαστον.   205
Αὐτὰρ ἐγὼ πρόπαν ἦμαρ ἐς ἠέλιον καταδύντα
ἔσκαπτον περὶ γουνὸν ἀλωῆς οἰνοπέδοιο·
παῖδα δ' ἔδοξα, φέριστε – σαφὲς δ' οὐκ οἶδα νοήσας
ὅς τις ὁ παῖς ἅμα βουσὶν ἐϋκραίρῃσιν ὀπήδει
νήπιος, εἶχε δὲ ῥάβδον, ἐπιστροφάδην δ' ἐβάδιζεν,   210
ἐξοπίσω δ' ἀνέεργε, κάρη δ' ἔχεν ἀντίον αὐτῷ.
Φῆ ῥ' ὁ γέρων· ὁ δὲ θᾶττον ὁδὸν κίε μῦθον ἀκούσας.
Οἰωνὸν δ' ἐνόει τανυσίπτερον, αὐτίκα δ' ἔγνω
φηλητὴν γεγαῶτα Διὸς παῖδα Κρονίωνος.
Ἐσσυμένως δ' ἤϊξεν ἄναξ Διὸς υἱὸς Ἀπόλλων   215
ἐς Πύλον ἠγαθέην διζήμενος εἰλίποδας βοῦς,
πορφυρέῃ νεφέλῃ κεκαλυμμένος εὐρέας ὤμους·
ἴχνιά τ' εἰσενόησεν Ἑκηβόλος εἶπέ τε μῦθον·
Ὢ πόποι, ἦ μέγα θαῦμα τόδ' ὀφθαλμοῖσιν ὁρῶμαι·
ἴχνια μὲν τάδε γ' ἐστὶ βοῶν ὀρθοκραιράων,   220
ἀλλὰ πάλιν τέτραπται ἐς ἀσφοδελὸν λειμῶνα.
Βήματα δ' οὔτ' ἀνδρὸς τάδε γίγνεται οὔτε γυναικός,
οὔτε λύκων πολιῶν, οὔτ' ἄρκτων οὔτε λεόντων·
οὔτε τι Κενταύρου λασιαύχενος ἔλπομαι εἶναι,
ὅς τις τοῖα πέλωρα βιβᾷ ποσὶ καρπαλίμοισιν·   225

4. A HERMES

são medonhas, neste lado do caminho, e mais medonhas nesse outro".
Disse e apressou o passo o senhor Apolo filho de Zeus.
E chegou ao monte de Cilene*, recoberto de bosques,
até ao umbroso recôndito da rocha, onde a ninfa*
imortal tinha parido o filho de Zeus Cronida*;   230
um aroma agradável pelo diviníssimo monte se esparzia[24]
e inúmeros rebanhos de ovelhas de delgadas patas pasciam erva.
Aí então passou apressado a soleira de pedra, descendo
à brumosa gruta o próprio Apolo arqueiro.
Mas tão logo o filho de Zeus e de Maia* reparou nele,   235
no arqueiro Apolo enfurecido por causa dos bois,
foi-se afundando entre as fraldas perfumadas; como o
grande braseiro de toras a espessa cinza encobre,
assim Hermes, ao ver o Arqueiro, ia-se esquivando.
Num instante encolheu a cabeça, os pés e as mãos,   240
feito criança recém-banhada à espera do doce sono;
na verdade, estava bem alerta e com a tartaruga sob o braço.
Atento, o filho de Zeus e de Leto* não deixou de notar
a ninfa* das montanhas, muito formosa, e seu filho,
criança pequena, mas enrolada em matreiras confusões.   245
Depois de perscrutar cada recesso da vasta morada,
apanhou uma chave reluzente e abriu três depósitos
repletos de néctar* e de saborosa ambrosia*.
E dentro havia muito ouro e prata e também
vestes em quantidade – alvas e purpúreas – da ninfa*,   250

---

24. Um odor sempre agradável emana da presença dos deuses e, naturalmente, de sua morada (cf. *h.Cer* 277-8).

4. ΕΙΣ ΕΡΜΗΝ

αἰνὰ μὲν ἔνθεν ὁδοῖο, τὰ δ' αἰνότερ' ἔνθεν ὁδοῖο.
Ὣς εἰπὼν ἤϊξεν ἄναξ Διὸς υἱὸς Ἀπόλλων.
Κυλλήνης δ' ἀφίκανεν ὄρος καταειμένον ὕλῃ
πέτρης εἰς κευθμῶνα βαθύσκιον, ἔνθα τε νύμφη
ἀμβροσίη ἐλόχευσε Διὸς παῖδα Κρονίωνος· 230
ὀδμὴ δ' ἱμερόεσσα δι' οὔρεος ἠγαθέοιο
κίδνατο, πολλὰ δὲ μῆλα ταναύποδα βόσκετο ποίην.
Ἔνθα τότε σπεύδων κατεβήσατο λάϊνον οὐδὸν
ἄντρον ἐς ἠερόεν ἑκατηβόλος αὐτὸς Ἀπόλλων.
Τὸν δ' ὡς οὖν ἐνόησε Διὸς καὶ Μαιάδος υἱὸς 235
χωόμενον περὶ βουσὶν ἑκηβόλον Ἀπόλλωνα,
σπάργαν' ἔσω κατέδυνε θυήεντ'· ἠΰτε πολλὴν
πρέμνων ἀνθρακιὴν οὔλη σποδὸς ἀμφικαλύπτει,
ὣς Ἑρμῆς Ἑκάεργον ἰδὼν ἀνεείλε' ἓ αὐτόν.
Ἐν δ' ὀλίγῳ συνέλασσε κάρη χεῖράς τε πόδας τε, 240
φή ῥα νεόλλουτος, προκαλεύμενος ἥδυμον ὕπνον,
ἐγρήσσων ἐτεόν γε· χέλυν ⟨δ'⟩ ὑπὸ μασχάλῃ εἶχε.
Γνῶ δ' οὐδ' ἠγνοίησε Διὸς καὶ Λητοῦς υἱὸς
νύμφην τ' οὐρείην περικαλλέα καὶ φίλον υἱόν,
παῖδ' ὀλίγον, δολίης εἰλυμένον ἐντροπίῃσι. 245
Παπτήνας δ' ἀνὰ πάντα μυχὸν μεγάλοιο δόμοιο
τρεῖς ἀδύτους ἀνέῳγε, λαβὼν κληῗδα φαεινήν,
νέκταρος ἐμπλείους ἠδ' ἀμβροσίης ἐρατεινῆς.
Πολλὸς δὲ χρυσός τε καὶ ἄργυρος ἔνδον ἔκειτο,
πολλὰ δὲ φοινικόεντα καὶ ἄργυφα εἵματα νύμφης, 250

4. A HERMES

quantas encerram as sacras moradas dos ditosos deuses.
E lá, depois de vasculhar os recessos da vasta morada,
o filho de Leto* proferiu tais palavras ao glorioso Hermes:
"Ó menino, deitado nesse berço, mostra-me os bois,
rápido! Olha que nosso confronto será indecoroso!   255
Pois vou pegar-te e lançar no brumoso Tártaro*,
nas trevas fatais e irremediáveis; e nem tua mãe
irá recobrar-te para a luz, nem teu pai; sob a terra
irás danar-te, servindo de guia de homens pequeninos".[25]
Mas Hermes retrucou-lhe com palavras interesseiras: 260
"Filho de Leto*, que fala rude é essa que proferiste?
E foi em busca de bois agrestes que até aqui vieste?
Não vi, não sei de nada e não ouvi palavra de outrem;
não poderia dar indicações nem mesmo aceitar recompensa;
nem de tocador de bois, gente vigorosa, eu tenho o aspecto!   265
Meu afazer não é esse; antes, outras coisas me importam:
importa-me o sono, o leite de minha mãe,
ter fraldas ao redor dos ombros e banhos quentes.
Que ninguém fique sabendo como surgiu essa desavença!
Causaria mesmo um grande espanto entre os imortais   270
um menino recém-nascido transpor o vestíbulo
com bois agrestes! É descabido o que declaras!
Nasci ontem, tenho pés mimosos e sob eles o chão é áspero!
Se queres, pela cabeça do meu pai farei o grande juramento:
Dou minha palavra de que não sou eu o responsável,   275

---

25. Segundo Humbert (p.127, n.1) duas interpretações são possíveis: no Hades*, Hermes se tornaria (a) psicopompo, "guia das almas", representadas como pequenas figuras humanas, ou (b) condutor das almas das criancinhas, como ele – uma ironia: um pequeno deus, condenado ao mundo subterrâneo, só poderia governar as crianças humanas.

4. ΕΙΣ ΕΡΜΗΝ

οἷα θεῶν μακάρων ἱεροὶ δόμοι ἐντὸς ἔχουσιν.
Ἔνθ' ἐπεὶ ἐξερέεινε μυχοὺς μεγάλοιο δόμοιο
Λητοΐδης, μύθοισι προσηύδα κύδιμον Ἑρμῆν·
Ὦ παῖ, ὃς ἐν λίκνῳ κατάκειαι, μήνυέ μοι βοῦς
θᾶττον· ἐπεὶ τάχα νῶϊ διοισόμεθ' οὐ κατὰ κόσμον·   255
ῥίψω γάρ σε βαλὼν ἐς Τάρταρον ἠερόεντα,
εἰς ζόφον αἰνόμορον καὶ ἀμήχανον· οὐδέ σε μήτηρ
ἐς φάος οὐδὲ πατὴρ ἀναλύσεται, ἀλλ' ὑπὸ γαίῃ
ἐρρήσεις, ὀλίγοισι μετ' ἀνδράσιν ἡγεμονεύων.
Τὸν δ' Ἑρμῆς μύθοισιν ἀμείβετο κερδαλέοισι·   260
Λητοΐδη, τίνα τοῦτον ἀπηνέα μῦθον ἔειπας,
καὶ βοῦς ἀγραύλους διζήμενος ἐνθάδ' ἱκάνεις;
Οὐκ ἴδον, οὐ πυθόμην, οὐκ ἄλλου μῦθον ἄκουσα·
οὐκ ἂν μηνύσαιμ', οὐκ ἂν μήνυτρον ἀροίμην·
οὔτι βοῶν ἐλατῆρι, κραταιῷ φωτί, ἔοικα.   265
Οὐκ ἐμὸν ἔργον τοῦτο· πάρος δέ μοι ἄλλα μέμηλεν·
ὕπνος ἐμοί γε μέμηλε καὶ ἡμετέρης γάλα μητρός,
σπάργανά τ' ἀμφ' ὤμοισιν ἔχειν καὶ θερμὰ λοετρά.
Μή τις τοῦτο πύθοιτο πόθεν τόδε νεῖκος ἐτύχθη·
καί κεν δὴ μέγα θαῦμα μετ' ἀθανάτοισι γένοιτο,   270
παῖδα νέον γεγαῶτα διὰ προθύροιο περῆσαι
βουσὶ μετ' ἀγραύλοισι· τὸ δ' ἀπρεπέως ἀγορεύεις.
Χθὲς γενόμην, ἁπαλοὶ δὲ πόδες, τρηχεῖα δ' ὑπὸ χθών·
εἰ δ' ἐθέλεις, πατρὸς κεφαλὴν μέγαν ὅρκον ὀμοῦμαι·
μὴ μὲν ἐγὼ μήτ' αὐτὸς ὑπίσχομαι αἴτιος εἶναι,   275

4. A HERMES

nem mesmo vi um outro ladrão de vossas vacas,
quais sejam tais vacas. Apenas ouço tal rumor!".
Enquanto falava isso, lançava olhares lampejantes,
franzia as sobrancelhas, olhando de um lado e de outro,
assoviando forte e longamente, como a ouvir conversa enfadonha.   280
Mas, com terno sorriso, falou-lhe o arqueiro Apolo:
"Ó doçura, safada, embusteira, deveras bem imagino
que muitas vezes tu arrombas moradas bem construídas,
à noite, e pões um mortal sentado no chão[26] – e não só um –,
quando ages na casa sem fazer ruído. A ver o que declaras!   285
Mas numerosos pastores agrestes irás molestar
nos vales da montanha, sempre que, ávido de carne,
topares com manadas de bois e rebanhos de ovelhas.
Mas, vamos! Não queiras dormir o supremo e último sono!
Desce do berço, companheiro da negra noite!   290
Esta é a honra que desde já terás entre os imortais:
de príncipe dos gatunos serás chamado o tempo todo".
Dito isso, Febo* Apolo pegou o menino e foi levando-o.
Mas nisso, o potente Argifonte, espremido entre as mãos
do deus que o erguia, deixou escapar um presságio,   295
atrevido serviçal do ventre, pernóstico mensageiro.[27]
E depois deu um espirro violento. Isso tudo Apolo
entendeu, e soltou das mãos, ao chão, o glorioso Hermes.[28]
Sentou-se, então, diante dele e, embora ansioso por partir,
insultou a Hermes, dirigindo-lhe esta fala: 300

---

26. À vítima do gatuno, de quem tudo foi roubado, só resta sentar-se no chão. Trata-se provavelmente de uma expressão regional, encontrada apenas nesse hino (ver Evelyn-White, p.385).
27. I.e., um flato.
28. Os gregos consideravam o espirro um presságio. O pequeno Hermes, comicamente, emite primeiro um flato, e a seguir corrige o "engano", e espirra. O flato pode ser considerado um sinal de capitulação (cf. Ar. *Vesp.* 1176-9). Assim, pelo menos, foi entendido por Apolo (v.297-8).

4. ΕΙΣ ΕΡΜΗΝ

μήτε τιν' ἄλλον ὄπωπα βοῶν κλοπὸν ὑμετεράων,
αἵ τινες αἱ βόες εἰσί· τὸ δὲ κλέος οἷον ἀκούω.
Ὣς ἄρ' ἔφη καὶ πυκνὸν ἀπὸ βλεφάρων ἀμαρύσσων
ὀφρύσι ῥιπτάζεσκεν, ὁρώμενος ἔνθα καὶ ἔνθα,
μάκρ' ἀποσυρίζων, ἅλιον τὼς μῦθον ἀκούων.   280
Τὸν δ' ἁπαλὸν γελάσας προσέφη ἑκάεργος Ἀπόλλων·
Ὦ πέπον, ἠπεροπευτά, δολοφραδές, ἦ σε μάλ' οἴω
πολλάκις ἀντιτοροῦντα δόμους εὖ ναιετάοντας
ἔννυχον οὔ χ' ἕνα μοῦνον ἐπ' οὔδεϊ φῶτα καθίσσαι,
σκευάζοντα κατ' οἶκον ἄτερ ψόφου, οἷ' ἀγορεύεις·   285
πολλοὺς δ' ἀγραύλους ἀκαχήσεις μηλοβοτῆρας
οὔρεος ἐν βήσσης, ὁπότ' ἂν κρειῶν ἐρατίζων
ἀντήσῃς ἀγέλῃσι βοῶν καὶ πώεσι μήλων.
Ἀλλ' ἄγε, μὴ πύματόν τε καὶ ὕστατον ὕπνον ἰαύσῃς,
ἐκ λίκνου κατάβαινε, μελαίνης νυκτὸς ἑταῖρε.   290
Τοῦτο γὰρ οὖν καὶ ἔπειτα μετ' ἀθανάτοις γέρας ἕξεις·
ἀρχὸς φηλητέων κεκλήσεαι ἤματα πάντα.
Ὣς ἄρ' ἔφη, καὶ παῖδα λαβὼν φέρε Φοῖβος Ἀπόλλων.
Σὺν δ' ἄρα φρασσάμενος τότε δὴ κρατὺς Ἀργειφόντης
οἰωνὸν προέηκεν, ἀειρόμενος μετὰ χερσί,   295
τλήμονα γαστρὸς ἔριθον, ἀτάσθαλον ἀγγελιώτην.
Ἐσσυμένως δὲ μετ' αὐτὸν ἐπέπταρε, τοῖο δ' Ἀπόλλων
ἔκλυεν, ἐκ χειρῶν δὲ χαμαὶ βάλε κύδιμον Ἑρμῆν.
Ἕζετο δὲ προπάροιθε καὶ ἐσσύμενός περ ὁδοῖο
Ἑρμῆν κερτομέων καί μιν πρὸς μῦθον ἔειπε·   300

4. A HERMES

"Calma, bebê de fraldas, filho de Zeus e de Maia*,
logo mais encontrarei meus bois de robustas cabeças,
com esses presságios! E serás tu a indicar-me o caminho!".
Assim falou. Então ergueu-se rápido o Cilênio Hermes,
a caminhar apressado; das orelhas afastou com as mãos   305
a fralda, enrolando-a nos ombros, e proferiu uma fala:
"Aonde me levas, Arqueiro, ó mais impetuoso dos deuses todos?
Acaso é por causa de bois que me atormentas irado assim?
Ó céus! Oxalá perecesse a raça bovina! Não fui eu quem
roubou vossas vacas, e nem vi um outro a fazê-lo,   310
quais sejam tais vacas! Apenas ouço tal rumor!
Portanto, dá ou cobra satisfações junto de Zeus Cronida*".
E eles iam expondo cada detalhe com precisão,
Hermes pastor de ovelhas e o famoso filho de Leto*,
com ânimos opostos. Este falava sincero e, por direito,   315
tentava, por causa dos bois, pegar o glorioso Hermes.
Entretanto, com artifícios e ardilosas palavras o outro,
o Cilênio, desejava lograr o deus do arco de prata –
e bem ele, que era astuto, encontrara um industrioso!
A seguir pôs-se a caminhar impetuoso pela areia,   320
à frente, mas atrás vinha o filho de Zeus e Leto*.
Rápido chegaram ao cume do odorante Olimpo*,[29]
à morada do pai Cronida*, os formosos rebentos de Zeus;
lá estavam, em prol de ambos, os pratos da balança.[30]
Um burburinho vinha do nevoento Olimpo*, e os imortais   325

---

29. Ver nota do v.231.
30. Referência cômica à balança da justiça com que Zeus pesava o destino dos homens (cf. *Il.* 8.69-71, especialmente 19.223-4).

4. ΕΙΣ ΕΡΜΗΝ

Θάρσει, σπαργανιῶτα, Διὸς καὶ Μαιάδος υἱέ·
εὑρήσω καὶ ἔπειτα βοῶν ἴφθιμα κάρηνα
τούτοις οἰωνοῖσι· σὺ δ' αὖθ' ὁδὸν ἡγεμονεύσεις.
Ὣς φάθ'· ὁ δ' αὖτ' ἀνόρουσε θοῶς Κυλλήνιος Ἑρμῆς
σπουδῇ ἰών· ἄμφω δὲ παρ' οὔατα χερσὶν ἑώθει, 305
σπάργανον ἀμφ' ὤμοισιν ἐελμένος, εἶπε δὲ μῦθον·
Πῇ με φέρεις Ἑκάεργε, θεῶν ζαμενέστατε πάντων;
Ἦ με βοῶν ἕνεχ' ὧδε χολούμενος ὀρσολοπεύεις;
Ὢ πόποι, εἴθ' ἀπόλοιτο βοῶν γένος· οὐ γὰρ ἐγώ γε
ὑμετέρας ἔκλεψα βόας, οὐδ' ἄλλον ὄπωπα, 310
αἵ τινές εἰσι βόες· τὸ δὲ δὴ κλέος οἷον ἀκούω.
Δὸς δὲ δίκην καὶ δέξο παρὰ Ζηνὶ Κρονίωνι.
Αὐτὰρ ἐπεὶ τὰ ἕκαστα διαρρήδην ἐρέεινον,
Ἑρμῆς τ' οἰοπόλος καὶ Λητοῦς ἀγλαὸς υἱός,
ἀμφὶς θυμὸν ἔχοντες – ὁ μὲν νημερτέα φωνὴν 315
οὐκ ἀδίκως ἐπὶ βουσὶν ἐλάζυτο κύδιμον Ἑρμῆν,
αὐτὰρ ὁ τέχνῃσίν τε καὶ αἱμυλίοισι λόγοισιν
ἤθελεν ἐξαπατᾶν Κυλλήνιος Ἀργυρότοξον –
αὐτὰρ ἐπεὶ πολύμητις ἐὼν πολυμήχανον εὗρεν,
ἐσσυμένως δὴ ἔπειτα διὰ ψαμάθοιο βάδιζε 320
πρόσθεν, ἀτὰρ κατόπισθε Διὸς καὶ Λητοῦς υἱός.
Αἶψα δὲ τέρθρον ἵκοντο θυώδεος Οὐλύμποιο
ἐς πατέρα Κρονίωνα, Διὸς περικαλλέα τέκνα·
κεῖθι γὰρ ἀμφοτέροισι δίκης κατέκειτο τάλαντα.
Εὐμιλίη δ' ἔχ' Ὄλυμπον ἀγάννιφον, ἀθάνατοι δὲ 325

4. A HERMES

imperecíveis se reuniam, após Eos* de áureo trono.
Detiveram-se Hermes e Apolo, o deus do arco de prata,
ante os joelhos de Zeus; então ao filho ilustre pôs-se a inquirir
Zeus altitroante, e proferiu-lhe esta fala:
"De onde arrastas, Febo*, este agradável despojo, 330
esta criança recém-nascida com porte de arauto?[31]
Grave é este caso que chega ao conselho dos deuses!".
Então tornou-lhe o senhor Apolo arqueiro:
"Pai, vais já ouvir uma história de peso, tu que
me insultas dizendo que só eu sou amante de despojos". 335
Encontrei um certo menino, este aqui, ladrão arrasador,
nos montes de Cilene*, depois de percorrer muito chão,
zombeteiro como eu nunca vira outro, nem entre deuses
nem entre homens, por mais pilantras que haja sobre a terra.
Roubou do prado minhas vacas e foi-se, ao entardecer, 340
tangendo-as ao longo da praia do mar fragoroso;
tocava reto para Pilos*. Eram pegadas duplas, medonhas,
capazes de espantar, obras mesmo de admirável deidade.
Quanto às vacas, seus passos invertidos rumo
ao prado de asfódelos a negra poeira acusava. 345
Mas esse aí em pessoa era intocável, surpreendente! Nem com pés
nem sequer com mãos ele caminhava pelo terreno arenoso;
antes, usando de algum outro artifício, deixava marcas no percurso –
tamanho prodígio! – como se alguém que calçasse ramos de carvalho.
Enquanto, pois, prosseguia pelo terreno arenoso, 350

---

31. Zeus pressagia (ou já sabe – cf. v.535) a futura função do deus-menino, a de arauto e mensageiro dos deuses.

4. ΕΙΣ ΕΡΜΗΝ

ἄφθιτοι ἠγερέθοντο μετὰ χρυσόθρονον Ἠῶ.
Ἔστησαν δ' Ἑρμῆς τε καὶ ἀργυρότοξος Ἀπόλλων
πρόσθε Διὸς γούνων· ὁ δ' ἀνείρετο φαίδιμον υἱὸν
Ζεὺς ὑψιβρεμέτης καί μιν πρὸς μῦθον ἔειπε·
Φοῖβε, πόθεν ταύτην μενοεικέα ληΐδ' ἐλαύνεις,   330
παῖδα νέον γεγαῶτα, φυὴν κήρυκος ἔχοντα;
Σπουδαῖον τόδε χρῆμα θεῶν μεθ' ὁμήγυριν ἦλθε.
Τὸν δ' αὖτε προσέειπεν ἄναξ ἑκάεργος Ἀπόλλων·
Ὦ πάτερ, ἦ τάχα μῦθον ἀκούσεαι οὐκ ἀλαπαδνόν,
κερτομέων ὡς οἶος ἐγὼ φιλολήϊός εἰμι·   335
παῖδά τιν' εὗρον τόνδε διαπρύσιον κεραϊστὴν
Κυλλήνης ἐν ὄρεσσι, πολὺν διὰ χῶρον ἀνύσσας,
κέρτομον, οἶον ἐγώ γε θεῶν οὐκ ἄλλον ὄπωπα
οὐδ' ἀνδρῶν, ὁπόσοι λησίμβροτοί εἰσ' ἐπὶ γαίῃ.
Κλέψας δ' ἐκ λειμῶνος ἐμὰς βοῦς ᾤχετ' ἐλαύνων   340
ἑσπέριος παρὰ θῖνα πολυφλοίσβοιο θαλάσσης,
εὐθὺ Πύλονδ' ἐλάων· τὰ δ' ἄρ' ἴχνια δοιά, πέλωρα,
οἷά τ' ἀγάσσασθαι, καὶ ἀγαυοῦ δαίμονος ἔργα.
Τῇσιν μὲν γὰρ βουσὶν ἐς ἀσφοδελὸν λειμῶνα
ἀντία βήματ' ἔχουσα κόνις ἀνέφαινε μέλαινα·   345
αὐτὸς δ' οὗτος ἄτικτος, ἀμήχανος· οὔτ' ἄρα ποσσὶν
οὔτ' ἄρα χερσὶν ἔβαινε διὰ ψαμαθώδεα χῶρον·
ἀλλ' ἄλλην τινὰ μῆτιν ἔχων διέτριβε κέλευθα
τοῖα πέλωρ', ὡς εἴ τις ἀραιῇσι δρυσὶ βαίνοι.
Ὄφρα μὲν οὖν ἐδίωκε διὰ ψαμαθώδεα χῶρον,   350

4. A HERMES

bem facilmente as pegadas todas se destacavam no pó;
mas quando abandonou a vasta pista de areia,
indistinta tornou-se logo a pista dos bois e a dele,
sobre o chão firme. No entanto, um varão mortal reparou nele,
que tocava reto para Pilos* a raça dos bois de larga testa.   355
E logo depois que as aprisionou calmamente
e fez uns truques,[32] aqui e ali, ao longo do caminho,
no berço foi deitar-se semelhante à negra noite,
no antro brumoso, na escuridão; nem mesmo o teria
avistado uma águia de agudo olhar. Com as mãos muitas vezes   360
comprimia os olhos, preparando maquinações.
E logo pôs-se em pessoa a falar-me fala cínica:
"Não vi, não sei de nada e não ouvi palavra de ninguém;
não poderia dar indicações, nem mesmo aceitar gratificação".
Bem assim lhe disse Febo* Apolo e foi sentar-se.   365
Mas Hermes ia contar aos imortais uma outra história;
então, apontou para o Cronida*, mentor de todos os deuses:
"Pai Zeus, sou eu que vou dizer-te a verdade:
é que eu sou sincero e não sei contar mentiras.
Ele veio à nossa casa em busca de bois de recurvas patas,   370
hoje, nem bem o sol começava a nascer,
e não trazia nenhum deus ditoso como testemunha ou flagrador.
E ordenava que eu desse indicações, sob forte pressão,
e muitas vezes ameaçou arremessar-me no vasto Tártaro*,
porque ele tem a tenra flor de uma vaidosa juventude,   375

---

32. Tradução do hápax διαπυρπαλάμησεν que, segundo os comentadores, denotaria práticas mágicas ou de prestidigitação com o fogo. Daí os sentidos propostos pelos dicionários: "empregar artifícios", "fazer mágicas".

4. ΕΙΣ ΕΡΜΗΝ

ῥεῖα μάλ' ἴχνια πάντα διέπρεπεν ἐν κονίῃσιν·
αὐτὰρ ἐπεὶ ψαμάθοιο μέγαν στίβον ἐξεπέρησεν,
ἄφραστος γένετ' ὦκα βοῶν στίβος ἠδὲ καὶ αὐτοῦ
χῶρον ἀνὰ κρατερόν· τὸν δ' ἐφράσατο βροτὸς ἀνὴρ
εἰς Πύλον εὐθὺς ἐλῶντα βοῶν γένος εὐρυμετώπων. 355
Αὐτὰρ ἐπεὶ δὴ τὰς μὲν ἐν ἡσυχίῃ κατέερξε,
καὶ διαπυρπαλάμησεν ὁδοῦ τὸ μὲν ἔνθα, τὸ δ' ἔνθα,
ἐν λίκνῳ κατέκειτο μελαίνῃ νυκτὶ ἐοικώς,
ἄντρῳ ἐν ἠερόεντι κατὰ ζόφον· οὐδέ κεν αὐτὸν
αἰετὸς ὀξὺ λάων ἐσκέψατο· πολλὰ δὲ χερσὶν 360
αὐγὰς ὠμόργαζε δολοφροσύνην ἀλεγύνων·
αὐτὸς δ' αὐτίκα μῦθον ἀπηλεγέως ἀγόρευεν·
Οὐκ ἴδον, οὐ πυθόμην, οὐκ ἄλλου μῦθον ἄκουσα,
οὐδέ κε μηνύσαιμ', οὐδ' ἂν μήνυτρον ἀροίμην.
Ἦ τοι ἄρ' ὣς εἰπὼν κατ' ἄρ' ἕζετο Φοῖβος Ἀπόλλων· 365
Ἑρμῆς δ' ἄλλον μῦθον ἐν ἀθανάτοισιν ἔειπεν,
δείξατο δ' εἰς Κρονίωνα, θεῶν σημάντορα πάντων·
Ζεῦ πάτερ, ἦ τοι ἐγώ σοι ἀληθείην ἀγορεύσω·
νημερτής τε γάρ εἰμι καὶ οὐκ οἶδα ψεύδεσθαι.
Ἦλθεν ἐς ἡμετέρου διζήμενος εἰλίποδας βοῦς 370
σήμερον, ἠελίοιο νέον ἐπιτελλομένοιο,
οὐδὲ θεῶν μακάρων ἄγε μάρτυρας οὐδὲ κατόπτας.
Μηνύειν δ' ἐκέλευεν ἀναγκαίης ὑπὸ πολλῆς,
πολλὰ δέ μ' ἠπείλησε βαλεῖν ἐς Τάρταρον εὐρύν,
οὕνεχ' ὁ μὲν τέρεν ἄνθος ἔχει φιλοκυδέος ἥβης, 375

4. A HERMES

ao passo que eu nasci ontem – e disso bem sabe ele! –
e não sou nada parecido com tocador de bois, gente vigorosa.
Acredita! (Pois tu também te ufanas de ser meu pai!)[33]
Não tangi bois para casa, por próspero que eu queira ser,
nem fui além da soleira. Isto eu te declaro sem rodeios.　　　　　380
Tenho muito respeito por Hélio e pelas outras deidades,
por ti eu tenho amor e desse aí tenho cisma. E tu sabes
que não sou o culpado! Vou até fazer o grande juramento:
não, pelos bem ornados vestíbulos dos imortais!
E um dia eu o farei pagar por essa busca impiedosa,　　　　　385
por forte que ele seja; e tu, acode aos mais jovens!".
Assim falava, dando piscadelas, o Cilênio Argifonte,
e mantinha no braço a fralda, da qual não se desfazia.
Zeus soltou forte gargalhada ao ver a criança velhaca
negaceando bem e com arte nessa questão de bois.　　　　　390
A ambos ordenou, então, que com ânimo cordato
fizessem buscas, e que Hermes, condutor, fosse o guia
e indicasse, com sinceras intenções, o local
onde ocultara as robustas cabeças dos bois.
O Cronida* anuiu e o ilustre Hermes deixou-se persuadir,　　　　　395
pois o pensar de Zeus porta-égide* persuadia facilmente.
E ambos, formosos rebentos de Zeus, sem demora
chegaram à arenosa Pilo, junto à vau do Alfeu*.
Alcançaram os campos e o estábulo de elevado teto
onde o gadame engordava em noturnas horas.　　　　　400

---

33. Inversão cômica da tradicional fórmula épica, na qual é o filho quem se vangloria de seus ancestrais (v.g. *Il.* 6.211).

4. ΕΙΣ ΕΡΜΗΝ

αὐτὰρ ἐγὼ χθιζὸς γενόμην – τὸ δέ τ' οἶδε καὶ αὐτός –
οὔ τι βοῶν ἐλατῆρι, κραταιῷ φωτί, ἐοικώς.
Πείθεο (καὶ γὰρ ἐμεῖο πατὴρ φίλος εὔχεαι εἶναι)
ὡς οὐκ οἴκαδ' ἔλασσα βόας, ὡς ὄλβιος εἴην,
οὐδ' ὑπὲρ οὐδὸν ἔβην· τὸ δέ τ' ἀτρεκέως ἀγορεύω.   380
Ἥλιον δὲ μάλ' αἰδέομαι καὶ δαίμονας ἄλλους,
καί σε φιλῶ καὶ τοῦτον ὀπίζομαι· οἶσθα καὶ αὐτὸς
ὡς οὐκ αἴτιός εἰμι· μέγαν δ' ἐπιθήσομαι ὅρκον·
Οὐ μὰ τάδ' ἀθανάτων εὐκόσμητα προθύραια.
Καί ποτ' ἐγὼ τούτῳ τίσω ποτὲ νηλέα φωρήν,   385
καὶ κρατερῷ περ ἐόντι· σὺ δ' ὁπλοτέροισιν ἄρηγε.
Ὣς φάτ' ἐπιλλίζων Κυλλήνιος Ἀργειφόντης,
καὶ τὸ σπάργανον εἶχεν ἐπ' ὠλένῃ οὐδ' ἀπέβαλλε.
Ζεὺς δὲ μέγ' ἐξεγέλασσεν ἰδὼν κακομηδέα παῖδα,
εὖ καὶ ἐπισταμένως ἀρνεύμενον ἀμφὶ βόεσσιν·   390
ἀμφοτέρους δ' ἐκέλευσεν ὁμόφρονα θυμὸν ἔχοντας
ζητεύειν, Ἑρμῆν δὲ διάκτορον ἡγεμονεύειν,
καὶ δεῖξαι τὸν χῶρον, ἐπ' ἀβλαβίῃσι νόοιο,
ὅππῃ δ' αὖτ' ἀπέκρυψε βοῶν ἴφθιμα κάρηνα.
Νεῦσεν δὲ Κρονίδης, ἐπεπείθετο δ' ἀγλαὸς Ἑρμῆς·   395
ῥηϊδίως γὰρ ἔπειθε Διὸς νόος αἰγιόχοιο.
Τὼ δ' ἄμφω σπεύδοντε Διὸς περικαλλέα τέκνα
ἐς Πύλον ἠμαθόεντα ἐπ' Ἀλφειοῦ πόρον ἷξον·
Ἀγροὺς δ' ἐξίκοντο καὶ αὔλιον ὑψιμέλαθρον,
ἠχοῦ δὴ τὰ χρήματ' ἀτάλλετο νυκτὸς ἐν ὥρῃ.   400

4. A HERMES

Tão logo adentrou a rochosa gruta, Hermes
tangeu para o claro as robustas cabeças dos bois.
Mas o filho de Leto*, num relance, à parte notou as peles bovinas
na rocha escarpada e foi logo inquirindo o glorioso Hermes:
"Como conseguiste, velhaco, degolar dois bois, 405
tu, recém-nascido e tão frágil? De minha parte, eu
me espanto com a força que terás mais tarde! Nem precisas
crescer muito, ó Cilênio, filho de Maia".
Assim falava e atava suas mãos com poderosos liames[34]
de agnocasto,[35] que iam logo brotando na terra sob seus pés, 410
ali mesmo, bruscamente enroscando-se uns nos outros,
e sem demora também em todos os bois agrestes,
por desígnio de Hermes de dissimulado pensar.[36] Apolo
contemplou, assombrado. Nisso o potente Argifonte*
mirou de soslaio um local, fazendo luzir um fogo 415
. . . .
ansioso por ocultar.[37] Ao Arqueiro, filho de Leto*
magnífica, facilmente abrandou, como era seu desejo,
conquanto o outro fosse vigoroso. Na mão esquerda a lira*,
com um plectro ia testando cada som. Ela, em suas mãos,
ressoava formidável, e Febo* Apolo pôs-se a rir, 420
em regozijo. Amável em seu peito percorreu a vibração
da divina melodia, e o doce desejo se apossava de

---

34. Alguns editores acreditam que havia, originalmente, uma lacuna antes ou depois do v.409. O texto dá a impressão de que Apolo está prendendo as mãos de Hermes, o que, após o julgamento de Zeus, não faz sentido. Athanassakis (p.91) supõe que Apolo desejava era prender suas vacas e levá-las de volta para a Piéria*.
35. *Vitex agnuscastus*, também conhecido por árvore-da-castidade e pimenteiro-silvestre, é um arbusto comum da região mediterrânea. Ver também o ensaio, p.457.
36. Hermes, no hino, inventa três coisas (ver n.42, p.446) e realiza três façanhas mágicas: faz as vacas andarem para trás (v.77-8), entra em sua "casa" por um buraco (v.146) e faz crescer o agnocasto sobre as vacas (v.410-2). Ver Rayor (2004, p.129).
37. A lacuna após o v.415 deixa o texto, naturalmente, um pouco confuso. Parece que Hermes tentou (ou fingiu tentar) esconder sua lira de Apolo, mas a julgar pelos próximos versos, sua intenção era usá-la para se entender com o irmão.

4. ΕΙΣ ΕΡΜΗΝ

Ἔνθ' Ἑρμῆς μὲν ἔπειτα κιὼν παρὰ λάϊνον ἄντρον
εἰς φῶς ἐξήλαυνε βοῶν ἴφθιμα κάρηνα·
Λητοΐδης δ' ἀπάτερθεν ἰδὼν ἐνόησε βοείας
πέτρῃ ἐπ' ἠλιβάτῳ, τάχα δ' ἤρετο κύδιμον Ἑρμῆν·
Πῶς ἐδύνω, δολομῆτα, δύω βόε δειροτομῆσαι, 405
ὧδε νεογνὸς ἐὼν καὶ νήπιος; αὐτὸς ἐγώ γε
θαυμαίνω κατόπισθε τὸ σὸν κράτος· οὐδὲ τί σε χρὴ
μακρὸν ἀέξεσθαι, Κυλλήνιε, Μαιάδος υἱέ.
Ὣς ἄρ' ἔφη, καὶ χερσὶ περίστρεφε καρτερὰ δεσμὰ
ἄγνου· ταὶ δ' ὑπὸ ποσσὶ κατὰ χθονὸς αἶψα φύοντο 410
αὐτόθεν, ἐμβολάδην ἐστραμμέναι ἀλλήλῃσι,
ῥεῖά τε καὶ πάσῃσιν ἐπ' ἀγραύλοισι βόεσσιν,
Ἑρμέω βουλῇσι κλεψίφρονος· αὐτὰρ Ἀπόλλων
θαύμασεν ἀθρήσας· τότε δὴ κρατὺς Ἀργειφόντης
χῶρον ὑποβλήδην ἐσκέψατο, πῦρ ἀμαρύσσων 415
. . . . [38]
ἐγκρύψαι μεμαώς· Λητοῦς δ' ἐρικυδέος υἱὸν
ῥεῖα μάλ' ἐπρήϋνεν Ἑκηβόλον, ὡς ἔθελ' αὐτός,
καὶ κρατερόν περ ἐόντα· λαβὼν δ' ἐπ' ἀριστερὰ λύρην
πλήκτρῳ ἐπειρήτιζε κατὰ μέλος· ἡ δ' ὑπὸ χειρὸς
σμερδαλέον κονάβησε, γέλασσε δὲ Φοῖβος Ἀπόλλων 420
γηθήσας, ἐρατὴ δὲ διὰ φρένας ἦλυθ' ἰωὴ
θεσπεσίης ἐνοπῆς, καί μιν γλυκὺς ἵμερος ᾕρει

---

38. Lacuna.

4. A HERMES

sua alma, ao ouvi-la. A tanger a lira* amavelmente,
o filho de Maia* deteve-se, confiante, à esquerda de
Febo* Apolo; e logo, ao som arguto da lira*, 425
preludiou uma canção – amável era a voz acompanhante! –
celebrando os deuses imortais e a negra terra, dizendo
primeiro como surgiram e como a cada um coube seu lote.
Dentre os deuses, honrou com o canto a Mnemósine[39] primeiro,
mãe das Musas, pois a ela coube tutelar o filho de Maia*. 430
E aos demais, conforme a idade e o nascimento de cada um
dos imortais deuses, o ilustre filho de Zeus honrava,
tudo em ordenadas narrativas, com a lira* no braço a soar.[40]
Um desejo incontrolável invadia, no peito, o ânimo de Apolo,
que pôs-se a falar, proferindo-lhe palavras aladas: 435
"Matador de bois, industrioso incansável, amigo de festas,
têm o valor de cinquenta bois essas tuas ocupações.
Faremos já, tranquilamente, nossos acertos, penso eu.
Agora vamos! Dize-me isto, industrioso filho de Maia*:
acaso estas assombrosas habilidades te acompanham de nascença? 440
ou foi um dos imortais ou, então, dos mortais humanos que
a ti concedeu magnífico dom e ensinou o divino canto?
É assombroso esse som inaudito que estou ouvindo!
Afirmo que jamais outrora o conheceu homem nenhum
nem imortal algum dos que habitam a olímpica morada, 445
a não ser tu, gatuno, filho de Zeus e de Maia*.
Que arte é essa? Que musa é essa de incontroláveis cuidados?
Qual é o caminho? Exatamente os três aliam-se a um só tempo:
a alegria, o amor e o sono suave – é só escolher!

---

39. Ver *Glossário*, entrada Musas.
40. Os v.426-33 compõem um conciso argumento da *Teogonia* de Hesíodo.

4. ΕΙΣ ΕΡΜΗΝ

θυμῷ ἀκουάζοντα· λύρῃ δ' ἐρατὸν κιθαρίζων
στῆ ῥ' ὅ γε θαρσήσας ἐπ' ἀριστερὰ Μαιάδος υἱὸς
Φοίβου Ἀπόλλωνος· τάχα δὲ λιγέως κιθαρίζων 425
γηρύετ' ἀμβολάδην – ἐρατὴ δέ οἱ ἕσπετο φωνή –
κραίνων ἀθανάτους τε θεοὺς καὶ γαῖαν ἐρεμνήν,
ὡς τὰ πρῶτα γένοντο καὶ ὡς λάχε μοῖραν ἕκαστος.
Μνημοσύνην μὲν πρῶτα θεῶν ἐγέραιρεν ἀοιδῇ,
μητέρα Μουσάων, ἡ γὰρ λάχε Μαιάδος υἱόν· 430
τοὺς δὲ κατὰ πρέσβιν τε καὶ ὡς γεγάασιν ἕκαστος
ἀθανάτους ἐγέραιρε θεοὺς Διὸς ἀγλαὸς υἱός,
πάντ' ἐνέπων κατὰ κόσμον, ἐπωλένιον κιθαρίζων.
Τὸν δ' ἔρος ἐν στήθεσσιν ἀμήχανος αἴνυτο θυμόν,
καί μιν φωνήσας ἔπεα πτερόεντα προσηύδα· 435
Βουφόνε, μηχανιῶτα πονεύμενε, δαιτὸς ἑταῖρε,
πεντήκοντα βοῶν ἀντάξια ταῦτα μέμηλας·
ἡσυχίως καὶ ἔπειτα διακρινέεσθαι ὀΐω.
Νῦν δ' ἄγε μοι τόδε εἰπέ, πολύτροπε Μαιάδος υἱέ·
ἦ σοί γ' ἐκ γενετῆς τάδ' ἅμ' ἕσπετο θαυματὰ ἔργα, 440
ἦέ τις ἀθανάτων ἠὲ θνητῶν ἀνθρώπων
δῶρον ἀγαυὸν ἔδωκε καὶ ἔφρασε θέσπιν ἀοιδήν;
Θαυμασίην γὰρ τήνδε νεήφατον ὄσσαν ἀκούω,
ἣν οὔ πώ ποτέ φημι δαήμεναι οὔτε τιν' ἀνδρῶν,
οὔτε τιν' ἀθανάτων οἳ Ὀλύμπια δώματ' ἔχουσι, 445
νόσφι σέθεν, φηλῆτα, Διὸς καὶ Μαιάδος υἱέ.
Τίς τέχνη; τίς μοῦσα ἀμηχανέων μελεδώνων;
τίς τρίβος; ἀτρεκέως γὰρ ἅμα τρία πάντα πάρεστιν,
εὐφροσύνην καὶ ἔρωτα καὶ ἥδυμον ὕπνον ἑλέσθαι.

4. A HERMES

E olha que sou eu o companheiro das olímpicas Musas,   450
que dos coros e da luminosa sequência do canto se ocupam,
e do bailado viçoso e da sedutora vibração das flautas![41]
Mas jamais outro interesse tocou assim o meu coração
como essas obras, adestras para festas de jovens.
Assombra-me, filho de Zeus, quão docemente tanges a cítara*!   455
Na realidade, porém, tão pequeno que és, conheces ínclitos cuidados.
Então senta, minha doçura, e acede à palavra dos mais velhos.
Pois neste instante terás glória entre os deuses imortais,
tu próprio e tua mãe – e isto eu proclamo sem rodeios:
Sim, por meu dardo de corniso, eu vou, sem mais, te deixar   460
partir como célebre entre os imortais, e opulento guia;
dar-te-ei dons esplêndidos e não te enganarei jamais!".
Hermes, então, retrucou-lhe com palavras interesseiras:
"Fazes-me perguntas hábeis, Arqueiro; mas não me
oponho a que tenhas acesso a uma arte que é nossa!   465
Hoje mesmo aprenderás! Tenciono ser propício para ti
em desígnios e em palavras; e tu bem sabes tudo no coração!
És, filho de Zeus, o primeiro a ter assento entre os imortais,
cheio de força e poder; ama-te o prudente Zeus
com toda justiça, e concedeu-te dons esplêndidos!   470
e dizem que aprendeste de Zeus as honras dos oráculos
e profecias, Arqueiro – de Zeus vêm todos os vaticínios!
Que és pródigo dessa arte eu já sei, por vivência própria.
Só de ti, porém, depende aprender o que anseias!
Mas visto que o coração te impele a tocar cítara*,   475

---
41. Ver *h.Hom.* 25 às Musas, cap.19.

4. ΕΙΣ ΕΡΜΗΝ

Καὶ γὰρ ἐγὼ Μούσῃσιν Ὀλυμπιάδεσσιν ὀπηδός, 450
τῇσι χοροί τε μέλουσι καὶ ἀγλαὸς οἶμος ἀοιδῆς,
καὶ μολπὴ τεθαλυῖα καὶ ἱμερόεις βρόμος αὐλῶν·
ἀλλ' οὔ πώ τί μοι ὧδε μετὰ φρεσὶν ἄλλο μέλησεν
οἷα νέων θαλίῃς ἐνδέξια ἔργα πέλονται.
Θαυμάζω, Διὸς υἱέ, τάδ' ὡς ἐρατὸν κιθαρίζεις. 455
Νῦν δ' ἐπεὶ οὖν, ὀλίγος περ ἐών, κλυτὰ μήδεα οἶδας,
ἷζε, πέπον, καὶ μῦθον ἐπαίνει πρεσβυτέροισι·
νῦν γάρ τοι κλέος ἔσται ἐν ἀθανάτοισι θεοῖσι,
σοί τ' αὐτῷ καὶ μητρί – τὸ δ' ἀτρεκέως ἀγορεύσω·
Ναὶ μὰ τόδε κρανέϊνον ἀκόντιον, ἦ μὲν ἐγώ σε 460
κυδρὸν ἐν ἀθανάτοισι καὶ ὄλβιον ἡγεμόν' ἤσω·
δώσω τ' ἀγλαὰ δῶρα καὶ ἐς τέλος οὐκ ἀπατήσω.
Τὸν δ' Ἑρμῆς μύθοισιν ἀμείβετο κερδαλέοισιν·
Εἰρωτᾷς μ', Ἑκάεργε, περιφραδές· αὐτὰρ ἐγώ σοι
τέχνης ἡμετέρης ἐπιβήμεναι οὔ τι μεγαίρω. 465
Σήμερον εἰδήσεις· ἐθέλω δέ τοι ἤπιος εἶναι
βουλῇ καὶ μύθοισι· σὺ δὲ φρεσὶ πάντ' εὖ οἶδας.
Πρῶτος γάρ, Διὸς υἱέ, μετ' ἀθανάτοισι θαάσσεις
ἠΰς τε κρατερός τε· φιλεῖ δέ σε μητίετα Ζεὺς
ἐκ πάσης ὁσίης, ἔπορεν δέ τοι ἀγλαὰ δῶρα. 470
Καὶ τιμὰς σὲ δέ φασι δαήμεναι ἐκ Διὸς ὀμφῆς
μαντείας θ', Ἑκάεργε – Διὸς πάρα θέσφατα πάντα·
τῶν νῦν αὐτὸς ἐγώ σε πέρ' ἀφνειὸν δεδάηκα.
Σοὶ δ' αὐτάγρετόν ἐστι δαήμεναι ὅττι μενοινᾷς·
ἀλλ' ἐπεὶ οὖν τοι θυμὸς ἐπιθύει κιθαρίζειν, 475

4. A HERMES

baila, toca cítara*, promove prazeres,
como meu herdeiro; em troca, meu caro, dá-me a glória!
Baila com esta arguta companheira entre as mãos,
que sabe belos cantos proferir e bem ordenados.
Sereno, leva de agora em diante, aos lautos festins, 480
a sedutora dança e, aos rumorosos banquetes,
a alegria, dia e noite. Quem quer que,
habilitado, a solicite com sabedoria e arte,
ela, entoando sons, ensina à alma encantos vários,
propiciando fácil diversão em ternos convívios, 485
avessa ao trabalho massacrante. Mas se acaso
um inábil a solicitar primeiro por meios bruscos,
em vão faria vibrar assim aéreas dissonâncias.
Só de ti depende aprender o que anseias!
E também te dou esta lira*, ilustre rapaz de Zeus. 490
E, depois, em prados da montanha e da planície nutriz
de cavalos, faremos, Arqueiro, pastar bois agrestes;
lá, as vacas vão unir-se aos touros e parir abundância
de machos e fêmeas, em tropel; e não há por que
ficar extremamente irritado, ainda que sejas interesseiro". 495
Assim falou e estendeu-lha. E ele, Febo* Apolo, aceitou.
E decidido colocou nas mãos de Hermes o chicote luminoso
e confiou-lhe o gado. O filho de Maia* recebeu-o,
radiante. Segurando a cítara* com a mão esquerda,
o famoso filho de Leto*, senhor Apolo arqueiro, 500

4. ΕΙΣ ΕΡΜΗΝ

μέλπεο καὶ κιθάριζε καὶ ἀγλαΐας ἀλέγυνε,
δέγμενος ἐξ ἐμέθεν· σὺ δ' ἐμοί, φίλε, κῦδος ὄπαζε.
Εὐμόλπει μετὰ χερσὶν ἔχων λιγύφωνον ἑταίρην
καλὰ καὶ εὖ κατὰ κόσμον ἐπισταμένην ἀγορεύειν.
Εὔκηλος μὲν ἔπειτα φέρειν εἰς δαῖτα θάλειαν   480
καὶ χορὸν ἱμερόεντα καὶ ἐς φιλοκυδέα κῶμον,
εὐφροσύνην νυκτός τε καὶ ἤματος. Ὅς τις ἂν αὐτὴν
τέχνῃ καὶ σοφίῃ δεδαημένος ἐξερεείνῃ,
φθεγγομένη παντοῖα νόῳ χαρίεντα διδάσκει,
ῥεῖα συνηθείῃσιν ἀθυρομένη μαλακῇσιν,   485
ἐργασίην φεύγουσα δυήπαθον· ὃς δέ κεν αὐτὴν
νῆϊς ἐὼν τὸ πρῶτον ἐπιζαφελῶς ἐρεείνῃ,
μὰψ αὔτως κεν ἔπειτα μετήορά τε θρυλίζοι.
Σοὶ δ' αὐτάγρετόν ἐστι δαήμεναι ὅττι μενοινᾷς.
Καί τοι ἐγὼ δώσω ταύτην, Διὸς ἀγλαὲ κοῦρε·   490
ἡμεῖς δ' αὖτ' ὄρεός τε καὶ ἱπποβότου πεδίοιο
βουσὶ νομούς, Ἑκάεργε, νομεύσομεν ἀγραύλοισιν·
ἔνθεν ἅλις τέξουσι βόες ταύροισι μιγεῖσαι
μίγδην θηλείας τε καὶ ἄρσενας· οὐδέ τί σε χρή,
κερδαλέον περ ἐόντα, περιζαμενῶς κεχολῶσθαι.   495
Ὣς εἰπὼν ὤρεξ'· ὁ δ' ἐδέξατο Φοῖβος Ἀπόλλων,
Ἑρμῇ δ' ἐγγυάλιξεν ἔχων μάστιγα φαεινήν,
βουκολίας τ' ἐπέτελλεν· ἔδεκτο δὲ Μαιάδος υἱὸς
γηθήσας. Κίθαριν δὲ λαβὼν ἐπ' ἀριστερὰ χειρὸς
Λητοῦς ἀγλαὸς υἱός, ἄναξ ἑκάεργος Ἀπόλλων   500

4. A HERMES

com o plectro testou cada acorde; e ela, do fundo,
ressoou sublime, e o deus acompanhou com bela voz.
Logo a seguir, ao sacrossanto prado fizeram os bois
volver. E eles próprios, formosos rebentos de Zeus,
em retorno ao nevoento Olimpo* apressaram-se, 505
deleitando-se com a fórminx*; alegrou-se o prudente Zeus
e a ambos uniu em afeto. Então Hermes não mais deixou
de ter afeto pelo filho de Leto*, como ainda agora.
O sinal: assim que entregou nas mãos do Arqueiro a cítara*
sedutora, ele, já instruído, ia executando-a, apoiada no braço. 510
E logo ele próprio de outro saber forjou a arte:
das siringes inventou o som audível ao longe.[42]
Então o filho de Leto* proferiu a Hermes uma fala:
"Filho de Maia*, mensageiro, astucioso, temo
que me roubes a cítara* e, com ela, meu arco recurvo.[43] 515
Concedida por Zeus, tens a honra de instituir os negócios
das trocas entre os homens, na terra muito fecunda.
Mas se te dispusesses a jurar o grande juramento dos deuses,
ou acenando com a cabeça, ou pela água formidável do Estige*,
farias tudo o que é grato e caro ao meu coração. 520
Então o filho de Maia* assentiu, submisso, em
jamais apossar-se do quanto o Arqueiro fosse dono,
e jamais chegar perto de sua sólida morada; e Apolo,
filho de Leto*, assentiu com amizade e afeição em
que entre os deuses nenhum outro lhe seria mais caro, 525

---

42. A siringe é a terceira invenção de Hermes apresentada pelo hino: a primeira foi a lira (v.25-59), a segunda, o fogo obtido por fricção (v.109-110). Outro mito sobre a invenção da siringe envolve a ninfa Sirinx e o deus Pã (ver Ov. *Met.* 1.689-712).
43. Em um hino de Alceu, Hermes efetivamente rouba o gado e também o arco de Apolo (West, p.155).

4. ΕΙΣ ΕΡΜΗΝ

πλήκτρῳ ἐπειρήτιζε κατὰ μέλος· ἡ δ' ὑπὸ νέρθεν
ἱμερόεν κονάβησε, θεὸς δ' ὑπὸ καλὸν ἄεισεν.
Καί ῥα βόας μὲν ἔπειτα ποτὶ ζάθεον λειμῶνα
ἐτραπέτην· αὐτοὶ δέ, Διὸς περικαλλέα τέκνα,
ἄψορροι πρὸς Ὄλυμπον ἀγάννιφον ἐρρώσαντο   505
τερπόμενοι φόρμιγγι, χάρη δ' ἄρα μητίετα Ζεύς,
ἄμφω δ' ἐς φιλότητα συνήγαγε. Καὶ τὰ μὲν Ἑρμῆς
Λητοΐδην ἐφίλησε διαμπερὲς ὡς ἔτι καὶ νῦν·
σῆμά τ', ἐπεὶ κίθαριν μὲν Ἑκηβόλῳ ἐγγυάλιξεν
ἱμερτήν, δεδαὼς ὁ δ' ἐπωλένιον κιθάριζεν.   510
Αὐτὸς δ' αὖθ' ἑτέρης σοφίης ἐκμάσσατο τέχνην·
συρίγγων ἐνοπὴν ποιήσατο τηλόθ' ἀκουστήν.
 Καὶ τότε Λητοΐδης Ἑρμῆν πρὸς μῦθον ἔειπε·
 Δείδια, Μαιάδος υἱέ, διάκτορε, ποικιλομῆτα,
μή μοι ἅμα κλέψῃς κίθαριν καὶ καμπύλα τόξα·   515
τιμὴν γὰρ πὰρ Ζηνὸς ἔχεις ἐπαμοίβιμα ἔργα
θήσειν ἀνθρώποισι κατὰ χθόνα πουλυβότειραν.
Ἀλλ' εἴ μοι τλαίης γε θεῶν μέγαν ὅρκον ὀμόσσαι,
ἢ κεφαλῇ νεύσας, ἢ ἐπὶ Στυγὸς ὄβριμον ὕδωρ,
πάντ' ἂν ἐμῷ θυμῷ κεχαρισμένα καὶ φίλα ἔρδοις.   520
 Καὶ τότε Μαιάδος υἱὸς ὑποσχόμενος κατένευσε
μή ποτ' ἀποκλέψειν ὅσ' Ἑκηβόλος ἐκτεάτισται,
μηδέ ποτ' ἐμπελάσειν πυκινῷ δόμῳ· αὐτὰρ Ἀπόλλων
Λητοΐδης κατένευσεν ἐπ' ἀρθμῷ καὶ φιλότητι
μή τινα φίλτερον ἄλλον ἐν ἀθανάτοισιν ἔσεσθαι,   525

4. A HERMES

nem deus nem homem oriundo de Zeus. "Farei de ti
senha perfeita entre os imortais e todos os seres vivos,
fiel ao meu coração e valiosa; e em seguida
dar-te-ei belíssima vara de opulência e riqueza,[44]
de ouro, ramo de três folhas, perene, que velará por ti,   530
realizadora de todos os desígnios por palavras e atos,
– os bons! –, quantos afirmo conhecer da voz de Zeus.
Mas a divinação, meu caro, que sem cessar me solicitas,
nem a ti é dado conhecer, nem a nenhum outro
imortal. Pois este saber é da mente de Zeus. Quanto a mim,   535
empenhei minha palavra ao assentir, com potente juramento,
em que, além de mim, nenhum outro dos imortais
conheceria de Zeus o ponderado desígnio.
E tu, irmão portador da vara dourada, não me mandes
revelar vaticínios, quantos medita Zeus de voz ecoante.[45]   540
Dos homens, a um concederei prejuízos, a outro favores,
muito despistando as raças dos deploráveis humanos."[46]
E de minha voz tirará proveito quem quer que venha,
por causa do grito ou do voo de pássaros augurais.
Esse tirará proveito do meu oráculo, e eu não mentirei.   545
Mas àquele que, fiando-se em pássaros de vãos dizeres,
desejar contra meu pensamento interrogar o oráculo,
que é meu, e conhecer mais que os deuses sempre-vivos,
eu afirmo: ele trilha vão caminho e eu... que venham as oferendas!
Outra coisa te direi, filho de Maia* magnífica   550

---

44. O κηρύκειον (lat. *caduceus*), que se tornaria uma das marcas registradas de Hermes. Ver figura 16.1, p.404.
45. Cf. *h.Ap.* 132.
46. Cf. Hes. *Th.* 27-8.

4. ΕΙΣ ΕΡΜΗΝ

μήτε θεὸν μήτ' ἄνδρα Διὸς γόνον· Ἐκ δὲ τέλειον
σύμβολον ἀθανάτων ποιήσομαι † ἠδ' ἅμα πάντων⁴⁷
πιστὸν ἐμῷ θυμῷ καὶ τίμιον· αὐτὰρ ἔπειτα
ὄλβου καὶ πλούτου δώσω περικαλλέα ῥάβδον,
χρυσείην, τριπέτηλον, ἀκήριον ἥ σε φυλάξει,   530
πάντας ἐπικραίνουσα θεμοὺς ἐπέων τε καὶ ἔργων
τῶν ἀγαθῶν, ὅσα φημὶ δαήμεναι ἐκ Διὸς ὀμφῆς.
Μαντείην δέ, φέριστε, διαμπερὲς ἣν ἐρεείνεις,
οὔτε σε θέσφατόν ἐστι δαήμεναι οὔτε τιν' ἄλλον
ἀθανάτων· τὸ γὰρ οἶδε Διὸς νόος· αὐτὰρ ἐγώ γε   535
πιστωθεὶς κατένευσα καὶ ὤμοσα καρτερὸν ὅρκον,
μή τινα νόσφιν ἐμεῖο θεῶν αἰειγενετάων
ἄλλον γ' εἴσεσθαι Ζηνὸς πυκινόφρονα βουλήν.
Καὶ σύ, κασίγνητε χρυσόρραπι, μή με κέλευε
θέσφατα πιφαύσκειν, ὅσα μήδεται εὐρύοπα Ζεύς.   540
Ἀνθρώπων δ' ἄλλον δηλήσομαι, ἄλλον ὀνήσω,
πολλὰ περιτροπέων ἀμεγάρτων φῦλ' ἀνθρώπων.
Καὶ μὲν ἐμῆς ὀμφῆς ἀπονήσεται, ὅς τις ἂν ἔλθῃ
φωνῇ τ' ἠδὲ ποτῇσι τεληέντων οἰωνῶν·
οὗτος ἐμῆς ὀμφῆς ἀπονήσεται, οὐδ' ἀπατήσω.   545
Ὃς δέ κε μαψιλόγοισι πιθήσας οἰωνοῖσι
μαντείην ἐθέλῃσι παρὲκ νόον ἐξερεείνειν
ἡμετέρην, νοέειν δὲ θεῶν πλέον αἰὲν ἐόντων,
φήμ' ἁλίην ὁδὸν εἶσιν, ἐγὼ δέ κε δῶρα δεχοίμην.
Ἄλλο δέ τοι ἐρέω, Μαίης ἐρικυδέος υἱὲ   550

---

47. Allen-Sikes propôs a existência de uma lacuna entre os versos 526 e 527 (v.526a), mas já na sua segunda edição dos *hinos* (Allen-Sikes²) retirou a proposição. Evelyn-White concorda com a presença do v.526a; West simplesmente menciona que o "texto é incerto" e colocou um †; e Humbert (p.137), finalmente, acredita que o texto dos manuscritos faz sentido por si só, e não há necessidade de postular uma lacuna entre esses versos.

4. A HERMES

e de Zeus porta-égide*, divindade benfazeja dos deuses:
Existem, de fato, certas Moiras*, irmãs de nascença,
virgens, envaidecidas das asas velozes;
são três.[48] Elas têm a cabeça salpicada de branca farinha
e habitam morada ao pé da falda do Parnaso*;   555
são mestras avulsas da divinação, à qual eu, a par dos bois,
dediquei-me, ainda menino; e meu pai não se importava.
De lá, então, voejam ora aqui ora acolá,
a nutrirem-se de favos de mel e perfazem cada desígnio.
Quando saciadas de mel verdoengo, caem em êxtase   560
e, de bom grado, desejam a verdade declarar.
Mas, se carecem do doce alimento dos deuses,
aplicam-se, então, em guiar por extraviados caminhos.
Essas, pois, eu te concedo. E tu, com perguntas sinceras,
alegra teu coração; e se instruir quiseres um varão mortal,   565
ele, muitas vezes, tua voz ouvirá, se tal sorte lhe couber.
Preserva isso, filho de Maia*, e zela dos bois agrestes
de recurvas patas, dos cavalos e das mulas laboriosas,
. . . .
e de leões de olhar fulgurante e javalis de alvas presas[49]
e cães e rebanhos, quantos alimenta a vasta terra,   570
e de todos os bandos ser senhor o glorioso Hermes

---

48. Os v.552-64 revelam três profetizas, as *Trias* (gr. Θριαί, "pedrinhas"), mencionadas apenas neste texto e no *hino a Apolo* de Calímaco (v.45-6), que exerciam sua arte jogando pedrinhas. Em outra interpretação, elas eram ninfas que se transformavam em abelhas e a adivinhação baseava-se no seu voo. Ver os comentários de Frazer em Apollod. 3.10.2, o artigo de Larson (1995) e outras referências bibliográficas recentes em West, p.157. Note-se, finalmente, que as abelhas também são aparentadas a Deméter (Radermacher, 1931, p.172).
49. Essa associação entre os animais selvagens e Hermes é inaudita. Ao deus cabia apenas a proteção e multiplicação dos rebanhos (Hes. *Th.* 444-7) e outros animais domesticados.

4. ΕΙΣ ΕΡΜΗΝ

καὶ Διὸς αἰγιόχοιο, θεῶν ἐριούνιε δαῖμον·
Μοῖραι γάρ τινές εἰσι, κασίγνηται γεγαυῖαι,
παρθένοι, ὠκείῃσιν ἀγαλλόμεναι πτερύγεσσι,
τρεῖς· κατὰ δὲ κρατὸς πεπαλαγμέναι ἄλφιτα λευκά,
οἰκία ναιετάουσιν ὑπὸ πτυχὶ Παρνησοῖο,   555
μαντείης ἀπάνευθε διδάσκαλοι, ἣν ἐπὶ βουσὶ
παῖς ἔτ' ἐὼν μελέτησα· πατὴρ δ' ἐμὸς οὐκ ἀλέγιζεν.
Ἐντεῦθεν δὴ ἔπειτα ποτώμεναι ἄλλοτε ἄλλῃ
κηρία βόσκονται καί τε κραίνουσιν ἕκαστα.
Αἱ δ' ὅτε μὲν θυίωσιν ἐδηδυῖαι μέλι χλωρόν,   560
προφρονέως ἐθέλουσιν ἀληθείην ἀγορεύειν·
ἢν δ' ἀπονοσφισθῶσι θεῶν ἡδεῖαν ἐδωδήν,
πειρῶνται δὴ ἔπειτα παρὲξ ὁδὸν ἡγεμονεύειν.
Τάς τοι ἔπειτα δίδωμι, σὺ δ' ἀτρεκέως ἐρεείνων
σὴν αὐτοῦ φρένα τέρπε· καὶ εἰ βροτὸν ἄνδρα δαείης, 565
πολλάκι σῆς ὀμφῆς ἐπακούσεται, αἴ κε τύχῃσι.
Ταῦτ' ἔχε, Μαιάδος υἱέ, καὶ ἀγραύλους ἕλικας βοῦς
ἵππους τ' ἀμφιπόλευε καὶ ἡμιόνους ταλαεργούς,
. . . .[50]
καὶ χαροποῖσι λέουσι καὶ ἀργιόδουσι σύεσσι
καὶ κυσὶ καὶ μήλοισιν, ὅσα τρέφει εὐρεῖα χθών,   570
πᾶσι δ' ἐπὶ προβάτοισιν ἀνάσσειν κύδιμον Ἑρμῆν,

---

50. Lacuna.

4. A HERMES

e ser o único perfeito mensageiro para o Hades*,[51]
e este, que nada concede, concederá honra não minúscula."
Assim ao filho de Maia* honrou o senhor Apolo
com múltipla afeição. E graça acrescentou-lhe o Cronida*.   575
Com todos, sim, mortais e imortais, ele convive.
De pouca serventia ele é, e não cessa de ludibriar
na noite escura as raças dos mortais humanos.
Faço-te minhas saudações, filho de Zeus e de Maia*;
e terei lembrança de ti em outro canto meu.   580

---

51. Referência a outra importante função de Hermes, a de *psicopompo* – condutor da alma dos mortos ao mundo subterrâneo, deus com livre passagem entre os dois mundos. Ver, por exemplo, *h.Cer.* 334-41.

4. ΕΙΣ ΕΡΜΗΝ

οἷον δ' εἰς Ἀΐδην τετελεσμένον ἄγγελον εἶναι,
ὅς τ' ἄδοτός περ ἐὼν δώσει γέρας οὐκ ἐλάχιστον.
Οὕτω Μαιάδος υἱὸν ἄναξ ἐφίλησεν Ἀπόλλων
παντοίῃ φιλότητι, χάριν δ' ἐπέθηκε Κρονίων.   575
Πᾶσι δ' ὅ γε θνητοῖσι καὶ ἀθανάτοισιν ὁμιλεῖ·
παῦρα μὲν οὖν ὀνίνησι, τὸ δ' ἄκριτον ἠπεροπεύει
νύκτα δι' ὀρφναίην φῦλα θνητῶν ἀνθρώπων.
Καὶ σὺ μὲν οὕτω χαῖρε, Διὸς καὶ Μαιάδος υἱέ·
αὐτὰρ ἐγὼ καὶ σεῖο καὶ ἄλλης μνήσομ' ἀοιδῆς.   580

h.Hom. 18: A Hermes

trad. Maria Celeste C. Dezotti

Eu canto Hermes cilênio, Argifonte*,
que cuida de Cilene* e de Arcádia* rica em rebanhos,
mensageiro dos imortais, benfazejo, a quem Maia* gerou,
filha de Atlas*, em amorosa união com Zeus,
a recatada. Dos ditosos deuses ela evitava o convívio   5
alojando-se no interior de umbrosa gruta. Lá o Cronida*
com a ninfa* de cacheados cabelos se unia, noite alta,
– enquanto sono doce dominava Hera de alvos braços –,
ocultos dos imortais deuses e dos mortais humanos.
Faço-te minhas saudações, filho de Zeus e de Maia*.   10
Tendo começado por ti, mudarei para outro hino.
Salve, Hermes que concede alegrias,[52] condutor, dadivoso.

---

52. Cf. *Od.* 15.319-20.

18. Εἰς Ἑρμῆν

Ἑρμῆν ἀείδω Κυλλήνιον, Ἀργειφόντην,
Κυλλήνης μεδέοντα καὶ Ἀρκαδίης πολυμήλου,
ἄγγελον ἀθανάτων ἐριούνιον, ὃν τέκε Μαῖα
Ἄτλαντος θυγάτηρ, Διὸς ἐν φιλότητι μιγεῖσα,
αἰδοίη· μακάρων δὲ θεῶν ἀλέεινεν ὅμιλον   5
ἄντρῳ ναιετάουσα παλισκίῳ· ἔνθα Κρονίων
νύμφῃ ἐϋπλοκάμῳ μισγέσκετο νυκτὸς ἀμολγῷ,
εὖτε κατὰ γλυκὺς ὕπνος ἔχοι λευκώλενον Ἥρην·
λάνθανε δ' ἀθανάτους τε θεοὺς θνητούς τ' ἀνθρώπους.
Καὶ σὺ μὲν οὕτω χαῖρε, Διὸς καὶ Μαιάδος υἱέ·   10
σεῦ δ' ἐγὼ ἀρξάμενος μεταβήσομαι ἄλλον ἐς ὕμνον.
Χαῖρ', Ἑρμῆ χαριδῶτα, διάκτορε, δῶτορ ἐάων.

HERMES[1]

Sílvia M. S. de Carvalho

HERMES COMO *TRICKSTER*[2]

No longo hino homérico *a Hermes* (*h.Merc.*), o herói aparece como irmão mais novo de Apolo, o deus da luz, do pastoreio, do arco, da música e dos oráculos. Toda ação descrita no hino é uma artimanha de Hermes para conseguir que Zeus-pai o reconheça como igual ao irmão, famoso e temido por todos; por isso, Hermes procura lograr Apolo.

É essa característica de "enganador", de "embusteiro", que aproxima Hermes das entidades míticas dos nossos índios e de outros povos comumente – e erroneamente – designados como "primitivos". A figura mais conhecida, menos pela Antropologia que pela literatura, é Macunaíma, herói mítico dos *Taulipang, Arekuná* e *Makuxi* de Roraima. A partir de um estudo de Paul Radin (1956), generalizou-se na literatura antropológica a designação inglesa para este tipo de personagem ambíguo e difícil de ser entendido, o *herói-trickster*.

É frequente, também, na mitologia sul americana, o caráter *trickster* individualizar um dos gêmeos míticos, gêmeos desiguais, filhos da mesma mãe, mas de pais diferentes. E nesse sentido pode-se estabelecer outro paralelo: de certa forma, Hermes parece o aspecto negativo de seu irmão Apolo, assim como acontece com a dupla dos gêmeos míticos sul-americanos Sol e

---

1. Texto baseado na comunicação apresentada durante o IV Congresso Nacional de Estudos Clássicos em Ouro Preto, MG, na Sessão de Comunicações Coordenadas "Reflexos do Paleolítico e Neolítico nos Hinos Homéricos", em 6 de agosto de 2001.
2. O *trickster* é um dos arquétipos propostos pelo psiquiatra suíço Carl Jung (1875-1961). O *trickster* está presente em várias culturas como deus, deusa, espírito, homem, mulher ou animal antropomórfico que prega peças e, em geral, desobedece às normas de comportamento estabelecidas na sociedade.

Lua xinguanos,[3] ou Mair-mimi e Mikur-mimi *tenetehara** (isto é, o filho da Onça e o filho do Gambá). Enquanto Apolo é associado ao Sol,[4] Hermes parece ser o protegido de Selene, a Lua;[5] nasce e tem seu lar numa caverna, antro sombrio e brumoso, e prefere os caminhos escuros da noite à trajetória luminosa do irmão.

Curiosamente, seus truques lembram técnicas de caçadores--coletores e de horticultores de floresta, que ainda hoje estão em uso nas últimas sociedades indígenas pouco modificadas pelo avanço da civilização. Por exemplo, o expediente de deixar pegadas às avessas (*h.Merc.* 75-8), como o Curupira[6] – os índios eram mestres em despistar o inimigo (ver Hollanda, 1994). Além do mais, Hermes deixa pegadas muito estranhas (assustadoras), porque caminha com sandálias aparentemente ligadas a pernas de pau, que deixam marcas dos dois lados do caminho. A técnica com que Hermes faz o fogo é conhecida de povos indígenas e de africanos com a mesma conotação sexual apontada por Kahn--Lyotard (1978, p.46 e p.55). Outra passagem comentada por ele (p.99-100 e p.172) é a do arbusto (*Vitex agnus castus*) que Hermes, imobilizado por Apolo, faz crescer e enredar tudo em volta, inclusive os próprios bois roubados do irmão; isso faz dele, ao mes-

---

3. Povos indígenas do Parque Indígena do Xingu, no extremo norte do Mato Grosso.
4. Apolo começou a ser associado ao sol no século V a.C.; anteriormente, o sol era sempre associado a Hélio (ver cap.13).
5. É significativa, no hino, a genealogia alternativa de Selene (v.99-100), conforme comentário de Gemoll (1886, p.211; ver também cap.22). Apesar de se poder estabelecer alguma ligação com uma divindade-carneiro que, no Egito, se identifica com o sol (Amon), uma vez que Hermes é κριοφόρος ("carregador de carneiros") e representações antigas incluem *hermas* quadrangulares com cabeça de carneiro, Hermes nunca foi um deus solar (ver Kerényi, 1944, p.99 ss.). Hermes está também relacionado aos silenos* e a Pã, a quem gerou, unido a Penélope, quando ela foi abandonada por Ulisses* (Raingeard, 1935, p.47). Penélope, com quem já se identificou uma antiga divindade lunar, teria seu túmulo em Mantineia, na Arcádia.
6. Entidade sobrenatural brasileira, personagem da mitologia Tupi. Protetor da floresta, sua principal característica é ter os pés virados para trás, o que serve para despistar os caçadores que seguem suas pegadas. Hermes fez o mesmo (v.75-8).

mo tempo, mestre e vítima das armadilhas, da mesma forma que tantos heróis *tricksters* indígenas, como o Macunaíma *karib*[7] e o Bahira dos *Tupi-Kawahib*.[8] Kahn-Lyotard observa, finalmente, que "Hermes parece ser sempre, ao mesmo tempo, aquele que estabelece e aquele que transgride" (1978, p.119), o que também caracteriza os *tricksters* indígenas sul-americanos.

Procuramos explicitar o caráter *trickster* dos personagens míticos das sociedades indígenas como uma verdadeira personificação do modo cinegético de produção.[9] Na realidade, uma sociedade que não usa insumos tem que apostar nas forças produtivas da natureza e em sua renovação para continuar, de forma eficiente, a caçar e coletar. Mesmo a horticultura de floresta não modifica esse esquema, uma vez que a roça é deslocada para outros pontos do território, deixando a floresta retomar as roças velhas. Assim, uma série complexa de tabus precisa regular as relações da comunidade com a natureza, como um controle populacional, que implica desde espaçamento de nascimentos até infanticídios rituais e abandono dos velhos, para manter o equilíbrio. Essa preocupação constante com um reequilíbrio das relações "comunidade humana *versus* natureza" exige outro tipo de moral que não a atual, antropocêntrica e individualista: é por essa razão que as ações dos personagens míticos são às vezes "a favor da natureza" e contra um ou outro indivíduo da comunidade humana, justamente para que a comunidade possa continuar a existir. A práxis explica, assim, o caráter dos heróis que são definidos como *tricksters*, o que leva à hipótese de que o contexto histórico em que surgiu o culto a Hermes deve ter sido o de uma comunidades com estruturas sociais menos complexas, e o próprio hino pode ser melhor elucidado com um exame mais detalhado das semelhanças entre Hermes e os *tricksters* indígenas, cotejados com dados arqueológicos.

---

7. Vivem no extremo norte da Amazônia, mais ou menos no alto Rio Branco, e na Amazônia venezuelana.
8. Vivem na Amazônia, perto do Rio Madeira, norte do Mato Grosso.
9. I.e., o sistema de caça e coleta paleolítico.

HERMES

Para começar, naturalmente, as duas realidades – a da Grécia Antiga e a das sociedades indígenas brasileiras à época da conquista – não coincidem. O próprio relato das façanhas de Hermes já o faz supor: Hermes é filho de Zeus e Maia*, que o hino descreve como "ninfa* das belas tranças, deusa venerada" (v.4). Ainda assim, deusa, imortal, ela não participa da vida do Olimpo* (v.5). A razão desse isolamento não está explícita no hino. Pode-se presumir, contudo, que para Maia*, assim como para outros amores clandestinos de Zeus, a vida no Olimpo* implicaria a presença da ciumenta Hera que, no entanto, respeita Leto*, mãe de Apolo e Ártemis, arqueiros temidos até pelos deuses (h.Ap. 2-4). Certo é que Hermes se ressente dessa marginalização, dele e da mãe, e pretende que a ambos sejam prestadas as mesmas honras e glórias que aos deuses do Olimpo* (v.166-172). Assim é que, enquanto os gêmeos míticos alto-xinguanos se unem procurando vingar a mãe devorada pelas Onças, Hermes se opõe ao seu meio-irmão e luta para obter status.

Tanto na mitologia xinguana, quanto na dos Dióscuros gregos, Castor e Polideuces, e de Hermes e Apolo, há – como já foi dito – gêmeos-irmãos desiguais. Mikur-mimi, o filho do Gambá da mitologia *tenetehara**, morre e renasce, tal qual a lua, e é o mais fraco dos dois. Como Polideuces, que salva o irmão, dividindo com ele a sua própria imortalidade,[10] Mair-mimi se empenha pelo irmão mais fraco, obriga o pai a reconhecê-los a ambos como seus filhos.[11]

Com Apolo e Hermes a situação se modifica: é o mais fraco, é o mais humano (ou menos divino)[12] que reclama seus direitos,

---

10. De modo que ambos, desde então, "morrem e renascem", passando por períodos de ocultação no inframundo, justamente quando as duas estrelas ficam invisíveis no céu boreal. É de se notar que o gêmeo mortal conserva, em ambos os mitos, um nome animal ("Castor", e "filho de Micura", ou "Gambá").
11. Aliás, segundo a tradição lacônia, os Dióscuros são filhos, não só de Zeus, mas também de Tíndaro, sendo Leda a mãe; tal qual os gêmeos míticos sul-americanos o são da Onça e do Gambá, tendo a mesma mulher por mãe (ver cap.10).
12. Ver vv.576-8 do hino.

que resolve se apoderar da parte que lhe cabe. É neste sentido que o caráter *trickster* de Hermes revela, não uma concepção do mundo como a dos indígenas sul-americanos, mas um sentido contestador contra uma aristocracia olímpica que se distancia dos humanos, dos semideuses e mesmo dos deuses menores. Em uma sociedade estratificada, o cosmo é estratificado. As incríveis aventuras de Zeus, metamorfoseado em animais diversos, surgiram certamente em um contexto muito antigo e obedecem ao mesmo esquema de mitos americanos da mulher dada em casamento a um bicho, ou da moça currada pelos bichos ("a mulher dos bichos").[13] Quando surgiram, tinham muito provavelmente a mesma significação dos mitos sul-americanos: uma aliança com o mundo "outro" (o da natureza e dos animais) ou uma moça perdida para a reprodução humana, como compensação ao mundo "outro", reequilíbrio que acabaria revertendo em benefício para a humanidade, representada pela comunidade. Os semideuses resultantes dessas uniões são por isso mesmo heróis civilizadores, que ensinam novas técnicas aos homens, mistérios que até então eram exclusivos da natureza.[14] Mas essa concepção de mundo já havia se modificado muito na Grécia homérica. Assim, em tempos homéricos e pós-homéricos[15] – quando havia uma hierarquia até entre os próprios deuses, e até mesmo Zeus podia ser ludibriado por outros deuses – não é de surpreender que Hermes, invertendo a fórmula usada, se dirija a Zeus dizendo que ele, Zeus, tem a honra de ser seu pai (v.378). A Grécia já havia sido palco de muitas invasões, conquistas e

---

13. Ver mito de Autxepirire (Carvalho, 1979). Quanto a Zeus, é na forma de animais e de elementos naturais (uma nuvem, no caso de Ió) que ele se uniu a muitas de suas amantes humanas.
14. Como o ato de atear fogo, antes exclusivo de condições naturais; como plantar sementes, igual a certos animais, por exemplo os roedores; como matar com veneno, a exemplo das cobras, e assim por diante.
15. A Grécia homérica é, em um sentido, a do Período Micênico, imperfeitamente retratado por [Homero] na *Ilíada* e na *Odisseia*; em outras palavras, a Grécia do final da Idade das Trevas, época em que os poemas homéricos foram criados.

transformações, e no hino está presente um elemento de contestação que não se encontra nos mitos americanos referidos.

Para tentar compreender essas diferenças entre Hermes e seus congêneres americanos – esse caráter de "Robin Hood" de Hermes – centralizaremos a atenção nos cultos antigos e na Arcádia* – particularmente Cilene* – essa região que Humbert (p.109) identifica como berço de Hermes, que se conservou muito isolada, por ser de difícil acesso, o que refletiu também no dialeto lá falado, com características bem arcaicas.

A região e a arqueologia

A Arcádia* é, observa Lévêque (1961, p.93), uma região continental, a única do Peloponeso* que não tem acesso ao mar. As comunicações com as regiões vizinhas são difíceis. O relevo oferece contrastes notáveis entre montanhas de tamanho considerável, entre elas o Monte Cilene* (2.374 metros de altitude), planaltos altos, rugosos e secos, recortados por profundos *canyons* e por depressões, na maioria fechadas, sendo que a de Megalópolis é drenada pelo rio Helisson, que deságua no Alfeu*. Cilene* é um maciço montanhoso quase circular (Gemoll, 1886, p.194), com muitas cavernas. Nas encostas, cresce em grande quantidade a *moly* (gr. μῶλυ), planta do gênero *Allium* (Raingeard, 1935, p.36),[16] mágica, que Hermes entregou a Ulisses* como proteção contra o feitiço de Circe (*Od*. 10.302-6). Ao norte do Monte Cilene*, fica o Monte Quelidoréa.[17] Além de Cilene*, há outros trechos bastante isolados, como por exemplo a região noroeste (Estínfale), um verdadeiro pântano, tendo o lago homônimo submergido em certa ocasião uma parte da área vizinha (Raingeard, 1935,

---

16. *Allium* é o gênero botânico das cebolas, alhos e alho-porrós. Segundo Rahner (1945, p.235-8), trata-se de uma planta com raízes em forma de cebola. Na Capadócia, Turquia, é conhecida como "*moly*". Ver Stannard (1962).
17. O monte Quelidoréa deve seu nome à tartaruga (gr. χελώνη), espécie que lá se acha bem representada, e que aparece em *h.Merc*. 24-8, andando ao encontro do herói quando este sai para o ar livre.

p.38). Essas regiões pantanosas propiciam a pesca, a caça e a coleta. O caráter de isolamento da região é confirmado também por Heródoto, que afirma que as "invasões dórias*" suprimiram o culto a Deméter em toda a Hélade, com exceção da Arcádia* (Moulinier, 1952, p.19).

Lévêque (1961), baseado em Pausânias, Aristóteles, Apolônio de Rodes e muitas outras fontes, chama a atenção para a importância dos animais nos cultos arcádicos, o que faz pensar que uma "ideologia paleolítica" aí se preservou por mais tempo do que em outras regiões da Grécia, ideologia que caracteriza até hoje as sociedades indígenas amazônicas. A Arcádia* é a única região grega que reclama Hermes como ancestral divino (Farnell, 1907).

Jost (1985) fez um levantamento minucioso dos santuários e cultos da Arcádia* e, realmente, em todas as regiões se encontram testemunhos arqueológicos do culto de Hermes e de figuras a ele ligadas.[18] A principal fonte é Pausânias, que visitou a região, fazendo referência a moedas cunhadas com a esfinge de Hermes[19] e aos santuários do deus. Isto reforça a afirmação de Humbert sobre o autoctonismo de Hermes e explica a ligação desse deus com histórias mais antigas, mais "primitivas" (Raingeard, 1935, p.592). Seria Hermes um deus dos *pelasgos* (*infra*, p.464), como supõe Raingeard (1935, p.985)? De qualquer maneira, o deus parece representar uma cultura pré-helênica com fortes matizes de uma visão do mundo anterior à agricultura. Isto não significa que a revolução neolítica não tenha atingido a Arcádia* ao tempo em que o longo hino a Hermes adquiriu a forma em que foi fixado, o que aconteceu sem dúvida após uma longa tradição oral.[20]

---

18. Arcas, filho de Calisto* e de Zeus, salvo por Hermes quando Ártemis flecha Calisto*, e entregue a Maia*, que o amamenta; Épito, filho de Elato e neto de Arcas (Raingeard, 1935, p.47); Evandro.
19. É verdade que, no que se refere a moedas (com o carneiro e o caduceu), elas só começam a ser cunhadas a partir das Guerras Médicas (490-480 a.C.).
20. Ver cap.1 a respeito da tradição oral e dos hinos. Note-se que é necessário, ainda, levar em conta possíveis tradições orais épicas não gregas, mais antigas (Heubeck, 1978).

Uma cultura neolítica, com centro na Tessália* (Sesklo), contemporânea do Neolítico* cretense, mas não relacionada com Creta* e sim com a Ásia Menor, atingiu também o Peloponeso*, até a Arcádia*. Essa cultura parece ter tido ligações com Chipre* e com a Cilícia.[21] Provavelmente é esta a razão pela qual se encontram também paralelos asiáticos[22] para Hermes, e alguns autores (v.g. Autran, 1938, p.159) chegam mesmo a lhe atribuir uma "provável origem cilícia". Lévêque (1961, p.108) observa que a Arcádia* foi atingida por muitos movimentos que revolucionaram o Peloponeso*, em particular as "invasões dórias*":

> O povo que a habitava era constituído essencialmente pelos arcadianos*, reprimidos pela pressão dórica* nesses cantões montanhosos e de difícil acesso, o que permitiu a Heródoto considerá-los autóctones. Mesmo em

---

21. Os níveis neolíticos mais antigos de Sesklo datam de 6850 a.C., ou alguns séculos antes, e se estendem até o fim do VI milênio a.C., aproximadamente. Os primeiros níveis não têm cerâmica, assim como os níveis mais antigos (VII milênio a.C.) do Neolítico de Creta (Cnossos) e de Chipre (Khirokithia). A cerâmica mais antiga de Sesklo, acompanhada de evidências de domesticação de gado, assemelha-se à cerâmica dos níveis XII-XI de Çatal Hüyük, Ásia Menor, que datam mais ou menos de 6500-6000 a.C. Buchholz et al. (1973, p.104) observaram que em Çatal Hüyük a caça ao touro, com redes, é mais recente – data do VI milênio a.C. O Neolítico de Creta* irradiou, aparentemente, de outra área (Cares, perto de Mileto*). Uma nova cultura neolítica, centrada em Dimini e em Larissa, aparentemente diversa da anterior e sem nada que a identifique como indo-europeia (Severyns, 1960, p.24-6), estendeu-se ao longo do V milênio a.C. desde a Tessália até o istmo de Corinto, sem penetrar na Arcádia*. A Idade dos Metais começou nas Cíclades* e em Creta, por volta de 3000 a.C., por influência da Anatólia; a Tessália, no entanto, ficou isolada e continuou assim na última fase do Neolítico. Observe-se que no longo hino homérico a Hermes há menção a somente um possível instrumento de ferro, o plectro (vv. 53, 419 e 501), um "caninho de metal" (*Metallstäbchen*), na expressão de Weiher (1961, p.146). Isto parece indicar que, na época em que o relato começou a fixar-se por escrito, o ferro estava apenas começando a ser conhecido na Arcádia*.
22. A forma asiática de Hermes é "Armàs", que uma inscrição hitita assimila a Sin, o deus lunar sumeriano Zu-em-na. Na mitologia há, contudo, convergências desse tipo e, além disso, Pélops, o mítico colonizador do Peloponeso*, que teria vindo da Lídia, instaurou um culto a Hermes *Parammon* (Raingeard, 1935, p.62).

pleno Período Clássico*, eles continuavam a utilizar um dialeto comparável apenas ao cipriota e ao panfiliano, que hoje, depois da decifração das tabuinhas micênias* em linear B*, temos as melhores razões de considerar um produto direto do dialeto aqueu* falado pelos primeiros invasores gregos da Hélade.

Os habitantes pré-helênicos na Grécia, referidos genericamente como *pelasgos*, compreendiam vários povos, entre eles os *tirrenos* que, segundo algumas hipóteses já ultrapassadas, teriam originado os etruscos (ver *h.Hom. 7 a Dioniso*, v.8, nota). Mas uma das características comuns a Lemnos*, à Etrúria e à Suméria era, indubitavelmente, o vaticínio a partir das vísceras de ovelhas e, como nota Burkert (1985, p.158), a atividade de pastoreio de ovelhas é representativa de uma vida bastante marginal, isolada. Teria sido esta cultura neolítica, com centro na Tessália*, responsável pela dispersão da criação de carneiros? Pelo que diz respeito à Arcádia*, parece que sim.[23] Uma representação muito antiga de Hermes, da primeira metade do século V a.C., encontrada no Monte Liceu*, o caracteriza como pastor de ovelhas,[24] e pedras quadrangulares com falos geometrizados – representações muito primitivas do deus – apresentam também, às vezes, seu ápice como cabeça de carneiro.[25]

As mais antigas figurações de Hermes são, contudo, simples amontoados de pedras que se encontram nos caminhos, particularmente na região de fronteira entre Lacônia*, Tegeia e Argólida. Não se trata de sepulturas. Cada transeunte junta mais uma pedra ao monte, invocando Hermes, deus dos caminhos (Burkert, 1985, p.156-9). Mas isso não quer dizer que o sentido de um sacrifício (por apedrejamento) não esteja presente. O cos-

---

23. Lévêque (1961, p.107) reproduz, na figura 15 de sua obra, uma estátua de argila procedente de Licosura, Arcádia*, que representa uma figura feminina com cabeça de carneiro.
24. "De pé, vestido com um quiton curto e uma clâmide, com o pilos na cabeça, calçado com as botinas aladas" (Jost, 1985, p.449).
25. Uma série de pilares quadrangulares com cabeças de carneiro foi encontrada em Licosura (Jost, 1985, prancha 45).

HERMES

Fig. 16.2 *Hermes itifálico*. Cena de taça ática de figuras vermelhas de Epicteto. Inscrição: "Ἵππαρχός καλός", "Hiparco é belo". Data: 520-490 a.C. Desenho de P. Sellier.

tume de se perseguir pessoas como "bodes expiatórios" até as fronteiras do território, apedrejando-as, era bem conhecido na Grécia, e o próprio Hermes foi apedrejado pelos deuses quando julgado pela morte de Argos, no Olimpo* (Raingeard, 1935, p.444), fornecendo assim um modelo mítico[26] para o rito.

Hermes e o Xamanismo

Também arcaica é a representação fálica do deus[27] (figura 16.2 *supra*). Figuras fálicas são esculpidas em madeira e plantadas no monte de pedras, ou um falo ereto com forma geométrica, "atenuando a obscenidade", no dizer de Burkert (1985, p.157) representa Hermes isoladamente ou, em uma série de falos quadrangulares, formando uma trincheira, são representados Hermes e os deuses Ergatai[28] (Jost, 1985, p.452).

---

26. Hermes teria matado um pastor-vigia protegido de Hera dotado de muitos olhos, Argos, para que Zeus pudesse se aproximar de Ió, um de seus amores fora do casamento. Daí o epíteto que recebeu: Argifonte*, lit. "matador de Argos".
27. Diz Radermacher (1931, p.62, n.2): "uma distinção fundamental entre Hermes, o ladrão, e o itifálico... (Príapo) não pode ser feita". O autor recomenda, neste sentido, o epigrama de Leônidas no livro III da *Antologia Planudeia*. A respeito de Príapo, ver p.124, n.2.
28. Gr. Ἐργάται, "trabalhadores". Pequenas estátuas quadrangulares, representando deuses (Apolo, Atena, Héracles, Hermes, Ilítia) e em geral dispostas em nível inferior à estátua do deus principal do santuário (Paus. 8.32.4-5).

Esse simbolismo mágico-religioso do falo remonta seguramente ao Paleolítico* (ver, por exemplo, Leroy-Gourhan, 1976), e está presente também nos mitos de *tricksters* sul-americanos. É esse simbolismo e o caráter de deus das fronteiras que, a nosso ver, podem relacionar Hermes ao xamanismo. Ele é também, como o xamã, um mediador com o "outro" (estrangeiro, inimigo, morto ou deus). Se pensarmos nas concepções tradicionais de espaço de povos caçadores-coletores e horticultores de floresta, percebemos que uma viagem até os confins do território é também uma viagem a "outro mundo", ao mesmo tempo paralelo e inverso, mundo dos espíritos, da natureza, dos mortos. E uma viagem a esse "outro mundo" é, justamente, uma viagem xamânica. Aliás, Gemoll (1886, p.320) observa que a concepção de espaço do hino é diversa da que vai aparecer em Homero: Apolo e Hermes caminham para o Olimpo* pelo solo arenoso, enquanto na *Ilíada* exige-se sempre um voo até o Olimpo*.

Pode parecer que essa característica de "deus dos caminhos", de visitante das fronteiras do espaço, se casa mal com a ligação que Hermes tem com as cavernas. Mas essa ligação é, também, uma característica do xamã, como notou Burkert (1979, p.88), remetendo, aliás, à leitura de Reichel-Dolmatoff (1996). Efetivamente, uma das "entradas" para o outro mundo (paralelo, invertido) é através de cavernas, onde têm residência os "senhores dos animais" como Waímaxsé, dos *desana*,[29] e os próprios espíritos-animais.

Às vezes só o xamã conhece a entrada para o interior da montanha, e as pinturas rupestres não são sem importância no caso, constituindo as primeiras misteriosas fórmulas de um "abre-te Sésamo" para que *Simplégades*[30] dos mais diversos tipos deixem o mediador passar. *Hermès passe*, expressão popular que Kahn-Lyotard (1978) selecionou para título de seu livro, faz da comu-

---

29. Os *desana* vivem nas margens do rio Uaupés, no noroeste do Amazonas (Amazônias brasileira e colombiana).
30. Na mitologia grega, um par de enormes rochas do Bósforo, na entrada do Mar Negro, que se chocavam de forma intermitente e imprevisível, impedindo a passagem. Os argonautas conseguiram passar por elas, com muita dificuldade.

nicação a função mais importante de Hermes. Psicopompo, ele é também muitas vezes encarregado de trazer de volta do outro mundo as almas "roubadas", como no caso de Perséfone*. Esta é justamente uma função que caracteriza os xamãs no mundo inteiro. Kahn-Lyotard (1978, p.108) ressalta ainda a capacidade de Hermes se transformar, não somente de adulto em criança, mas também em outros seres – outra característica dos xamãs. Isto sem falar, naturalmente, da sedução que a música de Hermes representa (o canto e o tanger da lira-tartaruga*) para que ele consiga negociar, como mestre das trocas, com Apolo (h.Merc. 418-33).

Além disso, até o século V a.C., Hermes é representado como um adulto barbado, figura que evoca um ser humano experiente, vivido, como costumam ser os xamãs.[31] Um xamã deve se entender sobretudo com todos os espíritos-animais, e é justamente a ascendência sobre todos os animais o que Apolo finalmente lhe confere (h.Merc. 567-71), ao mesmo tempo que lhe cede o oráculo das *Trias* (h.Merc. 552-63). Ora, a civilização mais antiga é justamente uma civilização da caça e do mel, e a ingestão do mel é uma das formas arcaicas de provocar o êxtase. Aparentemente, é muito mais uma confirmação que Apolo é obrigado a fazer a Hermes, isto é, a reconhecê-lo como legítimo "senhor" (ou espírito protetor, enquanto xamã) dos animais selvagens, e conhecedor do futuro através das *Trias*, as sacerdotisas-abelhas, e do mel.

Quanto aos atributos de Hermes, o mais intrigante é o cetro que carrega, que nem sempre é referido da mesma forma e que varia na iconografia. A forma mais antiga do bastão parece terminar em um 8, às vezes aberto na parte de cima, correspondendo a duas serpentes entrelaçadas. Isso é significativo porque o cetro de Hermes é aparentado ao cetro que identifica Asclépio, o médico-sacerdote, que corresponde à figura de "médico-feiticeiro" das outras culturas.[32] Ο κηρύκειον é tam-

---

31. Só em épocas tardias a função de Hermes como protetor do *gimnasium* e de mentor da juventude faz com que ele seja representado como um efebo.
32. A grande maioria dos autores, no entanto, considera o bastão de Asclépio, com uma única serpente enlaçada, diferente do bastão de Hermes, que tem

bém o emblema dos arautos, mas em [Homero] e outros poetas épicos esse bastão, usado por reis, juízes, sacerdotes, oradores e cantadores, seria antes um elemento no qual o personagem se apoia. É possível que vários tipos de "varas" ou bastões tenham sido identificados com o deus, talvez em momentos diversos ou de acordo com a atividade a que Hermes é associado. Assim, uma vara flexível utilizada no pastoreio, ῥάβδος, é também uma vara mágica que tem o poder de adormecer e acordar as pessoas. Raingeard (1935, p.402) menciona também, entre os caduceus, um tipo terminado em um ramo de três pétalas, que contudo não aparece, com frequência, nas mãos de Hermes,[33] mas nas de Triptólemo (Schwartz, 1987) ou nas de deusas que o assistem. É possível lembrar, porém, que Hermes, ao lado de Héracles e de Atena, está presente nesses mistérios eleusinos, e há fortes razões para suspeitar que essa flor de três pétalas representa, no simbolismo dos mistérios eleusinos, o órgão sexual masculino.

De acordo com a iconografia levantada por Butterworth (1966, prancha 3), caduceus de três folhas ou tridentes, usados por xamãs siberianos,[34] por médiuns tibetanos e por xamãs da Índia e da Coreia, são comparáveis ao caduceu-tridente de Hermes. Isso leva a uma outra associação, que é a de Hermes com a pesca. Já vimos que a região arcádica e seus lagos, como o Estínfale, e seus pântanos, é propícia à pesca. Essa atividade também aparece, tanto no simbolismo órfico como no cristianismo primitivo, como uma atividade menos violenta que a caça. Alimentar-se de peixes que se reproduzem em grande

---

duas serpentes. A serpente é um antigo símbolo associado à cura e se faz presente em diversas representações de Apolo, deus igualmente associado à cura e considerado pai de Asclépio (cap.6). Quanto às serpentes do bastão de Hermes, elas parecem ter origem mesopotâmica. No Museu do Louvre, por exemplo, há um vaso de esteatita de Lagash, datado de c. 2140 a.C., com duas serpentes entrelaçadas: ele representa o deus-serpente Ningishzida, mensageiro da deusa Ishtar. Ver Frothingham (1916).

33. Boetzkes (1913) o menciona apenas uma vez.
34. Xamãs dos *kets-ostyaks*, que vivem perto das bacias média e inferior do rio Yenissei, na Rússia siberiana.

quantidade é uma opção "mais pura" para personagens comprometidas com o mundo da caça, como os xamãs. Eisler (1921) discute essa questão e reproduz uma iconografia que representa Dioniso, Orfeu*, Pã e Hermes relacionados à pesca.

Quanto aos elementos básicos das vestimentas de Hermes, ele em geral usa um boné simples (πῖλος), como os usados pelos marinheiros da Trácia, e o κυνῆ, feito de pelo de cabra, e o κυνῆ de Hades*, de pelo de cão, que torna Hermes invisível e que é geralmente representado por um par de asas (Reingeard, 1935, p.389). Ver figura 16.1, p.404. Outros apetrechos usados por Hermes, como plumas, evocam o mundo indígena, e a bolsa (*warbundle*, comum aos xamãs americanos), mais o fato de que Hermes canta os deuses e a terra – ou recita o mito de criação (*h.Merc.* 425-33) –, reforçam a imagem de uma figura xamânica.[35]

O RELATO DO HINO HOMÉRICO A HERMES (*H.MERC.*)

O hino celebra inicialmente o nascimento e crescimento milagroso de Hermes. Como Cristo, ele tem por berço (gr. λῖκνον) um utensílio em que se coloca alimento para os bichos (*Futterschwinge*, na tradução de Gemoll, 1886, p.197), uma manjedoura, alusão evidente a um sacrifício aos animais. Aliás, o λῖκνον também tem um papel importante nos mistérios eleusinos (Malhadas e Carvalho, 1970). Deus e não homem, Hermes não passa pelo período de dependência da mãe. Recém-nascido, já anda, sai da caverna em busca das vacas do irmão.[36]

---

[35]. Aliás, não teria sido apenas Hermes a catalisar traços de xamã. Pitágoras, a quem se atribuía o dom da ubiquidade, talvez seja o mais famoso e mais "moderno" dos xamãs gregos. Sousa (1973, p.73-4) reconhece, na Europa, uma verdadeira "cunha" xamânica que abrange também a Grécia, na pessoa de vários filósofos pré-socráticos: Ábaris, Aristéas, Hermótimo, Zalmóxis, Orfeu*, Epimênides e Empédocles.

[36]. Em outro trabalho (Carvalho, 1979), levantamos a possibilidade de esse tema mítico estar relacionado ou decorrer de determinados ritos de iniciação pubertária, ou de iniciação xamanística, uma vez que esses ritos implicam

Fig. 16.3 *O pequeno Hermes, Apolo, Maia** e Zeus*. À esquerda, o *corpus delicti*. Cena de hídria de figuras negras de Caere. Data: 520 a.C.

Defronte mesmo da caverna, depara com o animal que nos parece ser um alter ego do herói: a tartaruga terrestre. Esse animal parece realmente um símbolo da vida nômade, do cinegismo original da humanidade caçadora-coletora. A tartaruga pode pernoitar em qualquer lugar porque leva consigo sua casa e come frutos e raízes. Em muitas mitologias, é também o elemento feminino primordial,[37] a sustentar o primeiro pedaço de terra ou de solo habitável, dentro do caos original das águas sem fim.

A tartaruga é a primeira "caça" de Hermes.[38] Elogia-a como fazem os caçadores com os animais abatidos, os quais têm conotação feminina, enquanto manipulados pelos homens.[39] Neste sentido, Gemoll (1886) estranha a interpretação de Schneidewin (1848),

---

    morte seguida de ressurreição a que, obviamente, deveria se seguir um crescimento milagroso, para que o indivíduo readquirisse a idade com que estava ao "morrer". Por outro lado, o recém-nascido colocado em uma manjedoura parece sugerir, evidentemente, um sacrifício. Hermes entraria, pois, nesta categoria de "criança divina", e esses elementos concorrem para a hipótese formulada *supra*, a da iniciação xamânica.

37. A tartaruga participa de mitos da criação na Índia Antiga, entre os antigos iroqueses e os *maidus* da América do Norte, e entre os *desana* da Amazônia, por exemplo (ver Carvalho, 1979).
38. Observe-se que Hermes se apresenta até mais como coletor do que como caçador, pois ainda não possui o arco, atributo de Apolo.
39. Ver Reichel-Dolmatoff (1968). O terceiro volume da *Enciclopédia Bororo* (Albisetti e Venturelli, 1976), dedicado aos cantos de caça, apresenta belíssimos exemplos desse tratamento. Ver, entre outros, o canto às antas, apresentadas como animais graciosos e belos.

que percebeu que Hermes trata a tartaruga como se ela fosse uma moça (v.31), baseado na constatação de que "coisa amada" é sufixo para nomes femininos (de meninas) em Hesíodo (*Teogonia*). Para vários estudiosos, a interpretação de Schneidewin está correta.

Embora o hino nessa mesma passagem se refira a Hermes como o "filho benfazejo de Zeus" (v.28), ele pratica, na realidade, a sua primeira ação *trickster*, não contra os homens, mas, desta vez, contra um ser que parece, como dissemos, o alter ego dele. Hermes dirige-se amavelmente à tartaruga: "vou pegar-te e levar-te para casa; uma certa serventia terás para mim, não farei pouco de ti" (v.34-5). E essa serventia é, simplesmente, a vida dela – assim, as palavras com que ele diz que a levará para dentro de casa têm duplo sentido: "É melhor ficar em casa, pois além da porta é nocivo" (v.36). Evidentemente, a tartaruga se arruinará justamente porque ele a tira da casa dela. Como ele não a mata para comer nem a conserva para que lhe sirva de proteção contra feitiço (v.37-8),[40] talvez se devesse entender esta matança como um sacrifício: transformada em instrumento musical, a tartaruga, tão desajeitada, cantará em louvor aos deuses (v.38). Neste caso, a tartaruga poderia realmente ser considerada o alter ego de Hermes, pois ele não mais se separa dela, nem para dormir (v.153). Não é só isso: quando Apolo, irritado com o roubo das vacas, vai procurar Hermes, ele se esconde, fingindo dormir ou adormecendo realmente, encolhendo a cabeça, os braços e as pernas (v.240-2). Humbert (p.126, n.2) sugere que se trata, possivelmente, de uma comparação com algum animal pequeno que se enrola, como os gatos. Não seria mais lógica a analogia com o animal xerimbabo de Hermes, a tartaruga?

Após o episódio da invenção da lira*, o hino passa ao roubo das vacas.[41] Opondo o sacrifício feito por Hermes aos sacrifícios nor-

---

40. A tartaruga é um animal a que, em várias culturas, se atribui qualidades apotropaicas.
41. O roubo do gado de uma divindade rica em rebanhos é tema indo-europeu; há, por exemplo, um paralelo no Rig-Veda, em que Ahi (Vritra) rouba o gado de Indra. Ver Lincoln, 1976, p.42-65, n.1.

mais praticados na Grécia, cujo exemplo poderia ser aquele instituído por Prometeu (Hes. *Th.* v.535-60), Kahn-Lyotard (1977, p.113) procurou definir o primeiro como um "antissacrifício": Hermes estrangulou os animais em vez de fazer correr o sangue deles, em jato, sobre o altar, conforme a praxe; não se decide, como deus, igualmente receptor de sacrifício, ou como sacrificante, a deglutir a sua parte (v.120-33), a ὁσίη. Além disso, trata-se de um sacrifício noturno, em um lugar não consagrado, e a repartição da vítima não segue as normas estabelecidas. Kahn-Lyotard contestou, assim, a opinião de Jeanmaire, de que Hermes teria respeitado as regras do sacrifício, pois, levando em conta o significado do termo, seria comestível a ὁσίη de carne desejada por Hermes. Kahn-Lyotard (1977, p.114) alega que a ὁσίη em questão procede das partes já consagradas (v.129) por Hermes:

> Assim, a ambiguidade do hino provém, não da ambiguidade semântica de *hosios*, cujo campo semântico foi definido perfeitamente pelos três autores, mas da superposição de duas práticas contraditórias: pela oferta do *géras*, Hermes torna estas carnes-partes *hierai*, enquanto ele as dessacraliza pelo sorteio. Assim, Hermes reconhece aos deuses a sua divindade em lhes reservando o *géras*; mas, recorrendo ao sorteio ele trata estes deuses como uma *koinia* indiferenciada...[42]

Kahn-Lyotard (1977, p.115) ressalta, ademais, o caráter ambíguo de Hermes, situado na linha de clivagem entre deuses e homens:

> É uma dupla inversão que se opera aí, *koinia* divina – *koinia* humana, sorteio da *timé* – sorteio do *géras*, inversão dupla que lhe permite a afirmação final do caráter divino (*hieros*) da sua garganta.[43] Quando elas possuem *géras*, as

---

42. Palavras gregas da citação: ὅσιος, "conforme às leis divinas", "puro", "consagrado"; γέρας, "presente que marca as prerrogativas ou honras devidas a uma pessoa"; ἱερός, "sagrado"; κοινωνία (simplificada para *koinía*) "comunidade".
43. No culto, Hermes recebia a língua dos animais sacrificados. Ora, é exatamente a parte correspondente ao *géras* de Hermes que o autor indica no hino, ao

carnes são destinadas aos outros, aos deuses; quando elas se tornam *hosie* de carne, elas também são destinadas aos outros, desta vez os homens. (...) Uma vez que falta um elo na cadeia, uma vez que o uso do termo *hieros* deslocado condensa ao mesmo tempo o *géras* e o sorteio, isto é, *hieros* e *hosios*, pois o texto mítico brinca com as palavras, jogo eficaz, que permite a Hermes abrir uma brecha no muro que separa os dois espaços do sacrifício, e passar.[44]

A falta desse elo na cadeia sintagmática não seria porque Hermes dramatiza um autossacrifício, como o Tupinambá[45] que matava um prisioneiro? Procuramos esclarecer mais alguns pontos dessa passagem do hino. Humbert (p.120, n.1) observa que Hermes rouba exatamente metade da hecatombe que se oferecia, comumente, a Apolo. Naturalmente, isso significa que Hermes pretende o direito de receber as mesmas honrarias recebidas pelo irmão. Parece também que o fato de Hermes ter sacrificado duas vacas e não uma só se explicaria como um sacrifício em nome de Apolo e outro em seu próprio nome. Naturalmente, como sacrificante, ele dramatiza o sacrifício como se fosse um autossacrifício, abstendo-se por isso de provar a carne. Que Hermes considera uma das vacas seu alter ego parece confirmado pela versão do Pseudo-Apolodoro (3.10.2), segundo a qual, Hermes mata as vacas e, em seguida, se serve da pele de uma delas. É um velho rito de identificação: o sacrificador veste a pele do sacrificado e "se transforma" na vítima.[46] No entanto, transformado na vítima, "de sacrificador Hermes se torna destinatário", como observa Kahn-Lyotard (1978, p.45)

---

mencionar a garganta. Note-se que há um costume de se cortar a língua dos animais, especialmente os animais caçados, nas culturas de caçadores.
44. Mais duas palavras gregas: τιμή, "honra/valor devido a alguém"; ὅσια, "consagrada".
45. Grande nação indígena que vivia no litoral brasileiro na época do descobrimento. Dividia-se em vários grupos (tamoios, temiminós, tupiniquins etc.), em constante guerra entre si. Os inimigos capturados eram usualmente devorados em rituais antropofágicos.
46. Como nos sacrifícios a Xipetotec, o deus "Esfolado" dos astecas. A arte meso-americana o representa vestido de pele humana, com a qual o sacrificador realmente se cobria, após a imolação da vítima.

O hino menciona o instrumento com que Hermes mata a tartaruga, o deus sacrifica as vacas lutando, aparentemente, com ambas ao mesmo tempo, sem usar arco e flecha (atributo de Apolo), nem outra arma qualquer. Em geral, caçadores-coletores também dão morte violenta aos animais menores que coletam, o que aproxima Hermes dos povos nômades caçadores-coletores.

Outro episódio que aproxima Hermes, tanto dos *tricksters* dos povos nômades, como do xamã, é o do velho que trata de sua vinha, e a quem o deus tenta intimidar para que não revele a ninguém o que ele irá presenciar. Sabe Hermes de antemão que o velho dará a Apolo a sua descrição e assim o castiga antes mesmo de este o trair? Os v.187-8 descrevem o "velho abrutalhado", ceifando espinhos; a versão de Ovídio para esse episódio (Ov. Met. 2.680-707), pelo menos, parece confirmar essa sugestão. Assim, prevendo o futuro como um xamã e antecipando castigos como um *trickster*, Hermes parece o modelo mítico *trickster* das práticas xamânicas, o que faz do hino o relato de um ritual de iniciação xamânico.

Finalizando, o que se pode concluir do exposto é que o avanço de uma outra civilização sobre o Peloponeso*, a dos dórios* criadores de bovinos, encontrou na Arcádia* um tipo de vida parecido ao das modernas sociedades indígenas de caçadores-coletores, pescadores e horticultores de floresta. Era, no entanto, uma sociedade que já sofrera muitas transformações, e que adotou o pastoreio de ovelhas. Em parte pela marginalização desse tipo de vida pastoril, conservou uma visão do mundo primitiva, em que os ritos religiosos eram ainda atribuídos a xamãs, que teriam tido em Hermes um modelo, ou que fizeram de Hermes seu modelo. Parece fora de questão que essa sociedade tenha resistido à sociedade de criadores de gado bovino que ia dominando a região. Tentou incorporar a nova realidade, enfrentando-a, dentro de sua visão tradicional do mundo, em que se lida com o "estranho" no esquema *trickster*, contestando a ideia de que animal tem dono. Nesse sentido, é importante considerar que a única região da Grécia que apresenta relatos míticos em que o gado aparece como sendo dos "mortos" é justamente a ocidental, a mesma área em que se encontra a Arcádia*.[47] O espaço é concebido como limitado, pequeno, e o que está para além das fronteiras está no "mundo paralelo" e "invertido", no mundo dos espíritos e dos mortos.

A mesma concepção tinham as sociedades indígenas brasileiras (*xavante*, *krahó*)[48] quando a expansão de gado fez aparecer em seus territórios animais estranhos que, para eles, eram apenas uma nova caça, mandada pelos heróis civilizadores ancestrais,[49] isto é, pelos mortos. O país dos mortos fica, no imaginário da maioria dos povos, nas terras do sol poente.

---

47. "As lendas de Gerion e Alcioneu se tornam propriedade exclusiva dos gregos ocidentais..." (Burkert, 1979, p.66).
48. Os *xavantes* são indígenas brasileiros que vivem, atualmente, no extremo leste do Mato Grosso. Os *craós* (ou *krahós*) vivem na fronteira entre os estados do Maranhão, Piauí e Tocantins.
49. Jerônimo Xavante narra como Apitó Tsawe, herói mítico, antepassado dos *xavante*, apareceu em um sonho, mostrando uma vaca pintada e dizendo aos índios que podiam comer aqueles animais sem receio, uma vez que ele lhes tinha dado essa "caça" (Delgado Sobrinho et al., 1977, p.49).

Fig. 17 *Ganimedes* e Héstia*. Detalhe de cálice ático
de figuras vermelhas de Oltos. Data: c. 510 a.C.

17.
Héstia, deusa do lar

Edvanda B. Rosa
Sílvia M. S. de Carvalho

ΕΙΣ ΕΣΤΙΑΝ
In Vestam

h.Hom. 29, com 14 versos;

h.Hom. 24, com 5 versos.

h.Hom. 29: A Héstia

trad. Edvanda B. Rosa

Héstia, que nas altas moradas entre todos
os deuses imortais e os mortais que caminham sobre a terra
recebeste assento eterno, um sinal de deferência,
tens admirável prerrogativa e honra; sem ti
não há festins para os mortais, onde o iniciante não verta   5
a oferenda inicial e final de vinho doce como o mel à Héstia.
E também a ti, Argeifonte*, filho de Zeus e de Maia*,
mensageiro dos bem-aventurados, deus do caduceu de ouro,
                                        [doador dos bens,   8
sê-me propício e me protege com Héstia venerável que te é cara.[1]   10
Ambos habitais as belas moradas dos homens da terra,   11
com sentimentos de amizade mútua. Quando agem bem,   9
vós lhe dais por companhia a inteligência e a juventude.   12
Salve, filha de Crono*, e também tu, Hermes do caduceu de ouro!
Lembrar-me-ei de vós em meu próximo canto.

---

1. Sobre o papel de Hermes como protetor das moradias, ver longo hino a Hermes (*h.Merc.*), v.15, nota.

29. Εἰς Ἑστίαν

Ἑστίη ἣ πάντων ἐν δώμασιν ὑψηλοῖσιν
ἀθανάτων τε θεῶν χαμαὶ ἐρχομένων τ' ἀνθρώπων
ἕδρην ἀΐδιον ἔλαχες πρεσβηΐδα τιμήν
καλὸν ἔχουσα γέρας καὶ τιμήν· οὐ γὰρ ἄτερ σοῦ
εἰλαπίναι θνητοῖσιν ἵν' οὐ πρώτῃ πυμάτῃ τε   5
Ἑστίῃ ἀρχόμενος σπένδει μελιηδέα οἶνον.
Καὶ σύ μοι Ἀργειφόντα Διὸς καὶ Μαιάδος υἱὲ,
ἄγγελε τῶν μακάρων χρυσόρραπι δῶτορ ἐάων,   8
ἵλαος ὢν ἐπάρηγε σὺν αἰδοίῃ τε φίλῃ τε   10
Ἑστίῃ· ἀμφότεροι γὰρ ἐπιχθονίων ἀνθρώπων   11
ναίετε δώματα καλά, φίλα φρεσὶν ἀλλήλοισιν   9
εἰδότες· ἔργματα καλὰ νόῳ θ' ἕσπεσθε καὶ ἥβῃ.   12
Χαῖρε Κρόνου θύγατερ, σύ τε καὶ χρυσόρραπις Ἑρμῆς·
αὐτὰρ ἐγὼν ὑμέων τε καὶ ἄλλης μνήσομ' ἀοιδῆς.

h.Hom. 24: A Héstia

trad. Edvanda B. Rosa

Héstia, que na divina Pitô* cuidas da sagrada morada[2]
de Apolo, senhor que de longe fere,
cujos cabelos ondeantes distilam fluido azeite,[3]
vem à minha casa, vem de comum acordo
com o prudente Zeus;[4] concede também teu favor ao meu canto.   5

---

2. O templo era a casa do deus ao qual era dedicado e, por isso, possuía também um "fogo doméstico". No mais importante templo das póleis gregas havia também uma chama, sempre acesa, que simbolizava toda a comunidade. Durante as extensivas migrações gregas dos séculos VIII-VI a.C., erroneamente chamadas de "processo de colonização" por alguns historiadores antigos, os emigrantes gregos levavam consigo uma amostra da chama sagrada da sua cidade-mãe para utilizá-la na fundação da nova cidade, que era sugestivamente chamada, em termos genéricos, de ἀποικία, "lar distante" (e não "colônia", como muitas vezes erroneamente se traduz).
3. Óleo era habitualmente derramado na cabeça das antigas estátuas de divindades (Athanassakis, p.104); também era comum os gregos usarem óleos perfumados nos cabelos, em ocasiões especiais (Rayor, 2004, p.147).
4. Cf. *Od.* 14.158-60. No v.159, o poeta da *Odisseia* não parece se referir à lareira como uma divindade.

24. Εἰς Ἑστίαν

Ἑστίη, ἥ τε ἄνακτος Ἀπόλλωνος ἑκάτοιο
Πυθοῖ ἐν ἠγαθέῃ ἱερὸν δόμον ἀμφιπολεύεις,
αἰεὶ σῶν πλοκάμων ἀπολείβεται ὑγρὸν ἔλαιον·
ἔρχεο τόνδ' ἀνὰ οἶκον, ἐπέρχεο θυμὸν ἔχουσα
σὺν Διὶ μητιόεντι· χάριν δ' ἄμ' ὄπασσον ἀοιδῇ.   5

HÉSTIA

Sílvia M. S. de Carvalho

Graves (p.74) ressalta que Héstia é a única deusa olímpica que nunca toma parte em guerras ou disputas e também resiste a todos os convites amorosos. Não é difícil, assim, ver em Héstia a representação do ideal grego de mulher, senhora do *oikos*.[1] Gernet (1951) faz, aliás, uma bonita análise da oposição/complementaridade da dupla Héstia-Hermes, Héstia figurando a "imobilidade" feminina (a mulher reclusa no lar) e Hermes a mobilidade no exterior, o que parece corresponder à expectativa das funções da mulher e do homem nas sociedades tradicionais. Graves ressalta ainda que, mesmo em Esparta, o centro da vida era o lar, e Héstia, como sua divindade tutelar, representa segurança, felicidade pessoal e o sagrado dever da hospitalidade; a ela se atribuía a invenção da construção de casas e a guarda do fogo doméstico:

> A imagem arcaica, branca, da Grande Deusa, que era comum no Mediterrâneo oriental, parece ter representado uma pilha de carvão, luzindo fracamente e conservada acesa pela cobertura de cinza branca, o que era a forma mais cômoda e econômica de aquecimento nos tempos antigos; não liberava nem fumaça nem chamas e formava o centro natural para as reuniões familiares ou dos clãs. Em Delfos*, a pilha de carvão foi transladada para um utensílio em rocha calcária, para uso no exterior, e tornou-se, assim, o *omphalos* ou o "umbigo" que se vê comumente retratado nas pinturas de vasos gregos, marcando o suposto "centro do mundo". Esse objeto sagrado, que sobreviveu à ruína do altar, é referido com o nome de *Mãe Terra*, media 11,25 de polegadas de altura por 15,5 de largura – forma e dimensão aproximada do fogo de carvão necessário para aquecer um quarto grande.

---

1. Gr. οἶκος, "casa", "habitação". Desse radical deriva a palavra moderna "economia".

HÉSTIA

O mito conta que, após o destronamento de Crono*, Posídon e Apolo se apresentaram como rivais, ambos querendo se casar com Héstia; para evitar a briga entre os dois, ela jura permanecer para sempre virgem (h.Ven. 24-8). Por ela ter preservado, assim, a paz no Olimpo*, Zeus lhe reservou a prerrogativa da primeira vítima de todo sacrifício privado ou público (h.Hom. 29 4-6).

E isso nos leva a lembrar uma festa em sua homenagem, muito interessante, que parece marcar um momento de transição na religião grega, em que o sacrifício humano é substituído por outros ritos.[2] Trata-se da festa de Héstia *Tamia*, na ilha de Cós. Uma moça escolhida pelas famílias ricas, tradicionais, era destinada a ser sacrificada à deusa. Doações dos ricos, no entanto, a resgatavam desse sacrifício, oferecendo-se com o que fosse amealhado, um grande banquete para os pobres da ilha – um ritual de reequilíbrio entre os seres humanos, portanto, ainda que apenas por um dia. Pode-se deduzir, desse ritual,[3] que o sacrifício humano visava fundamentalmente a troca de alimento, sendo portanto, originalmente, um sacrifício de compensação dos animais caçados. Esse alimento teria que ser, é claro, fraternalmente partilhado com o povo todo – "partilha e não sufocação" (Magnien, p.125) era o mandamento principal das religiões arcaicas.

---

2. Nenhum dos relatos míticos ou pseudo-históricos sobre sacrifícios humanos na Grécia Antiga pôde ser comprovado, até o momento, por fontes independentes (Hugues, 1991, p.13-48), mas é possível que uma série de rituais e cultos que ainda ocorriam nos Períodos Clássico e Helenístico representavam antigos sacrifícios humanos "atenuados", isto é, que não causavam a morte da vítima (idem, p.79-96). Ver, por exemplo, a descrição do ritual do santuário de Ártemis em Halai Arafenides, Ática (Eur. *IT* 1449-61).
3. Esse costume remete, aliás, ao uso das "prendas" nas quermesses que as igrejas católicas realizavam com muita frequência.

Fig. 18 *Reia-Cibele*. Ao lado, divindade com uma tocha. Alto-relevo ático de mármore pentélico possivelmente encontrado no Pireu, o porto de Atenas*. Data: 380-370 a.C.

18.
Mãe dos Deuses (Reia-Cibele)

Flávia R. Marquetti

ΕΙΣ ΜΗΤΕΡΑ ΘΕΩΝ

In matrem deorum

h.Hom. 14, com 6 versos.

h.Hom. 14: À Mãe dos deuses

trad. Flávia R. Marquetti

Canta, musa harmoniosa, filha do grande Zeus,
à Mãe de todos os deuses e de todos os homens,
à qual o ressoar do tambor e dos crótalos, com o vibrar da flauta,
apraz, e o uivo dos lobos e o rugir dos leões de olhares brilhantes,[1]
como também as sonoras montanhas e os vales cobertos de bosques.   5
Desse modo, a ti saúdo, nesse canto, do mesmo modo que a todas
[as deusas juntamente.

---

1. A presença dos leões é um dos mais constantes atributos de Cibele nas representações artísticas (ver *supra*, figura 18, p. 484).

14. Εἰς Μητέρα Θεῶν[2]

Μητέρα μοι πάντων τε θεῶν πάντων τ' ἀνθρώπων
ὕμνει Μοῦσα λίγεια Διὸς θυγάτηρ μεγάλοιο,
ᾗ κροτάλων τυπάνων τ' ἰαχὴ σύν τε βρόμος αὐλῶν
εὔαδεν, ἠδὲ λύκων κλαγγὴ χαροπῶν τε λεόντων,
οὔρεά τ' ἠχήεντα καὶ ὑλήεντες ἔναυλοι.   5
Καὶ σὺ μὲν οὕτω χαῖρε θεαί θ' ἅμα πᾶσαι ἀοιδῇ.

---

2. Alguns manuscritos têm título alternativo: εἰς Ῥέαν, "a Reia".

TERRA-MÃE

Flávia R. Marquetti

A Mãe dos deuses, cantada nos hinos homéricos, pode ser aproximada de Gaia e de Cibele*, e ainda da titânide* Reia*.[1] Ela é uma divindade pré-helênica, de origem asiática e associada à terra, uma deusa que se compraz com a companhia dos animais selvagens, com o ressoar do tambor e dos crótalos[2] e do vibrar das flautas (v.3). Seu espaço é o bosque, no cimo das altas montanhas ou nos vales (v.5), local onde o mundo selvagem e primordial ainda impera. Uma "Senhora das Feras" (gr. πότνια θερῶν), terrível e benéfica, que conjuga a fertilidade e a fecundidade com a morte.

Segundo Loraux (1991, p.48-51), a Mãe ou Grande Mãe era cultuada sob esse nome em Esparta e em Licosura, na Arcádia*, e também em Delfos* e em Corinto. Em Tebas*, recebia o epíteto Δινδυμήνη, i.e., a "deusa de Díndimo", referência à sua origem asiática.[3] Em Messene, sul da Itália, e no Peloponeso*, tanto em em Corinto como em Olímpia, em Megalópolis e em toda a Arcádia*, ela é associada a Atena. Em Dodona, Tessália*, ela é identificada com a Terra, Gaia, mas na Atenas* de Sólon[4], ela é celebrada

---

1. Ver nota da página anterior.
2. Uma espécie de antigo chocalho (LSJ, s.v. κρόταλον). Segundo o escoliasta do v.260 de *As Nuvens*, de Aristófanes, tratava-se de uma espécie de junco ou caniço que fazia ruído quando sacudido; possivelmente, enchiam o caniço de pedrinhas e tapavam as pontas. Note-se que o gênero das cascavéis, dotadas de um chocalho natural na ponta da cauda, recebeu o nome científico de *Crotalus*.
3. O monte Díndimo fica entre a Mísia e a Frígia* e era consagrado a Cibele na Antiguidade; a localização é um pouco controversa, mas a maioria dos eruditos o associa ao Murat Dag, na moderna Turquia. Não confundir com Dídima, cidade no sul da Turquia, onde havia um templo dedicado a Apolo.
4. Poeta e legislador ateniense, eleito arconte em 594 a.C. (única data certa associada a ele). Efetuou extensas reformas políticas e econômicas, a fim de reduzir os constantes conflitos entre os grandes e os pequenos proprietários de terra, que estavam a ponto de desencadear uma verdadeira revolução.

como a "Grande Mãe dos deuses, a Terra Negra". A "Mãe Divina" é mencionada já nas plaquetas de Pilos* (*supra*, p.69) e portanto, para os gregos, era a Mãe pelo menos desde o Período Micênico.

Inúmeras variações existem para o seu nome; não se pode garantir que seja sempre a mesma deusa, mas é incontestável o poder atribuído à Mãe, que, na multiplicidade de nomes, pode recuperar as diversas faces de uma grande e antiquíssima deusa maternal.[5]

---

5. O psiquiatra suíço Carl Jung (1875-1961) considerava a "Grande Mãe" um de seus mais emblemáticos arquétipos.

Fig. 19 *Três musas*. Baixo-relevo de mármore do pedestal de um grupo de estátuas, procedente de Mantineia (Arcádia*), atribuído a um dos discípulos de Praxíteles. Data: c. 350 a.C.

19.
Musas,
as protetoras das artes

Wilson A. Ribeiro Jr.
Flávia R. Marquetti

ΕΙΣ ΜΟΥΣΑΣ
In Musas

h.Hom. 25, com 7 versos.

h.Hom. 25: Às Musas

trad. Wilson A. Ribeiro Jr.

Começarei pelas Musas, por Apolo e por Zeus,
pois graças às Musas e a Apolo, que fere de longe,
existem sobre a terra homens que cantam e tocam a cítara*
e, graças a Zeus, reis. Afortunado é aquele a quem as Musas
amam, doce é a voz que flui de sua boca. 5
Salve, filhas de Zeus, honrai o meu canto!
E a seguir eu me lembrarei de vós e também de outro canto.

25. Εἰς Μούσας[1]

Μουσάων ἄρχωμαι Ἀπόλλωνός τε Διός τε·
ἐκ γὰρ Μουσάων καὶ ἑκηβόλου Ἀπόλλωνος
ἄνδρες ἀοιδοὶ ἔασιν ἐπὶ χθονὶ καὶ κιθαρισταί,
ἐκ δὲ Διὸς βασιλῆες· ὁ δ' ὄλβιος ὅν τινα Μοῦσαι
φίλωνται· γλυκερή οἱ ἀπὸ στόματος ῥέει αὐδή. 5
Χαίρετε τέκνα Διὸς καὶ ἐμὴν τιμήσατ' ἀοιδήν·
αὐτὰρ ἐγὼν ὑμέων τε καὶ ἄλλης μνήσομ' ἀοιδῆς.

---

1. Em alguns manuscritos, o título é εἰς μούσας καὶ ἀπόλλωνα, 'às musas e Apolo'; em outros, εἰς μούσας ἀπόλλωνα καὶ Δία, 'às Musas, Apolo e Zeus'.

MUSAS

Flávia R. Marquetti

Nascidas de Zeus e Mnemósine, as Musas são nove, presidem não só o canto e a dança, mas também o pensamento. Autores como Wilamowitz, Kern e Chantraine[1] confirmam a ligação da palavra musa (gr. Μοῦσα), de origem pré-helênica, à ideia de reflexão, de recordação e de pensamento.

São elas: Calíope, musa da poesia; Clio, musa da história; Polímnia, musa da pantomima; Euterpe, musa da flauta; Terpsícore, musa da dança e da poesia ligeira; Érato, musa da lírica coral; Melpómene, musa da tragédia; Tália, musa da comédia; e Urânia, musa da astronomia.[2]

Divindades ctônicas e, primitivamente, ninfas* das montanhas e das fontes (Schol. Theoc. Id. 7.92), elas foram facilmente incorporadas ao mundo olímpico, formando um coro divino junto com Apolo. Hesíodo, na *Teogonia* (vv.80-92), louva-lhes os benefícios: são elas que acompanham os reis e lhes ditam palavras persuasivas, necessárias para restabelecer a paz entre os homens. São ainda responsáveis pelo esquecimento das preocupações e desgostos, pelos homens, que o canto, por elas inspirado, suscita.

---

1. Ver, em especial, Chantraine (1980), s.v. Μοῦσα.
2. Na *Odisseia* (24.60) e em Hesíodo (*Th.* 76-9), já são nove; outras tradições, logo suplantadas, falam de uma, três, quatro ou sete musas, de diferentes nomes e de diferentes genealogias.

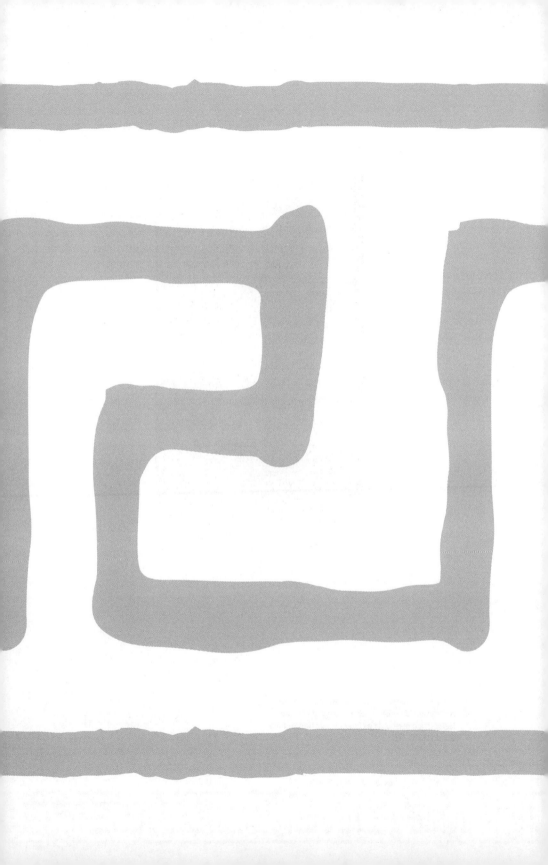

Fig. 20.1 *Pã e Dáfnis*. Cópia romana de mármore, restaurada, de uma escultura grega do Período Helenístico atribuída a Heliodoro de Rodes. Data: século II a.C. (?)

20.
PÃ, DEUS DOS PASTORES E REBANHOS

Wilson A. Ribeiro Jr.
Sílvia M. S. de Carvalho

ΕΙΣ ΠΑΝΑ
In Pana

h.Hom. 19, com 49 versos (= h.Pan.).

h.Hom. 19: A Pã

trad. Wilson A. Ribeiro Jr.

Fala-me, Musa, do querido filho de Hermes,
de pés de bode, dois chifres, amante do ruído[1] e que, pelos campos
cheios de árvores, anda para lá e para cá com as ninfas* habituadas
                                            [a dançar,
que pisam o alto da rocha escarpada
invocando Pã, o deus pastor de cabeleira brilhante   5
e descuidada, a quem foram destinados os picos cobertos de neve,
o cume das montanhas e os caminhos pedregosos.
Ele caminha para lá e para cá, através de moitas cerradas;
Em um momento, é atraído por suaves correntezas;
Em outro, ao contrário, fica vagando em penhascos rochosos,   10
subindo ao topo das colinas para observar as ovelhas.
Muitas vezes ele corre pelas altas e brancas montanhas;
muitas vezes, atravessa os arborizados flancos, com o olhar aguçado,
matando animais selvagens. Então, ao voltar da caça, e somente à noite,
ele emite sons, tocando em sua flauta uma doce   15
canção; certamente, não poderia ultrapassá-lo, em melodia,
a ave que, na florescente primavera, entre as folhas,
externa seu lamento com um doce canto.[2]
Nesse momento, as ninfas* das montanhas, de voz clara, andam para lá
e para cá em sua companhia e, com pés ágeis, perto de fontes
                                            [de águas escuras   20
cantam e dançam; e Eco[3] ressoa no topo da montanha.

---

1. O ruído das algazarras, provavelmente. O ruído parece caracterizar as divindades ligadas ao mundo selvagem: Ártemis, deusa da caça e da vida selvagem, era frequentemente chamada de "ruidosa" (v.g. *Il.* 20.70, Hes. *Fr.* 23a.18, *h.Ven.* 118 e *h.Hom.* 27 1).
2. O rouxinol; ver Soph. *OC* 670-8.
3. Ninfa dos bosques e das fontes, por quem Pã certa vez se apaixonou. Há diversos mitos relacionados a ela, que tentam explicar a origem do eco (ver Ov. *Met.* 3.356-401).

19. Εἰς Πᾶνα

Ἀμφί μοι Ἑρμείαο φίλον γόνον ἔννεπε Μοῦσα,
αἰγιπόδην δικέρωτα φιλόκροτον ὅς τ' ἀνὰ πίση
δενδρήεντ' ἄμυδις φοιτᾷ χοροήθεσι νύμφαις
αἵ τε κατ' αἰγίλιπος πέτρης στείβουσι κάρηνα
Πᾶν' ἀνακεκλόμεναι νόμιον θεὸν ἀγλαέθειρον   5
αὐχμήενθ', ὃς πάντα λόφον νιφόεντα λέλογχε
καὶ κορυφὰς ὀρέων καὶ πετρήεντα κέλευθα.
Φοιτᾷ δ' ἔνθα καὶ ἔνθα διὰ ῥωπήϊα πυκνά,
ἄλλοτε μὲν ῥείθροισιν ἐφελκόμενος μαλακοῖσιν,
ἄλλοτε δ' αὖ πέτρῃσιν ἐν ἠλιβάτοισι διοιχνεῖ,   10
ἀκροτάτην κορυφὴν μηλοσκόπον εἰσαναβαίνων.
Πολλάκι δ' ἀργινόεντα διέδραμεν οὔρεα μακρά,
πολλάκι δ' ἐν κνημοῖσι διήλασε θῆρας ἐναίρων
ὀξέα δερκόμενος· τότε δ' ἕσπερος ἔκλαγεν οἶον
ἄγρης ἐξανιών, δονάκων ὕπο μοῦσαν ἀθύρων   15
νήδυμον· οὐκ ἂν τόν γε παραδράμοι ἐν μελέεσσιν
ὄρνις ἥ τ' ἔαρος πολυανθέος ἐν πετάλοισι
θρῆνον ἐπιπροχέουσ' ἀχέει μελίγηρυν ἀοιδήν.
Σὺν δέ σφιν τότε νύμφαι ὀρεστιάδες λιγύμολποι
φοιτῶσαι πυκνὰ ποσσὶν ἐπὶ κρήνῃ μελανύδρῳ   20
μέλπονται, κορυφὴν δὲ περιστένει οὔρεος ἠχώ·

19. A PÃ

O deus se move aqui e ali, entre os coros, às vezes no meio,
conduzindo-os com os pés ágeis e uma pele de lince
selvagem nas costas, alegrando o coração com cantos melodiosos,
em uma suave pradaria, onde o açafrão e o jacinto   25
florescem, olorosos, e se misturam incessantemente à relva.
Eles celebram com hinos os deuses bem-aventurados e o grande Olimpo*,
e o benévolo Hermes mais do que os demais,
contando que ele é o rápido mensageiro de todos os deuses,
e como ele chegou à Arcádia* de muitas fontes, mãe de   30
rebanhos, onde fica Cilene*, seu lugar sagrado.⁴
Nesse lugar, embora um deus, cuidava das ovelhas de pelo empoeirado
para um homem mortal, pois lhe veio subitamente um intenso
                                              [e terno desejo
de se unir amorosamente à filha de Dríops, a ninfa* de belos cabelos.⁵
Ao ar livre ele consumou o casamento e em seus aposentos ela deu
                                                       [à luz,   35
para Hermes, um filho querido, espantoso de se ver,
com pés de bode e dois chifres, barulhento e risonho.
De um salto, ela [sc. a ninfa*] fugiu – a nutriz abandonou sua criança –,
com medo, ao ver seu aspecto rude e barbudo.
Prontamente o benévolo Hermes tomou-o em suas mãos,   40
ao recebê-lo, e alegrou-se imensamente o deus em seu coração.
Rapidamente, para o lar dos imortais ele foi, depois de cobrir a criança
com as peles espessas da lebre da montanha.⁶

---

4. Originalmente, o τέμενος designava a área de um território reservada aos chefes, como parte de sua dignidade; posteriormente, identificava áreas com altar e/ou templo em seu interior, dedicadas a uma divindade. Do Período Arcaico em diante, o terreno consagrado ao deus era separado do mundo secular por muro ou por simples marcos (περίβολος).
5. Dríope era o nome da filha de Dríops. Originalmente, ela era talvez um "espírito" do carvalho (gr. δρῦς).
6. Moedas do Período Clássico mostram a lebre como um símbolo de Pã (Athanassakis, p.102). *Infra*, figura 20.2, p.505.

19. ΕΙΣ ΠΑΝΑ

δαίμων δ' ἔνθα καὶ ἔνθα χορῶν τοτὲ δ' ἐς μέσον ἕρπων
πυκνὰ ποσὶν διέπει, λαῖφος δ' ἐπὶ νῶτα δαφοινὸν
λυγκὸς ἔχει λιγυρῇσιν ἀγαλλόμενος φρένα μολπαῖς
ἐν μαλακῷ λειμῶνι τόθι κρόκος ἠδ' ὑάκινθος   25
εὐώδης θαλέθων καταμίσγεται ἄκριτα ποίῃ.
Ὑμνεῦσιν δὲ θεοὺς μάκαρας καὶ μακρὸν Ὄλυμπον·
οἷόν θ' Ἑρμείην ἐριούνιον ἔξοχον ἄλλων
ἔννεπον ὡς ὅ γ' ἅπασι θεοῖς θοὸς ἄγγελός ἐστι
καί ῥ' ὅ γ' ἐς Ἀρκαδίην πολυπίδακα, μητέρα μήλων,   30
ἐξίκετ', ἔνθα τέ οἱ τέμενος Κυλληνίου ἐστίν.
Ἔνθ' ὅ γε καὶ θεὸς ὢν ψαφαρότριχα μῆλ' ἐνόμευεν
ἀνδρὶ πάρα θνητῷ· θάλε γὰρ πόθος ὑγρὸς ἐπελθὼν
νύμφῃ ἐϋπλοκάμῳ Δρύοπος φιλότητι μιγῆναι·
Ἐκ δ' ἐτέλεσσε γάμον θαλερόν, τέκε δ' ἐν μεγάροισιν   35
Ἑρμείῃ φίλον υἱὸν ἄφαρ τερατωπὸν ἰδέσθαι,
αἰγιπόδην δικέρωτα πολύκροτον ἡδυγέλωτα.
Φεῦγε δ' ἀναΐξασα, λίπεν δ' ἄρα παῖδα τιθήνη,
δεῖσε γὰρ ὡς ἴδεν ὄψιν ἀμείλιχον ἠϋγένειον·
τὸν δ' αἶψ' Ἑρμείας ἐριούνιος εἰς χέρα θῆκε   40
δεξάμενος, χαῖρεν δὲ νόῳ περιώσια δαίμων.
Ῥίμφα δ' ἐς ἀθανάτων ἕδρας κίε παῖδα καλύψας
δέρμασιν ἐν πυκινοῖσιν ὀρεσκῴοιο λαγωοῦ·

19. A PÃ

Ele sentou-se ao lado de Zeus e dos outros imortais
e mostrou-lhes seu filho; e todos os imortais se alegraram em seu   45
espírito, e o báquico Dioniso mais do que todos;[7]
e eles o chamaram de Pã, pois ele trouxera alegria a todos[8] os corações.
E desse modo a ti eu saúdo, meu Senhor, e com o canto te torno favorável.
A seguir eu me lembrarei de ti e também de outro canto.

---

7. Os deuses Pã e Dioniso eram estreitamente relacionados (Rayor, 2004, p.145), especialmente em obras de arte de épocas tardias, nas quais era representado como um dos membros do cortejo de Dioniso.
8. O nome do deus, em grego, é igual à forma neutra do pronome adjetivo πᾶς πᾶσα, πᾶν, "todo", "toda", "tudo".

19. ΕΙΣ ΠΑΝΑ

πὰρ δὲ Ζηνὶ καθῖζε καὶ ἄλλοις ἀθανάτοισιν,
δεῖξε δὲ κοῦρον ἑόν· πάντες δ' ἄρα θυμὸν ἔτερφθεν 45
ἀθάνατοι, περίαλλα δ' ὁ Βάκχειος Διόνυσος·
Πᾶνα δέ μιν καλέεσκον ὅτι φρένα πᾶσιν ἔτερψε.
Καὶ σὺ μὲν οὕτω χαῖρε, ἄναξ, ἵλαμαι δέ σ' ἀοιδῇ·
αὐτὰρ ἐγὼ καὶ σεῖο καὶ ἄλλης μνήσομ' ἀοιδῆς.

PÃ

Sílvia M. S. de Carvalho

Conforme menciona o hino, Pã é filho de Hermes e da ninfa* Dríope, filha de Dríops. Pã era tão feio, quando nasceu, com chifres e pernas de bode, que a própria mãe fugiu (v.38). Hermes o teria levado para o Olimpo*, para divertir os deuses. Segundo Graves (p.279, n.3), há também outras tradições que, ainda lhe dando Hermes por pai, refere a mãe como sendo Eneis, ou Amalteia[1] ou, ainda, Penélope, mulher de Odisseu*, que Hermes teria visitado na forma de um carneiro. Hermes era, efetivamente, conhecido como condutor de carneiros. Há ainda os que acreditam ser ele divindade mais antiga, filho de Crono* e Reia*. Outra tradição faz de Pã gêmeo de Arcas, o herói arcádico, e portanto filho de Zeus e de Calisto*. Enquanto Arcas é sacrificado aos deuses por seu avô Licáon, pai de Calisto*, Pã torna-se defensor dos animais contra as investidas dos lobos (Piccaluga, 1968, p.41 e p.53; *infra*, cap.23).

Acreditava-se que Pã vivia na Arcádia*, pastoreando carneiros, e que teria seduzido muitas ninfas*, entre elas Sírinx que, para fugir dele, se transformou em junco (Ov. Met. 1.689-712). Pã cortou vários talos desse junco e fez deles a "flauta de Pã". Seduziu também Selene, deusa da lua. Segundo Plutarco, Tamus, um marinheiro que estava indo da Itália para a ilha de Paxi, ouviu uma voz que atravessou os mares e lhe pediu que, chegando a Palodes, proclamasse a morte de Pã. Mas Pausânias ainda encontrava os seus altares bastante frequentados (Graves, p.101).

De onde vem a ideia de que Pã é um deus que morreu? Talvez algumas considerações de Graves nos forneçam uma explicação. Escreve: "Parece que em Creta* um culto ao bode precedeu o culto ao touro, e que Pasífae casou originalmente com um rei-

---

1. A cabra que amamentou Zeus durante sua infância em Creta. Ver Apollod. 1.1.6-7 e o *hino a Zeus* de Calímaco.

-bode. Lafria (lit. "a que, vencendo, ganha despojos"), epônimo de Dictina-Afaia[2] em Egina*, era também um título da deusa--cabra Atenas*..." (Graves, p.302, n.4).

A domesticação de cabras em Creta* e na Grécia parece ter sido muito antiga, anterior mesmo à de ovelhas. E a domesticação faz com que, aos poucos, os animais criados pelos homens – tornando-se "propriedade" dos homens – percam seus significados originais e passam a ser coisas triviais. Assim, o pobre deus Pã, com seus chifres e pés de bode, só poderia mesmo morrer – ou, pior ainda, no cristianismo, se transformar na representação do diabo.

Fig. 20.2 *Pã sentado*. Reverso de tetradracma de prata de Messene. Data: 420-413 a.C. Desenho de P. Sellier.

---

2. Dictina era uma divindade minoica incorporada à mitologia grega do Período Clássico como Britomártis, uma ninfa das montanhas equiparada a Ártemis. Em Egina, foi associada a uma divindade local denominada Afaia.

Fig. 21.1 *Posídon entronizado*. Detalhe de cálice-
-cratera ático de figuras vermelhas do "Syriskos
Painter", de Agrigento. Data: 500-450 a.C.

21.
Posídon, deus dos mares

Edvanda B. Rosa
Sílvia M. S. de Carvalho

ΕΙΣ ΠΟΣΕΙΔΩΝΑ
In Neptunum

h.Hom. 22, com 7 versos.

h.Hom. 22: A Posídon

trad. Edvanda B. Rosa

Dou início ao canto a Posídon, grande deus,
abalador da terra[1] e do mar imenso,
deus marinho, que sustém o Hélicon* e a vasta Eges.[2]
Dupla honra, ó agitador da terra, os deuses te concederam:
ser domador de cavalos e salvador das naus.[3]   5
Salve, Posídon sustentáculo da terra, deus de negra cabeleira,
bem-aventurado e de coração benévolo, socorrei os navegantes.

---

1. Os antigos gregos acreditavam que as terras flutuavam sobre as águas e, consequentemente, o deus do mar era capaz de "sacudir" as terras emersas e provocar terremotos com um golpe de seu tridente. Notar que no v.3 o poeta afirma que Posídon "sustém o Hélicon e a vasta Eges".
2. Pequena pólis no litoral norte do Peloponeso*, onde havia um templo dedicado a Posídon.
3. Função mais apropriada aos Dióscuros. Ver cap.10.

22. Εἰς Ποσειδῶνα

Ἀμφὶ Ποσειδάωνα θεὸν μέγαν ἄρχομ' ἀείδειν
γαίης κινητῆρα καὶ ἀτρυγέτοιο θαλάσσης
πόντιον, ὅς θ' Ἑλικῶνα καὶ εὐρείας ἔχει Αἰγάς.
διχθά τοι Ἐννοσίγαιε θεοὶ τιμὴν ἐδάσαντο
ἵππων τε δμητῆρ' ἔμεναι σωτῆρά τε νηῶν. 5
Χαῖρε Ποσείδαον γαιήοχε κυανοχαῖτα,
καὶ μάκαρ εὐμενὲς ἦτορ ἔχων πλώουσιν ἄρηγε.

POSÍDON

Sílvia M. S. de Carvalho

A pré-história do deus Posídon mostra que, antes de reinar no mar, um Posídon equino, *Hippos* ou *Híppios*, associava, no espírito dos primeiros helenos como entre outros povos indo-europeus, o tema do cavalo a todo um complexo mítico: cavalo-elemento úmido; cavalo-águas subterrâneas, mundo infernal, fecundidade; cavalo-vento, trovoada, nuvem, tempestade...

(Vernant, 1972, p.10-1).

Fig. 21.2 *Figuras com cabeça de burro.* Afresco do "Centro de culto" de Micenas. Data: 1500-1400 a.C.

Segundo Vernant, tanto os habitantes de Troia* (Troia VI),[1] quanto os povos pré-gregos já conheciam o cavalo e seguramente o domesticaram nas estepes onde viviam, antes de se instalar na Grécia. Provavelmente, os primeiros relatos sobre povos que já haviam domesticado o cavalo como montaria criaram, no imaginário grego, a figura do centauro*.

Em Creta* o cavalo não aparece antes do Minoico Recente I, e na Grécia era desconhecido até o Minoico Recente III[2] (Lévêque, 1967, p.36). Vernant (1972, p.11) informa, no entanto, que o reino dos hititas, povo indo-europeu da Ásia Menor, adotou, por volta do século XVI a.C., o uso do carro de combate puxado por dois cavalos, tática guerreira tomada de empréstimo de seus vizinhos de leste,

---

1. Subdivisão arqueológica do Bronze Médio* e Recente* do noroeste da Ásia Menor, conhecida pelas escavações da colina de Hissarlik, onde os antigos situavam a mítica Troia. Os estratos mais antigos de Troia VI correspondem cronologicamente ao Bronze Médio* (VIa-c, 1800-1550 a.C.); os demais, ao Bronze Recente* (VId-h, 1550-1300 a.C.).
2. Subdivisões arqueológicas do Bronze Recente* da ilha de Creta*, onde vivia uma população não grega. Cronologicamente, o Minoico I pode ser situado entre 1550 e 1450 a.C., e o Minoico III, entre 1400 e 1100 a.C. O Minoico Recente é contemporâneo do Heládico Recente do continente grego, mais conhecido como Período Micênico.

os hurritas de Mitani.[3] Pouco depois, ainda no século XVI a.C., estelas funerárias de Micenas* já atestam o emprego do carro de combate puxado por cavalos entre os gregos do Período Micênico.

Em Creta*, os muares, de certa forma aparentados aos cavalos, eram e ainda são importantes. Tudo indica que, ao menos nos tempos micênicos, o jumento tinha uma importância religiosa, simbolizando provavelmente o sacerdócio, conforme afresco de Micenas*, retratando uma procissão de pessoas com cabeças de burro (Lévêque, 1967, p.112-3; ver figura 21.2, p.510). Com base em Higino, Graves (p.283, n.2) menciona que "asnos eram consagrados a... Dioniso, que colocou um par deles entre as estrelas", lembrando ainda que o cetro real de junco dos deuses de todas as dinastias egípcias apresentava um par de orelhas de asno, em memória ao tempo em que Set de orelhas de asno governava sobre o panteão (idem, ibidem).

O mito mais representativo da relação entre Posídon e o cavalo é o da união entre o deus e sua irmã Deméter. Os elementos essenciais dos mitologemas de Posídon, deus das águas, e de Deméter, deusa do trigo e da terra cultivada, relacionavam-se intimamente com os elementos essenciais da vida agrícola: cavalos (ou muares), terra, água, trigo. Conta-se que Deméter-Terra foi perseguida por Posídon-Cavalo-Água e tomou a forma de uma jumenta (Otto, 1968, p.41-2 e Delcourt, 1981, p.137), mas o deus transformou-se em cavalo e uniu-se à deusa com essa forma, gerando assim um cavalo chamado Aríon.

É possível, portanto, que o Posídon grego, reconhecido nos Períodos Arcaico e Clássico como divindade eminentemente marinha, tenha assimilado em épocas remotas uma antiga divindade equina, trazida à Grécia pelos indo-europeus, e que sua união com a Terra-Mãe das comunidades neolíticas locais represente a mescla entre ambas, que iria resultar na cultura grega do Período Micênico.

---

3. Reino indo-europeu da Ásia Menor, situado ao norte da Síria e do Iraque, a sudeste da Turquia. Nos séculos XV-XIV a.C. estava em seu apogeu e chegou a desafiar o poder do Novo Império egípcio.

Fig. 22.1 *Selene descendo de sua carruagem*. Detalhe de sarcófago romano de mármore. Data: c. 210.

22.
Selene, deusa-lua

Wilson A. Ribeiro Jr.

ΕΙΣ ΣΕΛΗΝΗΝ

In Lunam

h.Hom. 32, com 20 versos.

h.Hom. 32: A Selene

trad. Wilson A. Ribeiro Jr.

Falai da eterna Lua de longas asas,[1] ó Musas
de doce voz, filhas de Zeus Cronida*, conhecedoras do canto.
De sua cabeça imortal, uma luz se mostra no céu
e circunda a terra, e vasto é o ornamento que se forma a partir
da luz brilhante. O ar escuro resplandece devido à   5
sua coroa de ouro, e seus raios brilham no céu
sempre que, tendo banhado o belo corpo em Oceano*,
a divina Selene se veste com trajes que brilham de longe,
atrela à carruagem radiantes potros de pescoço arqueado
e para a frente, com ímpeto, dirige os cavalos de belas crinas   10
na noite do meio do mês. Sua grande órbita se completa,
e nesse momento seus raios aumentam e atingem, no céu,
o máximo brilho; ela é, para os mortais, um marco e um sinal.
Com ela, certa vez, o filho de Crono* se deitou, unido em amor;
após engravidar, ela deu à luz uma filha, Pandeia,[2]   15
notável entre os deuses imortais pela beleza que possuía.
Salve, senhora, deusa de alvos braços, Selene divina,
bondosa, de belas tranças; tendo começado por ti, cantarei as glórias dos
semideuses mortais cujas façanhas os aedos, servidores
das Musas, celebram com voz agradável.   20

---

1. Mene é um antigo nome da lua (ver ensaio, *infra*). Este verso é o único lugar em que asas são atribuídas à deusa; segundo Daremberg (s.v. "Luna"), trata-se de uma alusão à rapidez de sua evolução no céu, mas pode-se tratar, igualmente, de influências asiáticas ou egípcias. No III milênio a.C., os egípcios representavam às vezes o sol com asas; esse símbolo foi associado a Hórus e, mais, tarde, ao deus solar Ra.
2. Esta é a única e misteriosa menção a Pandeia nos textos gregos conhecidos (*infra*, p.522).

32. Εἰς Σελήνην

Μήνην ἀείδειν τανυσίπτερον ἔσπετε Μοῦσαι
ἡδυεπεῖς κοῦραι Κρονίδεω Διὸς ἵστορες ᾠδῆς·
ἧς ἄπο αἴγλη γαῖαν ἑλίσσεται οὐρανόδεικτος
κρατὸς ἀπ' ἀθανάτοιο, πολὺς δ' ὑπὸ κόσμος ὄρωρεν
αἴγλης λαμπούσης· στίλβει δέ ‹τ'› ἀλάμπετος ἀὴρ   5
χρυσέου ἀπὸ στεφάνου, ἀκτῖνες δ' ἐνδιάονται,
εὖτ' ἂν ἀπ' Ὠκεανοῖο λοεσσαμένη χρόα καλὸν
εἵματα ἑσσαμένη τηλαυγέα δῖα Σελήνη
ζευξαμένη πώλους ἐριαύχενας αἰγλήεντας
ἐσσυμένως προτέρωσ' ἐλάσῃ καλλίτριχας ἵππους   10
ἑσπερίη διχόμηνος· ὅ τε πλήθει μέγας ὄγμος,[3]
λαμπρόταταί τ' αὐγαὶ τότ' ἀεξομένης τελέθουσιν
οὐρανόθεν· τέκμωρ δὲ βροτοῖς καὶ σῆμα τέτυκται.
τῇ ῥά ποτε Κρονίδης ἐμίγη φιλότητι καὶ εὐνῇ·
ἣ δ' ὑποκυσαμένη Πανδείην γείνατο κούρην   15
ἐκπρεπὲς εἶδος ἔχουσαν ἐν ἀθανάτοισι θεοῖσι.
Χαῖρε ἄνασσα θεὰ λευκώλενε δῖα Σελήνη
πρόφρον ἐϋπλόκαμος· σέο δ' ἀρχόμενος κλέα φωτῶν
ᾄσομαι ἡμιθέων ὧν κλείουσ' ἔργματ' ἀοιδοὶ
Μουσάων θεράποντες ἀπὸ στομάτων ἐροέντων.   20

---

3. Nos manuscritos lê-se ὄγμος, "órbita". Humbert, assim como Gemoll (1886), prefere a conjetura ὄγκος, "curvatura".

SELENE

Wilson A. Ribeiro Jr.

O sol e a lua são visíveis no firmamento quase todos os dias do ano. Essa presença constante certamente inspirou, em quase todas as culturas conhecidas, os mitos e as lendas que envolvem os dois astros, separadamente ou em conjunto.

Na *Ilíada*, a lua é chamada às vezes de Mene, às vezes de Selene, e seu caráter divino não é evidente. O mesmo acontece nos textos de outros autores arcaicos e clássicos e, por isso, é difícil dizer com segurança quando a lua (e o sol) foram divinizados pelos gregos. Em muitas culturas, a divinização da lua, do sol e de outras entidades da natureza remonta ao Paleolítico*,[1] e Bérard (1894, p.63) atribuiu, efetivamente, a divinização da lua à época anterior à formação da cultura grega, mas sem desenvolver seus argumentos.

A mais antiga evidência do caráter divino da lua entre os gregos é uma cena gravada em um anel do Período Micênico, que mostra o sol e a lua lado a lado,[2] acima da linha do horizonte, e da epifania de uma divindade feminina, associada ao duplo machado minoico (figura 22.2). Não se pode descartar, obviamente,

Fig. 22.2 *O sol e a lua*. Anel de ouro de Micenas. Data: século XV-XIV a.C. Desenho de P. Sellier.

---

1. Ver *Origem do mito de Hélio* no cap.13.
2. Cena comum em diversos vasos gregos. Ver Daremberg, s.v. "Luna", e *LIMC*, s.v. "Selene".

a possibilidade da representação de um eclipse ou uma simples convenção artística; mas é possível ao menos afirmar que nessa época a lua e o sol eram considerados mais do que simples astros celestes, redondos e brilhantes.

Gêmeos divinos?

Devido à influência da cultura greco-latina no Ocidente, geralmente identificamos o sol com divindades masculinas e a lua com divindades femininas. Em outras civilizações antigas nem sempre foi assim, especialmente no caso da lua. Nanna, dos sumérios; Sin, dos acadianos; Kusuh, dos hurritas; Kashkuh, dos hititas; Arma, dos luvitas; Khonsu, dos egípcios; Yarikh, dos canaanitas; Coniraya, dos incas; e Máni, dos viquingues eram, por exemplo, divindades masculinas que personificavam a lua. Por outro lado, a persa Mah, a indiana Anumati, a etrusca Losna, a ibérica (celta) Ategina, a asteca Tonantzin, a inca Mama Quilla, a polinésia Ina e Periboriva, o espírito da lua dos ianomâmis sul-americanos eram divindades femininas, assim como a Selene grega e a Luna romana.

Em geral, os gregos consideravam Selene filha do titã* Hipérion* e da titânide* Tia, e irmã de Hélio, o sol, e de Eos*, a aurora (Hes. *Th.* 371-4). No *h.Hom.* 31 *a Hélio* (vv. 4-7), Tia recebeu o nome de Eurifáessa, "a que brilha de longe", ou então trata-se de outra entidade – o poeta conhecia um mito alternativo que não chegou até nós (ver cap.13). No longo hino *a Hermes* (v.100), o pai de Selene é Palas, filho do desconhecido Megamedes (ver *h.Merc* 100, nota); se se trata de Palas, filho de um dos titãs*, ele é tio de Hécate*, identificada com Selene no fim do Período Helenístico. Na tragédia *As Fenícias*, de Eurípides (vv. 175-6), a mãe de Selene é Leto*, tradicionalmente considerada filha da titânide* Febe e mãe de Febo* Apolo (Apolo, "o brilhante") e de Ártemis; Porfírio, no entanto, afirmou que a mãe de Apolo era a própria Selene (Porph. *VP* 16.6). Em um escólio de data indeterminada (Sch. Eur. *Ph.* 175), finalmente, Selene é dada como filha de Hélio. Note-

-se que mesmo nas genealogias alternativas Selene está sempre associada a entidades astrais ou a entidades caracterizadas pela luz e pelo brilho.

Há evidências de que os indo-europeus, antes de chegarem à península balcânica,[3] cultuavam uma série de gêmeos divinos (Ward, 1968), mas é provável que esse mitema[4] seja ainda mais antigo. Para alguns povos paleolíticos* modernos, como os alto-xinguanos,[5] o sol e a lua eram gêmeos; entre os tupis da América do Sul,[6] uma lenda relata que dois irmãos gêmeos se transformaram, no fim de uma aventura, em sol e lua. Entre os gregos, esse tema está presente nas lendas de Apolo e Ártemis, de Castor e Polideuces (os Dióscuros) e de seus duplos (Idas e Linceu, Anfíon e Zeto).[7] É possível que em épocas remotas Hélio e Selene tenham representado, também, duas deidades gêmeas, o que deixou alguns resquícios na mitologia grega dos tempos históricos.

Com frequência, o sol e a lua são mencionados em conjunto (*Il.* 17.367, *Od.* 4.45 e 24.148, Pl. *Leg.* 887e etc.) e, pelo menos em Élis, eram também cultuados conjuntamente (Paus. 6.24.6). Em diversos documentos iconográficos os dois eram representados lado a lado (ver figura 22.2, p.516);[8] quando representados se-

---

3. Os estudiosos referem-se a essa fase, em geral, como a dos "proto-indo-europeus". Data aproximada: 4000 a.C. (fim do Neolítico e início da Idade do Bronze). Ver Gamkrelidze, Ivanov e Winter (1995).
4. Conceito referente ao núcleo original de um mito, em geral descoberto a partir de mitos de diferentes culturas, relacionados entre si (v.g. os Dióscuros gregos, os Ashvins da Índia Antiga e Rômulo e Remo, de Roma). Ver Lévi-Strauss, 1955, p.428-44.
5. Os povos do Alto Xingu (Parque do Xingu) estão reduzidos hoje a quinze grupos culturalmente parecidos, que falam quatro línguas diferentes.
6. No século XVI, pouco depois da chegada dos europeus ao Brasil, os grupos tupis (pelo menos dez) ocupavam ainda uma larga faixa litorânea, desde o Rio Grande do Sul até a foz do Amazonas.
7. Idas e Linceu são heróis gêmeos da Messênia, e Anfíon e Zeto, da Beócia. Esses dois pares de gêmeos e mais os Dióscuros da Lacônia* compartilham a mesma origem indo-europeia. Ver cap.10.
8. Ver também as imagens do *LIMC*, s.v. "Selene".

paradamente, ele e ela estão, em geral, sobre uma carruagem (figuras 13.1, p.368 e 22.1, p.512 e v.9-11 do *hino a Selene*).

Quando o sol foi identificado com Apolo, no Período Clássico (cap.13, p.379-80), os gregos naturalmente identificaram Selene com Ártemis, a irmã gêmea de Apolo. As mais antigas evidências da associação Selene-Ártemis são, provavelmente, um verso de Sófocles (*OT* 207), datado da segunda metade do século V a.C., em que Ártemis é associada ao substantivo αἴγλη, "luz do sol ou da lua", e um verso de Calímaco (*Dian.* 139), datado do século III a.C., em que o poeta associa a deusa ao verbo αὐγάζω, "iluminar", "brilhar", "mostrar-se branca".

Hélio e Selene, Apolo e Ártemis: mais do que irmãos, gêmeos divinos.

As luas da Grécia Antiga

Na Grécia Antiga, além de Selene, outras divindades femininas foram associadas, em sua origem – ou pelo menos em certas variantes de seus mitos – à lua: Tia, Febe, Hera, Hécate*, Pasífae, Perséfone*, as leucípides, Sêmele* e, obviamente, Ártemis e Bendis.

Segundo Kerényi (1993, v.1, p.150), a titânide* Tia, mãe de Selene na teologia hesiódica (Hes. *Th.* 371), pode ser identificada com a própria lua. Note-se que uma das filhas de Tia – Eos* – é a mãe dos "astros do céu" (Hes. *Th.* 381-2); consequentemente, na qualidade de mãe e de avó, Tia está na origem de tudo aquilo que brilha no firmamento.

Febe era outra titânide*: seu nome significa "brilhante" (gr. Φοίβη). Rose (1991, p.21) notou que existia um "titã*-luz brilhante" do sexo masculino (Hipérion*), mas não uma titânide* correspondente. Febe é a contraparte feminina de Febo*, palavra mais conhecida como epíteto tradicional de Apolo. Não é impossível, portanto, que tenha existido em épocas remotas, talvez pré-gregas, um deus Febo*, logo assimilado a Apolo. Febe só não "desapareceu", como sua contraparte masculina, porque Hesíodo a incluiu em sua *Teogonia*.

Hera, como contraparte feminina de Zeus, era uma divindade celeste e foi associada à lua pelo menos uma vez (Plut. *Aet.* 282c). Zeus, aliás, foi associado ao sol nessa mesma passagem.

Hécate*, que em muitos documentos iconográficos carrega uma ou duas tochas para iluminar o caminho,[9] era associada tanto a Selene como a Ártemis e recebia, às vezes, o epíteto Φοσφόρος, "a que traz a luz" (v.g. Eur. *Hel.* 569 e Ar. *Thesm.* 858). O epíteto pode ser uma referência à luz das tochas, mas pode também representar a luminosidade da lua (Kerényi, 1993, v.1, p.41). As referências mais seguras à associação entre Hécate* e Selene datam do início do Período Greco-Romano.[10] Nessa época, Selene, Hécate* e Ártemis eram cultuadas ao mesmo tempo, ou até mesmo como uma divindade tríplice, Selene-Hécate*-Ártemis, associada à lua e à magia. Segundo crenças modernas, ditas "neopagãs", as três faces dessa divindade representam a lua nova (Hécate*), a lua crescente (Ártemis) e a lua cheia (Selene).

As leucípides (lit. "filhas de Leucipo") eram, no Período Clássico, simples mortais raptadas e desposadas pelos Dióscuros, mas seus nomes, Hilaíra e Febe, são muito sugestivos de ascendência divina (Farnell, 1921, p.231): Hilaíra (gr. Ἱλάειρα), que significa "suavemente brilhante", é um dos epítetos de Selene (Emp. *Fr.* 40) e Febe tem o mesmo nome da titânide* associada à lua. É possível, portanto, que ambas tenham sido originalmente deidades astrais femininas, assim como seus consortes, Castor e Polideuces, eram divindades astrais masculinas.

Bendis era uma deusa de origem trácia, identificada diretamente com Ártemis e Selene, incorporada pelos gregos no século V a.C. ou, talvez, um pouco antes. Pasífae, uma das filhas de Hélio, era originalmente uma antiga divindade lunar de Creta* que nas lendas gregas havia se casado com o rei Minos[11] (Paus.

---

9. Ver iconografia completa em H. Sarian, *LIMC*, s.v. "Hekate".
10. Ver *Medeia* de Sêneca, em especial os v.787-96.
11. Essa Pasífae foi mãe do Minotauro, o terrível homem-touro morto pelo herói ateniense Teseu (ver cap.8).

3.26.1). Perséfone*, tradicionalmente considerada filha de Zeus e Deméter, já foi considerada uma deusa lunar (ver cap.8). Para a associação entre Sêmele*, mãe de Dioniso, e a lua, ver cap.9.

Os mitos de Selene

Na maioria das vezes, Selene era vista apenas como um astro que brilha (*h.Merc.* 99 e 141) e atravessa o céu noturno – "para os mortais, um marco e um sinal" (v.13). Esse caráter eminentemente astral limitou, certamente, sua participação no conjunto de lendas que constitui a mitologia grega.

O radical do nome Selene (gr. Σελήνη) significa "brilho", "luz", e o do nome Mene (gr. Μήνη), "mês".[12] Ambos são determinados pela luminosidade da lua e por sua viagem diária pelo céu noturno, com desaparecimento no horizonte ao amanhecer e reaparecimento no início da noite. O formato da lua tem, ademais, um ciclo mensal: lua nova, crescente, cheia e minguante. Nesse caso, os dois nomes da lua na Grécia Antiga não só a identificam, mas também a conceituam e descrevem. Havia uma associação entre o formato redondo do sol e da lua e a visão ou, melhor, ao olhar vigilante de quem, lá no alto, só está abaixo do céu: Hélio era o "olho que tudo vê" (*Od.* 11.109; Aesch. *Cho.* 920 e *PV* 94) e Selene, o "olho da noite" (Aesch. *Sept.* 390).

A luminosidade é, certamente, a propriedade lunar mais mencionada nas invocações e nos mitos da deusa-lua (v.g. Sapph. *Fr.* 34 Loebel-Page). O passeio diário pelo céu noturno em sua carruagem (v.8-13) e seu banho nas águas de Oceano* (v.7),[13] por sua vez, são menos populares do que suas aventuras amorosas. As mais importantes são a união de Selene e Endímion, não mencionada no hino *a Selene*, e a de Selene e Zeus (v.14-16).

---

12. Esse substantivo tem nítida ascendência indo-europeia: veio, provavelmente, do radical *mēns- (cf. lat. *mens*, anatólico *Men* e avéstico *mah*), que por sua vez é aparentado com o radical *mē-, "medir".
13. Cf. Sapph. *Fr.* 96.8-11 Lobel-Page.

Endímion era um belo jovem que havia recebido de Zeus (ou da própria Selene) o dom do sono perpétuo; ele não podia morrer, apenas dormia continuamente, em uma caverna do monte Latmo (Ap. Rhod. 4.57-61),[14] ou em algum lugar da Élida* (Paus. 5.1.3-4). Selene visitava-o todas as noites, quando desaparecia atrás da montanha onde ficava a caverna de Endímion,[15] e teve com ele cinquenta filhas.

O hino *a Selene*, que propositadamente não menciona esse antigo mito, é a única fonte da união entre Selene e Zeus, que resultou no nascimento de Pandeia. West (p.19) acredita que se trata de uma referência a Pandeia, esposa do herói epônimo da *tribo* ateniense dos Antióquidas (ver *Introdução*, n.4, p.41), mas pode ser também apenas um antigo epíteto da lua cheia (Kerényi, 1993, v.1, p.157). Eu, particularmente, acredito que se trata apenas de uma simples transposição ou projeção do mito do nascimento de Selene da época dos titãs* para a época dos deuses olímpicos. A semelhança entre o nascimento de Selene e de Pandeia é evidente: na época dos titãs*, Hipérion* e Tia, duas entidades astrais, brilhantes, uniram-se e geraram a lua, caracterizada igualmente pelo brilho; na época dos deuses olímpicos*, Zeus e Selene, duas entidades celestes e luminosas, uniram-se e geraram Pandeia, a "inteiramente brilhante" (v.15).

Em suma, os mitos da deusa-lua grega são ligados mais ou menos diretamente às propriedades físicas do astro noturno, e constituem evidentemente um amálgama pouco sistematizado de tradições relativamente convergentes e muito antigas.

---

14. Montanha situada cerca de 25 quilômetros a leste de Mileto, perto do litoral da Ásia Menor. Em sua encosta havia um santuário dedicado a Endimion, possivelmente pré-grego.
15. Esse mito é paralelo ao de Eos, a aurora (irmã de Selene), e de seu amado Céfalo. Para outro mito dos amores de Eos, ver *h.Ven.* 218-38.

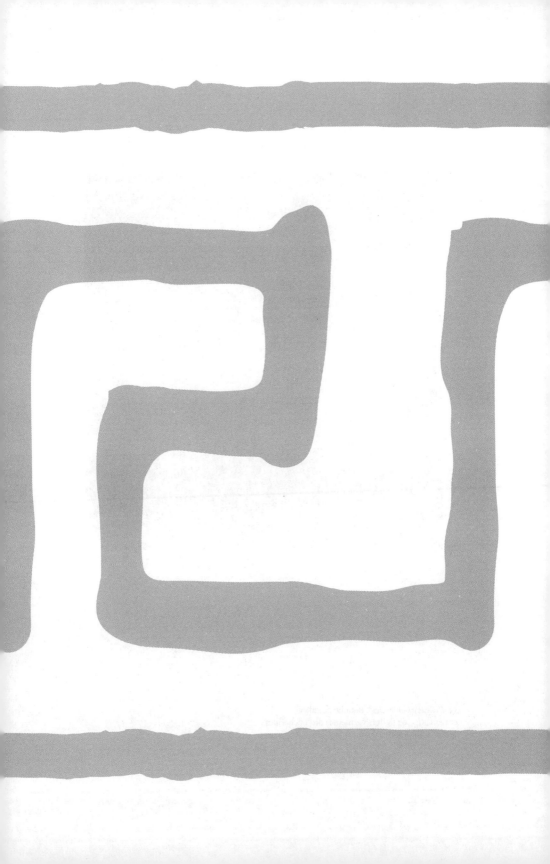

Fig. 23 *Zeus e Ganimedes**. Detalhe de cálice-cratera ático de figuras vermelhas do "Eucharides Painter". Data: 490-480 a.C.

23.
Zeus, pai dos deuses e dos homens

Wilson A. Ribeiro Jr.
Sílvia M. S. de Carvalho

ΕΙΣ ΔΙΑ
In Jovem

h.Hom. 23, com 4 versos.

h.Hom. 23: A Zeus

trad. Wilson A. Ribeiro Jr.

Cantarei Zeus, o maior e o mais nobre dos deuses,
de grande voz, o mestre, o que faz tudo realizar-se, aquele que,
sentado ao lado de Têmis*, inclina-se para ela e conversa.[1]
Sê favorável, ó Cronida* de grande voz, o maior e mais glorioso!

---

1. Subentende-se, portanto, que há uma relação íntima entre Zeus e a justiça, personificada por Têmis. Segundo Hesíodo, Têmis foi a segunda esposa de Zeus (*Th.* 901); neste hino, no entanto, ela mais parece uma πάρεδρος – misto de companheira, assistente, confidente, conselheira – do pai dos deuses (ver Pind. *Ol.* 8.21).

23. Εἰς Δία[2]

Ζῆνα θεῶν τὸν ἄριστον ἀείσομαι ἠδὲ μέγιστον
εὐρύοπα κρείοντα τελεσφόρον, ὅς τε Θέμιστι
ἐγκλιδὸν ἑζομένῃ πυκινοὺς ὀάρους ὀαρίζει.
Ἴληθ' εὐρύοπα Κρονίδη κύδιστε μέγιστε.

---

2. Em alguns manuscritos, há um título alternativo: εἰς ὕπατον χρονίδην, "ao altíssimo filho de Crono".

ZEUS

Sílvia M. S. de Carvalho

Antes de sua antropomorfização completa, de sua ascensão às alturas do Olimpo* etéreo, como pai dos deuses e deus tonitroante de uma justiça "que não é a dos homens", um Zeus-lobo[1] tinha seus santuários na terra. É principalmente na Arcádia* que seu culto se preservou durante mais tempo, devido a um certo isolamento do Peloponeso*,[2] permanecendo aí ainda formas mais arcaicas de relacionamento dos seres humanos com a natureza. Hoje se poderia dizer que na Arcádia* o povo vivia, até os tempos de Pausânias,[3] com uma "ideologia paleolítica", ou seja, a mesma visão do mundo dos caçadores-coletores-pescadores e horticultores de roça.

E é com base principalmente em Pausânias que Pierre Lévêque (1961) chamou atenção para os cultos da Arcádia*: "princesas-ursas, homens-lobos e deuses-cavalos" e Giulia Piccaluga (1968) deteve-se, particularmente, no tema que se refere a Zeus-lobo. Segundo Pausânias, quando a seca ameaçava as culturas, no Monte Liceu*, nas margens da fonte Hagno, de volume de água constante em qualquer estação, o sacerdote de Zeus *Liceu* sacrificava, agitando à flor d'água um ramo de carvalho, o que deveria provocar a ascensão de uma névoa que formaria as nuvens e, assim, propiciaria a chuva. Quando sacerdotes ou animais entravam na área do santuário de Zeus *Liceu*, perdiam as suas sombras e, para os não iniciados, a entrada era proibida, reservando-se aos infratores morte por apedrejamento.

Baseados nisso, podemos dizer que o sacerdote de Zeus *Liceu* era efetivamente um xamã, como muitos "fazedores de chuva"

---

1. Gr. Ζεύς Λύκαιος, "Zeus Liceu". O epíteto deriva da palavra λύκος, "lobo".
2. No Peloponeso, de modo geral, e na Arcádia, em particular, as novas atividades econômicas não penetraram na região como um todo tão depressa quanto na Ática.
3. Século II d.C.

das nossas atuais populações indígenas. Os lobos eram abundantes na Arcádia* e a tradição os liga à floresta de carvalhos. O parto das lobas coincidia com a época em que caíam as flores do carvalho, que as lobas comiam, pois as flores tinham o efeito de apressar o parto (Piccaluga, 1968, p.56).

Na Arcádia*, além do santuário do Monte Liceu*, havia um santuário de Zeus *Liceu* também em Megalópolis, um altar na estrada de Tegeia a Lacoma, e as festas do deus, as *licaias*, de caráter pan-helênico, muito antigas, que duravam três dias. Fora da Arcádia*, Zeus *Liceu* era venerado apenas em Cirene,[4] segundo observa Piccaluga (1968, p.22), que logo adiante dá a informação que, em Chipre*, estrangeiros eram habitualmente sacrificados a Zeus *Xenios*,[5] entidade sem dúvida análoga a Zeus *Liceu*, uma vez que a característica do seu culto era justamente o sacrifício de vítimas humanas, atestado nas *licaias*, e seguido da consumação da carne (*omofagia*). Pausânias, discreto, menciona sacrifícios "em segredo" no alto de um dos cumes do Monte Liceu*, que era identificado, na Arcádia*, com o Olimpo*. E a tradição se refere ao sacrifício de um menino, e o sacrificante (sacerdote de Zeus, xamã) nesse ato sempre se transformava em lobo. Na análise realizada por Piccaluga, fica evidente que se tratava sempre de uma criança (jovem em tenra idade, impúbere).[6]

Para se compreender os sacrifícios de crianças – que efetivamente ocorriam e não só na Grécia[7] – é preciso levar em conta que, originalmente, e enquanto a criação de gado e a agricultura não fizessem desenvolver o conceito de propriedade sobre o que chamamos "recursos naturais", a humanidade pensava o "outro" não humano (animal ou planta) como um ser autônomo,

---

4. A primeira colônia arcádica, fundada em 550 a.C. no litoral nordeste da Líbia moderna, norte da África.
5. Do gr. ξένος, "estrangeiro" ou "hóspede".
6. A arqueologia, até o momento, não conseguiu comprovar os dados da tradição. Escavações efetuadas no altar de Zeus, no alto do monte Liceu, encontraram apenas ossos de animais. Ver Hughes, 1991, p.104-5.
7. O caso mais conhecido é o da colônia fenícia de Cartago, no litoral nordeste da Tunísia. Há uma lista em Money-Kyrle, 1930, p.71-164.

com alma, entidade livre que só teria como "dona" ou protetora a "mãe" da espécie ou, no caso dos animais de caça, algum grande predador, antítese e rival do caçador humano. Em uma economia de caça-coleta, as compensações do mundo humano para esse "senhor" ou essas "senhoras" do mundo não humano só poderiam consistir na vida produzida pelos seres humanos: novas vidas humanas. No mito, Licáon, rei da Arcádia*, é um comensal dos deuses, aparecendo ao mesmo tempo como piedoso e como sacrílego, pelo fato de ter oferecido aos deuses, durante um banquete, o corpo despedaçado e cozido de um de seus filhos, Nictimo, ou ainda o de seu neto Arcas, filho de Calisto* e Zeus.

Piccaluga faz uma análise muito cuidadosa de todos os dados que dizem respeito ao complexo cultural de Zeus *Liceu*. Só se engana quando critica (1968, p.62, n.39) Jeanmaire, Gernet e Przyluski, que admitem na Grécia Antiga a existência de "confraternidades de licantropia", pois são confraternidades de xamãs, como as que existiam na África, em torno de um culto ao leopardo, ou na América do Sul, onde a onça representa o "senhor" do mundo não humano. É que Piccaluga aceita a opinião de médicos que identificam a licantropia com a epilepsia e a classificam como "doença mental". Como Ginzburg (1988) já observou, fez falta a Freud ter conhecido melhor os mitos referentes aos homens-lobos. Pode juntar a isso, ainda, a falta que faz uma iniciação à etnologia indígena.

Os elementos que caracterizam o complexo mítico, destacados por Piccaluga (1968, p.118), são: o ritual de "virar a mesa", em repúdio ao banquete sacrílego, e a separação entre deuses e humanos que, a partir desse evento, não mais consumiriam o mesmo alimento, o castigo através do dilúvio e o aparecimento, posterior ao cataclisma, da cultura dos cereais. Ela analisa detalhadamente a ligação que Licáon e a estirpe de Licáon e de Calisto* têm com a água, realçando ainda o fato de se caracterizarem por prole muito numerosa. Como Licáon, também Téspio,[8] Posídon,

---

8. Herói epônimo da cidade de Téspias, Beócia.

Dânao,[9] Príamo[10] e muitos outros heróis e deuses têm cinquenta filhos ou filhas,[11] o que estaria também sempre ligado à água. A seguir (p.149-200), ela analisa os mitos de Busíris, de Tântalo e de Átamas,[12] realçando seus paralelos e diferenças com o mito de Licáon. Ela conclui que os ritos sacrificiais são sempre efetuados para resolver o problema de uma seca, que a oferta de carne humana (quase sempre de algum consanguíneo do ofertante) é repudiada pelos deuses, repúdio indicado pelo ato ritual de virar a mesa; que o castigo é o dilúvio (o contrário absoluto da seca) e que isso tudo marca a separação dos deuses e dos seres humanos, que não podem mais ser os comensais dos primeiros nem comer da mesma comida que, a partir de então, será a ambrosia* para os deuses e os cereais para os humanos.

O que se pode deduzir, a mais, de tudo isso?

Os mitos analisados realmente refletem a visão, inicialmente ambígua, que os gregos passaram a ter da antropofagia ritual. Tanto assim que o mito de Átamas, em um paralelo com o do sacrifício de Isaac por Abraão (*Gênesis* 22.1-13), não é realçado por Piccaluga. Em ambos os casos, no último momento, as vítimas sacrificiais são socorridas pelo aparecimento de um carneiro: um, cuja morte substitui a de Isaac, o outro, que leva Frixo e sua irmã Hele para a Cólquida. Logo depois, Frixo sacrifica o carneiro de ouro, cuja pele será objeto da missão dos argonautas, enquanto o corpo do animal – levado ao céu – dá origem à constelação de Áries.

---

9. Um dos antigos reis de Argos. Ver *As Suplicantes*, de Ésquilo.
10. O último dos míticos reis de Troia, que governava a cidade na época da destruição pelos gregos.
11. Selene e Endímion, por exemplo, tiveram cinquenta filhas. Ver cap.22.
12. Personagens de lendas que envolvem variantes de sacrifícios humanos. Busíris, mítico rei do Egito (o nome pode ter se originado da confusão com o nome do deus egípcio Osíris), tentou sacrificar Héracles e foi morto pelo herói; Tântalo, antigo rei da Lícia, tentou enganar os deuses do mesmo modo que Licáon, servindo-lhes o filho Pélops em um banquete. Átamas, enganado pela esposa Ino, tia de Dioniso, quase sacrificou seu filho Frixo, salvo pelo carneiro de velo de ouro; em outra oportunidade, o próprio Átamas quase foi sacrificado, mas foi salvo por um neto.

Poder-se-ia dizer que, enquanto as entidades míticas continuam a morar nas florestas de carvalho – já reduzidas aos cimos das montanhas –, o sacrifício de um filho por parte do pai é entendido como uma compensação aos animais caçados. E o consumo da carne – embora realizado por seres humanos – é, no entanto, dramatizado como se eles estivessem transformados nas próprias entidades míticas, ou sentindo-se realmente possuídos pelas entidades a quem sacrificam. As secas são, sem dúvida, uma consequência do desmatamento. Precisamos lembrar que, no Peloponeso*, a civilização micênica já teria feito, neste sentido, bastante estrago.

E como interpretar a mediação de seres ligados à água e sempre relacionados como sendo de prole numerosa? Parece que uma das atividades humanas que – antes ainda da domesticação de plantas e animais – começou a reorientar as concepções dos povos foi a pesca. Não é por acaso que muitos xamãs se abstêm de comer carne de caça, limitando-se a consumir "frutos do mar" ou pescados de rio. Não é por acaso, também, que os apóstolos companheiros de Cristo eram pescadores. A pesca é uma atividade quase isenta de tabus, uma vez que os peixes se reproduzem muito e rapidamente, desde que não se pesque com rede de malha estreita ou em época de desova. No esquema ideológico das compensações, a atividade da pesca não exigiria, portanto, um controle da natalidade, como o que é imposto pela caça. Além disso, a sedentarização em torno de lagos ou na orla de rios ou do mar permitirá a criação mais fácil de um número maior de filhos, em comparação com as economias que necessitam de constante nomadização.

E, quando a pesca se junta também ao pastoreio e à cultura dos cereais, pode-se esperar que as divindades digam "crescei e multiplicai-vos", como os peixes no mar, as estrelas no céu, as ovelhas no rebanho e as espigas de trigo nos campos. O sacrifício de seres humanos passará a ser considerado não somente desnecessário, como também sacrílego. Zeus-pai, lá no Olimpo* distante, assim como Jeová, se contentará com o cheiro e a fumaça do sacrifício dos animais.

24.
FRAGMENTO

Wilson A. Ribeiro Jr.

Hélio Dioniso, Dicionário de palavras áticas, séc. II d.C.[1]

"E agora, Senhor": o início da conclusão de um citaredo, exatamente como esta de um poeta cômico: "de bela coroa" e esta de um rapsodo:

"deuses bem-aventurados, sede pródigos de bençãos". (Fr. 1)

Aelius Dionisus, Ἀττικὰ ὀνόματα, *saec. II p.C.*

ἀλλὰ ἄναξ· ἀρχὴ ἐξοδίου κιθαρῳδικοῦ ὥσπερ κωμικοῦ μὲν ἥδε· 'καλλιστέφανος ...', ῥαψῳδοῦ δὲ αὕτη·

'νῦν δὲ θεοὶ μάκαρες τῶν ἐσθλῶν ἄφθονοί ἐστε',
Ael. Dion. α 76, "ἀλλὰ ἄναξ"

COMENTÁRIOS

Este fragmento de um só verso (*h.Hom. Fr.* 1), "deuses bem-aventurados, sede pródigos de bençãos" segundo West (p.221, n.64), pertence à fórmula final de algum hino desconhecido, não incluído na coletânea tradicional de hinos homéricos. É uma hipótese bastante plausível, pois o estilo desse verso, que contém um pedido de benesses aos deuses, lembra, efetivamente,

---

1. Retor e musicista de Halicarnasso, nasceu na época do Imperador Adriano (c. 76-138). Escreveu um dicionário de palavras áticas e uma história da música, dos quais restam fragmentos.

a *precatio* dos hinos homéricos que fazem pedidos semelhantes (*h.Hom.* 1, 11, 15, 20, 21, 23, 30 e 31). Há, por outro lado, alguns argumentos contrários, que apresentarei brevemente.

Primeiro, os hinos homéricos não são a única fonte de versos hexâmetros* na literatura da Grécia Antiga (ver *Introdução*, p.45-6); o verso, portanto, pode pertencer a outro poema épico. Segundo, na apóstrofe, o rapsodo se dirige a "deuses" (θεοί), no plural; na coleção, somente as Musas são tratadas assim: todos os outros deuses são invocados individualmente. Em terceiro lugar, nenhum dos hinos homéricos conhecidos tem, em sua *precatio*, a expressão "sede pródigo de bençãos" (lembrando que já foi comentada a constante repetição das expressões).

Esses argumentos certamente não invalidam a proposta de West; talvez fosse mais correto, no entanto, tratar o fragmento em questão de "possível fragmento". Mais estudos e, talvez, novas descobertas serão necessários antes de incorporarmos em definitivo o fragmento à coleção de *hinos homéricos*.

GLOSSÁRIO

Wilson A. Ribeiro Jr.
Flávia R. Marquetti

Afrodite   Deusa do amor carnal, da sensualidade e da sedução. Filha de Zeus e Dione (*Il.* 5.370-417) ou nascida do pênis de Urano, lançado no mar por Crono (Hes. *Th.* 176-200). Embora casada com Hefesto, o deus-ferreiro coxo, teve vários amantes, entre eles o deus Ares e mortais como Adônis e Anquises. Epítetos comuns: Cípris e Citereia. Em Roma, identificada com Vênus. Ver *h.Ven*, *h.Hom* 6 e *h.Hom* 10 (cap.1).

Aidoneu   Ver Hades.

Alfeu   O mais longo rio do Peloponeso (110 km). Nasce na Arcádia e passa por Olímpia, a oeste. Havia um rio de mesmo nome na Tessália.

Ambrosia   Nos poemas homéricos, é o alimento dos deuses olímpicos, capaz de conferir imortalidade a quem o ingerisse. Às vezes era utilizado como óleo ou unguento para a pele (v.g. *Il.* 14.170-2).

Apolo   Deus da música e das artes, da profecia e da medicina; do século III a.C. em diante, foi também associado ao sol, como Apolo *Hélio*. Filho de Zeus e Leto, irmão gêmeo de Ártemis, deus arqueiro que pode causar doenças e morte com suas flechas; conduz o coro das Musas. Epíteto mais comum: Febo,

GLOSSÁRIO

	nome pelo qual era conhecido em Roma. Ver *h.Hom.* 3 e *h.Hom.* 25 (cap.2) e cap.12.
Aqueus	Um dos nomes coletivos utilizados por [Homero] para se referir aos gregos (outros: *dânaos* e *argivos*). No período histórico, a denominação restringia-se aos habitantes da Acaia, região ao norte do Peloponeso. Muitas vezes (como neste livro), o termo "aqueu" é usado para os gregos do Período Micênico.
Arcádia	Região situada na parte central do Peloponeso; é a única região peloponésica sem saída para o mar.
Ares	Deus da guerra, do conflito e das mortes violentas. Filho de Zeus e Hera. Epíteto mais comum: Eniálio. Em Roma, identificado com Marte. Ver *h.Hom.* 8 (cap.3).
Argeifonte	Epíteto de Hermes; significa, segundo alguns eruditos, "matador de Argos", um pastor com múltiplos olhos que guardava, por ordem de Hera, a jovem Ió, uma das amantes de Zeus.
Ártemis	Deusa virgem, protetora da caça, da vida selvagem, do parto, da criança e da entrada na vida adulta; associada, a partir do século III a.C., a Selene e a Hécate. Filha de Zeus e Leto, irmã gêmea de Apolo e, como ele, arqueira que pode causar a morte com suas flechas. Epíteto mais comum: a caçadora. Em Roma, conhecida por Diana. Ver *h.Hom.* 9 e *h.Hom.* 27 (cap.4).
Asclépio	Deus da cura, originalmente um herói, filho de Apolo com uma mortal. Aprendeu a medicina com o centauro Quíron. Em Roma, era conhecido por Esculápio. Ver *h.Hom.* 16 (cap.5).
Atena	Deusa virgem, filha de Zeus e de Métis, associada à sabedoria (astúcia), aos trabalhos manuais e também à estratégia da guerra; protetora da pólis. Zeus engoliu sua mãe antes do parto e ela acabou "nascendo", totalmente formada, diretamente da cabeça de Zeus. Epítetos mais comuns: Palas,

GLOSSÁRIO

	de olhos glaucos. Em Roma, identificada com Minerva. Ver *h.Hom.* 11 e *h.Hom.* 28 (cap.6).
Atenas	A mais importante pólis da Ática, na parte oriental da Grécia Central. Nela ficava o *parthenon*, templo consagrado a Atena, o Altar dos Doze Deuses e muitos outros templos dedicados a diversas divindades. Capital da Grécia moderna.
Atlas	Filho do titã Jápeto e, muitas vezes, incorretamente chamado de titã. Derrotado por Zeus e seus irmãos na *titanomaquia*, foi condenado a sustentar, eternamente, a abóbada celeste sobre os ombros. Pai de Maia, a mãe de Hermes.
Boedromion	Denominação, no calendário ateniense, de um perído do verão anual correspondente, em nosso calendário, ao mês de setembro.
Bronze	Ou *Idade do Bronze*. De 3000 a 2000 a.C., "Bronze Antigo"; de 2000 a 1550 a.C., "Bronze Médio", de 1550 a 1100 a.C., "Bronze Recente". Culturalmente, corresponde à tecnologia do metal, notadamente o bronze, e à economia urbana de trocas comerciais fundamentadas em excedentes agrícolas.
Calisto	Ninfa da Arcádia, fazia parte do cortejo de Ártemis. Enganada e seduzida por Zeus, engravidou e foi, então, transformada em ursa pela deusa e expulsa de seu séquito, ou morta a flechadas. Seu filho Arcas, o herói epônimo da Arcádia, sobreviveu.
Cárites	Três divindades femininas que espalham a alegria na natureza e no coração de homens e deuses. Filhas de Zeus e Eurínome, vivem no Olimpo, na companhia das Musas, com as quais, às vezes, formam coros. Em Roma, referiam-se a elas como "as Três Graças".
Centauro	Entidade meio-homem, meio-cavalo, personificação dos violentos e irrefreáveis instintos animais dos seres humanos.

GLOSSÁRIO

Alguns centauros, no entanto, eram civilizados, cultos e amigáveis, como Quíron, o educador de heróis, e Folo, amigo de Héracles.

Fig. 24 *O centauro Quíron*. Cena de ânfora ática de figuras negras, "Dot-band Class", de Vulci. Data: 550-500 a.C. Desenho de P. Sellier.

Chipre Ilha localizada no litoral sul da Ásia Menor, no extremo oriental do Mediterrâneo. O culto de Afrodite tinha grande importância na ilha, por isso a deusa era também chamada de "cíprica", ou Cípris.

Cibele Deusa da Frígia, cognominada "Mãe dos deuses", adotada pelos gregos e, do Período Arcaico em diante, associada à titânide Reia. Representava a fertilidade da natureza e deslocava-se em um carro puxado por leões. Ver *h.Hom.* 14 (cap.17).

Cíclades Arquipélago formado por pequenas ilhas, ao sul do Mar Egeu, entre o continente grego e a ilha de Creta.

Ciclopes Gigantescos filhos de Urano e Gaia, dotados de um único olho e de grande habilidade manual: Brontes, Esteropes e Arges, respectivamente o trovão, o relâmpago e o raio.

Cilene Montanha situada no extremo nordeste da Arcádia, com 2.374 metros de altitude. Na Antiguidade, era consagrado a Hermes.

Cinto Também conhecido como monte Cíntio. Pequena colina de mais ou menos 112 metros, situada em Delos, Cíclades.

GLOSSÁRIO

Cípris   Epíteto de Afrodite. Ver também Chipre.

Cítara   Instrumento de corda, aparentado à lira, constituído por uma prancha de ressonância, arqueada na parte de trás, feita de madeira, metal ou marfim, com dois "braços" nas laterais. A cítara era bem mais pesada do que a lira, e usada principalmente em concursos e cerimônias; a lira era em geral utilizada privadamente, em ocasiões do dia a dia. Ver Lira e Fórminx.

Citera   Uma das ilhas do arquipélago das Cíclades, localizada ao sul da península do Peloponeso. Uma das versões do nascimento de Afrodite relata que ela nasceu ali perto; a deusa era, por isso, também chamada de Citereia.

Fig. 25 *Cítara*. Data: Período Clássico (?).

Citereia   Epíteto de Afrodite. Ver também Citera.

Cítia   Região do sul da Rússia e Ucrânia, ocupada pelos nômades citas a partir do fim do século VIII a.C.

Claro   Localidade próxima a Esmirna e a Colofon, na costa da Ásia Menor; lá havia um templo dedicado a Apolo.

Cnossos   A maior das póleis cretenses, habitada desde o VII milênio a.C. Um palácio grande e complexo, datado do Bronze Médio e do Bronze Recente e descoberto em 1878 era, provavelmente, a sede secular e temporal da civilização minoica. Os gregos conquistaram a ilha, aparentemente, por volta de 1400 a.C. Numerosas tabuinhas em linear B e em linear A (a desconhecida escrita cretense) foram encontradas no palácio em 1900.

GLOSSÁRIO

Core   Ver Perséfone.

Creta   A maior das ilhas gregas, localizada ao sul das Cíclades.

Crisa   Antiga pólis da Fócida, perto de Delfos, na altura do Golfo de Crisa.

Cronida   Epíteto de Zeus, lit. "filho de Crono".

Crono   Um dos titãs, filho mais novo de Urano e Gaia. Foi o segundo rei dos deuses, depois de emascular e destronar o pai. Desposou a titânide Reia, sua irmã, e teve os seguintes filhos: Héstia, Deméter, Hera, Hades, Posídon e Zeus.

Delfos   A antiga Pitô, situada nas encostas do monte Parnasso, na Lócrida, logo acima do Golfo de Corinto. Lá ficava o mais célebre santuário da Antiguidade, dedicado a Apolo, onde o deus proferia seus oráculos.

Delos   Uma pequena ilha das Cíclades, situada bem no meio do arquipélago. Para os gregos, as ilhas do arquipélago se dispunham em círculo (gr. κύκλος), à sua volta.

Deméter   Deusa da agricultura, representa a fertilidade da terra cultivada. Filha de Crono e Reia, irmã de Hera, Héstia, Zeus, Posídon e Hades. Em Roma, identificada com Ceres. Ver *h.Hom.* 2 e *h.Hom.* 13 (cap.7).

Dione   Contraparte feminina de Zeus, durante o Período Micênico, e posteriormente uma de suas primeiras esposas. Na *Ilíada*, é mãe de Afrodite – uma das versões do nascimento da deusa.

Dioniso   Deus do vinho, da vinha e do delírio místico; patrono das representações teatrais. Filho de Zeus e de Sêmele (mortal); a mãe morreu antes do parto e o deus terminou seu desenvolvimento na coxa de Zeus. Deslocava-se juntamente com um

GLOSSÁRIO

cortejo de sátiros e mulheres delirantes, as mênades. Também conhecido por Baco, inclusive em Roma. Ver *h.Hom.* 1, *h.Hom.* 7 e *h.Hom.* 26 (cap.8).

Dióscuros   Castor e Polideuces (em Roma, Pólux), gêmeos nascidos dos amores de Zeus e de Leda (mortal), heróis divinizados que socorriam marinheiros e viajantes em apuros. Somente Polideuces era imortal, mas ele "dividia" sua imortalidade com o irmão: cada um deles ficava em dias alternados, entre os deuses e no Hades. Ver *h.Hom.* 17 e *h.Hom.* 33 (cap.9).

Dórios   Membros de uma das "tribos" gregas primitivas, que teriam chegado à Península Balcânica nos primeiros séculos da Idade das Trevas. Ao contrário do que se acreditava até a primeira metade do século XX, não houve uma "invasão dórica",[1] associada em geral ao mito do "retorno dos Heráclidas", mas uma simples mescla entre os imigrantes e as populações já instaladas na península.

Doze deuses   Os principais deuses do panteão grego (gr. Δωδεκάθεον), que residiam no topo do Monte Olimpo e eram, por isso, chamados de deuses olímpicos. A lista dos doze deuses variou um pouco ao longo da Antiguidade; uma das mais aceitas (dita "canônica") compreende Zeus, Hera, Posídon, Deméter, Ares, Hermes, Hefesto, Afrodite, Atena, Apolo, Ártemis e Héstia.

Fig. 26 *Atena e Encelado*.
Ânfora ática de figuras negras de Vulci. Data: 525-475 a.C.
Desenho de P. Sellier.

---

1. Ver Schnapp-Gourbeillon (1986) e Ribeiro Jr. (2005).

GLOSSÁRIO

Égide   Couraça de pele de cabra, com franjas de serpentes e a cabeça de Medusa no centro. Usada inicialmente por Zeus (daí o epíteto "porta-égide"), que a deu à filha Atena. Quando agitada pela deusa, incutia terror no inimigo (*Od.* 22.296-301) e se tornou, posteriormente, sinônimo de proteção.

Egina   Pequena ilha situada no centro do Golfo Sarônico, perto de Salamina e Atenas.

Elêusis   Pequena pólis situada a sete quilômetros de Atenas, onde eram celebrados os *Mistérios* em honra a Deméter e a sua filha Perséfone, "as duas deusas".

Élida   Região situada na parte oeste do Peloponeso. A mais conhecida pólis da região era Olímpia, sede dos célebres jogos olímpicos.

Endofagia   A antropologia reconhece vários tipos de antropofagia, em função da carne de quem é devorado: exofagia, endofagia, autofagia, canibalismo gastronômico, canibalismo ritual ou mágico e canibalismo de sobrevivência. O endocanibalismo ou endofagia se refere ao consumo da carne de um membro do próprio grupo.

Eos   A personificação da aurora. Filha do titã Hipérion e da titânide Tia, irmã de Hélio e de Selene. Sobre seus amores com Titono, ver *h.Ven.* 218-38.

Epidauro   Cidade da Argólida, no Peloponeso, onde ficava o mais importante santuário de Asclépio da Antiguidade.

Érebo   Personificação das trevas do mundo subterrâneo dos mortos.

Erínias   Antigas e terríveis divindades que assombravam e enlouqueciam os que matavam pessoas da própria família (ver a *Oresteia*, de Ésquilo). Em Roma, eram chamadas de *Fúrias*.

GLOSSÁRIO

Esmirna   Pólis da Ásia Menor, localizada na Iônia, área ocupada pelos gregos durante a Idade das Trevas.

Estige   Mítico rio que percorre o mundo subterrâneo dos mortos; os deuses invocavam suas águas, nos juramentos. Havia também um rio com esse nome na Arcádia, e dele dizia-se que nascia no mundo subterrâneo.

Eubeia   A maior das ilhas gregas, situada bem perto do continente, ao norte da Beócia e a noroeste da Ática.

Febo   Epíteto de Apolo; significa "brilhante".

Fenícia   Região situada no litoral norte do atual Estado de Israel, entre a Ásia Menor e o Egito.

Fórminx   A fórminx (gr. φόρμιγξ) era uma lira menor e mais leve, em forma de crescente, de sonoridade mais delicada do que a da lira. No início, tinha três, depois quatro e, mais tarde, sete cordas. Ver Lira e Cítara.

Frígia   Na Antiguidade, região situada na parte central da Ásia Menor.

Gaia   Também chamada de Geia, ou Gê, representa a Terra, concebida como o elemento primordial do qual descendem imortais e mortais. Através de sua união com Urano, o céu, Ponto, o mar, e Tártaro, a escuridão primordial, gerou inicialmente a raça dos deuses (titãs e titânides, principalmente) e diversas entidades monstruosas. Ver *h.Hom.* 30 (cap.10).

Ganimedes   Jovem príncipe de Troia, filho de Trós, o mais belo dos mortais; Zeus apaixonou-se por ele e levou-o para o Olimpo, onde servia o néctar aos deuses imortais. Tornou-se, posteriormente, um dos símbolos do amor homossexual. Ver. *h.Ven.* 202-17 e ilustrações das p.17 e p.23.

GLOSSÁRIO

Gigantes   Filhos tardios de Urano e Gaia, poderosos e violentos, tentaram derrubar os deuses olímpicos, mas foram fragorosamente derrotados em uma batalha que envolveu vários deuses e ainda o herói Héracles (*gigantomaquia*). Segundo a tradição, cada deus cuidou de um gigante; Atena, por exemplo, venceu Encelado (figura 7, p.218).

Hades   Também conhecido como Aidoneu, deus do mundo subterrâneo, para onde vão as almas dos mortos, e das riquezas do solo. Filho de Crono e Reia, irmão de Zeus, Posídon, Héstia, Hera e Deméter. Casado com Perséfone, filha de Deméter. Epíteto mais comum: Plutão, "o rico", nome pelo qual era conhecido em Roma. O mundo subterrâneo era frequentemente mencionado como "hades".

Hebe   Personificação da juventude, filha de Zeus e Hera, esposa de Héracles após sua ascensão ao Olimpo.

Hécate   Em tempos primitivos, era uma divindade que concedia aos mortais as graças solicitadas. Na iconografia, era quase sempre representada com uma ou duas tochas nas mãos. Posteriormente, na época greco-romana, foi associada a Selene, a Ártemis e à magia, e era cultuada em encruzilhadas. Nessa fase, representavam-na com três corpos ou três cabeças.

Hecatônquiros   Três monstruosos filhos de Urano e Gaia, com cinquenta cabeças e cem braços: Coto, Briaréu e Giges.

Hefesto   Deus coxo do fogo, dos metais e da metalurgia. Filho de Zeus e de Hera, às vezes é dado apenas como filho de Hera. Casado com uma das Cárites ou com Afrodite, dependendo da versão. Em Roma, conhecido por Vulcano. Ver *h.Hom.* 20 (cap.11).

Helicon   Montanha da Beócia, com 1.749 metros de altitude, próxima do Golfo de Corinto, associadas às Musas (ver Hes. *Th.* 1). Lá

GLOSSÁRIO

	havia, em especial, duas fontes consagradas a elas: Aganipe e Hipocrene.
Hélio	Personificação do sol, atravessava diariamente o céu em uma carruagem e via tudo o que ocorria na Terra. Filho do titã Hipérion e da titânide Tia, irmão de Eos e Selene. Em Roma, era chamado de Sol. Ver *h.Hom.* 31 (cap.12) e Apolo.
Hera	Filha de Crono e Reia, irmã e esposa de Zeus, senhora do Olimpo e protetora dos casamentos legítimos. Mãe de Ares, Hefesto, Ilítia e Hebe. Em Roma, era conhecida por Juno. Epíteto mais comum: "de alvos braços", "de olhos de bovina". Ver *h.Hom.* 12 (cap.13).
Héracles	O mais popular dos heróis gregos, especializado em derrotar e matar monstros, mais conhecido por doze tremendas façanhas ("trabalhos"). Dado como filho de Zeus e de Alcmena (mortal), foi divinizado após sua morte, quando ascendeu ao Olimpo e desposou Hebe. Ver *h.Hom.* 15, em especial, v.6, nota.
Hermes	Filho de Zeus e de Maia, deus do engano, mensageiro dos deuses, protetor dos viajantes e arautos, condutor da alma dos mortos; carregava constantemente um κηρύκειον (bastão de arauto, chamado pelos romanos de "caduceu"). Epítetos mais comuns: Argeifonte e Cilênio. Em Roma, identificado com Mercúrio. Ver *h.Merc.* e *h.Hom.* 18 (cap.15).
Héstia	Deusa virgem, personificação do lar e do fogo doméstico. Primeira filha de Crono e Reia, é irmã de Zeus, Posídon, Hades, Deméter e Hera. Ver *h.Hom.* 24 e 29 (cap.16).
Hexâmetro	A poesia grega antiga não era baseada, como a moderna, em acentos tônicos e rimas, mas na sequência de sílabas longas e breves, o que conferia uma certa musicalidade à declamação. Para ser pronunciada, a sílaba longa (–) requer o dobro

GLOSSÁRIO

do tempo da sílaba breve (˘), como se vê, por exemplo, nas palavras căsa ("a" breve") e amāva ("a" longo, i.e., amăăva). O hexâmetro *dactílico* é um tipo de verso característico dos antigos poemas épicos (*Ilíada, Odisseia, Hinos homéricos, Teogonia* de Hesíodo etc.), com a seguinte sequência básica de sílabas longas e breves: - ˘ ˘ | - ˘ ˘ | - ˘ || ˘ | - ˘ ˘ | - ˘ ˘ | - -. Cada grupo de sílabas é um *pé*; o grupo - ˘ ˘ é chamado de pé *dactílico* e o grupo - -, de pé *espondeu*. Há, via de regra, uma espécie de "quebra de ritmo" na sequência dos pés, a *cesura* (||): durante a declamação, ela corresponde a uma pequena pausa. O hexâmetro, na prática, tem sílabas de quantidade mais variável do que a regra geral dá a entender; o dáctilo, por exemplo, é mais precisamente representado assim: - ˘ ˘, i.e., a segunda e a terceira sílaba podem ser longas ou breves e, além disso, o número total de sílabas do verso não é fixo (doze a dezessete, em geral), assim como a posição da cesura. À primeira vista, essa estrutura pode parecer um tanto estática e de efeito altamente entediante, mas o verso épico tinha flexibilidade e beleza suficientes para cativar as plateias antigas durante horas a fio.

Hipérion Um dos titãs, pai de Hélio, Eos e Selene. Antiga representação do sol, sucedido por Hélio e, mais tarde, por Apolo. Nos textos mais antigos, hipérion é apenas um epíteto de Hélio (*Il.* 8.480, *Od.* 1.8 etc.).

Horas Três divindades femininas, filhas de Zeus e da titânide Têmis, que personificavam as estações do ano e, posteriormente, a ordem social. Seus nomes eram Eunomia, "boa lei", Dice, "justiça" e Irene, "paz". Viviam no Olimpo, quase sempre junto a Hera, Afrodite, Perséfone e até mesmo Dioniso.

Ida Montanha situada na Frígia, Ásia Menor, a sudeste de Troia. Em Creta existia um monte igualmente chamado de Ida.

GLOSSÁRIO

Íficles Irmão gêmeo de Héracles, simples mortal. Acreditava-se que Héracles era filho de Alcmena e Zeus, enquanto Íficles era filho de Alcmena e de seu marido Anfitrião.

Ílion Nome alternativo de Troia. Do radical de "Ílion" deriva o título do mais antigo dos poemas homéricos, *Ilíada*.

Ilítia(s) Antiga divindade – ou divindades – que presidiam/aliviavam o fim do parto. Originalmente, parece ter havido mais de uma ilítia, mas na época histórica os gregos consideravam-na uma só divindade, nascida de Zeus e Hera.

Inopo O único rio da ilha de Delos.

Íris Personifica o arco-íris e, portanto, a comunicação entre a terra e o céu. Mensageira dos deuses e, somente nesse aspecto, uma espécie de contraparte feminina de Hermes.

Lacônia Também conhecida como Lacedemônia. Região do sudeste do Peloponeso, onde situava-se a pólis de Esparta.

Lemnos Ilha situada no meio do Mar Egeu, a oeste da Ásia Menor, consagrada ao deus Hefesto.

Leto Filha do titã Ceu e da titânide Febe. Após uma aventura com Zeus, engravidou e foi perseguida por Hera. Em Delos, com dificuldade, deu à luz os gêmeos Apolo e Ártemis. Em Roma, era conhecida por Latona.

Liceu Monte do sudoeste da Arcádia, região do Peloponeso, com altitude de 1.421 metros. Em seu pico havia um santuário dedicado a Zeus *Liceu*; na encosta, um dedicado a Pã.

Linear B Escrita silábica em tabuinhas de argila, recuperadas pelos arqueólogos em Pilos, Tebas, Micenas, Cnossos e outras localidades ativas durante o Período Micênico. Esses documen-

GLOSSÁRIO

tos, datados de 1450 a 1200 a.C., aproximadamente, contêm os mais antigos textos da língua grega.

Lira   Instrumento musical constituído, basicamente, por uma caixa de ressonância, dois "braços" e cordas presas a eles. O número de cordas variava, habitualmente, de seis a oito. Segundo a lenda, a lira foi inventada por Hermes, que posteriormente a deu a Apolo. Ver *h.Merc.* 24-64 e 414-513, e figura 3 (p.130).

Fig. 27 *Lira arcaica*. Desenho de M. Tischbein, 1971.

Maia   Ninfa da Arcádia, mãe de Hermes, em geral dada como filha de Atlas. Em épocas tardias foi associada a uma das sete estrelas das Plêiades.

Medusa   Uma das três górgonas, filhas de Fórcis e Ceto, antigas divindades marinhas. Medusa tinha serpentes no lugar dos cabelos, presas de javali e seu olhar petrificava os oponentes; foi, no entanto, derrotada e decapitada por Perseu.

Mégaron   Gr. μέγαρον. Salão retangular com as paredes mais longas se projetando para formar um pórtico em frente a um dos lados menores, onde há uma entrada; às vezes havia pilares para a sustentação do teto. De origem sírio-palestina, constituía o cômodo mais importante dos palácios micênicos, "em cujo centro mantinha-se aceso um fogo fixo. Precedido de um modesto vestíbulo, esse compartimento merecia cuidados decorativos e permanecia aberto aos hóspedes. Aí se praticava também o culto doméstico, razão por que o mégaron dará origem, mais tarde, ao templo grego" (Devambez, apud Malhadas e Moura Neves, 1976, p.8).

GLOSSÁRIO

Mênades Devotas de Dioniso que, segundo a tradição, percorriam, em êxtase, os montes, pernoitando ao ar livre e alimentando-se do que encontrassem, inclusive da carne crua de animais que, durante a "mania" religiosa, dilaceravam vivos. Eram também castigadas com a loucura mulheres que se opusessem a Dioniso: um dos principais mitos é o de Penteu, morto por sua própria mãe Ágave, tomada pela loucura e que o julga um animal (ver *As Bacantes*, tragédia de Eurípides).

Micenas Cidadela da Argólida, cercada de muralhas ciclópicas e com um grande palácio do Período Micênico em seu interior, além de dois círculos tumulares, o A e o B. Escavado pela primeira vez por Kyriakos Pittakis, em 1841.

Mileto Pólis da costa da Ásia Menor, muito próspera durante o Período Arcaico.

Moira A palavra grega μοῖρα designa, habitualmente, a parte que cabe a cada mortal ou imortal, determinada em seu nascimento, muitas vezes traduzida como "destino".[2] A Moira – ou as três Moiras – eram antigas divindades, filhas de Nix, a noite, que personificavam esse conceito. Em Roma, eram chamadas de Parcas.

Musas Divindades protetoras da poesia e das artes em geral, filhas de Zeus e da titânide Mnemósine. Seu número (eram nove Musas) e seus nomes foram fixados por Hesíodo: Calíope, Clio, Polímnia, Euterpe, Terpsícore, Erato, Melpômene, Tália e Urânia. Ver *h.Hom.* 25 (cap.18).

Naxos A maior ilha do arquipélago das Cíclades.

---

2. Ver Cabral, 2004, p.254-7.

GLOSSÁRIO

Néctar   Bebida exclusiva dos deuses olímpicos, consumida juntamente com a ambrosia. Era imaginado, possivelmente, como um vinho de qualidades divinas (ver *h.Ven.* 206).

Nêmesis   Personificação da inexorável punição enviada pelos deuses aos mortais que ultrapassavam os limites da condição humana. Nome alternativo: Adrasteia. Em Roma: Inuidia.

Neolítico   De 7000 a 3000 a.C., aproximadamente. Culturalmente, corresponde à tecnologia da pedra polida e da economia baseada na agricultura e/ou pastoreio.

Nereu   Antiga divindade marinha, anterior a Posídon, também chamado de "velho do mar". Era capaz de mudar de forma e sabia tudo. Teve inúmeras filhas, as nereidas.

Nice   Filha de Palas, personificação da vitória, um dos filhos do titã Crio e da oceânide Estige. Em Atenas, no entanto, era apenas um epíteto – Atena *Nice*.

Ninfas   Divindades da natureza, da qual personificam a fecundidade e a graça. Eram imaginadas como belas jovens que viviam nos campos, bosques, fontes e lagos; habitavam grutas, onde passam o tempo a fiar e a cantar. Acompanham com frequência o séquito de divindades femininas importantes, sobretudo Ártemis. Ver *h.Ven.* 256-72.

Nisa   Montanha ou planície mítica, associada a Dioniso e ao rapto de Perséfone.

Oceano   Um dos titãs, filho de Urano e Gaia, concebido como um rio enorme, cujas águas circundavam todas as terras emersas. Unido à titânide Tétis, gerou as oceânides.

Odisseu   O mais inteligente e astuto dos guerreiros gregos que participaram da Guerra de Troia; foi dele, aliás, a ideia do Cavalo.

GLOSSÁRIO

Terminada a guerra, demorou dez anos para voltar ao seu reino, em Ítaca; suas aventuras no retorno ao lar foram contadas por [Homero] na *Odisseia*. Em Roma, era conhecido por Ulisses.

Olimpo — A mais alta montanha da Grécia (2.919 metros de altitude), situada ao norte de Tessalônica, na fronteira com a Macedônia. Acreditava-se que os doze deuses mais importantes do panteão grego, os deuses olímpicos, viviam entre os picos da montanha, eternamente encoberta pelas nuvens.

Onquesto — Pequena elevação perto de Haliarto e do lago Copais, na Beócia, onde havia um santuário dedicado a Posídon.

Orcômeno — Uma das principais póleis da Beócia.

Orfeu — Lendário citaredo da Trácia, que teria descido ao mundo subterrâneo para encontrar a alma da falecida esposa, Eurídice, e retornado. Uma série de crenças (orfismo) e um culto de mistérios, ditos "de Orfeu", emergiram no século VI a.C. Diversos escritos atribuídos a ele circularam durante a Antiguidade; as teogonias e hinos são coletivamente conhecidos por "poemas órficos".

Ortígia — Pequena ilha situada a leste de Siracusa, Sicília, dela separada por um estreito canal. Os eruditos, no entanto, situam a Ortígia citada no *h.Ven.* na costa oriental da Ásia Menor, perto de Éfeso, ou nas Cíclades, perto de Delos.

Pã — Deus dos rebanhos e dos pastores, originário da Arcádia, em geral considerado filho de Hermes e de uma ninfa. Seu aspecto, meio homem meio bode, é singular e deu origem às representações medievais do diabo cristão. Ver *h.Hom.* 19 (cap.19).

Pafos — Pólis da ilha de Chipre, onde há um célebre santuário dedicado a Afrodite.

GLOSSÁRIO

Paleolítico   Das origens do homem até 7000 a.C., aproximadamente. Culturalmente, corresponde à tecnologia da pedra lascada e à economia de caça e coleta.

Parnaso   Montanha da Grécia central, ao norte do Golfo de Corinto, perto de Delfos. Altitude: 2.457 metros.

Paros   Uma das ilhas do arquipélago das Cíclades, onde havia um importante santuário dedicado a Deméter.

Peloponeso   Grande península na parte sudoeste da península balcânica, separada do resto do continente grego pelo Golfo de Corinto e pelo Golfo Sarônico; suas principais regiões eram a Élida, a Acaia, a Arcádia, a Argólida, a Lacônia e a Messênia.

Perséfone   Personificação das sementes plantadas, filha de Zeus e Deméter, também conhecida por Coré, que significa "mocinha" ou donzela, em grego. Raptada por Hades, tornou-se sua esposa. Em Roma, era conhecida por Prosérpina. Ver *h.Hom.* 2 (cap.7).

Piéria   Região situada ao norte do Monte Olimpo, perto da Macedônia.

Pilos   Há várias localidades do Peloponeso com esse nome. Em geral, trata-se da pequena pólis da Messênia, na costa sudoeste do Peloponeso, com um antigo palácio micênico, apelidado de Palácio de Nestor. Nele foram encontradas, em 1952, numerosas tabuinhas de argila com a escrita linear B.

Pitô   Ver Delfos.

Poemas órficos   Ver Orfeu.

Ponto   Ver Gaia.

Posídon   Deus do mar e dos terremotos, em tempos remotos também associado a cavalos. Porta um tridente e desloca-se, sobre as

GLOSSÁRIO

	ondas, em uma carruagem puxada por cavalos marinhos. Filho de Crono e Reia, irmão de Zeus, Hades, Hera, Héstia e Deméter. Em Roma, associado a Netuno. Ver *h.Hom.* 22 (cap.20).
Quios	Grande ilha do Egeu setentrional, próxima à costa da Ásia Menor.
Reia	Uma das titânides, filha de Gaia e Urano. Desposou o titã Crono e foi mãe de Héstia, Hera, Deméter, Hades, Posídon e Zeus. Do Período Clássico em diante, foi primeiro associada, e depois assimilada à deusa asiática Cibele. Ver *h.Hom* 14 (cap.17) e *h.Cer.* 441-70.
Salamina	Nome de uma ilha no extremo norte do Golfo Sarônico, perto de Atenas. Também é o nome de uma pólis na parte oeste da ilha de Chipre, onde havia um templo dedicado a Afrodite.
Selene	Personificação da lua, atravessava diariamente o céu noturno em sua carruagem. Dada, em geral, como filha do titã Hipérion e da titânide Tia, irmã de Eos, a aurora, e de Hélio, o sol. Em Roma, era chamada de Luna. Ver *h.Hom.* 32 (cap.21) e Ártemis.
Sêmele	Mãe de Dioniso, por sua vez filha de Cadmo e de Harmonia, a filha de Ares e Afrodite; também conhecida por Tione. Ver Dioniso.
Sileno	O mais velho dos sátiros (ou "silenos"), divindades que representavam a incontrolável fertilidade da natureza. Ligados a Pã e a Dioniso, eram imaginados com orelhas de bode, barba, cauda de cavalo, pênis avantajado e constantemente ereto; viviam nos campos e florestas, perseguindo ninfas e mênades. Em algumas versões, havia apenas um Sileno, muito sábio e muito embriagado, que ajudou a criar o deus Dioniso.
Taigeto	Montanha da Lacônia, próxima de Esparta. Altitude: 2.410 metros.

GLOSSÁRIO

Tártaro	As trevas primordiais, nascidas do Caos primitivo ao mesmo tempo que Gaia. Tártaro e Gaia uniram-se depois da emasculação de Urano (ver Crono) e geraram o monstruoso Tífon (ver *h.Ap.* 305-55).
Tebas	Uma das mais importantes póleis da Beócia.
Têmis	Uma das titânides, personificação da justiça divina. Zeus a desposou, antes da deusa Hera, e gerou as Horas.
Teneteharas	Indígenas do tronco tupi, constituídos por dois grupos, os guajajara e os tembé. Vivem no Brasil, em áreas indígenas do Pará e do oeste do Maranhão.
Teônimo	Nome de um deus ou deusa. "Zeus" e "Hera", por exemplo, são teônimos.
Tessália	Extensa região da Grécia setentrional, formada por férteis planícies e bordejada por altas montanhas. Ao norte, fica a Macedônia; a oeste, o Épiro; ao sul, a Etólia e a Fócida.
Tétis	Uma das nereidas, filhas de Nereu. Casou-se com o mortal Peleu, rei da Ftia, e foi mãe do herói Aquiles, um dos mais importantes guerreiros da Guerra de Troia. Para a outra Tétis, ver Titânides.
Tindáridas	Epíteto dos Dióscuros, lit. "filhos de Tíndaro". Tíndaro, marido de Leda, era o pai terreno dos gêmeos.
Tione	ver Sêmele.
Titânides	Deusas primordiais, filhas de Urano, o céu, e Gaia, a terra: Tia (ou Teia), Reia, Têmis, Mnemósine, Febe e Tétis.[3]

---

3. Não confundir a titânide Tétis com a nereida Tétis, mãe de Aquiles. Em português, os nomes são grafados de forma semelhante, mas em grego são diferentes: a titânide é Θηθύς e a nereida é Θέτις.

GLOSSÁRIO

Titãs   Deuses primordiais, filhos de Urano, o céu, e Gaia, a terra: Oceano, Céu, Crio, Hipérion, Jápeto e Crono. Foram derrotados por Zeus e seus aliados na *titanomaquia*, depois da qual Zeus assumiu o papel de rei dos deuses.

Troia   Cidadela situada no extremo noroeste da Ásia Menor, na colina de Hissarlik (Truva, Turquia moderna), ativa durante a Idade do Bronze e a Antiguidade. O sítio arqueológico de Hissarlik pode corresponder à Troia homérica, ou não – há controvérsias.

Ulisses   Ver Odisseu.

Urano   Filho de Gaia, uniu-se à própria mãe e, dessa união, nasceram os titãs, os ciclopes e os hecatônquiros. Urano foi o primeiro rei dos deuses, mas foi destronado por Crono, o mais jovem dos titãs.

Zéfiro   Personificação do suave vento do oeste, mensageiro da primavera. Na teogonia hesiódica (vv.378-82) era considerado filho de Astreu e Eos, a aurora. Em Roma, era conhecido por Favônio.

Zeus   Deus do céu claro, do trovão e da chuva, distribuidor dos bens e dos males, guardião da justiça. Filho de Crono e Reia, irmão de Héstia, Hera, Deméter, Hades e Posídon, foi o terceiro e último rei dos deuses, tendo subido ao poder derrotando o pai e os outros titãs na *titanomaquia*. Consorte de Hera, sua irmã, teve outros casamentos (antes de Hera) e incontáveis aventuras com deusas e mulheres mortais; gerou deuses, heróis e reis. Epíteto mais comum: "pai dos deuses e dos homens". Em Roma, era associado a Júpiter. Ver *h.Hom.* 23 (cap.22) e Cronida.

REFERÊNCIAS BIBLIOGRÁFICAS

Ver também o item Obras Modernas em *Lista de abreviaturas, siglas e símbolos*, p.19.

ALBISETTI, C.; VENTURELLI, A. J. *Enciclopédia bororo*, v.3. Campo Grande: Museu Nacional Dom Bosco, 1976.

ALLEN, T. W.; SIKES, E. E. *The Homeric Hymnis*. 2.ed. Oxford: Clarendon Press, 1936 [1904].

ALONI, A. Prooimia, Hymnoi, Elio Aristide e i cugini bastardi. *Quaderni Urbinati di Cultura Classica*, n.33, p.23-40, 1980.

ANDERSON, W. *Music and Musicians in Ancient Greece*. Ítaca: Cornell University Press, 1994.

ANNALES Économie, sociétés, civilisations. Paris: Armand Colin, 1946-1993.

ARAÚJO, A. M. *Medicina rústica*. São Paulo: Ed. Nacional, 1961.

ASTURIAS, M. A.; MENDOZA, Y. M. G. *Popol-Vuh*. Paris: Paris-América, 1927.

ATHANASSAKIS, A. N. *The Homeric Hymnis*. Baltimore: Johns Hopkins University Press, 1976.

AUSFELD, K. De Graecorum precationibus quaestiones. *Jahrbuch für Classische Philologie*, v.28, p.505-47, 1903.

AUTRAN, C. *Homère et les origines sacerdotales de l'épopée grecque*, v.1. 7.ed. Paris: Denoel, 1938.

BAKKER, E. J. Remembering the God's Arrival. *Arethusa*, v.35, p.63-81, 2002.

BARNES, J. *Homeri Ilias et Odyssea et in easdem Scholia (...) Accedunt Batrachomyomachia, Hymni et Epigrammata cum Fragmentis (...)*, v.2. Cambridge: Crownfield, 1711.

BAROJA, J. C. *Sobre la religión antígua y el calendário del pueblo vasco*. Madri: Trabajos del Instituto Bernardino de Sahagún, 1948.

BASTIDE, R. O homem disfarçado em mulher. In: *Sociologia do folclore brasileiro*. São Paulo: Anhembi, 1959.

BAUMEISTER, A. *Hymni Homerici*. Lipsiae: Teubner, 1860.

REFERÊNCIAS BIBLIOGRÁFICAS

BEER, M. *Allgemeine Geschichte des Sozialismus und der Sozialen Kampfe Universum Bucherei fur Alle.* Berlin: Neuer Deutcher Verlag, 1932.

BÉRARD, V. *De l'origine des cultes arcadiens.* Paris: Thorin, 1894.

BERGSON, H. *La Risa*, trad. P. Girosi. Buenos Aires: Tor, 1946.

BERNARD, A. *La carte du tragique.* Paris: CNRS, 1985.

BOETZKES, R. *Das Kerykeion.* Ph.D. thesis, Universität Giessen, 1913.

BONNET, C. *Melqart: Cultes et mythes de l'Héraclès tyrien en Méditerranée.* Louvain e Namur: Presses Universitaires de Namur, 1988.

BRELICH, A. *Gli Eroi Greci – un problema storico-religioso.* Roma: dell'Ateneo & Bizzarri, 1978.

BREMER, J. M. Greek hymns. In: VERSNEL, H. S.; VAN STRATEN, F. T. (ed.). *Faith, hope and worship.* Leiden: Brill, p.193-215, 1981.

BUCHHOLZ, H.-G.; JÖHRENS, G.; MAULL, I. *Jagd und Fischfang.* Göttingen: Vandenhoeck & Ruprecht, 1973.

BUFFIÈRE, F. *Les mythes d'Homère et la pensée grecque.* Paris: Belles Lettres, 1956.

BURKERT, W. *Greek Religion*, trad. John Raffan. Cambridge: Harvard University Press, 1985. (trad. 1993)[1]

BURKERT, W. *Homo Necans*, trad. P. Bing. Berkeley e Los Angeles: University of California Press, 1983.

BURKERT, W. Kynaithos, Polycrates and the Homeric Hymn to Apollo. In: BOWERSOCK, G. W.; BURKERT, W.; PUTNAM, M. C. J. (ed.). *Arktouros: Hellenic Studies Presented to B. M. W. Knox.* Berlim: De Gruyter, 1979.

BUTTERWORTH, E. A. S. *Some Traces of the Pre-Olympian World in Greek Literature and Myth.* Berlim: de Gruyter, 1966.

CABRAL, L. A. M. *O hino homérico a Apolo.* Cotia e Campinas: Ateliê e Ed. UNICAMP, 2004.

CALAME, C. *Jeux énonciatifs et masques d'autorité poétique.* Vox Poetica, disponível em: www.vox-poetica.org/t/calame.html. Publicação: 20 de abril de 2004. Consulta: dezembro de 2005.

CAMPBELL, J. *As máscaras de Deus: mitologia primitiva*, trad. C. Fischer. São Paulo: Palas Athena, 1992.

CARDOSO, C. F. *Sete olhares sobre a Antiguidade.* Brasília: Ed. UnB, 1994.

---

1. Traduzido do alemão para o português por M. J. Simões Loureiro. *Religião grega na época Clássica e Arcaica.* Lisboa: Calouste Gulbenkian, 1993.

REFERÊNCIAS BIBLIOGRÁFICAS

CARPENTER, T. H. *Art and Myth in Ancient Greece*. Londres: Thames and Hudson, 1991.
CARVALHO, S. M. S. *Jurupari: estudos de mitologia brasileira*. São Paulo: Ática, 1979.
CASHFORD, J.; RICHARDSON, N. *The Homeric Hymns*. Londres: Penguin, 2003.
CÀSSOLA, F. *Inni omerici*. Milão: Mondadori, 1975.
CHANTRAINE, P. *Dictionnaire étymologique de lange grecque*. Paris: Klincksieck, 1980.
CHEVALIER, J.; GHEERBRANT, A. *Dictionnaire des symboles*, 4v. Paris: Seghers, 1973.
CHILDE, V. G. *O que aconteceu na História*, trad. W. Dutra. Rio de Janeiro: Zahar, 1960.
CLAY, J. S. *The Politics of Olympus. Form and meaning in the major Homeric Hymns*. Princeton: Princeton University Press, 1989.
COTTRELL, L. *El toro de Minos*, trad. M. V. de Robles. Buenos Aires: Fondo de Cultura Economica, 1987.
DANIELEWICZ, G. De elementis hymnicis in Sapphus Alcaei Anacreontis carminibus. *Eos*, v.52, p.23-33, 1974.
DAREMBERG, M. M.-Ch.; SAGLIO, E. D. M. *Dictionaire des antiquités grecques et romaines*. Paris: Hachette, 1877-1919.
DEAS, H. T. The Scholia Vetera to Pindar. *Harvard Studies in Classical Philology*, v.42, p.1-78, 1931.
DÉCHELETTE, J. Le culte du soleil aux temps préhistoriques. *Revue Archéologique*, 4a série, v.14, p.306-57, 1909.
DELCOURT, M. *L'Oracle de Delphes*. Paris: Payot, 1981.
DELGADO SOBRINHO, A. T.; LAUAND, N.; RAVAGNANI, O. M.; CARVALHO, S. M. S. O boi mítico e folclórico no Brasil. *Perspectivas*, Araraquara, v.2, p.25- 51, 1977.
DES PLACES, E. *La religion grecque*. Paris: Picard, 1969.
DETIENNE, M. *Dionysos a ciel ouvert*. Paris: Hachette, 1986. (trad. 1988)[2]
DEVEREUX, G. *Femme et mythe*. Paris: Flammarion, 1982. (trad. 1990)[3]
DHORME, E. *Les religions de Babylonie et d'Assyrie*. 2.ed. Paris: PUF, 1949.

---

2. *Dioniso a céu aberto*, trad. C. Cavalcanti. Rio de Janeiro: Jorge Zahar, 1988.
3. *Mulher e mito*, trad. B. Sidou. Campinas: Papiro, 1990.

REFERÊNCIAS BIBLIOGRÁFICAS

DIEL, P. *Le symbolisme dans la mythologie grecque. Étude psychanalytique*. Paris: Payot, 1952.

DITTENBERG, W. *Sylloge Inscriptionum Graecarum*, v.1-4. 3.ed. Leipzig, 1915-1924.

DOVER, K. J. *A homossexualidade na Grécia Antiga*. São Paulo: Nova Alexandria, 1994.

DUCAT, J. Le mépris des hilotes. *Annales E. S. C.*, v.29, n.6, p.1451, 1974.

DUCHEMIN, J. *Pindare poète et prophète*. Paris: Les Belles Lettres, 1955.

DUGAS-MONTBEL, J.-B. *Histoire des poésies homériques*. Paris: Didot, 1836.

DUHOUX, Y. Adieu au ma-ka cnossien. Une nouvelle lecture en KN F 51 et ses conséquences pour les tablettes linéaire B de Thèbes. *Kadmos*, v.45, n.1-2, p.1-19, 2007.

EFFENTERRE, H. *Les Béotiens: aux frontières de l'Athènes antique*. Paris: Armand Colin, 1989.

EISLER, R. *Orpheus, the Fisher. Comparative Studies in Orphic and Early Christian Cult Symbolism*. Londres: Watkins, 1921.

ELLMERICH, L. *História da Música*. São Paulo: Fermata do Brasil, 1973.

ENGELS, F. *Der Ursprung der Familie, des Privateigentums und des Staats*. Zurique: Hottingen, 1884.

ESTIENNE, *Poetae Graeci principes heroici carminis et alii nonnulli*. Geneva: Huldrichi Fuggeri, 1566.

EVELYN-WHITE, H. G. *Hesiod, Homeric Hymnis, Epic Cicle, Homerica*. 2.ed. Cambridge e Londres: Harvard University Press, 1936.

FARNELL, L. R. *Greek Hero Cults and Ideas of Imortality*. Oxford: Clarendon Press, 1921.

FARNELL, L. R. Hermes. In: *The Cults of the Greek States*. v.1 e 5. Oxford: Clarendon Press, 1907, p.1-84.

FLEISCHER, R. Artemis. In: *LIMC*, s.v., 1993.

FRANCINUS, A. *Odyssea, Batrachomyomachia, Mymni XXXII*. Venetiis: Junta, 1527.

FRAZER, J. G. *Apollodorus. The Library*, 2v. Cambridge e Londres: Harvard University Press, 1921.

FRAZER, J. G. *O ramo de ouro*, trad. W. Dutra. Rio de Janeiro: Zahar, 1982.

FREED, G. & BENTMAN, R. The Homeric Hymn to Aphrodite. *The Classical Journal*, v.50, n.4, p.153-9, 1955.

FRIEDLÄNDER, P. Das Proomium von Hesiods Theogonie. *Hermes*, v.49, p.1-16, 1914.

REFERÊNCIAS BIBLIOGRÁFICAS

FROTHINGHAM, A. L. Babylonian Origin of Hermes the Snake-God, and of the Caduceus. *American Journal of Archaeology*, v.20, n.2, p.175-211, 1916.

FURLEY, W. D. Praise and Persuasion in Greek Hymns. *Journal of Hellenic Studies*, v.115, p.29-46, 1995.

FURLEY, W. D.; BREMER, J. M. *Greek Hymns*, 2v. Tübingen: Mohr Siebeck, 2001.

GAMKRELIDZE, T. V.; IVANOV, V. V.; WINTER, W. (ed.). *Indo-European and the Indo-Europeans: a Reconstruction and Historical Analysis of a Proto-Language and a Proto-Culture*, trad. J. Nichols. Berlim e Nova York: De Gruyter, 1995.

GARCÍA, J. F. Symbolic Action in the Homeric Hymns: The Theme of Recognition. *Classical Antiquity*, v.21, p.5-39, 2002.

GAUVARD, C.; GOKALP, A. Le charivari en France au Moyen Âge. *Annales E. S. C.*, v.29, n.3, 1974.

GELZER, T. Bemerkungen zum Homerischen Ares-Hymnus (Hom. Hy. 8). *Museum Helveticum*, v.44, p.150-67, 1987.

GEMOLL, A. *Die Homerischen Hymnen*. Leipzig: Teubner, 1886.

GERNET, L. *Anthropologie de la Grèce Antique*. Paris: Maspero, 1968.

GERNET, L. Sur le symbolisme politique en Grèce Ancienne (le foyer commun). *Cahiers Internationaux de Sociologie*, v.11, p.21-43, 1951.

GINZBURG, C. *Mitos, emblemas e sinais*. São Paulo: Companhia das Letras, 1988.

GLOTZ, G. *Ancient Greece at Work: An Economic History of Greece from the Homeric Period to the Roman Conquest*. Nova York: Knopf, 1926.

GLOVER, T. R. *The Ancient World*. Londres: Pelican, 1944.

GODART, L. La Terre Mère et le Monde Égéen. *Aegaeum*, v.22, p.463-6, 2001.

GODEL, R. *Une Grèce secrete...* Paris: Les Belles Lettres, 1960.

GOLDMAN, I. *The Cubeo: Indians of the Northwest Amazon*. Urbana: The University of Illinois Press, 1963.

GOMES, M. V. O Oriente no Ocidente. Testemunhos iconográficos na Proto-história do Sul de Portugal: smiting gods ou deuses ameaçadores. *Revista ICALP*, Lisboa, 2006. Disponível em: www.institutocamoes.pt/cvc/bdc/revistas/revistaicalp/protohistoriapt.pdf. Consulta: março de 2007.

GOMPERZ, T. *Herkulanische Studien ii*. Leipzig: Teubner, 1866.

GONZALES, M. *Cults and Sanctuaries of Ares and Enyalios: a Survey of the Literary, Epigraphic and Archaeological Evidence*. Dissertation. Berkeley: University of California, 2004.

GONZALES, M. The Oracle and Cult of Ares in Asia Minor. *Greek, Roman and Byzantine Studies*, v.45, p.261-83, 2005.

REFERÊNCIAS BIBLIOGRÁFICAS

GOODISON, L. From Tholos Tomb to Throne Room: Perceptions of the Sun in Minoan Ritual. *Aegaeum*, v.21, p.77-88, 2001.

GOODWIN, A. *Hymni Homerici*. Oxford: Clarendon Press, 1893.

GÖRGEMANNS, H. Rhetorik und Poetik im homerischen Hermeshymnus. In: GÖRGEMANNS, H.; SCHMIDT, E. A. (ed.). *Studien zum antiken Epos*. Meisenheim am Glan: Anton Hain, 1976.

GRAF, F. Ares. In: HORNBLOWER, S.; SPAWFORTH, S. *The Oxford Companion to Classical Civilization*. Oxford e Nova York: Oxford University Press, 2004, s.v.

GRAMACHO, J. *Hinos homéricos*. Brasília: Ed. UNB, 2003.

GRAVES, R. *The Greek Myths*. 3.ed. Edimburgo: Penguin, 1957.

GRAVES, R. *The White Goddess, a Historical Grammar of Poetic Myth*. 4.ed. Londres: Faber & Faber, 1961.

GUERRA, J. B. T. Narrador y estilo directo en Homero y los himnos homéricos: a propósito de un dato cuantitativo. *Cuadernos de Filología Clásica: Estudios griegos y indoeuropeos*, v.13, p.105-13, 2003.

GULIZIO, J. A-re in the Linear B Tablets and the Continuity of the Cult of Ares in the Historical Period. *Journal of Prehistoric Religion*, v.15, p.32-8, 2001.

GULIZIO, J.; PLUTA, K.; PALAIMA, T. G. Religion in the Room of the Chariot Tablets. In: LAFFINEUR, R.; HÄGG, R. *Potnia: Deities and Religion in the Aegean Bronze Age*. Liège, Proceedings of the 8th International Aegean Conference, 12 a 15 de abril de 2000, Göteborg, Suécia, 2001, p. 453-61.

GUSDORF, G. *Mito e metafísica*. São Paulo: Convívio, 1979.

HAZLITT, W. *The Classical Gazetteer & Dictionary of Ancient Geography, Sacred and Profane*. Londres: Whittaker, 1851.

HEUBECK, A. Homeric Studies today: results and prospects. In: FENIK, B. C. *Homer. Tradition and invention*. Leiden: Brill, 1978, p.1-17.

HOLLANDA, S. B. *Caminhos e Fronteiras*. São Paulo: Companhia da Letras, 1994.

HOLLANDER, H. *Die handschriftliche Überlieferung der homerischen Hymnen*. Osnabrück: Kisling, 1886.

HUGHES, D. D. *Human Sacrifice in Ancient Greece*. Londres e Nova York: Routledge, 1991.

HUMBERT, J. *Hymnes Homériques*. Paris: Les Belles Letres, 1936.

JAEGER, W. *Padeia – A formação do homem grego*, trad. A. M. Parreira. São Paulo: Martins Fontes, 1986.

JANKO, R. *Homer, Hesiod and the Hymns*. Cambridge: Cambridge University Press, 1982.

REFERÊNCIAS BIBLIOGRÁFICAS

JANKO, R. The Structure of the Homeric Hymns: a Study in Genre. *Hermes*, v.109, n.1, p.9-24, 1981.
JEANMARIE, H. *Dionysos. Histoire de culte de Bacchus*. Paris: Payot, 1970.
JENSEN, A. E. *Mythes e cultes chez les peuples primitives*. Paris: Payot, 1954.
JOST, M. *Sanctuaires et cultes d'Arcadie*. Paris: Vrin, 1985.
JOURDAIN-ANNEQUIN, C. *Héraclès aux portes du Soir*. Besançon: Annales Lit. de l'Université de Besançon, 1989.
JUNG, C. G.; KERÉNYI, C. *Introduction à l'essence de la mythologie*, trad. H. E. del Medico. Paris: Payot, 1968.
KAHN-LYOTARD, L. *Hermès passe, ou les ambigüités de la communication*. Paris: Maspero, 1978.
KAHN-LYOTARD, L. Le récit d'un passage et ses point nodaux. Le vol et le sacrifice des boefs d'Apollon par Hermès. In: *Il mito greco*. Atti del convegno internazionale, 1973, Urbino. Roma, 1977, p.107-17.
KANNICHT, R. Tragicorum Graecorum Fragmenta. *Euripedes*. Göttingen: Vandenhoeck & Ruprecht, v.5.1 e 5.2, 2004.
KERÉNYI, K. *Hermes, der Seelenführer. Das Mythologem vom männlichen Lebensursprung*. Zurique: Rhein-Verlag, 1944.
KERÉNYI, K. *La mythologie des grecques*. Paris: Payot, 1952. (trad. 1993)[4]
KIRK, G. S. Os precursores da cosmogonia filosófica. In: KIRK, G. S.; RAVEN, J. E. ; SCHOFIELD, M. *Os filósofos pré-socráticos*, trad. C. A. Louro Fonseca. 4.ed. Lisboa: Calouste Gulbenkian, 1994, p.1-70.
KIRK, G. S. The Homeric Hymns. In: EASTERLING, P. E.; KNOX, B. M. W. (ed.). *The Cambridge History of Classical Literature*, v.1. Cambridge: Cambridge University Press, 1985, p.110-6.
KITTO, H. D. F. *Les grecs, autoportrait d'une Civilization*, trad. C.-H. Vosseu. Paris: Arthaud, 1959.
KOCH-GRÜNBERG, T. *Indianermarchen aus Südamerika*. Yena: Diedricha, 1920.
KORAKA, K. A Day in Potnia's Life. Aspects of Potnia and Reflected "Mistress" Activities in the Agean Bronze Age. *Aegeum*, v.22, p.15-26, 2001.
KRADER, L. *A formação do estado*, trad. R. L. M. Morel. Rio de Janeiro: Zahar, 1970.
KRAPPE, A. H. *La genèse des mythes*. Paris: Payot, 1952.
KRIS, E. *Psicanálise da arte*. São Paulo: Brasiliense, 1968.

---

4. *Os deuses gregos*, v.1; *Os heróis gregos*, v.2, trad. O. M. Cajado. São Paulo: Cultrix, 1993.

REFERÊNCIAS BIBLIOGRÁFICAS

LALO, C. *L'ésthetique du rire*. Paris: Flammarion, 1948.

LAMAS, M. *Mitologia geral: o mundo dos deuses e dos heróis*, v.3. 2.ed. Lisboa: Estampa, 1972.

LANG, A. *The Homeric Hymns*. Londres: Allen, 1899.

LARSON, J. The Corycian Nymphs and the Bee Maidens of the Homeric Hymn to Hermes. *Greek, Roman and Byzantine Studies*, v.36, p.341-57, 1995.

LE COINTE, P. *Amazônia brasileira III: árvores e plantas úteis (indígenas e aclimatadas)*. 2.ed. São Paulo: Ed. Nacional, 1947.

LEENHARDT, M. *Do Kamo*. Buenos Aires: Eudeba, 1961.

LEHMANN, K. Santa Constanza. *Art Bulletin*, v.37, p.193-6, 1955.

LEIGH, M. Sophocles at Patavium (Fr. 137 Radt). *Journal of Hellenic Studies*. Londres, v.118, p.82-100, 1998.

LEOPOLDI, J. S. A linguagem social de um mito tenetehara, Revista de Cultura Vozes, v.67, n.2, 1973, p.121-32.

LEROY-GOURHAN, A. *Les religions préhistoriques. Paleolithique*. 3.ed. Paris: PUF, 1976.

LEROY-GOURHAN, A. *Milieu et techniques*. Paris: Albin Michel, 1945.

LESKY, A. *A tragédia grega*, trad. J. Guinsburg. São Paulo: Perspectiva, 1971.

LÉVÊQUE, P. *Bêtes, Dieux et Homme. L'imaginaire des premières religions*. Paris: Messidor et Temps Actuels, 1985.

LÉVÊQUE, P. *L'Aventure Grecque*. Paris: Armand Colin, 1964. (trad. 1967)[5]

LÉVÊQUE, P. Sur quelques cultes d'Arcadie: princesse-ours, hommes-loups et dieux-chevaux. *L'Information Historique*, v.23, n.3, p.93-108, 1961.

LÉVI-STRAUSS, C. *De l'origine des manières de table*. Paris: Payot, 1968.

LÉVI-STRAUSS, C. *Du miel aux cèndres*. Paris: Payot, 1967.

LÉVI-STRAUSS, C. *Le cru et le cuit*. Paris: Payot, 1964.

LÉVI-STRAUSS, C. *Le temps de la réflexion*. Paris, 1981, n.2, p.235-55.

LÉVI-STRAUSS, C. The Structural Study of Myth. *Journal of American Folklore*, v.68, p.428-44, 1955.

LIDEL-SCOTT-JONES. *A Greek-English Lexicon*. 9.ed. Oxford: Clarendon Press, 1940. (suppl.ed. P. G. W. Glare, 1996)

LIMA, C. J. S. *Hino Homérico "a Afrodite". Estudo introdutório, tradução do grego e notas*. Dissertação de Mestrado. Aveiro: Universidade de Aveiro, 2005.

---

5. *A Aventura grega*, trad. R.M.R. Fernandes. Lisboa e Rio de Janeiro: Cosmos, 1967.

REFERÊNCIAS BIBLIOGRÁFICAS

LIMC Lexicon Iconographicum Mythologiae Classicae. Zurique e Munique: Artemis Verlag, 1981-...

LINCOLN, B. The Indo-European Cattle-Raiding Myth. *History of Religions*, v.16, n.1, p.42-65, 1976.

LOBEL, E.; PAGE, D. L. *Poetarum Lesbiorum fragmenta*. ed.corr. Oxford: Clarendon Press, 1968.

LORAUX, N. Qu'est-ce qu'une Déesse?. In: DUBY, G.; PERROT, M. (dir.). *Histoire des femmes en occident*. Paris: Plon, 1991, p.31-64. (trad. 1993)[6]

LUBBOCK, J. *Los Origenes de la Civilización y la Condición Primitiva del Hombre*. Buenos Aires: Albatros, 1943.

MACEDO, J. M. M. *A palavra ofertada*. Tese de Doutorado em Letras Clássicas. São Paulo: USP, 2007.

MAGNIEN, V. *Les Mystères d'Éleusis*. 3.ed. Paris: Payot, 1950.

MAKARIUS, L. *Les tabous du forgeron*. Diogène, Paris, v.62, p.27-62, 1968.

MALHADAS, D.; CARVALHO, S. M. S. O hino homérico a Deméter e os mistérios eleusinos. *Almanaque – Cadernos de Ensaio e Literatura*, São Paulo, n.10, p.66-99, 1970.

MALHADAS, D.; MOURA NEVES, M. H. *Antologia dos poetas gregos de Homero a Píndaro*. Araraquara: FFCLAr-UNESP, 1976.

MALHADAS, D.; SARIAN, H. *Teofrasto. Os caracteres*. São Paulo: EPU, 1978.

MALLORY, J. P.; ADAMS, D. Q. *Oxford Introduction to Proto-Indo-European and the Proto-Indo-European World*. Oxford: Oxford University Press, 2006.

MARQUETTI, F. R. As fronteiras da forma: metamorfoses e limites na Mitologia Grega. Ártemis e Afrodite, senhoras dos limites. In: NOBRE, C. K.; CERQUEIRA, F. V.; POZZER, K. M. P. (ed.), *Fronteiras & Etnicidade no Mundo Antigo*, Pelotas e Canoas, SBEC e ULBRA, 2005, p.143-50.

MARQUETTI, F. R. *Da sedução e outros perigos: o mito da Deusa Mãe*. Dissertação de doutorado em Letras. Araraquara: UNESP, 2001.

MARQUETTI, F. R. *Perseguindo Narciso. Um estudo da protofiguratividade do mito de Narciso*. Dissertação de mestrado em Letras. Araraquara: UNESP, 1995.

MARTIN, B. *Variarum Lectionum, libri quatuor*. Paris, 1605.

MASSI, M. L. G. *Zeus e a poderosa indiferença*. Dissertação de doutorado em Letras Clássicas. São Paulo: USP, 2006.

---

[6] *História das mulheres no Ocidente*, v.1: *A Antiguidade*, trad. A. Couto, M. M. Marques da Silva et al. Porto e São Paulo: Afrontamento e Ebradil, 1993.

REFERÊNCIAS BIBLIOGRÁFICAS

MEIGGS, R.; LEWIS, D. (ed.). *A Selection of Greek Historical Inscriptions to the End of the Fifth Century BC*. ed.corr. Oxford: Clarendon Press, 1988.

MONEY-KIRLE, R. *The Meaning of Sacrifice*. Londres: Hogarth Press, 1930.

MOULINIER, L. *Le pur et impur dans la pensée des Grecs d'Homére a Aristotele*. Paris: Klincksieck, 1952.

MUMFORD, L. *A cidade na história*, trad. N. R. Silva, 2v. Belo Horizonte: Itatiaia, 1965.

NOACK, F. *Eleusis. Die baugeschichtliche Entwicklung des Heiligtumes*, 2v. Berlim e Leipzig: Aufnahmen und Untersuchungen, 1927.

NOBRE, C. K.; CERQUEIRA, F. V.; POZZER, K. M. P. (ed.). *Fronteiras e etnicidade no Mundo Antigo*. Pelotas e Canoas: SBEC e ULBRA, 2005, p.143-50.

NUNES, E. P. Εἰς Ἄρτεμιν, *Revista de Tradução Modelo 19*, n.13, p.54-7, 2002.

OBBINK, D. *Philodemus On Piety* part 1. Oxford: Oxford University Press, 1996.

OLIVA NETO, J. A. *Falo no jardim*. Cotia e Campinas: Ateliê e Ed. UNICAMP, 2006.

OTTO, W. F. *Die Götter Griechenlands*. Bonn: Friedrich Cohen, 1929. (trad. 1968)[7]

PAGE, D. L. *Poetae Melici Graeci*. Oxford: Clarendon Press, 1962.

PAGE, D. L. *Sappho and Alcaeus*. Oxford: Clarendon Press, 1955.

PALAIMA, T. G. Linear B Sources. In: TRZASKOMA, S. M.; SMITH, R. S.; BRUNET, S. (ed.). *Anthology of Classical Myth*. Indianapolis e Cambridge: Hackett, 2004, p.439-54.

PALLOTINO, M. *L'origine degli Etruschi*. Roma: Tumminelli, 1974.

PALLOTINO, M. *The Etruscans*. Londres: Penguin, 1975.

PAPADIMITRIOU, J. The Sanctuary of Artemis at Brauron. *Scientific American*. Nova York, v.208, n.6, p.110-20, 1963.

PARKER, R. C. T. Helios. In: HORNBLOWER, S.; SPAWFORTH, S. *The Oxford Companion to Classical Civilization*. Oxford e Nova York: Oxford University Press, 2004, s.v.

PARSONS, T. *Sociedades*: perspectivas evolutivas e comparativas. São Paulo: Pioneira, 1969.

PATER, W. *Greek studies: a series of essays*. Londres: Macmillan, 1910.

PAVESE, C. O. The Rhapsodic Epic Poems as Oral and Independent Poems. *Harvard Studies in Classical Philology*, v.98, p.63-90, 1998.

---

7. *Gli dei della Grecia*, trad. G. F. Airoldi. Milão: Saggiatore, 1968. No Brasil: *Os deuses da Grécia*, trad. Ordep Serra. São Paulo: Odysseus, 2005.

REFERÊNCIAS BIBLIOGRÁFICAS

PÉLÉKIDIS, C. *Histoire de l'Éphébie Attique des origines à 31 avant J.-C.* Paris: de Boccard, 1962.

PEUCKERT, W. E. *Geheim Kulte.* Heidelberg: Pfeffer Verlag, 1951.

PFEIFFER, R. *Callimachus*, v.2: *Hymni et epigrammata.* Oxford: Clarendon Press, 1953.

PICARD, C. *Les réligions préhelléniques.* Paris: PUF, 1948.

PICCALUGA, G. *Lykaon, un tema mitico.* Roma: Dell'Ateneo, 1968.

PINHEIRO, A. E.; FERREIRA, J. R. *Hesíodo Teogonia / Trabalhos e Dias.* Lisboa: Imprensa Nacional, 2005.

PRADO, A. L. A. A. Normas para a transliteração de termos e textos em grego antigo. *Clássica (Belo Horizonte)*, v.19, n.2, p.298-9, 2006.

PULLEYN, S. *Prayer in Greek Religion.* Oxford: Clarendon Press, 1997.

RADERMACHER, L. *Der homerische Hermeshymnus.* Viena e Leipzig: Holder-Pichler-Tempsky, 1931.

RADIN, P. *The Trickster. A Study in American Mythology.* Londres: Routledge and Kegan, 1956.

RADT, S. *Tragicorum Graecorum Fragmenta.* Göttingen: Vandnhoeck & Ruprecht, v.4, 1999.

RAHNER, H. *Griechische Mythen in christlicher Deutung.* Zurique: Rhein, 1945.

RAINGEARD, O. *Hèrmes psychagogue. Essai sur les origines du culte d'Hèrmes.* Paris: Les Belles Lettres, 1935.

RAVAGNANI, O.M. *Fitoterapia – um estudo sobre medicina popular.* Dissertação de Mestrado, Araraquara: Instituto de Letras, Ciências Sociais e Educação, 1978.

RAYOR, D. *The Homeric Hymns.* Berkeley: University of California Press, 2004.

REICHEL-DOLMATOFF, G. *Das schamanische Universum: Schamanismus, Bewusstsein und Ökologie in Südamerika.* Munique: Diederichs, 1996.

REICHEL-DOLMATOFF, G. *Desana: simbolismo de los índios Tukano del Uaupés.* Bogotá: Universidad de los Andes, 1968.

REICHEL-DOLMATOFF, G. *The Shaman and the Jaguar.* Philadelphia: Temple University Press, 1986.

RIBEIRO JR., W. A. Áulis e o fim da Idade Heroica na Grécia. In: NOBRE, C. K.; CERQUEIRA, F. V.; POZZER, K. M. P. (ed.), *Fronteiras & Etnicidade no Mundo Antigo*, Pelotas e Canoas, SBEC e ULBRA, 2005, p.321-8.

RIBEIRO JR., W. A. *Iphigenia Aulidensis, de Eurípedes.* Dissertação de mestrado. São Paulo: USP, 2006.

REFERÊNCIAS BIBLIOGRÁFICAS

RICHARDSON, N. J. *The Homeric Hymn to Demeter*. Oxford: Clarendon Press, 1974.
ROSE, H. J. *A Handbook of Greek Mythology*. Londres: Methuen, 1928. (reed. Londres e Nova York: Routledge, 1991).
RUHNKEN, D. *Homeri Hymnus in Cererem*. Lugduni: Luchtmans, 1780.
RUTHERFORD, I. *Pindar's Paeans, a Reading of the Fragments with a Survey of the Genre*. Oxford: Oxford University Press, 2001.
RUTHERFORD, R. B. *Homer, Greece & Rome*. Oxford: Oxford University Press, 1996.
SANTOS, F.B. *A Dioniso*. Modelo 19 – Revista de Tradução, Araraquara, n.14, 2003, p.8-13.
SCHACHERMEYR, F. La formation de la cité grecque. *Diogène*, n.4, p.20-37, 1953.
SCHACHTER, A. *Cults of Boeotia*, v.2. Londres: Institute of Classical Studies, 1986.
SCHEFFER, T. *Mystères et Oracles Helléniques*. Paris: Payot, 1943.
SCHNAPP-GOURBEILLON, A. L'Invasion dorienne a-t-elle eu lieu?. In: MOSSÉ, C. (ed.). *La Grèce Ancienne*, p.43-57, 1986.
SCHNEIDEWIN, F. Anmerkungen zum Hymnus aud Hermes. *Philologus*, v.3, p.659-700, 1848.
SCHWARTZ, G. *Triptolemos. Ikonographie einer Agrar- und Misteriengottheit*. Horn-Graz: Grazer Beiträge Supplementband II, Zeitschrift für die Klassische Altertumswissenschaft, 1987.
SCULLY, S. The Homeric Hymns and George Chapman's Translation. In: CHAPMAN, G. *Homeric Hymns and Other Homerica*. Princeton: Princeton University Press, 2008, p.1-40.
SERGENT, B. Os indo-europeus e os semitas. In: LÉVÊQUE, P. (dir.). *As primeiras civilizações*, v.3, trad. de A. J. Pinto Ribeiro. Lisboa: Edições 70, 1990.
SERRA, O. *Hino Homérico II A Deméter*. São Paulo: Odysseus, 2009.
SERRA, O. *Hino Homérico IV*: a Hermes. São Paulo: Odysseus, 2006.
SEVERYNS, A. *Grèce et Proche-orient avant Homère*. Bruxelas: AS, 1960.
SISSA, G. *Le corps virginal*. Paris: Vrin, 1987.
SNELL, B. *Pindaris Carmina cum Fragmentis*. Leipzig: Teubner, 1964.
SOURVINOU-INWOOD, C. Artemis. In: HORNBLOWER, S.; SPAWFORTH, S. *The Oxford Companion to Classical Civilization*. Oxford e Nova York: Oxford University Press, 2004, s.v.
SOURVINOU-INWOOD, C. *Studies in Girls' Transitions: Aspects of the Arkteia and Age Representation in Attic Iconography*. Atenas: Kardamitsa, 1988.
SOUSA, E. *Dioniso em Creta e outros ensaios*. São Paulo: Duas Cidades, 1973.

REFERÊNCIAS BIBLIOGRÁFICAS

SOUSA, E. *Horizonte e complementariedade: ensaio sobre a relação entre mito e metafísica nos primeiros filósofos gregos.* São Paulo: Duas Cidades, 1975.

STANNARD, J. The Plant Called Moly. *Osiris*, v.14, p.254-307, 1962.

STEHLE, E. *Performance and Gender in Ancient Greece: Nondramatic Poetry in its Setting.* Princeton: Princeton University Press, 1997.

STURTEVANT, E. H. Remarks on the Lydian Inscriptions. *Language*, v.1, n.3, p.69-79, 1925.

TALBERT, R. J. A. *Barrington Atlas of the Greek and Roman World.* Princeton: Princeton University Press, 2000.

THOMPSON, E. T. Le charivari anglais. *Annales E. S. C.*, v.27, n.2, 1972.

THOMPSON, H. A. Buildings on the West Side of the Agora. *Hesperia*, v.6, p.1-226, 1937.

TORRANO, J. *Hesíodo, Teogonia – a origem dos deuses.* São Paulo: Iluminuras, 1991; 2.ed. 2006.

TRINGALI, D. *O apolíneo e o dionisíaco.* Araraquara: Centro de Estudos Clássicos, v.1, p.1-32, 1987.

TRINGALI, D. O código do vinho em Horácio e Ricardo Reis. *Revista Texto* (Araraquara), n.1, p.31-68, 1975.

TRIOMPHE, R. *Le lion, la vierge et le miel.* Paris: Les Belles Lettres, 1989.

VAN GENNEP, A. *Rites of Passage.* Londres: Routledge & Kegan, 1909.

VERGADOS, A. The Homeric Hymn to Hermes 51 and Antigonus of Carystus. *The Classical Quarterly*, v.57, p.737-42, 2007.

VERMEULE, E. *Greece in the Bronze Age.* Chicago: The University of Chicago Press, 1964.

VERNANT, J.-P. *A morte nos olhos. Figuração do outro na Grécia Antiga. Ártemis e Gorgó*, trad. Clóvis Marques. Rio de Janeiro: Zahar, 1988.

VERNANT, J.-P. *As origens do pensamento grego*, trad. Ísis B. B. Fonseca. São Paulo: DIFEL, 1972.

VERNANT, J.-P. *Mythe et pensée chez les Grecs.* Paris: Maspero, 1965.

VESTRHEIM, G. Alcman fr. 26: A Wish for Fame. *Greek, Roman, and Byzantine Studies*, v.44 p.5-18, 2004.

VIDAL-NAQUET, P. *Le chasseur noir.* Paris: Maspero, 1981.

VIVEIROS DE CASTRO, E. O perspectivismo e o multinaturalismo na América indígena. In: *A inconstância da alma selvagem.* São Paulo: Cosac & Naify, 2002, p.319-99.

VON IHERING. *Dicionário dos animais do Brasil.* São Paulo: Rotschild, 1941.

REFERÊNCIAS BIBLIOGRÁFICAS

WALTZ, P. *Le monde égéen avant les Grecs*. 2.ed. Paris: Armand Colin, 1947.

WARD, D. *The Divine Twins: An Indo-European Myth in Germanic Tradition*. Berkeley e Los Angeles: University of California Press, 1968.

WEIHER, A. *Homerische Hymnen*. Munique: Ernst Heimeran, 1961.

WEST, M. L. *Hesiod, Theogony and Works and Days*. Oxford: Oxford University Press, 1988.

WEST, M. L. *Homeric Hymns, Homerica Apocrypha, Lives of Homer*. Cambridge e Londres: Harvard University Press, 2003.

WEST, M. L. The Eighth Homeric Hymn and Proclus. *Classical Quarterly*, v.20, p.300-4, 1970.

WEST, M. L. The Fragmentary Homeric Hymn to Dionysus. *Zeitschrift für Papyrologie und Epigraphik*, v.134, p.1-11, 2001.

WESTERMARCK, E. *Histoire du mariage*, trad. A. van Gennep, v.1 e v.2. 3.ed. Paris: Mercure de France, 1935.

WOLF, F. A. *Homeri et Homeridarum opera et reliquiae*. Leipzig: Göschen, v.2, 1794.

WOLKSTEIN, D.; KRAMER, S. N. *Innana: Queen of Heaven and Earth*. Nova York: Harper and Row, 1983.

ZAIDMAN, L. B. Les filles de Pandore. Femmes et rituels dans les cités. In: DUBY, G.; PERROT, M. (dir.), vi *Histoire des femmes. L'Antiquité*. Paris: Plon, 1991, p.363-98.

ZANETTO, G. *Inni Omerici*. Milão: Bur, 1996.

OS AUTORES

EDVANDA BONAVINA DA ROSA
Professora de Língua e Literatura Grega da FCL-Ar, UNESP; doutora em Linguística (FFLCH, USP). Pesquisadora do Grupo de Pesquisa "LINCEU - Visões da Antiguidade Clássica", UNESP. Trad.: h.Hom. 17, 20, 22, 24, 29 e 33.

FERNANDO BRANDÃO DOS SANTOS
Professor de Língua e Literatura Grega da FCL-Ar, UNESP; doutor em Letras Clássicas (FFLCH, USP). Pesquisador do Grupo de Pesquisa "LINCEU – Visões da Antiguidade Clássica", UNESP. Trad.: h.Hom. 1, 7 (= h.Bacch.), 8 (= h.Mart.), 26 e 28.

FLÁVIA REGINA MARQUETTI
Professora de Teoria Literária e Literatura Brasileira da FCL-Ar, UNESP (1995-2004); doutora em Estudos Literários (FCL-Ar, UNESP). Pesquisadora do "Núcleo de Estudos Estratégicos" da UNICAMP e do Grupo de Pesquisa "LINCEU – Visões da Antiguidade Clássica", da UNESP. Trad.: h.Hom. 5 (= h.Ven.), 6, 9, 10, 14 e 27. Textos: Afrodite, Ártemis, Atena, Gaia, Hera, Reia-Cibele, Musas, Glossário.

MARIA CELESTE CONSOLIN DEZOTTI
Professora de Língua e Literatura Grega da FCL-Ar, UNESP; doutora em Letras Clássicas (FFLCH, USP). Pesquisadora do Grupo de Pesquisa "Estudos Lexicogramaticais", UNESP, e do Grupo de Pesquisa "LINCEU - Visões da Antiguidade Clássica", UNESP. Trad.: h.Hom. 4 (= h.Merc.) e 18.

MARIA LÚCIA GILI MASSI
Professora da Faculdade Instituto Paulista de Ensino e do Centro de Educação Tecnológica Flamingo, São Paulo. Doutora em Letras Clássicas (FFLCH, USP). Trad.: h.Hom. 2 (=h.Cer.), 3 (= h.Ap.), 13 e 21.

OS AUTORES

SÍLVIA MARIA SCHMUZIGER DE CARVALHO
Professora titular de Antropologia da FCL-Ar, UNESP, aposentada. Membro fundador do Centro de Estudos Indígenas "Miguel A. Menéndez", UNESP, câmpus de Araraquara. Textos: Apolo, Asclépio, Deméter, Dioniso, Dióscuros, Hefesto, Héracles, Hermes, Héstia, Pã, Posídon, Zeus.

WILSON ALVES RIBEIRO JR.
Médico, Mestre em Letras Clássicas (FFLCH, USP), membro dos Grupos de Pesquisa "Estudos sobre o Teatro Antigo", da USP. Trad.: h.Hom. 11, 12, 15, 16, 19 (= h.Pan.), 23, 25, 30, 31 e 32, fragmento, Testimonia. Textos: Introdução, Ares, Hélio, Selene, Fragmento, Glossário.

SOBRE O LIVRO

Formato: 16 x 23 cm
Mancha: 26 x 38 paicas
Tipologia: Gentium 10/13 pt
Papel: Pólen Soft 80 g/m2 (miolo)
       Cartão Supremo 250 g/m2 (capa)

1ª edição 2010

EQUIPE DE REALIZAÇÃO

Edição de Texto
Inês Barreto (Copidesque)
Thaís Rimkus Devus (Preparação de original)
Carmen Simões (Revisão)

Capa
Andrea Yanaguita

Editoração Eletrônica
Estúdio Bogari

Rua Xavier Curado, 388 • Ipiranga - SP • 04210 100
Tel.: (11) 2063 7000 • Fax: (11) 2061 8709
rettec@rettec.com.br • www.rettec.com.br